ADMINISTRAÇÃO, MARKETING e NEGÓCIOS para ENGENHARIA e TI

ADMINISTRAÇÃO, MARKETING e NEGÓCIOS para ENGENHARIA e TI

Dimitris N. Chorafas

M.BOOKS

M.Books do Brasil Editora Ltda.

Rua Jorge Americano, 61 - Alto da Lapa
05083-130 - São Paulo - SP - Telefones: (11) 3645-0409/(11) 3645-0410
Fax: (11) 3832-0335 - e-mail: vendas@mbooks.com.br
www.mbooks.com.br

Dados de Catalogação na Publicação

CHORAFAS, Dimitris N.
Administração, Marketing e Negócios para Engenharia e TI/Dimitris N. Chorafas.
2013 – São Paulo – M. Books do Brasil Editora Ltda.
1. Engenharia 2. TI (Tecnologia da Informação) 3. Administração 4. Marketing

ISBN 978-85-7680-195-5

Do original em inglês: Business, Marketing, and Management Principles for IT and Engineering
Publicado pela Taylor & Francis Group (CRC Press)

Editor
Milton Mira de Assumpção Filho

Tradução
Thereza Taylor

Produção Editorial
Lucimara Leal

Coordenação Gráfica
Silas Camargo

Editoração
Crontec

2013
M.Books do Brasil Editora Ltda.

Sumário

Prefácio

Em uma economia globalizada, a gestão de uma empresa requer profundidade, horizonte e qualificações além daquelas comumente disponíveis. Este é o caso para todas as empresas, e mais especificamente para aquelas na vanguarda tecnológica.

O crescimento corporativo e a sobrevivência pedem visão estratégica e aplicação de conhecimentos para alcançar metas, as quais, no passado, muitas vezes não iam além da ficção. Os desafios estão associados aos produtos, processos e mercados – assim como às novas oportunidades de negócios e aos riscos que os acompanham.

Escrito para profissionais das áreas de negócios, engenharia e tecnologia, assim como para os alunos de faculdades e universidades, este livro representa os *princípios, políticas e práticas de administração* de grandes empresas, e a maneira como elas os desenvolvem e os implementam. Como regra, essas empresas prestam muita atenção às questões de eficiência, produtividade e racionalidade que:

- fazem parte dos princípios administrativos, e
- são demonstradas por meio de atividades diárias, como documentado pelos estudos de caso incluídos neste texto.

Os estudos de caso são de importância fundamental porque identificam as questões críticas que as pessoas do ambiente de negócios enfrentam. Eles também demonstram de maneira efetiva como os líderes da indústria selecionam e estabelecem critérios estratégicos para direcionar suas decisões para empreendimentos de sucesso.

Na esteira de princípios, políticas e práticas administrativos – aqueles que o leitor encontrará organizados em 16 capítulos – está o fato de que nenhuma organização consegue sobreviver por muito tempo sem ficar à frente da curva. Os gerentes de sucesso são imaginativos e flexíveis, adaptáveis às circunstâncias em desenvolvimento. E suas decisões práticas, em vez das teóricas, se mantêm firmes.

* * *

O texto está dividido em cinco partes. A Parte 1 se concentra nas questões *estratégicas* importantes que direcionam a mente e a habilidade das pessoas para tomarem decisões. O Capítulo 1 discute os componentes de uma estratégia de negócios – de recursos humanos para marketing, inovação do produto e gestão financeira e geral. Uma estratégia bem-sucedida posiciona a empresa contra as forças de mercado de maneira a garantir sua lucratividade e sobrevivência.

Os Capítulos 2 e 3 se voltam, respectivamente, para os *princípios e funções* da administração. A administração é uma arte, não uma ciência; mas essa arte também tem suas regras. Essas são explicadas pelas seis funções mais importantes: previsão, planejamento, organização, pessoal, direcionamento e controle. O objetivo é prover liderança, a qual – deixando o carisma de lado – é uma questão de qualificações conceituais, detalhes analíticos, qualidade da decisão e concentração em áreas fortes.

A Parte 2 elabora, mais detalhadamente, a função administrativa, oferecendo ao leitor vários estudos de caso para melhor explicar o que está sendo dito. O assunto do Capítulo 4 é a *previsão*, que foca primariamente no impacto futuro de decisões atuais, e em eventos futuros no sentido de analisar suas consequências. Devido ao fato de fazer projeções, considerar as expectativas e avaliar as forças provavelmente adversas, a previsão é um pré-requisito para um planejamento sólido.

Planejamento e *previsão* são gêmeos. "O plano não é nada", disse Dwight Eisenhower, "o planejamento é tudo". O planejamento tem por objetivo responder às perguntas: Onde estará sua empresa nos próximos 10 a 15 anos? De onde virão os seus ganhos? Sob a perspectiva de tempo, temos o planejamento de longo prazo (de 5 a 7 anos), de médio prazo (de 2 a 4 anos) e o plano para o próximo ano – do qual o orçamento é a estrutura financeira.

Organização e estrutura são princípios discutidos no Capítulo 5. A habilidade da empresa em dirigir a organização é baseada no seu período de controle, período de conhecimento, período de suporte (incluindo os serviços de TI) e o período de atenção aos detalhes. As escolhas estruturais têm por objetivo promover essas habilidades ao delinear a linha de comando – descrevendo os relacionamentos apropriados, estabelecendo capacitação de posicionamento e disponibilizando medidas de desempenho.

O tema do Capítulo 6 são os ativos mais importantes de uma empresa – *pessoas e pessoas* – as que ela emprega e as que são seus clientes. Os desafios incluem não apenas liderar, mas também recrutar pessoas qualificadas, nomear pessoas competentes para cada cargo, evitar a obsolescência humana por meio de treinamentos vitalícios e constantemente melhorar a produtividade – a qual é uma questão fundamental neste capítulo.

O Capítulo 7 proporciona ao leitor o sentido de *controle administrativo* – mais especificamente o controle interno. O controle administrativo garante aderência aos planos ao supervisionar o progresso em direção aos objetivos comensurados com metas e planos temporais que são estabelecidos. Assim sendo, um pré-requisito básico é a existência de planos financeiros, de mercado, de produtos e de recursos humanos. O controle administrativo bem-sucedido sempre leva a ações corretivas.

Marketing e vendas são as questões predominantes na Parte 3. Como aponta o Capítulo 8, a primeira decisão no estabelecimento de uma estratégia de marketing tem como alvo mercados específicos, os quais a empresa quer atrair. A próxima decisão é o desenvolvimento de recursos humanos capazes de serem responsabilizados. A terceira decisão é a participação e a posição no mercado que a empresa deseja alcançar. Deveríamos almejar ser o Número 1 ou o Número 2? Tais decisões condicionam a inovação, o planejamento de produtos, as redes de vendas e a habilidade dos vendedores da empresa em canalizarem seus produtos para o mercado.

A conquista do mercado é decidida por meio de ações, não de palavras. Os estudos de caso da Bloomberg, ITT, Cisco e Microsoft, no Capítulo 9, proporcionam evidências irrefutáveis para esse fato. Ideias revolucionárias ainda não foram provadas pelos concorrentes que podem dar à *nossa* empresa uma vantagem, mas a conquista de mercado deve ser abordada por um programa coordenado, e este é proporcionado pelo plano de marketing.

O Capítulo 10 se concentra nas táticas de vendas e na etiqueta de vendas. As funções de marketing devem ser detalhadas por meio de etapas práticas promovendo os esforços de vendas. A eficiência das vendas e o controle dos resultados da rede de vendas são partes dessas etapas. Além disso, uma força tarefa devidamente treinada é um ativo valioso.

A Parte 4 se concentra no desenvolvimento e inovação de produtos. O Capítulo 11 explica o que significa *tecnologia* como um termo genérico. Nenhuma inovação ou nenhum processo novo vale alguma coisa se não criar valor para a empresa e para seus clientes. Qualidade, valor adicional e eficácia de custo são fundamentais desde o planejamento do produto a decisões de marketing. Eles também são altamente dependentes em como a administração conecta a tecnologia e mercado.

O Capítulo 12 se concentra no *planejamento e precificação do produto* – o que nunca é feito abstratamente, mas reflete uma visão pragmática das características dos produtos, motivações dos clientes, dinâmicas de mercado e concorrência. Até certo ponto, a precificação do produto está condicionada ao fato de a empresa ser um líder ou um seguidor em seu mercado, assim como à natureza de seu mercado: de massa, produto singular ou nicho. A precificação do produto também depende da estrutura de custo decidida no momento de projeto do produto e mantida durante a produção, distribuição e manutenção.

As *guerras de preço* na indústria de computadores, um estudo de caso singular, é o assunto do Capítulo 13. No que diz respeito aos computadores, seus fabricantes e seus clientes, as guerras de preço do final dos anos 1970 foram um ponto de inflexão estratégico, parecido à separação da AT&T pela decisão de Judge Green nos anos 1980. Até então, a IBM era, de longe, o participante dominante em projetos de computadores e preços. Outras empresas de computadores observavam a lista de preços da IBM e tentavam fazer um pouquinho melhor.

Mas as guerras de preço no setor de computadores do final dos anos 1970 viraram de cabeça para baixo esta liderança em termos de preços, desencadeando uma onda de concorrência. Essa foi seguida por um avanço em tecnologia para Vaxes, PCs, Lans, servidores-clientes, máquinas de banco de dados, supercomputadores a custos mais acessíveis e, mais recentemente, computação em nuvem.

O tema da Parte 5 são os aspectos financeiros da empresa. O Capítulo 14 se concentra na *gestão financeira* e mais especificamente no orçamento: o plano financeiro de curto prazo. Contrário ao que geralmente se pensa, um orçamento não é uma autorização para gastar dinheiro. É um plano que combina as necessidades de gastos – incluindo os custos operacionais e os investimentos – com os recursos financeiros. Os orçamentos devem ser flexíveis e adaptáveis, sendo que os orçamentos alternativos são uma opção; e eles devem ser cuidadosamente controlados.

O *fluxo de caixa* de uma empresa, outro assunto do Capítulo 14, vem da venda de seus produtos e serviços, depreciação, amortização, ganhos retidos e vendas de ativos. Um fluxo de caixa sustentável, comensurado aos ativos da empresa e aos planos de operação, sustenta o poder de perseverança financeira. Os fluxos de caixa são reduzidos ao servirem a dívida que traz à tona o argumento de patrimônio administrativo *versus* as decisões de dívida.

A questão dos *custos*. O Capítulo 15 é dedicado aos centros de lucro e controle de custos. Os centros de lucros são ganhadores de renda; sobrevivem pelas alocações orçamentárias. Assim sendo, a estrutura organizacional baseada neste último é a solução preferida. Uma organização apresentável do centro de lucro deve ser suportada pelos custos-padrão, prestando bastante atenção ao controle efetivo sobre as despesas.

O Capítulo 16 conclui este livro, abordando o planejamento financeiro de alcance mais longo, a contabilidade administrativa e os relatórios financeiros confiáveis para a atenção do leitor. A tecnologia da informação mais avançada deveria ser usada para promover a habilidade da administração em estar encarregada de questões financeiras. Os balanços virtuais são um exemplo.

A administração bem-sucedida nunca se baseia em assuntos vagos. Os 16 temas são tratados em um número igual de capítulos e seus estudos de caso fornecem evidências desta declaração. Apenas as empresas lucrativas sobrevivem em prazo mais longo, mas a lucratividade nunca pode ser dada como certa. Mesmo a melhor análise de renda futura pode ser enganosa por causa de dados financeiros imprecisos, atrasados e categoricamente falsos, ou pelas manobras muitas vezes realizadas pela alta gerência cujo tempo de mandato está quase acabando.

* * *

Em cada um dos temas, o texto examina os princípios da administração e como eles podem ser colocados em prática de maneira pragmática. O leitor também conhecerá os aspectos positivos e negativos de políticas diferentes e se as práticas atuais relacionadas a previsão, planejamento, organização, pessoal, direcionamento e controle estão ou não produzindo a sinergia necessária.

Agradecimentos

Estou em dívida com uma lista longa de pessoas e organizações pelas suas contribuições para a pesquisa que viabilizou este livro. Também estou em dívida com vários executivos seniores e especialistas pelas críticas construtivas durante a preparação do manuscrito, mais especificamente ao Dr. Heinrich Steinmann e ao Dr. Nelson Mohler.

Aproveito esta oportunidade para agradecer John Wyzalek, por sugerir este projeto, Kyle S. Meyer, Jr. por supervisionar o projeto até sua publicação e Papitha Ramesh pelo trabalho de edição. O crédito pela compilação dos resultados da pesquisa vai para Eva-Maria Binder, a qual digitou o texto, fez o trabalho de arte e organizou o índice.

Parte 1
Estratégia de Negócios

1

Estratégia

1.1 DEFINIÇÃO DE ESTRATÉGIA DE NEGÓCIOS

Entendemos a palavra *estratégia* como a arte da conquista por meio de um plano mestre. Uma estratégia pode ser pessoal, corporativa ou nacional, ou ela pode ser civil, cultural, religiosa ou militar. Buda costumava dizer: "Entre aquele que conquistou na guerra milhões de homens e aquele que conquistou a si mesmo, a maior vitória é do último". A conquista de si mesmo é a estratégia suprema.

Algumas estratégias provam ser brilhantes; outras são estúpidas ou simplesmente desastrosas. O erro, no entanto, não está sempre no plano mestre. "O valor de uma estratégia está nas pessoas que a aplicam", disse Jack Welch, o ex-CEO da General Electric (GE). Seu ditado se aplica em dois sentidos:

- sucessos e
- fracassos

"Uma vez que aprendemos nossa lição com um fracasso, devemos novamente assumir o risco comensurado ao trabalho que estamos fazendo", Walt Disney um dia sugeriu. Na opinião de Bernard Arnault, da LVMH, e Christian Dior, "os erros são inevitáveis – mas quando usados de modo apropriado eles servem para formar a mente de uma pessoa". O que deveria ser evitado é cair num abismo. Assim sendo, o plano mestre deveria ser dinâmico, adaptável, tendo um "Plano B" ao qual recorrer.

A estratégia de negócios alcança sua meta por meio de um plano (Capítulo 4) que consiste de jogadas táticas a respeito da execução das operações sob o plano mestre. As *táticas* são um ingrediente vital da estratégia, mas elas estão subordinadas a esta. Os quatro componentes fundamentais de qualquer plano mestre são os seguintes:

1. *Estratégia dos Recursos Humanos* (Capítulos 2 e 6) – Cujo objetivo é identificar, recrutar e continuar desenvolvendo os gerentes e os profissionais da empresa.

Certa vez perguntaram a Andrew Carnegie se ele perdesse todas as suas fábricas e mantivesse seu pessoal, ou perdesse todo seu pessoal e mantivesse suas fábricas, qual opção ele escolheria. Ele respondeu a primeira, isto porque se tivesse as pessoas que selecionou e treinou durante vários anos, reconstruiria seu império. O maior ativo de uma empresa não é o dinheiro nos cofres, mas sim as *pessoas*, seus clientes e seus funcionários.

2. *Estratégia Financeira* (Capítulo 14) – Centrada no planejamento adiante para proteger e fazer crescer os recursos econômicos da entidade, apesar das incertezas e turbulências.

Uma estratégia financeira efetiva requer o posicionamento da empresa contra as forças de mercado. Para fazer isso, os membros da diretoria, CEOs, chefes do setor financeiro (CFOs) e seus colegas devem enxergar além de seus compromissos diários e enfrentar suas responsabilidades mais amplas, as quais são proteger e fazer crescer os ativos da empresa.

3. *Estratégia de Mercado* (Capítulo 8) – Objetiva identificar efetivamente o mercado da empresa, administrando a mudança que ocorre no mercado e desenvolvendo um plano capaz de sustentar a liderança.

Quanto mais dinâmico é o mercado, maior a necessidade para reposicionamento de mercado. Das principais 100 empresas industriais norte-americanas, classificadas por ativos em 1914 quando começou a Primeira Guerra Mundial, apenas uma estava nesta lista em 2010: a GE. A maioria das outras desapareceu. Das principais 100 em 1945, no final da Segunda Guerra Mundial, apenas algumas estão classificadas no topo hoje em dia, e a então Número 1, a General Motors (GM), teve de pedir falência para se reestruturar e tentar sobreviver.

4. *Estratégia do Produto* (Capítulo 12) – Cujo objetivo é estar encarregada dos produtos e serviços oferecidos para o mercado, e por precificá-los de maneira competitiva, porém lucrativa, para confrontar as jogadas feitas pelos concorrentes da empresa.

Com o rápido avanço da tecnologia, as empresas precisam se posicionar no mercado não apenas para ganhar reconhecimento, mas também para reter a atratividade de sua marca. Isso pede inovação e desenvolvimento de novos produtos que o restante da indústria não tem. No entanto, tais produtos deveriam se encaixar no pensamento estratégico da empresa.

Nenhuma entidade pode ser um líder em todos os campos, mas ela pode liderar pelo menos em alguns produtos que se tornarão seu carro-chefe no mercado e ganhador de renda. Devemos sempre nos lembrar de que os produtos estratégicos mudam com o passar do tempo em virtude da movimentação dos concorrentes e os pontos de inflexão no mercado que trazem as empresas para uma encruzilhada (Seção 1.3).

Como documentam essas referências, a estratégia de negócios não pode ser feita abstratamente. Ela deve ser factual e pede o domínio de habilidades, premeditação e artifícios para alcançar as metas e realizar os planos. A estratégia é um processo dinâmico que caracteriza a interação de duas ou mais pessoas ou entidades, sendo que as ações de cada um são baseadas em certas expectativas de movimentação pelo outro, sobre a qual o primeiro não tem controle. Essa definição contém os três elementos que separam a estratégia de outros planos ou jogadas:

- É um *plano mestre*, não apenas uma lista de ações individuais.
- Ele é *competitivo*, envolvendo, assim, concorrência, um ingrediente básico em qualquer estratégia.
- Ele tem um *oponente*, outra pessoa, grupo, organização, sem a qual a situação de competitividade não existiria.

No sentido realçado pelos pontos acima, a estratégia tem sido aplicada a guerras, negócios e propagandas, assim como a políticas. As estratégias bem-sucedidas seguem uma máxima militar antiga que declara: "Reforce o sucesso, abandone o fracasso". A estratégia não é um objetivo em si, mas um plano mestre para realizar os objetivos.

Uma das noções fundamentais que corroboram um plano mestre é a identificação dos nossos pontos fortes e fracos, colocando adiante jogadas que reforçam nossos pontos fortes e antagonizam nossos pontos fracos. Em seu livro, *Competitive Strategy*, Michael Porter, da Harvard University, perguntou como as empresas conseguem assegurar vantagem competitiva de longo prazo no domínio de duas escolas conflitantes:

1. A Harvard Business School, a qual instigou as empresas a ajustarem suas circunstâncias singulares.
2. O Boston Consulting Group, o qual sugeriu que o planejamento pode ser baseado em um "princípio universal", a famosa curva da experiência.

De acordo com a segunda hipótese, quanto mais uma empresa conhece sobre o mercado, mais reduzirá seu preço e aumentará sua participação no mercado. Porter tentou encontrar um meio termo ao estudar as empresas individualmente e colocá-las no contexto de seus setores. Disso, ele deduziu *estratégias genéricas*.[1]

Aqui, "estratégias genéricas" são a abordagem errada e "princípios universais" devem ser usados apenas pelos incapazes, os quais foram solicitados pelos indispostos a fazerem algo desnecessário. Embora possamos aprender muito ao ler Sun Tzu e Maquiavel (entre outros grandes pensadores – veja a Seção 1.2), um plano mestre bem-sucedido não é feito de componentes pré-fabricados. É um trabalho de arte baseado em:

- imaginação
- treinamento
- experiência
- informação e
- estratégia

Uma estratégia bem-sucedida é específica e tem localidade. Ela pode ser formulada apenas depois que os *objetivos* de uma pessoa (empresa, grupo ou sociedade) forem estabelecidos. A confecção de uma estratégia envolve a projeção para o futuro e a seleção de planos de ação alternativos. Projeções e previsões ajudam a reduzir os efeitos do desconhecido, mas não fazem com que eles desapareçam. A seleção entre as alternativas é o processo básico que usamos para aperfeiçoar um curso de ação escolhido.

- Nenhuma organização consegue liderar seu caminho em um ambiente competitivo de maneira efetiva, sem alguma forma de estratégia formal ou informal.
- Motivos genéricos para a empresa e seu ambiente não apenas requerem reavaliações estratégicas, mas também pedem ações corretivas e reformulação da estratégia.

Todas as formas de estratégias organizacionais – estado, comunidade, empresa – não devem ser rígidas, inflexíveis, monolíticas ou obsoletas. A existência de uma estratégia estabelecida não deve nunca ser considerada de maneira a permitir que o CEO e seus assistentes imediatos se desassociem de um *follow-up* ativo dos assuntos da organização na suposição que, por terem

[1] Embora também declarando que empresas diferentes devem escolher caminhos diferentes para o sucesso.

dado ordens para que tudo seja executado, as coisas se encaixarão no seu devido lugar.

O presidente Truman uma vez disse que de todos os desafios e dores de cabeça da presidência – a Guerra Fria, a crise de Berlin, a Guerra da Coreia, o confronto de MacArthur, a Recessão – não havia algo maior do que dar ordens, esperar que elas sejam seguidas e depois ver que nada acontece.

A fórmula de uma estratégia vencedora – seja esta industrial, financeira, militar, política, individual – envolve a reavaliação dos planos da própria pessoa, suposições sobre os planos dos adversários, jogadas imaginativas para combiná-los e muita supervisão e *follow-up*. A ação de controle (Capítulo 7) é necessária para garantir que um plano, uma vez estabelecido, seja implementado.

1.2 SUN TZU E MAQUIAVEL

Há dois mil e quinhentos anos, Sun Tzu, o grande estadista e general chinês, disse: "Quem conhece a si mesmo e conhece seus inimigos, não temerá o resultado de cem batalhas". Mas, em seguida ele adicionou: "Ganhar cem vitórias não é o auge da habilidade. Render o inimigo sem lutar é a excelência suprema".[2] Na opinião de Sun Tzu:

- a invencibilidade de cada pessoa depende dela mesma,
- mas a vulnerabilidade do inimigo depende do inimigo em si.

A tradução dos princípios de jogadas estratégicas de Sun Tzu em uma estratégia de negócios atual varia do desenvolvimento de recursos humanos ao planejamento financeiro e a harmonização das atividades da empresa em resposta à demanda instável do mercado. O elemento crítico será surpreender, não apenas contra-atacar as ações dos concorrentes. Assim sendo, as perguntas cruciais que a gerência deveria fazer a si mesma são as seguintes:

- Qual é a *nossa* estratégia?
- Qual é a estratégia de *nossos* oponentes?
- A estratégia que escolhemos os deixa para trás?

As próximas perguntas críticas que a gerência deve se perguntar para obter respostas claras são as seguintes: Quais dos nossos produtos estão perdendo a atração de mercado? Por quê? Quais são suas vendas? Margens de lucro? Cus-

[2] Sun Tzu, *L'Art de la Guerre*, Flammarion, Paris, 1972.

tos? Riscos? Como nossos produtos se mantêm em relação aos dos concorrentes? Como nossos clientes e concorrentes estão vendo nossos pontos fortes e fracos? Eles estão se aproveitando dos pontos fracos?

Quando falamos sobre produtos e serviços, também falamos sobre mercados. O mercado primário, para o qual somo atraídos, está mudando? E os mercados secundários? Como nos posicionamos no nosso mercado primário, em relação à posição de nossos concorrentes? Com que velocidade este mercado cresce? Com que velocidade ele muda? Para qual direção ele muda? Quais são os riscos especiais que as movimentações do mercado representam para o futuro da nossa empresa?

Com base no livro de Sun Tzu, essas perguntas precisam ser respondidas de maneira factual e documentada antes mesmo de se pensar sobre as jogadas possíveis. As respostas oferecidas falarão muito sobre oportunidades de negócios e fracassos pendentes; e sobre quão bem nossa organização se posicionou em relação às forças de mercado – o que basicamente significa a ordem ou desordem na administração de nossa empresa.

Para Sun Tzu, que observou esta questão, ordem e desordem são condicionadas pela estrutura, organização (Capítulo 3) e direção (Capítulo 6). Os pontos fortes e fracos dependem muito da disposição tática, onde coragem ou covardia dependem das circunstâncias. Napoleão uma vez disse que heróis e covardes são a mesma pessoa. Tudo depende de como a batalha está evoluindo. Sun Tzu acreditava que um comandante qualificado procura sair vitorioso de qualquer situação que enfrenta. Ele é o primeiro a assumir a responsabilidade pelas decisões, em vez de relegá-la para seus subordinados.[3] E embora as recompensas façam parte do jogo, frequentemente estas indicam que o homem no comando está quase sem forças – com muita frequência, as punições provam que ele está com problemas sérios.

Outra lição a ser aprendida com um comandante bem-sucedido como Sun Tzu é que a melhor política é atacar a estratégia do inimigo. Toda guerra é baseada em decepção. Assim sendo, quando for capaz de atacar, simule incapacidade; quando ativo em movimentar as tropas, simule inatividade. Além disso,

- se seu oponente tem um temperamento colérico, tente irritá-lo, e
- se ele for arrogante, exalte seu ego.

O grande general chinês também declara que é muito mais complexo elaborar uma estratégia – o plano mestre – do que desenvolver um plano para uma batalha. O plano de batalha é relativamente de curto prazo, ao passo que a estratégia e contra-estratégia precisam ser elaboradas tendo em mente os in-

[3] Idem.

teresses fundamentais e de longo prazo. A conveniência não é uma maneira de planejar para o sucesso, e ela pode levar ao desastre.

- A escolha do fator primário é mais decisiva,
- uma pessoa nunca deveria ser enganada por fatores secundários menores, os quais normalmente acompanham uma meta.

Na opinião de Nicolau Maquiavel, "Nada faz um príncipe ser tão estimado quanto grandes empresas e o dar de si raros exemplos. (Mas) nunca deixe qualquer administração achar que consegue escolher um curso perfeitamente seguro". "Prudência", diz Maquiavel, "consiste em:

- saber como distinguir o caráter dos problemas e
- a habilidade de escolher o mal menor.

Um exemplo de mal menor é dado por Kennedy quando, durante a crise de mísseis cubanos de 1962, fez um grupo de 15 conselheiros elaborar alternativas, as quais não eram necessariamente exclusivas:

1. Não fazer nada.
2. Usar pressão diplomática de aviso e negociar.
3. Tentar separar Fidel Castro da questão dos mísseis.
4. Montar uma barricada.
5. Ordenar um ataque aéreo contra os mísseis.
6. Empreender uma invasão.

A prudência sugeriu a alternativa número 4 como o mal menor. Uma vez que essa escolha foi feita, não tinha volta. Um plano de ação garantiu a continuidade e, por fim, o sucesso em evitar um confronto nuclear. A alternativa número 4 levou a termos favoráveis de um acordo, enquanto uma invasão em Cuba poderia ter levado a um holocausto nuclear.

Uma vez que o mal menor havia sido escolhido, Kennedy aplicou a maneira de Maquiavel exercitar a liderança em um confronto. As ações devem ocorrer uma após a outra, de maneira que os homens nunca tenham tempo de trabalhar contra o plano mestre. Um homem de negócios que coloca em prática os conselhos de Maquiavel é Charles Revson, o arquiteto da Revlon. É atribuída a ele a seguinte afirmação: "Eu construí este negócio sendo um desgraçado, eu o dirijo sendo um desgraçado. E sempre serei um desgraçado".[4]

---

[4] *The Economist*, 20 de março de 2010.

"Ser legal, sentir-se culpado e agir de acordo com as regras; se há uma receita para produzir um futuro sombrio, só pode ser esta", disse Walter B. Wriston, o ex-presidente do Citibank. O aforismo se encaixa perfeitamente à evitação pela liderança de decisões difíceis, sejam essas em nível corporativo, nacional ou internacional – nos negócios e na política.

Nem Sun Tzu nem Maquiavel tinham paciência para a liderança compartilhada na guerra e na política – e, por extensão, no mundo corporativo. A história dos negócios está repleta de exemplos de empresas, como a EADS (o grupo de defesa europeu), a Unilever (a empresa anglo-holandesa de produtos para consumo) e a Goldman Sachs (o banco de investimento americano), as quais tiveram, em um momento ou outro, dois capitães no leme. Quase todos esses relacionamentos basicamente fracassaram.

Empresas de tecnologia bem-sucedidas, como Apple e Oracle, são dirigidas pelos seus CEOs, não por diretorias divididas ou por comitês. "Um comitê não pode dirigir uma empresa", disse Henry Ford, "assim como um comitê não pode dirigir um carro", Tanto a Apple quanto a Oracle brilharam durante a recessão econômica e prosperaram, apesar do alcance e ritmo da globalização. Seus chefes, Steve Jobs na Apple e Larry Ellison na Oracle, não são de jeito nenhum tipos que consultam, compartilham.

Em seu livro, *Caveat*, Alexander MeigsHaig, ex-secretário de Estado e comandante da OTAN, diz: "A Casa Branca [Reagan] era tão misteriosa quanto um navio fantasma; você escutava o rangido das velas e o chiado da madeira e algumas vezes até via a tripulação no convés. Mas qual dos tripulantes tinha controle do leme?... Era impossível saber...".

1.3 ENCRUZILHADAS ESTRATÉGICAS

Há um reconhecimento geral entre empresas bem administradas que elas não conseguem operar com sucesso, a menos que tenham um plano mestre, o qual eles atualizam dinamicamente. Tal plano os ajuda e os guia sobre como controlar o desenvolvimento dos mercados – uma referência válida sobre as metas a serem alcançadas, e a respeito das movimentações a serem seguidas diante da concorrência.

Previsões, planos, políticas, procedimentos e decisões básicas são em geral feitos e tomados no domínio de um mercado que evolui constantemente. Sua desvantagem mais frequente é que eles presumem que essa evolução acontece de maneira relativamente linear. Isso é falso porque mesmo que seja algumas vezes linear, a evolução é muitas vezes frustrada pelo desenvolvimento de mercados dinâmicos, criando *pontos de inflexão*, os quais levam a empresa e sua alta gerência a encruzilhadas estratégicas.

Um plano mestre que segue o conselho de Sun Tzu (Seção 1.2) é aquele que ajuda a organização a assumir um papel proativo. Esse normalmente requer que os principais problemas potenciais sejam evitados ao atacar suas raízes logo no início. O desafio para fazê-lo está no fato de que as decisões administrativas:

- são tomadas em face da incerteza e
- são normalmente tomadas sem informações suficientes.

O que distingue os líderes empresariais das pessoas comuns em posições administrativas é que, apesar desses dois pontos, eles veem o principal problema se aproximando e o desarmam quando é hora de fazê-lo. Na semana de 12 de abril de 2010, Ben Bernanke, o presidente do Fed, depôs no Comitê de Bancos do Senado dos Estados Unidos. Respondendo à pergunta de um senador a respeito de ter ou não visto a grande bolha financeira se aproximando, a qual levou à profunda crise econômica de 2007-2011, ele respondeu que não.

Em outros termos, esse grande ponto de inflexão na economia dos Estados Unidos, na economia global e, mais especificamente, no setor bancário havia escapado da atenção de Bernanke.[5] No dia seguinte, Chuck Prince e Robert Rubin,[6] o CEO e presidente do comitê executivo, respectivamente do mal administrado Citigroup, depuseram no Comitê de Bancos do Senado dos Estados Unidos. Eles também disseram que não viram a grande bolha financeira se aproximando.

Um dia depois, naquela mesma semana em uma entrevista pela Bloomberg Financial News, George Soros, um investidor global, disse que ele e Paul Volker (o ex-presidente do Fed) viram a grande bolha se aproximando, e ele não entendia porque Bernanke, Prince e Rubin não haviam visto. Quando perguntado sobre o que ele fez quando viu a bolha, Soros disse que:

- se juntou a ela, isto porque essa é sua maneira de fazer dinheiro,
- mas, em contrapartida, era trabalho do Fed e de outros reguladores desarmarem a bolha antes de ela danificar profundamente a economia norte-americana.

---

[5] Ele era na época vice-presidente do Federal Reserve System.

[6] Rubin era também Secretário do Tesouro sob a administração Clinton e ex-CEO da Goldman Sachs.

Uma das obrigações mais importantes da gestão estratégica é ver, de antemão, que os problemas estão começando a se formar e desarmá-los antes de eles se tornarem enormes. Para entender o quanto isto é crítico, tenha em mente que a diretoria, o CEO e a alta gerência lidam com a alocação de recursos finitos, sendo que alguns deles já podem estar comprometidos quando o ponto de inflexão altera a direção do mercado e da indústria.

Um *ponto de inflexão estratégico* é um momento na vida de uma sociedade, uma economia, uma empresa ou uma pessoa quando os fundamentos prevalecentes estão para mudar. As boas-novas são que ele proporciona àqueles que tomam as decisões, a oportunidade de se desligar do *status quo* e se atirar em um nível mais alto de realizações. A notícia ruim é que isso pode ser mortal se:

- não for atendido em tempo, e
- não for tratado de maneira apropriada.

Um ponto de inflexão estratégico questiona a habilidade da diretoria e do CEO em estar no comando, pois leva a empresa a encruzilhadas e não permite atrasos ou escorregões nas decisões. Os vencedores e os perdedores serão divididos pela sua habilidade de manobrar na direção correta, ao mesmo tempo em que continuam agregando valor aos produtos e serviços fornecidos para os clientes.

Isto aconteceu, por exemplo, com a desregulamentação da indústria financeira e bancária nos anos de 1970 e 1980. Alguns bancos prosperaram, ao passo que outros ficaram ali parados, vendo suas fontes primárias de renda desaparecerem enquanto seus clientes passaram a ser seus concorrentes. A lição aprendida com essa experiência foi que:

- *se* a alta gerência falhar em assumir o controle e o direcionamento da empresa em uma nova direção enquanto ainda há tempo,
- *então* seus clientes, concorrentes e suas margens de lucro encolhidas tomarão a decisão no lugar da diretoria.

A maior questão é a habilidade de prever a mudança se aproximando – a escolha de uma nova direção estratégica, dando início a grandes mudanças culturais associadas, as quais muitas vezes trazem consigo estresse interno e crise. Ironicamente, quanto mais bem-sucedida uma pessoa tenha sido na estrutura antiga, mais difícil é fazer a mudança.

Em seu livro, *Only the Paranoid Survive*, Andrew Grove fornece exemplos excelentes para os motivos de o CEO não ter apenas uma visão clara do cenário de negócios vindouro, mas também a determinação necessária para liderar um grupo de pessoas através de um conjunto rígido de mudanças. Relembrando sua experiência na Intel, Grove diz que "é preciso ter objetividade, disposição para agir sobre suas convicções e paixão para mobilizar as pessoas a darem suporte a essas convicções. Parece uma situação difícil, e é".[7] Quando a Intel e seu CEO confrontaram o ponto de inflexão estratégico ao qual Grove se refere, a empresa era lucrativa e altamente focada nos resultados tangíveis. O desafio pode ser mais bem descrito pelo que Grove chama de *10X* fator tecnológico, uma mudança na ordem de magnitude, a qual não veio como um "*big bang*", e sim "de mansinho".

A mudança que veio de mansinho eram os japoneses. Seus donos primeiramente se destacaram no mercado primário da Intel, em seguida, avançaram sua liderança. Depois disso, parecia que eles estavam se posicionando para arrasar. A posição da Intel estava ameaçada, mas o ponto de inflexão estratégico que ela confrontou também ofereceu oportunidades, não apenas ameaças. Como relata Grove, em meados dos anos 1980:

- A situação era se adaptar ou morrer.
- A decisão estratégica para a adaptação tem sido focar a liderança de mercado em microprocessadores, deixando o "feudo" anterior de semicondutores para a concorrência.

O *tempo* tem muita importância. As ações associadas com uma decisão estratégica tomada anteriormente podem muito bem não servir mais adiante, pois elas não seriam suficientes para reverter a situação. Além disso, quando a alta gerência está sem rumo certo, a empresa fica desmoralizada, as pessoas perdem sua direção e nada realmente funciona.

Um bom incentivo para que os funcionários ofereçam um desempenho melhor é saber para onde a organização está se dirigindo. A tarefa da gerência, no entanto, continua sendo complexa porque as principais mudanças de direção associadas com um ponto de inflexão estratégico requerem profundidade e amplitude de conhecimento, como sugere a Figura 1.1. E também coragem para tomar as decisões difíceis e fazê-las funcionar.

Algumas vezes, como competentemente sugere Sun Tzu, uma decepção bem orquestrada ou um concorrente proporciona à empresa, que tomou a decisão, o tempo de que ela precisa para ficar à frente da curva em sua nova direção. A Segunda Guerra Mundial fornece um dos melhores exemplos de como desbancar o inimigo.

---

[7] Andrew S. Grove. *Only the Paranoid Survive*. Currency Doubleday, Nova York, 1996.

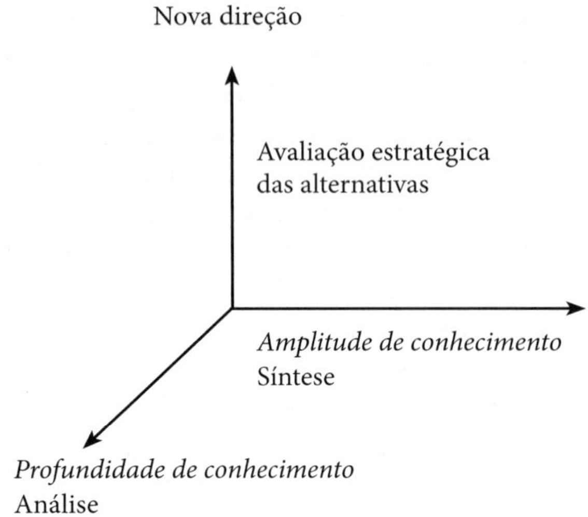

FIGURA 1.1
Escolhas estratégicas de direção, associadas a um ponto de inflexão estratégico, requerem profundidade e amplitude de conhecimento.

O caso ao qual me refiro data de agosto de 1940. A Luftwaffe havia se esforçado para derrubar a estação de radar *chain home* da Força Aérea Real (RAF) em Ventnor, na ilha de Wight. Os aviões alemães bombardearam a antena e as salas de transmissão, causando muitos danos, mas com grandes perdas de homens e materiais.

O comando alemão não tinha certeza de que os danos infligidos ao inimigo valiam os vários aviões que foram derrubados pelos britânicos. Assim sendo, no dia seguinte eles enviaram aviões de reconhecimento e seus detectores mostraram que o Ventnor estava novamente no ar. Goering decidiu que se era tão difícil assim derrubar o radar, este não valia a pena, e a Luftwaffe parou de tentar.

Este é um exemplo de decepção bem orquestrada. O radar britânico não estava realmente funcionando, mas os técnicos se recusaram a admitir que ele houvesse sido derrubado. Assim sendo, eles usaram alguns ruídos de frequência de radar e oscilações em um amplificador e fizeram de conta que era uma transmissão de radar. O blefe deu certo, assim como outros ardis.

1.4 EXAMINANDO CAUSA E EFEITO

Uma análise profunda dos desafios passados e presentes, assim como das decisões e seus efeitos posteriores, proporciona muitos *insights* sobre os eventos, os quais podem ter somado a um ponto de inflexão estratégico. As revisões, as quais envolvem decisões passadas sobre os eventos principais, também são uma política excelente para julgar quão eficaz "tem sido" as movimentações da alta gerência. Simulações, conjecturas e gravações oferecem outras dimensões.

Isso evidentemente requer uma riqueza de dados sobre as decisões e seus efeitos posteriores. No final dos anos 1980, aprendendo com o que, naquela época, era conhecido como uma nova política do Pentágono para os excedentes orçamentários, várias empresas desenvolveram o que passou a ser conhecido como Corporate Memory Facilities (CMFs). Um dos primeiros exemplos foi o Bankers Trust's Magellan, elaborado com o objetivo de:

- registrar os elementos das decisões e argumentos que levaram a elas, e
- facilitar as revisões que examinam quão sólidas são essas decisões e qual foi o papel daqueles que as tomaram.

O conceito básico dessa abordagem é a *análise de causa e efeito*. Virgílio, o poeta, autor e filósofo romano, disse: "Você deve conhecer as causas para chegar às conclusões corretas". Por exemplo, em termos de causas, a profunda crise financeira e econômica de 2007-2010 pela qual ainda estamos passando deve-se a:

1. um aumento maciço na dívida, em todos os níveis da sociedade;
2. um sistema bancário paralelo, com seu aumento de dívida e riscos de financiamento;
3. limitações da engenharia financeira e estimativas baseadas em modelos;
4. um risco excessivo, especialmente com exposições que aqueles que assumem os riscos não entendem; e
5. gestão de risco totalmente abaixo do padrão, assim como as práticas supervisórias pelo governo.

Como é do conhecimento de quase todos, nos Estados Unidos de hoje (e numa escala menor na Europa) cada $1 em produção corresponde a $4 em dívida. Ainda assim, não houve governo, banco central ou autoridade supervisória que tenha se mexido para corrigir os saldos. O laxismo levou a práticas superficiais de empréstimos, uma bolha no mercado imobiliário e o abismo das hipotecas *subprime* – enquanto grandes bancos ultra-alavancados se desintegravam como um castelo de areia e tiveram que ser socorridos (imprudentemente) com trilhões de dólares do dinheiro dos contribuintes.

Os bons gerentes, os principais cientistas e outros profissionais apreciam a necessidade de estudar a causa e o efeito e chegar a conclusões apropriadas. Em seu *Essai-Philosophique sur les Probabilités*, Pierre Simon de Laplace, o famoso cientista francês do final do século 18, declarou que os eventos presentes estão conectados aos anteriores por uma ligação baseada no princípio evidente de que algo não pode acontecer sem uma causa que o tenha produzido.

De maneira similar, os eventos futuros são, até certo ponto, baseados nos eventos e decisões presentes, assim como em seus efeitos posteriores. Falando de minha experiência pessoal como consultor para um grupo diverso de organizações industriais e financeiras, muitas decisões críticas são tomadas de maneira desvinculada dos negócios primários da empresa. Assim sendo, como uma questão de política, Peter Drucker perguntava aos homens de negócios que encontrava:

Em qual negócio você está?

Para essa pergunta, ele não esperava uma resposta que consistia de poucas palavras, mas uma referência causal feita pela outra pessoa sobre suas atividades em um cargo na alta gerência. Esta levou a contraparte a examinar minuciosamente seu emprego. A próxima pergunta que Drucker fez foi:

O que você precisa para melhorar seu negócio?

Para dar uma resposta factual e documentada, seu interlocutor precisava primeiro traduzir as informações sobre os pontos fortes e fracos de sua empresa e as causas por trás destes. Em seguida, precisava expressar tal conclusão de maneira compreensiva, o que incluía as causas. Mas Drucker continuava pressionando:

Onde você espera estar daqui a um ano?

Drucker reinventou a abordagem de Sócrates, e ele fez isso obrigando o interlocutor a pensar no futuro. A transição de causa para efeito, e depois para uma nova causa, é instrumental na descoberta de fatores comportamentais humanos interessantes. Ela também ajuda a demonstrar se a pessoa tem pensado sobre passado, presente e futuro.

O trabalho de investigação é feito de maneira similar. Na análise estatística, fazemos um teste de causalidade ao examinar causa e efeito que corroboram as séries temporais. Em seguida, após ter estabelecido o padrão dominante:

- elaboramos hipóteses tomadas como substitutos para as causas e
- projetamos as consequências prováveis, as quais são tomadas como efeitos.

No final dos anos 1990, quando era tesoureiro do Barclays Bank U.K., Dr. Brandon Davies, que havia começado sua carreira como cientista de foguetes, pediu ao seu assistente que analisasse o comportamento da economia britânica em cerca de 180 anos, começando com o final das guerras napoleônicas.

O que Davies queria eram os padrões que caracterizam esses quase 180 anos, a existência de discrepâncias, suas causas e seus efeitos. Isso o colocou na posição para projetar os eventos futuros por meio do pensamento analítico. Tal exercício é um dos melhores procedimentos disponíveis na junção de análises qualitativas e quantitativas, em que causa e efeito têm um papel importante.

Uma abordagem bastante similar tem sido usada pela teoria da vantagem comparativa, desenvolvida por economistas nos século 19. Seu objetivo primeiro era entender e explicar o ambiente industrial. Os exemplos de causas são os seguintes:

- Posse de recursos naturais
- Mão de obra qualificada requerida
- Quantia de capital por trabalhador
- Condições climáticas específicas

As vantagens comparativas impactam mais significativamente as decisões estratégicas. O algodão era cultivado no sul dos Estados Unidos porque o clima e a terra eram adequados. Mas ele era tramado em tecido na Nova Inglaterra, pois lá havia energia hidroelétrica e qualificações locais. Do mesmo modo, o aço era feito em Pittsburgh, uma vez que os custos de transporte eram minimizados por causa das hidrovias que conectavam as minas de ferro e os depósitos de carvão.

A mobilidade de ativos materiais é limitada pelos custos. Transportar cimento pela rodovia por mais de 200 km não é econômico. Em contrapartida, os recursos de conhecimento são bastante móveis. Os cérebros vão aonde eles são apreciados, disse Robert McNamara nos anos 1960 no auge dos afluxos de cérebros nos Estados Unidos.

A indústria do conhecimento não é o único motivo pelo qual as noções passadas a respeito das conexões existentes entre causa e efeito mudaram. Durante as últimas décadas, a desregulamentação, a globalização e a inovação alteraram as leis econômicas que governam o capital e a mão de obra, quando todos emprestam dinheiro, e muito dinheiro é emprestado em praticamente qualquer grande centro financeiro:

- O capital financeiro é amplamente acessível a um preço.
- O capital humano pode ser criado em qualquer lugar por meio de um esforço educacional consistente, pelo menos entre a elite intelectual.

A ênfase em conhecimento e qualificações é tanto a causa como o resultado das mudanças globais em andamento, com o efeito de que a força física dos trabalhadores sem qualificações ou com pouca escolaridade é cada menos necessária. No entanto, ao mesmo tempo, há uma obsolescência crescente de qualificações, cuja causa pode ser encontrada no rápido avanço tecnológico.

Por meio da experimentação, a simulação e a modelagem das ciências também ganharam um novo *insight* nos relacionamentos de causa e efeito. A chave para isso é a avaliação analítica dos resultados da quantificação. Por exemplo, uma maneira de testar os modelos matemáticos pela precisão e resiliência é pelo que é conhecido como "previsão do passado", ao:

- voltar no tempo com as séries;
- pegar uma faixa de 10 anos, por exemplo,
- aplicar o modelo sendo desenvolvido ou testado a um período anterior ao daquela faixa (se necessário, ajustar os parâmetros); e
- comparar os resultados emulados com estatísticas da vida real.

Muitas evidências são encontradas ao examinar quanto os resultados do modelo são próximos das estatísticas e outros dados dos anos posteriores da faixa, os quais foram usados como base para o modelo. Um artefato matemático sofisticado seria ajustado para refletir as causas da estrutura de tempo para o qual ele supostamente pertence, provendo efeitos comparáveis àquelas estatísticas na vida real do período depois da faixa.

1.5 QUESTÕES PROEMINENTES NA ESTRATÉGIA INDUSTRIAL

Análises de causa e efeito foram eficazmente usadas no estudo de problemas salientes que confrontam a estratégia industrial. Um problema proeminente é aquele para o qual a gerência deve imediatamente voltar sua atenção integral. Uma empresa como uma pessoa, pode ter muitos problemas, mas, em certo momento, apenas um deles é relevante.

Em sua maioria, embora não seja exclusivamente, o problema proeminente do momento, o qual confronta uma empresa industrial, terá a ver com uma das cinco áreas: inovação, qualidade, custo de produção, distribuição – ou, algumas vezes, com uma combinação deles. Intencionalmente, uma referência a um problema financeiro não foi incluído nesta lista curta, isto porque, na maioria dos casos, eles são o efeito de outros problemas – não sua origem.

Em um seminário financeiro, no qual apresentou análises de estudos de caso em 1954 na UCLA, os doutores Luis Sorel e Neil Jacoby, Reitor da Escola de Administração Comercial, haviam proibido seus alunos de definirem os problemas financeiros como proeminentes. Eles fizeram isso pelo motivo citado no parágrafo anterior.

Em contrapartida, com frequência, os problemas proeminentes têm muito a ver com a linha de produtos. Na realidade, a inovação não é simplesmente uma questão de novos produtos e serviços. O conceito é muito mais amplo, e está relacionado à habilidade de uma empresa de se reinventar.

- Praticamente toda indústria está chegando num ponto em que a próxima etapa necessária para garantir seu futuro desafia a habilidade da gerência em se decidir.
- Novas ideias e redefinições dos negócios não garantem a sobrevivência, mas a falta deles aumenta tremendamente o risco nos negócios.

Nos anos 1990, quando o Vale do Silício caminhava para se tornar global, diziam que suas empresas, as quais queriam continuar nos negócios, tinham de se reinventar a cada um ano e meio. Esse pensamento foi baseado no fato de que as empresas assumem enormes riscos nos negócios ao ficarem para trás em inovação e atrativo de mercado. Algumas vezes, essa falta é composta pelo risco administrativo, e este pode ser amplificado pela exposição em um setor que está em declínio.

O risco nos negócios, o risco administrativo e o risco da indústria estão correlacionados. Como mostra a Figura 1.2, no centro de sua sinergia está a exposição que resulta de atrasos e fracassos, engenharia "caótica", políticas de marketing abaixo do padrão, custos altos de mão de obra, gastos gerais altos e falta de comprometimento. Os compromissos assumidos pelas empresas nos planos de saúde e de pensão fornecem um exemplo.

Nos primeiros anos do século 21, a GM relatou perdas de \$24,5 bilhões. De toda essa quantia, apenas \$ 1 bilhão veio de perdas operacionais. A origem da parte do governo eram os compromissos com saúde assumidos pela GM, despreocupadamente feitos pela gerência (sob o antigo GAAP contábil) quando eles não foram mostrados no balanço. Mas com os padrões contábeis GAAP recém-decretados:

- tinham de ser contabilizados e
- levaram uma torrente de empresas ao negativo.

Muito mais frequente nas decisões industriais são os erros feitos no domínio da engenharia, produção e marketing. Desse modo, a importância para examinar de maneira fundamental a significância real da estratégia do produto ao fazer perguntas tendo o futuro em mente:

- O que nossa empresa fará em 20 anos?
- De onde virão os negócios e os lucros?
- Quão sustentável eles serão? O que precisa ser feito para proteger a base de clientes?

As respostas para essas perguntas muitas vezes requer o reexame das decisões estratégicas. A nossa empresa deveria ser líder de produtos em todos os campos de sua atuação? Ela deveria desenvolver todos os produtos por meio de nosso P&D? Comprar patentes? Proceder por aquisições?

Outras perguntas que pedem respostas sinceras são as seguintes: Há qualificação administrativa suficiente para lidar com novos produtos? Para abrir novos mercados? Quais são, para *nossa* empresa, os efeitos negativos da globalização? As oportunidades? Como podemos superar os negativos? O que precisamos para amplificar as oportunidades de negócios?

FIGURA 1.2
O risco nos negócios pode ser encontrado na interseção do risco da indústria, risco nos negócios e risco administrativo

- *Design*
- Marketing da engenharia
- Custos de mão de obra
- Gastos gerais
- Compromissos adicionais, como planos de saúde e pensão

Aqui está como a Amazon.com abordou esse assunto. Para afastar qualquer ambiguidade, Jeff Bezos disse desde o primeiro dia que a meta da Amazon.com é ser uma entidade centrada nos clientes, onde as pessoas e empresas conseguem encontrar tudo que elas possam querer comprar *on-line*. Assim sendo, ela continuará a expandir o leque de produtos e serviços oferecidos para seus clientes e parceiros usando a tecnologia para:

- aumentar a eficiência e
- reduzir os custos, para seu próprio benefício e de seus clientes.

A plataforma da Amazon.com consiste de um reconhecimento global da marca, a empresa tem uma base de clientes crescente e sua administração é conhecida por associar tecnologia inovadora para proporcionar uma extensa capacidade de atendimento. Com o passar dos anos, a empresa construiu a mais significativa especialidade em *e-commerce*, tendo trabalhado intensamente com a meta de:

- lançar rapidamente novos negócios comerciais na Internet e
- dotá-los com boas perspectivas para o sucesso no mercado.

Após estabelecer uma infraestrutura para o produto oferecida para o mercado, a alta gerência da Amazon.com atacou a próxima questão proeminente: como usar essa infraestrutura para desenvolver e comercializar novos produtos e serviços. Por trás dessa jogada estratégica tem havido o desejo de melhor amortizar a infraestrutura e expandir o fluxo de renda da empresa. A resposta tem sido a *computação em nuvem*. Hoje, a Amazon.com é um dos maiores participantes na computação em nuvem do mundo.[8]

Tudo isso faz parte da cultura de administração sólida. A estrutura conceitual que corrobora a abordagem descrita é crucial na implementação da estratégia escolhida. Seu objetivo é permitir a integração efetiva das metas corporativas com maneiras e meios, já disponíveis e sob desenvolvimento. Essa é essencialmente a interface de estratégia e tecnologia.

Em contraste com esta abordagem mais ampla, porém focada, empreendida por Bezos, há aquela seguida por Robert E. Allen, CEO da AT&T nos anos 1990. Ele lançou algumas estratégias de telefones locais mal coordenadas, desde simplesmente revender os serviços comprados de operadoras para um novo sistema de "wireless fixo" (principalmente um serviço residencial) – todas com custos altos e retornos baixos.

---

[8] D. N. Chorafas, *Cloud Computing Science*, Auerbach/CRC, Nova York, 2010.

Entre 1996 e1997, sob a liderança de Allen, a AT&T dramaticamente aumentou os gastos de capital de um orçamento anual de $6,6 bilhões reservados para desenvolver redes locais. Ainda assim, nenhuma das abordagens, exceto pela fusão com a SBC, parecia ter o potencial para levar a AT&T ao mercado de $100 bilhões de telefonia local dos Estados Unidos de forma mais ampla. Jeffrey Kagan, da Kagan Telecom Associates, disse: "Eles não estão nem perto de onde queriam estar ou onde os analistas esperavam que estivessem".

Muitas vezes, fontes próximas da AT&T comentaram que seus executivos estavam buscando "esta" ou "aquela" aquisição, assim como negociações de marketing com pequenas empresas que competiam com a Bells, sem ter um plano estratégico. A meta de curto prazo era a de conectar os clientes comerciais às redes de longa distância.

Isso deixou Wall Street totalmente em dúvida sobre as políticas e estratégias da AT&T em meados dos anos 1990. Um comentário frequentemente ouvido pelos analistas financeiros era de que tais negociações nunca fariam da AT&T uma potência local na telefonia dos Estados Unidos. É como fazer telefone de latas ligadas por um barbante, disse um dos analistas.

Uma análise da causa e efeito revelaria que na origem desta telefonia de latas ligadas por um barbante está o fato de que antes do desmantelamento da AT&T, por decisão do Juiz Green, a empresa era muito burocrática. Seus gerentes eram burocratas muito bem pagos, que administravam uma indústria segura e se viram como peixe fora da água quando tiveram de confrontar as forças do mercado.

A Deutsche Telecom, a France Telecom e a KPN, da Holanda, são outros exemplos de antigas empresas de utilidade pública cujos burocratas ficaram possessos quando foram demitidos. A KPN foi salva da falência com o dinheiro de contribuintes; ao aumentarem mais significativamente sua alavancagem, as empresas de telecomunicação alemã e francesa se viram em um mar de problemas.

- Esses erros estratégicos são moeda corrente entre os burocratas.
- Os empresários mais capazes também cometem erros, mas eles os corrigem muito mais rapidamente e sabem como se levantarem.

Um argumento muitas vezes ouvido é que a AT&T, a KPN, a Deutsche Telecom e a France Telecom foram obrigadas a competir ao oferecer serviços que outras empresas também podiam prestar. A Amazon.com é apenas uma das várias empresas, a qual ganhou ao oferecer serviços que outros também podem ofertar, mas ela chegou à liderança porque tinha uma direção estratégica, custo baixo, resposta rápida e uma solução mais eficiente que lhe proporcionou liderança de mercado.

1.6 ELABORANDO UMA ESTRATÉGIA PARA O CRESCIMENTO

Assim como as empresas do Vale do Silício, a antes letárgica indústria automobilística está agora fervendo. O despertar veio com a globalização, que fez as políticas massivas, com movimentação lenta, das "cidades de aço" serem a melhor receita para perder mercado e fechar as portas.

- A indústria de veículos motores tornou-se um setor que necessita de novas ideias, métodos e modelos de negócios.
- A chave são projetos mais eficientes, sofisticados e ecologicamente corretos.

Apenas ao trabalhar com parceiros estratégicos e compartilhar conceitos de engenharia inovadores é que as empresas de veículos motores encontrarão uma solução válida. As empresas bem administradas sabem que a engenharia de *design* está no coração da recuperação da indústria de veículos, e que um fator igualmente potente é a habilidade de alcançar o mercado global. Assim sendo, anseiam não apenas por novas tecnologias mas também por tamanho.

Nos anos após a Segunda Guerra Mundial, a Fiat *era* o fabricante de carros da Itália, finalmente absorvendo seus concorrentes Lancia e Alfa-Romeo. Mas isso não fez da empresa um participante global, mesmo que ela tenha ocasionalmente estabelecido linhas de produção (e marcas locais) na França e na Espanha.

Nos anos 1990, a Fiat tentou resolver esse problema com várias alianças. A mais conhecida é uma união com a GM que durou 5 anos, de 2000 a 2005. Ela acabou em 2005, e Sergio Marchionne, o novo CEO da Fiat, extraiu $2 bilhões da GM para extinguir uma opção de compra que teria forçado a GM a comprar a empresa italiana, a qual estava então na beira do abismo.

A Fiat estava lutando pela sua vida. Ela sabia que não tinha os recursos e atrativos do mercado global para ter um produto de massa como a Toyota, a Ford, a GM ou a Volkswagen. Ela também não tinha tempo suficiente para uma aliança do estilo francês-japonês – como a Renault-Nissan. Para a Fiat, 2005 foi um ponto de inflexão estratégico. Redução de tamanho pode ser fatal em uma indústria com capacidade de produção global se aproximando de 100 milhões de veículos por ano, muito além da demanda.

- Nos bons tempos, o mercado global absorveu aproximadamente 60 milhões de veículos.
- Nos tempos ruins, durante a crise de 2007 a 2009 (quando os programas de promoção patrocinados pelo governo entraram em vigor) o mercado global encolheu para 45 milhões.

Além disso, não apenas a própria experiência da Fiat, mas também a de outros fabricantes de carros havia levado Marchionne a acreditar que as alianças são todas muito boas, mas elas reagem muito lentamente, envolvem muita troca e requerem muito equilíbrio para serem recompensadoras em longo prazo. Os carros se tornaram um setor onde a velocidade nas decisões e execuções é recompensada.

Durante 2008, Sergio Marchionne desenvolveu uma estratégia ambiciosa. Primeiro, ela se desenvolveu ao redor da Chrysler, depois se expandiu para incluir a Opel. Mal administrada pela Daimler durante sua década de propriedade, e muito dependente de caminhonetes e modelos antigos, a Chrysler não tinha condições de sobreviver por conta própria. Sua gerência buscou ajuda de outros fabricantes de carros, incluindo a Fiat e a Nissan.[9]

Marchionne elaborou um plano para obter empréstimos federais para a Chrysler, dos quais ela dependia para permanecer viva, enquanto punha os braços da Fiat ao redor do fabricante de carros dos Estados Unidos. Em troca de um patrimônio líquido de aproximadamente 35%, a Fiat propôs disponibilizar para a Chrysler suas plataformas de tamanhos pequenos e médios e seu sistema de transmissão avançado e mais eficiente em termos de combustível. Em troca, a Chrysler daria para a Fiat algumas das escalas que ela estava buscando para suas plataformas, assim como:

- compra conjunta de peças,
- experiência na produção de carros grandes e,
- mais importante, uma rede de distribuição nos Estados Unidos.

O esquema ganhou o apoio da força-tarefa do Tesouro para a indústria automobilística. Embora o plano estabelecido pelas negociações, pedia que a Fiat inicialmente obtivesse apenas um patrimônio de 20%, este subiu para 35% depois de satisfazer os critérios estabelecidos pelo Tesouro. Mas a empresa italiana teria de repagar os empréstimos federais da Chrysler antes de assumir o controle majoritário – de fato, uma obrigação e tanto.[10]

---

[9] A Nissan faria um carro pequeno para a Chrysler e esta faria caminhonetes para a Nissan.

[10] É interessante observar que em 2008 a Fiat e a Chrysler estavam empatadas na produção, cada uma delas com um pouco mais de 2 milhões de carros por ano, mas estavam atrás de outros concorrente – da Toyota e Renault.

O Tesouro norte-americano aceitou que a Fiat assumiria a responsabilidade de administrar a Chrysler. A administração da Fiat também era responsável pela integração das duas organizações – reestruturando e reorganizando a Chrysler, da maneira como Marchionne havia feito na Fiat em 2004, quando foi nomeado diretor-executivo.

A Opel era o próximo desafio da Fiat. No início de 2009, uma GM gravemente ferida buscava se fortalecer, e isso parecia liberar a Opel, sua enorme subsidiária europeia. Para salvar o emprego do fabricante de carros "Feitos na Alemanha", o governo alemão contemplou investir $5 bilhões do dinheiro dos contribuintes em empréstimos de curto prazo. Isso supostamente manteria as fábricas da Opel abertas.

Marchionne viu na Opel uma oportunidade para a Fiat ganhar tamanho, assim como parte do mercado alemão. Como proposta para a Opel, ele prometeu manter suas três montadoras principais na Alemanha, embora as fábricas na Bélgica e na Grã-Bretanha fossem fechadas. Com o passar do tempo, ele tinha a intenção de reduzir a capacidade combinada em 22%, mas disse que o faria ao enxugar as fábricas em vez de fechá-las – isso porque, como ele disse, esta é a maneira preferida na Europa. As economias de custo eram parte da estratégia. Ao associar a Opel e a Fiat, talvez fosse possível economizar no mínimo €1 bilhão ($1,5 bilhões) ao ano. As duas empresas também se complementavam. A Opel não tinha uma plataforma A, a qual a Fiat tinha, e eles compartilharam uma plataforma B para o Corsa e o Grande Punto. A Fiat, além disso, poderia usar as novas plataformas C e D da Opel.

Tudo isso parecia muito interessante, mas estava longe de ser certo o fato de a Fiat conseguir sair dessa, pois a GM não tinha certeza se queria ou não manter apenas um interesse menor na Opel. Além disso, havia outros pleiteantes para a Opel. A política também teve seu papel. A Alemanha era dirigida por um governo de coalizão:

- Os democratas cristãos favoreciam uma solução italiana para a Opel.
- Mas os democratas sociais preferiam a oferta da Magna, um produtor canadense-austríaco de peças para carros, em aliança com o Sberbank da Rússia.

Os analistas financeiros não estavam muito entusiasmados com a tentativa de juntar a Fiat, a Opel e a Chrysler por causa dos grandes problemas que ela apresentava.[11] Em contrapartida, essa parecia ser uma oportunidade perfeita para seus promotores, que espalhavam suas conexões nas políticas e nos negócios, para fazer com que ela funcionasse.

---

[11] Os críticos duvidavam que a fusão de três culturas diferentes, com a mesma tecnologia, funcionaria.

Finalmente, a Magna parecia ter levado o prêmio da Opel. Na realidade, este foi anunciado como *fait accompli* (fato consumado). Mas, contrária à informação amplamente divulgada, esta não era uma negociação certeira porque a GM ainda não havia dado seu selo de aprovação. Uma revolução na diretoria da GM alterou todo o cenário. No final, a Opel permaneceu sendo uma subsidiária de propriedade da GM.

Como demonstram as reviravoltas da Fiat, Chrysler, Opel e Magna, enquanto os planos estratégicos evoluem, negociações diferentes entre os fabricantes de carros são feitas e desfeitas – enquanto a capacidade de produção está muito além do que pode ser justificado pelas necessidades do mercado. Entre as mais bem administradas empresas de automóveis, a atenção agora se volta para a rede de concessionárias – a qual tem sido negligenciada por muito tempo.

Em conjunto com a Berger, uma consultoria, e a Faculdade de Administração Politécnica de Milão, a Fiat lançou um programa de treinamento intensivo para sua rede de distribuidores. Ela começou na Itália, se expandindo para a Alemanha e a Grã-Bretanha. Esses cursos administrativos (que também almejam os gerentes da Fiat que trabalham com as concessionárias) são distribuídos em mais de oito sessões de dois dias por oito meses. Eles cobrem:

- qualificações administrativas e empresariais, e
- inovação, princípios e práticas organizacionais.

A meta é aumentar a habilidade do participante de não apenas vender seus carros, mas também em administrar e controlar suas empresas. A última é, sem sombra de dúvida, um domínio no qual todo o pessoal de marketing e de vendas deveria passar por um treinamento intensivo. A melhor estratégia para sobrevivência é desenvolver e manter os recursos humanos.

Todos os setores industriais não devem ser apenas apurados para constantemente melhorar as qualificações de seu pessoal encarregado de vendas e atendimento ao cliente, mas a indústria financeira também é confrontada com a mesma necessidade. A Tabela 1.1 apresenta um quadro das nove principais perspectivas estratégicas estabelecidas pela diretoria de um banco para o qual eu dei consultoria. Quase metade está especificamente focada no capital humano. (Veja também os Capítulos 2 e 6.)

TABELA 1.1
Perspectivas Estratégicas e Impulso "Deste Ano" Estabelecidos pela Diretoria de uma Grande Instituição Financeira

Geral	Impulso "Deste Ano"
1. Elaborar uma estratégia sólida para melhorar os retornos, e implementá-la com sucesso.	Funcionar como um banco mercantil.
2. Desenvolver relacionamentos corporativos mais fortes.	Melhorar o contato pessoal com a gerência sênior de bancos correspondentes e principais clientes.
3. Atender grandes corporações domésticas e multinacionais no país e ao redor do mundo.	Desenvolver serviços que não acumulam crédito, à medida que o empréstimo torna-se mais competitivo.
4. Expandir as atividades bancárias pessoais globais.	Garantir fortes taxas com o crescimento da renda, no crescimento de despesas mais lentos.
5. Desenvolver maior experiência em bancos corporativos, fiduciários, de capital e de financiamento, para criar comércios bilaterais integrais.	Expandir a receita de produtos operacionais através de vendas e comércio focados.
6. Lucrar com as qualificações de comércio e investimento em mercados voláteis.	Seletivamente expandir os relacionamentos com multinacionais estrangeiras e instituições financeiras.
7. Melhorar a lucratividade do cliente ao aumentar o contato e reduzir custos de serviço.	Usar tecnologia de ponta para dar suporte aos serviços sofisticados enquanto corta os custos.
8. Realçar a habilidade de atrair e reter algumas das melhores mentes financeiras do mundo.	Reter visibilidade de bons ganhos baseado em fortes margens de lucro líquido, e recompensar o desempenho.
9. Melhorar as práticas de gestão de riscos e fazer que todos os gerentes e profissionais sejam mais conscientes dos riscos.	Desenvolver um sistema de gestão de riscos integrado, suportado pela engenharia do conhecimento com as posições de risco atualizadas em tempo real.

2

Administração

2.1 A PRIMEIRA SÍLABA DE "*MANAGEMENT*" É "*MAN*" (HOMEM)

A primeira sílaba de *management* é *Man* (Homem).[12] Além disso, assim como o termo Fortram deriva de FOR-TRANSIT (para o trânsito), o termo *management* também pode ser lido:

MANAGE – MEN – TACTFULLY (Administrar os Homens Taticamente)

Taticamente significa muitas coisas, sendo uma delas tratar as pessoas igualmente. "Você gosta do Vince Lombardi (o famoso técnico de futebol americano)?", um jornalista perguntou a um dos jogadores. "Sim", disse o jogador. "Mas o Lombardi te trata como um cão", insistiu o jornalista. "Sim", repetiu o jogador, "mas ele trata todo mundo como um cão".

"Como um cão" é uma maneira de falar, mas não é menos verdade que negligência é *falta de administração*. Por anos, negligência e administração estão em pé de guerra. Uma análise da história dos fracassos nos negócios demonstra que eventos adversos acontecem quando a gerência é muito fraca, indecisa ou negligente. Como consequência:

- a empresa fracassa em servir seu(s) mercado(s) da melhor maneira possível;
- os concorrentes invadem e/ou assumem a liderança, diminuindo os negócios da empresa, e
- os clientes, especialmente os grandes, conseguem escapar das garras da empresa quando sua administração torna-se arrogante, pois eles detestam essa atitude.

[12] Debati a ideia de escrever "homem ou mulher", mas, neste contexto, não faria sentido. No entanto, interprete-o como se ele tivesse sido escrito dessa maneira. Do mesmo modo, *ele* se aplica para "ele" ou "ela".

Ser negligente, fraco ou arrogante é sinal certeiro de desintegração, tanto da empresa quanto das pessoas que trabalham para ela. Contrário ao que os teóricos gostam de pensar e dizer, administrar um negócio não tem a ver com "ser bom" e "ser amado" - e também não é uma ciência. Os gerentes de primeira classe são aqueles que conseguem tomar decisões difíceis.

As decisões difíceis tomadas pelo MAN (Homem) são necessárias porque adversidades, dilemas e trocas difíceis aparecem continuamente. "Difícil" não significa "desumano". As empresas são organizações humanas, não apenas fontes para dados econômicos, como explicou Peter Drucker em várias ocasiões.

Drucker insistia que todas as organizações humanas, sejam elas nos negócios, no governo ou nos setores voluntários precisam de objetivos claros assim como medidas realistas e duras para mantê-las eficientes. Ele também enfatizava que os gerentes precisam tomar decisões difíceis sem demonstrar constrangimento - isto porque, afinal de contas, é o trabalho deles.

Não importa qual seja o motivo por trás da decisão, se forem obscuras e ambíguas levarão a resultados desastrosos. Elas não permitem que as organizações sigam em frente ao longo do tempo, em novas esferas de atividade, com medo de serem confrontadas pela:

- resistência a novas ideias;
- métodos ou ferramentas pouco conhecidos, e
- estilos de vida não convencionais.

A resistência às mudanças faz com que a adaptação seja mais cara quando necessário. Muitas vezes, é dito que os generais lutam uma nova guerra com as armas, os métodos e as ideias da última batalha - e isso é verdade.

Isso é especialmente verdadeiro na vida militar, governamental e corporativa quando os chefões são indivíduos medíocres, que vivem no passado e não no futuro. Em contrapartida, os líderes na arte da guerra, e na arte de qualquer outra atividade, sabem que eles precisam:

- alimentar seus pontos fortes e oportunidades, e
- extinguir os pontos fracos onde quer que eles estejam.

Ambos requerem decisões difíceis, normalmente tomadas pelos indivíduos mais qualificados. Na origem de cada indivíduo de classe superior está o MAN (Homem). Neste livro curto, porém poderoso, *Essays on Science*, Albert Einstein escreveu que os homens de ação em qualquer esfera de atividade humana tomarão decisões difíceis. Eles sempre aparecerão nas posições de liderança, e se eles se tornarão cientistas, homens de negócios, comerciantes, comandantes ou militares muitas vezes dependerá das circunstâncias.

> O estado de espírito que permite a um homem fazer um trabalho deste tipo é parecido àquele do devoto religioso ou do amante; os esforços diários não vêm de intenções deliberadas ou programadas, mas sim direto do coração.[13]

Líderes militares famosos foram principalmente e acima de tudo grandes gerentes de recursos humanos e de todos os outros ativos. Isso também descreve a equipe que está por trás das realizações dos magnatas nos negócios. Assim sendo, podemos aprender muito sobre a prática administrativa com a vida e os princípios dos conquistadores.

O modo como eles realizam grandes conquistas não deve ser obscurecido pelo fato de que a história condenou a maioria dos conquistadores a mortes miseráveis e intempestivas. Alexandre, o Grande, morreu sob circunstâncias misteriosas, provavelmente envenenado pelos seus generais. César foi assassinado no Senado Romano pelos seus oponentes e por Brutus, um dos seus ex-tenentes. Napoleão enfrentou a morte como um prisioneiro solitário na Ilha de Santa Helena, supostamente envenenado por um dos seus generais do serviço britânico.

Gengis Khan, por outro lado, como descrito por Jack Weatherford, morreu rodeado de familiares amáveis, amigos e soldados leais, prontos para arriscarem suas vidas sob seu comando.[14] Em muitos países, e especialmente no mundo muçulmano, Gengis Khan é considerado como uma pessoa terrível. Isso, no entanto, está longe de ser a opinião universal – ou a opinião que o leitor forma ao ler sua biografia.

Os mongóis não apenas o têm num pedestal, como na China ele é venerado como o fundador de uma dinastia.[15] Na teoria da administração, Gengis Khan está classificado lá em cima porque ele reconheceu que a guerra não era uma competição esportiva ou um jogo entre rivais disputado em uma arena. Ele expressou seus conceitos administrativos em cinco *princípios de liderança*:

1. *Autocontrole*: Especialmente o domínio do orgulho:
   Quem não consegue dominar seu orgulho, não pode liderar. Dominar o orgulho é mais difícil do que lutar com um leão.
2. *Visão, Metas e um Plano*:

[13] Albert Einstein, *Essays on Science*, Philosophical Library, Nova York, 1934; tradução em inglês de *Mein Weltbild*, de Einstein, Querido Verlag, Amsterdã, 1933.

[14] Jack Weatherford, *Gengis Khan*, Three Rivers Press, Nova York, 2004.

[15] É interessante observar que o termo mongol *Hun*, muitas vezes usado no Ocidente como um sinônimo de agressividade e comportamento não civilizado, significa *ser humano*.

Sem a visão de uma meta, uma pessoa não consegue administrar sua vida, muito menos a vida dos outros.

3. *Conquistar o Coração das Pessoas*:
   É possível conquistar uma nação ao conquistar o coração de seu povo.

4. *Estilo de Vida Simples*:
   Quem é escravo do luxo, não será diferente de qualquer outro escravo.

5. *Demonstrar Ideias e Opiniões por meio de Ações – Não de Palavras:*
   Não fale muito. Diga apenas o que precisa ser dito. Não é possível voltar atrás no que foi dito.

Por trás desses princípios está o conceito de que liderança e administração são um compromisso total e de tempo integral. A vitória vem para aqueles que conseguem impor as regras que criou. Isso, de acordo com Weatherford, Gengis Khan não derivou de algum tipo de luz, e sim de um ciclo persistente de *revisão constante* motivada pela sua mente singularmente disciplinada e de sua determinação.

2.2 LIDERANÇA

Um homem, uma organização e toda a sociedade recebem pelos seus pontos fortes – não pelos seus pontos fracos.[16] Qual é *meu* ponto forte? Essa é uma pergunta crucial que todas as pessoas deveriam se perguntar. O ponto forte é medido pelo desempenho, e o desempenho é o resultado da motivação estável na aplicação do *know-how* e das habilidades de uma pessoa em realizar o serviço.

A liderança é uma característica pessoal. As pessoas geralmente associam a liderança com sucesso, mas os dois termos não são sinônimos. O sucesso é uma questão de concentração nas áreas de pontos fortes e na qualidade dos produtos. "Apenas os fortes podem ser produtivos e apenas o produtivo pode ser livre", disse John Foster Dulles, o Secretário de Estado na Administração de Eisenhower.

- Em princípio, o futuro é determinado pelas metas que estabelecemos para amanhã e pela nossa habilidade em cumpri-las.

[16] Há uma exceção para esta declaração. Almas compradas são pagas pela sua fraqueza em serem compradas e vendidas – no sentido literário.

- O papel da liderança é promover a atitude de ficar à frente da curva. Pessoas e organizações bem-sucedidas ontem tendem a ser e defensivas e acabam ficando para trás na curva.

Dois tipos de liderança caracterizam todas as empresas, de negócios e indústria a políticos. Uma delas é a chamada *carismática*, cheia de promessas e muita ostentação e *glamour* combinados com a habilidade de sustentá-las com o passar do tempo. Esse tipo de liderança encontra suas raízes na estratégia pessoal de sair por aí clamando as chances. A sorte ajuda, mas este é apenas um fator – e é perecível.

Certamente, não foi apenas a "sorte" que fez com que, no início do século 20, três homens – Henry Ford, John Rockfeller e Andrew Carnegie – controlassem todo o poder industrial dos Estados Unidos. Nem foi o "destino" que os transformou em líderes carismáticos da indústria.

O outro tipo de liderança é baseado em *fundamentos*. As pessoas e as empresas que a seguem estabelecem políticas rígidas bem fundamentadas e com a qual eles se mantém firmes. Steve Jobs e sua empresa, a Apple Computer, são modelos. Eles lideram por exemplos, os quais dizem "Este sou eu, isto é quem somos e nisto é que acreditamos. Podemos mostrar o que estamos fazendo, e o que estamos fazendo é efetivo".

Jeff Bezos, da Amazon.com, nos fornece um exemplo excelente de como administrar uma empresa com base em fundamentos. De 2006 a 2009, em um período largamente caracterizado por uma profunda crise econômica e financeira, *sua empresa* teve um desempenho estrelar:

- Os negócios cresceram 114%.
- Os lucros cresceram em aproximadamente 374% (muito mais rapidamente do que os negócios).
- Somente o pessoal cresceu aproximadamente 72% (apenas uma fração do crescimento dos negócios).

Até um ponto mais substancial, esta tem sido a política seguida por todos os promotores da indústria. Nos estágios iniciais do desenvolvimento da corporação moderna sempre houve uma personalidade inovadora e dominante, cuja estratégia e ações foram baseadas nos fundamentos. Os exemplos são os seguintes:

- Carnegie no Carnegie Steel
- Morgan no Morgan Bank

- Rockfeller na Standard Oil
- Ford na Ford Motor Company
- Sloan na General Motors
- Firestone na Firestone Tires
- Watson na IBM
- DuPont na DuPont
- Sewell Avery na Montgomery Ward[17]
- Rosenwald na Sears
- Giannini no Bank of America
- Juan Trippe na PanAm

Um nome de origem pode ser identificado praticamente com cada uma das corporações da *Fortune* 500 nas indústrias de manufatura, mercadoria, transportes ou finanças. No segundo estágio, no entanto, muitas organizações prósperas foram administradas de modo medíocre; os indivíduos medíocres dominaram e quando isso acontece a empresa entra em declínio.

Entre os casos mais recentes de pessoas e empresas que se baseiam em fundamentos, Bob Metcalfe é um exemplo de uma pessoa empreendedora e engenhosa, cuja liderança deixou marcas. "Alguns dizem que foi sorte", diz Vint Cerf, um dos desenvolvedores do Arpanet (e, consequentemente, da Internet). "Mas Bob tem a habilidade de detectar e aproveitar as oportunidades. E está disposto a se arriscar". Metcalfe criou uma nova tecnologia de rede, a Ethernet, que revolucionou a computação. Seus ativos têm sido sua habilidade para:

- observar
- sintetizar e
- melhorar as coisas que outras pessoas teriam olhado sem qualquer motivação.

As redes de áreas locais, como a Ethernet, trouxeram com elas o modelo de computação cliente-servidor, o que aumentou significativamente a eficácia de custo e demoliu a saga dos *mainframes* (mesmo com muitos indivíduos medíocres em muitas empresas acreditando que é legal viver na Idade Média da computação). Algumas oportunidades também foram perdidas.

Bill Krause, que trabalhou na 3Com, uma expansão da Metcalfe, em seus primeiros dias se refere a "um erro doloroso de 100 bilhões" que ele e o chefe da empresa cometeram ao deixar passar a mina de ouro que era conectar todas as

---

[17] Embora mais tarde em sua carreira, nos anos após a Segunda Guerra Mundial, seus pensamentos envelheceram e ele ficou para trás e acabou perdendo para a Sears.

redes – em vez de apenas os computadores. Nas palavras de Krause "uma empresa pequena chamada Cisco" viu aquela parte do futuro e tornou-se o maior fornecedor para "redes de redes".[18]

Estamos todos conectados no agora e então cometemos erros. A alternativa é permanecer inativo, mas isso é inaceitável. Falando da minha experiência pessoal, os melhores empreendedores que conheci são aqueles que aprenderam rapidamente com seus erros e não os repetiram. Eles se arriscaram, mas sabiam e entendiam os riscos que assumiram, limitando-os e observando-os cuidadosamente, corrigindo os desvios quando e onde aconteciam.

Esta estratégia é voltada para dentro. Ela segue as técnicas de Miyamoto Musashi, as quais o famoso Samurai caracterizou como se estivesse falando com a alma do indivíduo. A abordagem seguida por Musashi tem servido de estudo, meditação e preparação mental. "Minha estratégia é um método certeiro para vencer quando estiver lutando por sua vida, um homem contra 5 ou 10", diz Musashi em seu livro *A Book of Five Rings*.[19]

Musashi fala de uma cultura, não apenas de um comportamento individual. Essa cultura está na ética e na habilidade de produzir ao superar a adversidade. "Dificuldade" é uma desculpa que os indivíduos medíocres usam e que a história da economia nunca aceita. O desenvolvimento e a sobrevivência dependem de interações vigorosas com o meio ambiente, as quais refletem:

- o poder de perseverança
- *know-how* superior
- disposição para se adaptar
- habilidade para mudar e
- persistência em face da adversidade

Essas são as forças que ajudam os homens a dominarem seus destinos. Infelizmente, elas não são ensinadas nas escolas e universidades, nem são encontradas nos "livros de receita" sobre administração. Isso é o que ensina a hipótese de Mahendra[20] sobre a debilidade das escolas comerciais e a experiência que elas proporcionam aos seus alunos.

As ferramentas, os modelos e a teoria que as escolas comerciais praticam – sejam estes econômicos, financeiros, quantitativos ou técnicos – nunca são mais do que simplesmente peças pequenas de uma travessa gigantesca. O que está faltando é a noção administrativa que enxerga o futuro, a qual é encon-

---

[18] Idem

[19] Miyamoto Musashi. *A Book of Five Rings*.Overlook Press, Nova York, 1982.

[20] Mahendra é um guru indiano e um previsor financeiro muito bem-sucedido. Veja também a referência a Bernheim na Seção 2.3.

trada na base da liderança. Segundo Mahendra os ensinamentos das escolas comerciais e práticas associadas:

- não estão enxergando além dos métodos convencionais;
- não desafiam o "óbvio"; e
- falham em incitar os fundamentos largamente por causa da vaidade.

Grandes egos e orgulho devastador são disfuncionais (veja também a referência aos princípios administrativos de Gengis Khan na Seção 2.1). Em termos de ensinamentos sobre negócios, com o passar dos anos, eles levaram ao fato de que as estratégias de investimento permaneceram focadas nos dados econômicos quantitativos e novos itens associados. Em contrapartida, tanto os fundamentos da economia quanto os de mercado incluem uma riqueza de fatores que não estão sendo considerados.

- Os mercados estão negociando com uma enorme incerteza e volatilidade.
- Enquanto os comerciantes, analistas e investidores tentam todas as vezes encontrar o fundo nas ações e *commodities*.

Inúmeros profissionais financeiros não estão saindo das escolas com qualquer modelo vantajoso que possa guiá-los, assim como aos seus clientes, em longo prazo. Após estudar todas as teorias e modelos, eles ainda não têm nada singular a oferecer, pelo menos nada que se aproxime das taxas que eles cobram e os riscos que eles assumem. O que está faltando é liderança.

2.3 O GERENTE DO SÉCULO 21

A empresa do século 21 será rica em profissionais e, proporcionalmente, pobre em gerentes, isso porque o papel da administração está mudando muito. De certa maneira, essa nova entidade se parecerá a uma orquestra com 200 ou 300 profissionais e um maestro, de acordo com Peter Drucker.

Uma orquestra não tem outros maestros, como as organizações industriais e financeiras são construídas hoje, com várias camadas de administração média. Mas uma orquestra tem um primeiro violino, um profissional principal que se distingue ao ser *virtuoso*. Para o maestro em si, ele é um *realizador* caracterizado pelas:

- capacidades conceituais e
- habilidades de direção associadas a elas.

Para apreciar o significado mais profundo das capacidades conceituais e seus efeitos posteriores, os presidentes, os membros da diretoria, os gerentes, os profissionais e os funcionários serão aconselhados a estudar a vida dos grandes realizadores da humanidade. Um deles foi Henry J. Kaiser, o industrialista norte-americano que na Segunda Guerra Mundial construiu navios de carga em cinco dias cada, quando os melhores estaleiros demandavam 210 dias.

O *slogan* de Kaiser era "Você encontra seus principais homens ao enchê-los de trabalho".[21] Esta busca por talentos é exatamente o que uma empresa moderna deveria esperar de seu CEO – o maestro de sua orquestra. Em um dos canteiros de obra, depois de uma tempestade violenta, o maquinário para terraplanagem estava enterrado em um mar de lama. "O que vamos fazer?" um dos trabalhadores perguntou melancolicamente a Kaiser, "Dê uma olhada nesta lama". "Qual lama?", Kaiser perguntou, "Eu vejo apenas o sol brilhando. Logo ele transformará esta lama em terreno sólido." Em resumo, foi por isso que Henry Kaiser conseguiu realizar tantas coisas aparentemente impossíveis – ele via oportunidades em todas as dificuldades, em vez de dificuldades em todas as oportunidades.

Assim como o gerente moderno deveria fazer, Kaiser tinha o dom de extrair os talentos da maioria das pessoas, e então lhes dar o crédito. Ele não era egoísta e compartilhava o crédito, mesmo quando foi o pioneiro da integração vertical e horizontal das indústrias dos aliados. Ao construir represas, ele fabricou o cimento. Ao construir navios, fabricou seu próprio aço. Mais importante, se cercou de jovens executivos talentosos, lançando sobre eles responsabilidades bem além de suas idades. Ele fez isso porque:

- prestou atenção à criatividade humana da mão de obra e da administração e
- acreditava que as impressões de um homem jovem quando começa na vida tem muito a ver com o molde do sucesso de sua vida.

Se comparada ao padrão, a filosofia de negócios de Kaiser era singular. Ele achava que era mais importante desenvolver pessoas do que construir represas ou usinas. Sua abordagem era não convencional nos anos 1930 e 1940, mas é provável que seja neste século. "Eu nunca vivi de acordo com as convenções", ele disse em 8 de abril de 1951, numa entrevista para o *Oakland Tribune*, "Em

[21] Albert P. Heiner. *Henry J. Kaiser, A Western Colossus*. Halo Books, São Francisco, CA, 1953.

toda a minha vida desafiei as convenções. Não consigo não estar ocupado, não estar trabalhando".[22]

Em termos de produtos, o credo de Henry Kaiser era que um pouco de inventividade e muito trabalho duro superaria qualquer problema mecânico. Ele mesmo constantemente examinava detalhadamente cada peça dos equipamentos com os quais trabalhava, tentando encontrar uma maneira de completar o serviço:

- mais rapidamente e
- mais eficientemente.

Ao fazer isso, capitalizou sua convicção de que, quanto mais rápido um projeto fosse concluído, mais baixo seria o seu custo,[23] mesmo que algumas vezes tenham sido necessários alguns gastos extras para acelerar a execução. Suas palavras preferidas eram *trabalho* e *economia*, e para honrá-las ele ficava trabalhando no problema até conseguir entendê-lo.

Embora os anos dourados de Henry J. Kaiser tenham sido os de 1930 e 1940, mais que dois terços de um século atrás, os princípios administrativos que ele estabeleceu podem muito bem ser os precursores daqueles que caracterizam este século. *Trabalho* e *economia* são os pilares duplos nos quais uma pessoa, uma empresa e uma nação podem se apoiar nos tempos turbulentos. Nas raízes da filosofia de Kaiser está a crença de que:

- até certo ponto, o problema é previsível e
- gerentes capazes enfrentam os desafios logo cedo.

Isso pede um processo estável de reavaliação e atualização de produtos, fábricas, escritórios e, acima de tudo, os recursos humanos. E também para o exame crítico das mudanças que ocorrem na base do cliente. Por exemplo, quanto mais um país se industrializa, mais seus clientes se voltam para outros países industrializados – e os clientes de uma empresa dispõem de mais habilidades de negociações do que normalmente.

Isso traz à tona a estratégia de buscar parceiros e alianças estrangeiras. Em seu esforço para reduzir o custo de desenvolvimento de um avião novo e inovador, a Boeing recrutou parceiros que compartilham os riscos, os quais passaram a ser amplamente responsáveis pelo projeto de partes inteiras do avião. O conceito de compartilhamento de riscos era brilhante, mas também

---

[22] Veja também a Seção 2.5 sobre trabalho árduo e o atestado de Edison.

[23] Os custos importam muito mais ainda em uma economia globalizada. Sobre a importância do controle de custo, veja o Capítulo 15.

criou uma das cadeias de suprimentos mais extensas e complexas na história industrial.

O erro da Boeing foi seu fracasso em supervisionar adequadamente o trabalho de seus parceiros. Os críticos dizem que a negociação retardou a produção do Dreamliner, assim como acabou gastando mais para fazer as coisas certas do que ela teria economizado. Novas e brilhantes ideias são muitas vezes "assassinadas" por desatenção da gerência – o que é, de fato, um dos pontos fracos mais mortais da administração do século 21.

Neste, não há um conselho melhor do que aquele dado por Alfred P. Sloan: *Reagir rapidamente.* Como presidente da GM, Sloan deu um exemplo excelente sobre a necessidade de estar pronto e não aceitar atrasos, quando ele dirigiu a GM de maneira a evitar as consequências da Depressão de 1929-1932 que outras empresas enfrentaram: "Não vimos a depressão se aproximando...", Sloan disse. "Simplesmente aprendemos a reagir rapidamente. Este talvez tenha sido o maior pagamento do nosso sistema de controles financeiros e operacionais".[24]

Na profunda crise econômica e bancária de 2007-2010, o JP Morgan Chase conseguiu evitar grandes perdas principalmente graça à cultura estabelecida pelo seu CEO, Jamie Dimon. As apresentações em PowerPoint foram desencorajadas, as discussões informais sobre o que está errado, ou poderia dar errado, foram encorajadas – e houve uma abordagem pragmática a respeito da alocação de capital.

A cultura de gestão de riscos pode parecer um conceito impreciso, mas ela é importante. "O que quer que cause a próxima crise, ela será diferente, portanto, é preciso saber lidar com o inesperado. Isso é cultura", diz Colm Kelleher do Morgan Stanley.[25] Um ingrediente necessário é a tradição de fazer perguntas e repeti-las até que surja uma resposta clara.

Fazer perguntas diretas e esperar respostas claras é uma característica dos gerentes mais capazes. Em seu livro excelente, *Adventure of a Bystander*, Peter Drucker menciona a história de Henry Bernheim, o homem que começou do nada e, no final da crise do século 19, fez uma das redes de departamentos mais importantes nos Estados Unidos. Bernheim havia enviado seu filho para a então recém-inaugurada Harvard Business School para aprender os segredos da administração.

"Mas, pai", disse o filho quando, ao regressar da universidade, teve a chance de examinar os livros da loja de departamentos, "você nem sabe quanto lucro está tendo". "Venha comigo, meu filho", respondeu Henry, e o levou a um passeio de inspeção ao andar superior ao porão. Ali, havia um rolo de tecido.

---

[24] Alfred P. Sloan. *My Years With General Motors*. Sidgwick e Jackson, Londres, 1965.

[25] *The Economist*, 13 de fevereiro de 2010.

Assim sendo, diferentemente do que as escolas comerciais ensinam, não havia estatísticas por perto, não havia balanços e nenhuma declaração de renda na Bernheim. Mas havia aquele rolo de tecido. "Foi com isso que eu comecei", disse o pai. "O resto é lucro".[26] (Veja também na Seção 2.2 a hipótese de Mahendra sobre a educação nos negócios.)

2.4 DECISÕES ADMINISTRATIVAS

Lembrando os princípios e as políticas de Henry J. Kaiser, os diretores executivos de sucesso de hoje dirigem os projetos ao manter seu pessoal na direção. Eles se importam com o amanhã, mas não se preocupam só com isso. O melhor conselho é aquele dado pelo pai do Almirante Chester W. Nimitz para seu filho: "O mar – como a vida em si – é um chefe severo. A melhor maneira de se dar bem com ele é aprender tudo que puder. Aí então, é possível dar o melhor de si e não se preocupar – especialmente com as coisas sobre as quais não se tem controle".[27]

Isso se aplica cooperativamente às *decisões* a serem tomadas. Essas são ações precedidas por deliberação, cálculo e pensamento. Por 16 anos fui consultor pessoal para um dos líderes mais renomados da indústria e com ele aprendi a importância do *foco na administração*, antes de chegar a uma decisão. Foco é fundamentalmente o que Carlo Pesenti esperava dos presidentes de suas indústrias e instituições financeiras. De acordo com ele:

- é mais importante focar uma questão
- do que estar "certo" sobre o resultado de uma decisão.

Focar uma questão é uma marca de atitude administrativa sólida, e muitas vezes condiciona a natureza da decisão em si. Veja o caso de uma *start-up* em tecnologia mostrado na figura 2-1.

---

[26] Peter F. Drucker. *Adventures of a Bystander*, Heinemann, Londres, 1978.

[27] John Wooley e Gerhard Peters, "Gerald R. Ford. Remarks at the U.S.S. Nimitz Commissioning Ceremony in Norfolk, Virginia," http://www.nimitz-museum.org/nimitzbio.htm

FIGURA 2-1
Nenhuma escolha é autoevidente. A princípio, as decisões administrativas devem ser focadas não abstratas.

		Vantagens estratégicas	
Alvo estratégico de mercado		Produto singular	Liderança de produto
	Mercado amplo	Diferenciado	Ser compatível
	Nicho	Foco	Trânsito para um mercado mais amplo

- Se esta for para um produto singular e um mercado amplo, ela deve apostar em ser diferente, não apenas vagamente melhor.

- Mas se a escolha estratégica é a de um nicho, ela deve se concentrar nas vantagens competitivas, as quais permitirão que esta estabeleça seu próprio curso de ação.

- Alternativamente, ela poderá apostar na liderança de baixo custo, o que em um mercado amplo significaria compatibilidade (Capítulo 13), fazendo que a escolha de um mercado de nicho seja apenas uma solução temporária.

O princípio de *foco* se aplica a todos os problemas, grandes e pequenos, porque nenhum problema é "tão grande" para fugir dele. O fracasso em focar no assunto sendo decidido e nas consequências da decisão está, em longo prazo, destruindo a empresa. O foco, no entanto, requer pensamento, e, como diz Edith Hamilton: "As pessoas detestam ter de pensar, acima de tudo sobre problemas fundamentais".[28]

---

[28] Edith Hamilton, *The Greek Way*, W.W. Norton, Nova York, 1930.

- *Pensar* é, por assim dizer, movimentar-se sem sair do lugar.
- Nós contemplamos e em seguida simulamos uma movimentação, tentamos adivinhar o que ela envolve e, se possível, projetar suas consequências.

Parece simples, mas é complexo e exigente. Também requer muito treinamento. Cem anos de evolução foram dedicados à moldagem do processo de pensamento, especialmente da rede que controla as funções cerebrais e cujo modelo exato ainda é desconhecido (incluindo as questões a respeito do comportamento).

As decisões sem foco e sem pensamento são o pior passatempo possível. Assim sendo, hoje em dia, nos esforçamos muito para expandir a engenharia reversa do processo de pensamento, juntamente com a hipótese de que:

- a natureza do aprendizado e todos os tipos de atividade humana, incluindo a agressividade, são chaves para o entendimento do comportamento humano e
- começando com tal entendimento, talvez seja possível destravar alguns dos aspectos básicos do pensamento e de seu impacto nas decisões.

Longe de ser um exercício acadêmico, este é um esforço prático porque a importância do pensamento é tão grande nas decisões administrativas quanto na pesquisa e em qualquer outra atividade criativa. Em sua palestra em Cambridge, em 31 de agosto de 1837, Ralph Emerson disse: "O verdadeiro cientista, é aquele que pensa".

O físico nuclear Niels Bohr brincava com seus colegas e alunos dizendo a eles: "Vocês não estão pensando, estão apenas sendo lógicos". Os grandes homens da história sempre gostaram de achar que pensar significa desafiar o "óbvio", consequentemente, analisar, simular e experimentar. Pelo fato de ser baseada no pensamento, a experiência é a mãe de todas as ciências.

A administração, é claro, não é uma ciência, não importa o que os *hippies* digam. Mais do que qualquer coisa ela é uma arte, mas a análise que deveria preceder uma decisão é científica e uma parte integral da função administrativa. A necessidade de análise está presente quando uma decisão tem ou não a ver com as oportunidades de negócios, as ações dos concorrentes, as comunicações recebidas de uma autoridade governamental, os casos importantes referidos pelos subordinados ou está conectado à própria iniciativa do executivo. Em todos os casos, as decisões precisam ser:

- em tempo oportuno
- pertinentes ao assunto em questão
- executáveis; isto é, realistas e
- estar dentro da esfera de autoridade da pessoa que a toma

Os líderes da indústria dizem que o *momento* é tudo, e eles estão certos. Uma decisão seguida por uma ação tomada anteriormente, pode muito bem não dar certo um dia depois porque o que ela estipula não seria suficiente. Os $150 bilhões em empréstimos (€110 bilhões) proporcionados pelos governos da União Europeia e pelo FMI para a Grécia teriam sido muito mais do que o suficiente em novembro de 2009, mas quando foram oferecidos em maio de 2010, eles valiam metade.

Muitos gerentes tentam justificar suas inações com a desculpa de que "estão esperando por mais informações". Muita informação, no entanto, pode ser tão ruim quanto pouca informação. O economista Herbert Simon disse: "O que as informações consomem está bastante óbvio – elas consomem a atenção de seus receptores... uma riqueza de informações cria uma pobreza de atenção".

Entretanto, o tipo certo de informações em tempo oportuno é necessário porque as decisões administrativas lidam com a alocação de recursos limitados (finitos) em homens, dinheiro e meios para levar adiante as operações. Elas são tomadas em face da incerteza, e um tema recorrente nas decisões é preservar esses recursos ou, até melhor, aumentá-los.

Este é um dos motivos básicos por que a habilidade para conduzir experimentos sobre as possibilidades alternativas e as respostas à questão do tipo "*e se*" é apreciada pela gerência. A teoria da decisão aplica análises estatísticas aos problemas caracterizados pela incerteza. O ponto central é a atribuição de probabilidades de ocorrências aos eventos, juntamente com estimativas de pagamentos ou perdas que resultariam se o evento ocorresse. A análise então se concentra na busca pelo melhor pagamento possível (ou a perda mínima).

A importância da teoria da decisão e dos analistas no geral está em fazer entender a mensagem de que o processo de administração não é apenas aquele de atribuição de autoridade e responsabilidade, mas também (e muito) envolve estudar, alterar e explorar tudo o que leva a uma escolha. Um pré-requisito para fazer isso é identificar as áreas que requerem atenção, assim como suas características e armadilhas.

A importância em estabelecer e manter um processo sólido de decisões administrativas nem sempre é apreciado. Ainda assim, a experiência mostra que ela pode ser instrumental em mudar o pensamento de uma organização. Uma abordagem ordenada é caracterizada por um procedimento passo a passo:

- Declarar o objetivo.
- Examinar os caminhos alternativos.
- Planejar como chegar lá.
- Qualificar e quantificar os benefícios.
- Realçar as reações adversas, limites e riscos.
- Calcular o custo de tudo.
- Sistematicamente monitorar o progresso em relação ao plano.
- Recompensar a eficácia e a eficiência na execução.

Eficácia e eficiência não é a mesma coisa, como algumas vezes é sugerido. Peter Drucker as rotulou apropriadamente, como mostrado na Tabela 2.1, dando a cada conceito o seu devido valor. Drucker também disse que "Eficácia é um hábito", e ele está certo. As decisões administrativas devem ser eficazes, e elas deveriam ser executadas de maneira eficiente.

No início de sua carreira na Ford Motor Company, Robert McNamara forneceu um bom exemplo de como alcançar a eficácia e decisões factuais: por meio da análise do valor. Para aumentar a eficácia de custo do modelo da Ford, todos os componentes de cada Chevy novo, feitos pela GM, seriam apresentados para a avaliação competitiva.[29]

Mais evidentemente, por trás das metas, da tomada de decisões, das análises, avaliações e estudos sobre o custo-benefício estão os seres humanos comuns, e muitos (algumas pessoas dizem todos eles) se comportam imprevisivelmente. Este é um motivo básico para a administração ser uma arte – embora as decisões possam se beneficiar imensamente dos analistas mais capazes.

TABELA 2.1
Eficiência e Eficácia

Eficiência	**Eficácia**
Fazer um dado trabalho com o menos possível • Custo • Tempo	Os resultados cumprem as metas da maneira mais qualificada

[29] Na Air Force Office of Statistical Control, onde ele trabalhou nos anos de guerra, McNamara contou os lançamentos de bombas feitos pelos B-29s, em que altura, com qual porcentagem atingiu o alvo: 8% de Yokohama, 51% de Tóquio.

2.5 TRABALHO ÁRDUO

Thomas Edison foi creditado por ter dito que "Sucesso é 2% inspiração e 98% transpiração". Nada pode ser realizado sem a ética no trabalho ou evitando o trabalho árduo. Isso é o que todos os pais deveriam ensinar aos seus filhos.

Quando Robert Taylor pediu um aumento a Louis B. Mayer, o chefe da MGM, L.B. aconselhou o jovem a trabalhar duro, respeitar os mais velhos e, no momento devido, ele ganharia tudo que merecesse. Para a pergunta feita pelos seus colegas: "Você conseguiu o aumento?", dizem que Taylor, com os olhos lacrimejantes, disse: "Não, mas encontrei um pai".[30]

Andrew Carnegie começou sua vida trabalhando seis dias por semana a $1 por dia quando adolescente, cursando a sétima série com os livros emprestados da biblioteca local. Sua primeira conquista veio muito cedo, quando ele conseguiu um emprego como secretário e telégrafo para Tom Scott, um acionista poderoso da Pennsylvania Railroad. Aos 23 anos de idade, Carnegie já chefiava a divisão de Pittsburgh da Pennsylvania Railroad e começou a acumular uma pequena fortuna de investimentos que variavam de petróleo a pontes de aço.

A busca de setor de Carnegie era focada e, portanto, contrária à corrida para diversificação de hoje. "Coloque todos os ovos em uma única cesta", ele aconselhava, "e então preste atenção naquela cesta". Para ele, a cesta era o aço. Como investidor e gerente, Carnegie era:

- extremamente competitivo,
- capaz de tomar decisões difíceis e
- voltado para inovação e eficiência.

Assim como com todos os líderes da indústria, Carnegie trabalhou 15 horas por dia, 7 dias por semana. Suas decisões eram fundamentais. Ele sucateava uma usina relativamente nova para erigir uma mais moderna porque havia aprendido com a experiência, por volta de 1990, que a inovação permitia a redução do preço dos trilhos – o produto que inicialmente motivou a indústria metalúrgica – para $17 por tonelada de $16 por tonelada em 1875.

Após vender a Carnegie Steel (hoje U. S. Steel) para o JP Morgan em 1910 por $480 milhões (uma quantia enorme na época), Carnegie se dedicou a uma forma ativa de filantropia. Em agradecimento ao fato de ter recebido seu aprendizado em bibliotecas públicas, ele criou 2.800 bibliotecas no mundo todo, fun-

[30] *Time*, 7 de dezembro de 1998.

dou a Carnegie Corporation, estabeleceu o Carnegie Endowment for Peace e montou uma dúzia de organizações filantrópicas.

Tudo isso com o capital que ele havia ganhado com seu trabalho. Durante os anos em que ele esteve encarregado de seu império individual, Carnegie entendia que o homem que comanda a empresa não é um simples técnico. Ele é um animador, promotor, planejador e organizador da empresa – a pessoa que valoriza, acima de tudo, as qualidades de caráter do:

- trabalho árduo
- imaginação criativa e
- julgamento imparcial

Esses não são direitos; são responsabilidades. É responsabilidade do CEO assegurar a lucratividade de sua empresa, a satisfação dos clientes e o controle interno. Todos os três se combinam para dar à empresa uma vantagem competitiva singular. A filosofia de negócios de Lee Iacocca[31] é de que todas as operações comerciais podem ser reduzidas a três palavras:

- Pessoas
- Produtos
- Lucros

Porque as pessoas são o ingrediente básico, no planejamento e na venda, Iacocca sugeriu sempre pensar em termos do interesse da outra pessoa. Mas interesse e credibilidade não é a mesma coisa. Credibilidade é algo que alguém só consegue obter com o tempo – e, se uma pessoa não a obteve, não pode usá-la. O desenvolvimento da credibilidade requer trabalho árduo e muitos resultados.

Do mesmo modo, a inovação requer muita imaginação. Na opinião de Iacocca, os produtos bem-sucedidos são inovadores, fáceis de fabricar (o que ele vê como a chave para a *qualidade*) e com custo baixo em termos de mão de obra direta e materiais diretos (Capítulo 15). Qualidade e produtividade, ele aconselha, são dois lados da mesma moeda e ambas envolvem a responsabilidade pessoal do CEO.

Responsabilidade é o *alter ego* da posição administrativa, e é inseparável da autoridade. Uma vez que a autoridade foi aceita, a responsabilidade se instala. Como John D. Rockfeller, Jr. uma vez sugeriu, "Eu acredito que todo di-

[31] Ex-CEO da Ford e depois da Chrysler, e antes disso o homem que projetou as características de um carro esportivo popular, o que levou ao design do Mustang.

reito implica uma responsabilidade; toda oportunidade, uma obrigação; toda posse, um dever".

De modo significativo, nas declarações de Carnegie, Iacocca e Rockfeller está faltando a palavra "direitos", a qual distorce o senso de responsabilidade – porque as responsabilidades vêm muito à frente dos direitos. Em vez disso, a ênfase está nos marcos da competitividade: uma estratégia bem concebida, trabalho árduo, inovação, desenvolvimento estável de produtos, marketing focado e ênfase na perspicácia organizacional. Uma estrutura enxuta é necessária para:

- melhorar o processo das decisões,
- se aproximar dos clientes,
- cortar custos e camadas administrativas e
- realçar a lucratividade da empresa.

Como não cansamos de repetir, *os custos importam*. Como qualidade, não devemos permitir que as despesas escapem de nosso controle. Homens de negócios astutos viram isso e todos os dias usam uma "navalha" para cortar os custos. Sam Walton, o fundador do Walmart, tinha um princípio: "Nunca compre a ineficácia de outras pessoas" (ao comprar seus produtos com custo alto).

Os parâmetros qualitativos de Walton eram que os custos administrativos, quando somados, nunca devem exceder 2% dos negócios, e as despesas associadas com viagens de negócios nunca devem exceder 1% das compras feitas. Esses princípios deveriam ser gravados em uma placa e posta na mesa de todos os presidentes ou CEOs, assim como de todos os primeiros-ministros e todos os ministros de finanças.

A qualidade depende de vários fatores e, para ser sustentada em longo prazo, também requer trabalho árduo. O Dr. W. Edwards Deming[32] foi o primeiro a publicamente sustentar a tese de que o sistema de produção em massa, o qual impulsionou as empresas norte-americanas para o domínio mundial nos anos 1950, estava enormemente desperdiçando:

- talento,
- materiais e
- mão de obra.

---

[32] Deming foi bastante ignorado nos Estados Unido, mas o Japão depois da guerra seguiu de perto suas ideias, as quais rapidamente se tornaram centrais para a produção enxuta, a entrega *just-in-time* e o trabalho baseado em equipe. No Capítulo 11, há mais informações sobre o trabalho de Deming.

Sua solução era personalizar o trabalho envolvendo os trabalhadores mais diretamente na produção e na qualidade do produto. Ele dividia a mão de obra em equipes, concedia a cada uma delas a responsabilidade pela qualidade sobre que era feito e as instruía a continuamente fazer uma verificação em busca de defeitos nos produtos. O princípio básico tem sido o de focar em um alvo mais estreito, porém bem definido, para poder obter resultados louváveis em nível de produção. A ênfase está nos resultados.

2.6 O RISCO DA ADMINISTRAÇÃO INCOMPETENTE

"Muitos homens de negócios estão sempre estabelecendo novas cabeças de ponte", disse Peter Drucker, "mas eles nunca perguntam: 'Há uma ponte para essa cabeça de ponte?'." Planejar para algo que não faz sentido é um dos piores tipos de administração incompetente – e, entre os motivos para as empresas ficarem contra a parede, a administração incompetente é um dos mais frequentes.

A Tabela 2.2 apresenta as descobertas de um projeto de pesquisa feito pelo Bank of England sobre por que os bancos fracassam. Vinte e dois casos diferentes, alguns envolvendo instituições bem conhecidas, foram analisados e entre as seis principais razões por trás das falências das instituições de crédito, a administração incompetente tem sido, de longe, a posição número 1 seguida de ativos pobres.

Há muitos motivos para caracterizar o que está por trás da má administração, e incompetência é apenas uma dela. As pessoas estão à altura de suas incompetências, sugere o princípio do Peter. A ganância infecciosa é outra (falaremos sobre isso mais adiante). A lista seguinte mostra os dez motivos mais frequentes que descobri em meu trabalho profissional da razão para as empresas perderem suas oportunidades e acabarem na poeira da história:

- Objetivos confusos ou não existentes.
- Não há um projeto detalhado das operações da empresa – apenas "faça alguma coisa".
- Longos atrasos para chegar às decisões urgentes da alta gerência.
- Ignorância sobre os motivadores de mercado e a concorrência.
- Planos de negócios desconectados da realidade.
- Ausência de um estudo factual das vantagens competitivas.
- Atirar dinheiro no problema, na esperança de que este será resolvido.
- Preparação inadequada em combinação com qualificações minguantes.
- Falta de controle interno e de ação corretiva.

TABELA 2.2

Por Que os Bancos Fracassam: Descobertas de um Projeto de Pesquisa Realizado pelo Bank of England

Identificador da Instituição	Administração Incompetente	Ativos Pobres	Problemas de Liquidez	Falta de Transparência e Fraude	Estrutura Defeituosa	Lidar com as Perdas
I	X			X		X
II	X				X	
II	X	X		X	X	
IV	X	X		X		
V	X			X		X
VI	X	X				
VII	X	X	X	X		
VIII			X		X	
IX	X	X	X			
X	X	X	X			
XI	X	X	X	X		
XII			X			
XIII	X	X	X			
XIV	X	X	X			
XV	X	X				
XVI	X	X				
XVII	X	X				
XVIII		X	X			
XIX	X	X				
XX	X	X				
XI				X	X	
XII	X	X				

Cada um desses motivos constitui exemplos sobre a má administração das expectativas corporativas – normalmente acabando em desastre. Os sinais de que as coisas estão indo na direção errada são relativamente fáceis de perceber no curso normal dos negócios, mas a diretoria "carimbada" (e muitas vezes composta de investidores gananciosos) olha para o outro lado, e a empresa continua acumulando o risco de ir na direção errada.

Um CEO que promete ano após ano dobrar os lucros provavelmente é um daqueles dispostos a procurar atalhos. Vários deles fizeram isso no setor bancário durante a primeira década deste século, e levaram a economia dos Estados Unidos a um esmagamento (a europeia também). Quando o mercado se eleva, os investidores estão dispostos a acreditar em qualquer coisa; quando cai, quando fracassa, estão preparados para desconfiarem de tudo, mas é muito tarde. A má administração é uma ação coletiva. Os malfeitores incluem:

- os membros da diretoria e executivos caracterizados pelo abandono dos deveres;
- executivos que enriquecem em curto prazo, por meio de bônus enormes e opções de ações, à frente de suas responsabilidades para com suas empresas;
- auditores que se tornam serviçais dos gerentes, em vez de servirem os acionistas;
- banqueiros que fazem negociações dúbias com parceiros corporativos e ajudam a esconder suas perdas, e
- corretores que promovem seus próprios interesses em vez de oferecer conselhos imparciais sobre investimento para os investidores.

"Contabilidade criativa" é um dos meios usados para esconder os danos causados pela má administração até o dia da crise. Ela fabrica um mundo "de faz de conta" de lucros falsos que são usados para gerar pagamentos de incentivos não justificados. Outro truque são os produtos derivativos feitos sob encomenda que transformam as perdas em lucros enormes nas declarações financeiras, e continuam fazendo isso até que os escândalos vêm à tona.

A profunda crise econômica de 2007-2010 revelou que durante os anos de expansão que a precederam, CEOs e CFOs extremamente agressivos registravam vendas antes de serem pagos, manipulavam as cartas de contratos que eles haviam assinado e inflaram as receitas. Muitas empresas usaram instrumentos financeiros derivativos para alavancagem, e todos os tipos de práticas comerciais dúbias se sentiram confortáveis nos livros de caixa 2 das empresas.

Uma das lições mais importantes que aprendemos com a mais recente crise econômica, financeira e bancária é que tem havido uma linha conectando os eventos diferentes que desandaram. Os piores problemas foram criados pela governança ruim – piorada pelas regulamentações, as quais:

- fracassaram em verificar a alta alavancagem;
- não prestaram atenção à falta de liquidez;
- permitiram que a adequação do capital fosse manipulada;
- fracassaram em controlar a qualidade da gestão de riscos, e
- não aplicaram penalidades para a má conduta executiva.

Como documenta esta lista, o risco de má administração está sempre presente. Um motivo adicional para as qualificações administrativas serem queridas é que muitos CEOs de hoje não têm experiência com crises. Eles são mais jovens do que historicamente costumavam ser, o que é um desenvolvimento positivo, porém, também há o lado negativo de não terem o treinamento necessário para ouvir a sirene de alarme disparando.

Esses CEOs adquiriram suas experiências durante os anos 1990, um período de expansão econômica recorde, e, portanto, sabem muito pouco sobre quando e como reavaliar os limites para o crescimento ou o que é preciso para lidar com uma crise. Em outros termos, líderes endurecidos pelas batalhas, que haviam manejado suas empresas através dos altos e baixos, foram sucedidos por pessoas "menos maduras" que se engajaram na super-alavancagem de 2004-2005 da economia e nas suas águas turbulentas de uma recessão profunda.

- A experiência sobre como lidar com a adversidade torna-se muito mais importante quando a empresa está para baixo e todos parecem esperar por algo ou alguém, que não virá, para levantá-la.
- A experiência é mais bem traduzida em percepção tardia e antecipação, as quais são bastante úteis nas incertezas prevalecentes, com as surpresas diárias que caracterizam a reação dos mercados sob tensão.

Além disso, os estudos demonstram que os CEOs de hoje são mais conscientes do *status* do que seus predecessores. Michael Milken disse no final dos anos 1980, em resposta a uma pergunta a respeito de seu título na Drexel Burnham Lambert: "Eu sou um tipo de vice-presidente. Não tenho certeza se sou um sênior ou um executivo. Isso muda o tempo todo".[33] Milken estava mais interessado nas negociações do que no *status*.

Os CEOs "menos maduros" e mais voltados para o *status* são *reativos* em vez de *proativos*. Uma das características das pessoas "menos maduras" é

[33] Connie Bruck, *The Predators Ball*, Nova York, Penguin, 1988.

que elas não podem esperar. Todos os dias elas vasculham as finanças do Wall Street na esperança de que a economia melhorará. Mas durante os anos 2008 e 2009, ela se recusou a melhorar, piorando um pouco mais. Neste meio tempo, as empresas altamente endividadas se afundaram ainda mais no vermelho. Assim como os países altamente endividados.

Denis Healey, o ex-Chanceler Britânico do Exchequer, tem o crédito pelo que passou a ser conhecido como "A Lei dos Buracos". Ele declara: "Quando você estiver em um buraco, pare de cavar". Os CEOs de várias empresas, especialmente dos grandes bancos, provavelmente não deram ouvidos a isso. Eles arrastaram suas organizações com uma carga enorme de dívida e uma administração que havia perdido seu senso de direção. Isso foi o auge da má administração.

Dr. Vittorio Vaccari, economista e filósofo italiano, previu esse curso de ação quando, em 1990, ele descreveu: "O ritmo frenético da vida contemporânea, a natureza transitória das intenções e compromissos, a escravidão do consumismo, a tolerância indulgente da permissividade, a adoração caprichosa da moda, o endeusamento do desnecessário, a celebração do vice... todos estes marcam uma ferida da humanidade contemporânea".[34] "Tudo isso", Vaccari sugeriu, "age como um anestésico, produzindo um estado de adormecimento moral. E como é raro aqueles que caíram no feitiço... acordarem". O despertar veio com a crise de 2007-2008, quando foi finalmente descoberto que, de certa forma, a ética havia se ausentado, mesmo se parecesse que todos sabiam que *se* construíssemos uma sociedade moral, *então* a maioria das pessoas pareceria honrável.

[34] Operare, julho-setembro de 1990, Roma.

3

Funções da Administração

3.1 SEIS FUNÇÕES BÁSICAS

A administração exercita sua arte por meio de funções disciplinadas e bem definidas. Embora duas práticas administrativas não sejam iguais e todas as empresas tendem a ter suas próprias características sobre como dirigir seus negócios, as funções administrativas podem ser agrupadas em seis classes como mostra a Figura 3.1. Essas variam:

- do ambiente não estruturado de previsões, onde existem muitas coisas desconhecidas e graus de liberdade,
- ao ambiente estruturado de controles internos, onde as regras devem ser firmes e claras para que o sistema funcione como um relógio.

Teoricamente, a *previsão* (Capítulo 4) se preocupa com o prognóstico de eventos e acontecimentos futuros. Na prática, como já foi trazida para a atenção do leitor, a contribuição mais importante da previsão é a avaliação do impacto futuro das decisões atuais – a qual é uma tarefa exigente que requer:

- antecipação
- experiência e
- muita objetividade

Planejamento é outra função administrativa básica. É um processo bastante intelectual, com o objetivo de determinar um curso de ação até o detalhe dos recursos sendo requeridos. Os planejadores corporativos baseiam suas propostas para a alta gerência em objetivos, previsões, ativos disponíveis, retornos esperados, implicações possíveis e requisitos projetados para a ação corretiva.

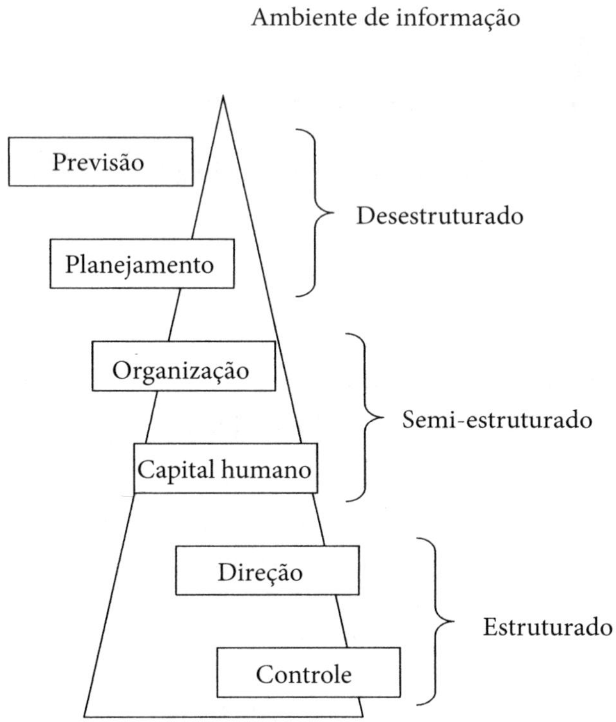

FIGURA3.1
As funções administrativas podem ser agrupadas em seis classes com características distintas

Tais propostas devem ser escritas de maneira clara e abrangente para serem confirmadas ou alteradas pela alta gerência. Elas também devem encorajar os mais altos padrões de eficácia na execução. Os planos devem ser atribuídos às pessoas que conseguirão executá-los porque, não cansamos de repetir, a primeira sílaba em "management" é "*man*" (homem). Os melhores planos:

- almejam metas atingíveis, porém não triviais;
- justificam os recursos humanos e outros ativos e
- prescrevem uma movimentação disciplinada na busca pelos objetivos procurados.

Com isso, os planos corporativos se parecem a planos militares, preparados pelos funcionários do general. A função de movimentação disciplinada na batalha é para produzir na mente dos amigos a convicção de que eles não podem perder, e na mente dos inimigos, que eles não podem ganhar.

Muitos exemplos ajudam a documentar que as premissas do planejamento efetivo considerarão o conselho dado por H. Ross Perot[35] em seus princípios de

[35] Com a fama da EDS e da General Motors – no último caso, como prognosticador de que a má administração levaria a GM para a falência. E foi o que aconteceu.

administração: Todas as coisas boas se encontram, de momento em momento, sobre a lâmina afiada da mudança. Para ser retida, ela precisa ser disputada. Contrário ao que muitos teóricos *hippies* sugerem, Perot acredita que o empreendedor é um proponente do:

- Eterno empurra-empurra
- Mais forte, mais forte, mais forte[36]

Essa é a natureza daqueles que *fazem acontecer*. Perot também chama atenção para aqueles que escutam seu conselho de que a empresa não é um serviço social – e ele aconselha as pessoas que pedem "segurança": "Você é sua própria segurança no emprego".

"Uma empresa deve sempre ter uma visão única e um plano de negócios comum, isto porque sem este foco guiando-a, ela não terá direção", diz C. Gordon Bell e John E. McNamara. "Embora este plano possa ser alterado, deve existir um, e apenas um, plano em qualquer momento, e todos na organização devem estar tentando o mais arduamente possível levá-lo adiante".[37]

Para realizar seus planos de maneira hábil, a entidade precisa de *organização* e *estrutura* (Capítulo 5). Os recursos humanos de uma empresa não estão sendo agrupados como um morro feito de grãos de areia. O *know-how* de uma empresa, assim como seus ativos financeiros e físicos, deve ser administrado por unidades organizacionais bem definidas, com autoridade para fazê-lo – e responsabilidade pelos produtos.

Organização e estrutura mudam com o tempo para se adaptarem à redefinição dos negócios e para se adequarem às condições de mercado em mudança, aos requisitos apresentados pelos produtos inovadores e às movimentações pelos concorrentes. Mas em qualquer momento tem de haver uma linha de comando que permita mover a entidade para frente, e obter *feedbacks* viáveis, os quais servem para ajustar o curso de ação da empresa e, em alguns casos, sua estrutura.

O plano impacta a organização e, como acabamos de ver, a estrutura serve muitos propósitos, sendo que um dos mais importantes é o de indicar onde o capital humano deveria ser incrementado para satisfazer os desafios à frente. A habilidade da empresa em estar preparada para sua visão, sua imagem de mercado e trajetória serão condicionadas pela qualidade de seus ativos humanos – desde a seleção até o treinamento estável. E esta é a questão do *capital humano* (Capítulo 7).

---

[36] E ele é um irritante para a burocracia, porque movimenta as coisas, diz Perot.

[37] C. Gordon Bell e John E. McNamara, *High-Tech Ventures*, Addisson-Wesley, Reading, MA, 1991.

A função do capital humano vai bem além da contratação clássica, proporcionando escritórios e orçando os gastos com o pessoal. Os recursos humanos devem ser estimulados e liderados (Capítulo 2). Eles também devem estar constantemente mantendo seu *know-how*, isto porque as habilidades se deterioram. No final dos anos 1980, um estudo feito pelo Wachovia Bank documentou que um bancário que não recebe treinamento por cinco anos perde 50% de suas habilidades. Hoje, esse ritmo acelerou.

Os quadros de pessoal são reduzidos quando confrontados pelo desperdício, incompetência e obstrucionismo direto de algumas das pessoas que trabalham para a empresa – especialmente se esses forem os gerentes. A missão de *dirigir* (Capítulo 7) é ver se as coisas estão acontecendo de acordo com o plano por meio da administração hábil dos recursos humanos.

Dentro da função de direção se encaixam também muitas decisões *táticas* que foram tomadas no momento oportuno para honrar a missão, garantindo que as coisas seguirão de acordo com o plano. George Anders proporciona um exemplo da KKR, uma empresa de investimentos. O tema é a exploração, pela KKR, das reduções fiscais associadas com a dívida e a alavancagem:

> As grandes reduções fiscais acontecem ao carregar uma empresa com dívida e estimular suas deduções de depreciações.[38] As considerações fiscais têm um papel importante em aumentar o fluxo de caixa das empresas depois de uma aquisição; a KKR confidenciou para investidores potenciais em um memorando para angariar fundos em 1982. Na RJR Nabisco, por exemplo, o projeto de lei fiscal da empresa encolheu para apenas $60 milhões no segundo ano de aquisição da KKR, uma queda de $893 milhões em relação ao ano anterior, quando a KKR adquiriu a empresa.[39]

Sim, mas depois disso a LBO Nabisco nunca mais conseguiu ficar em pé por conta própria.

Controle é a sexta função básica da administração. Uma organização ficará à deriva sem uma função forte de *controle interno* (Capítulo 7). Um sistema sólido de controle interno é a mesma coisa que observar como a empresa deveria ser planejada, organizada, dotada de pessoal, dirigida e controlada de modo que as coisas certas acontecerão na hora certa – e os desvios serão corrigidos antes de ser muito tarde.[40]

---

[38] Veja o Capítulo 16 sobre este problema de alavancagem. Alguns livros didáticos sugerem que as "pessoas modernas" alavancam a si mesmas. Prefiro pensar que a super-alavancagem é feita por especuladores e por pessoas estúpidas.

[39] George Anders, *Merchants of Debt*, Basic Books, Nova York, 1992.

[40] D, N. Chorafas, *Implementing and Auditing the Internal Control System*, Macmillan, Londres, 2001.

Porque as organizações são compostas de pessoas, a eficiência do controle administrativo depende muito do entendimento dos negócios e de seu pessoal. "Os problemas surgem quando as pessoas lá em cima não entendem os profissionais que trabalham para eles, e, portanto, não conseguem dirigi-los nem controlá-los", disse Brandon Davies em uma entrevista pessoal.[41]

As seis funções básicas da administração, brevemente descrita nesta seção, são analisadas em detalhes nos Capítulos 4, 5, 6 e 7. Antes disso, no entanto, é necessário revisar outras funções como elaboração de políticas e gestão da mudança. Em prazo mais longo, a maneira como essas são desempenhadas distingue uma organização bem governada de uma que está a caminho do esquecimento.

3.2 POLÍTICA CORPORATIVA

Política é um guia para o pensamento e para evitar ter de tomar as mesmas decisões repetidamente. É uma estrutura mental na qual será construído o processo de administração em prazo mais longo, em médio prazo e no dia a dia. As políticas da empresa claramente estabelecidas ajudam a eliminar as decisões diárias sobre os assuntos previstos – mas para ser eficiente:

- devem ser mantidas dinâmicas e
- ser constantemente reavaliadas.

Assim como as estratégias, as políticas não devem ser estabelecidas e depois disso esquecidas. O mesmo acontece com os planos. "Uma pessoa não planeja e depois tenta fazer que as circunstâncias se encaixem nesses planos", disse o General George Patton. "Uma pessoa tenta fazer planos para encaixar as circunstâncias. Eu acredito que *a diferença entre sucesso e fracasso* no alto comando depende da habilidade, ou falta desta, em fazer justamente isso". A declaração do General Patton é igualmente válida para a elaboração de políticas.

A arte de elaborar políticas é prever que elas sejam firmes e adaptáveis, e também abertas para revisões críticas e mudanças quando se tornam obsoletas ou provarem estar erradas. Sam Walton, um dos homens de negócios mais bem-sucedidos dos anos após a Segunda Guerra Mundial, descreveu da seguinte maneira como sua mente funcionava: "Quando eu decido que estou errado, significa que estou para mudar para alguma outra coisa".[42] Uma política talvez

---

[41] Davies era na época o tesoureiro do Barclays Bank.

[42] Sam Walton, *Made in America: My Story*, Bantan, Nova York, 1993.

não seja capaz de produzir, e, como observou Walton adequadamente, ela tem de ser mudada.

Exemplos de decisões sobre políticas são a linha de produtos, o *mix* de produtos, o atendimento ao cliente, a inovação, o controle de custo, a alavancagem, produzir ou comprar, proporção de inventários em relação às vendas, práticas de contratação e demissão, descontos, *thrust marketing*, o uso de alta tecnologia nas informações administrativas e muito mais. A busca ativa por parcerias, assim como as fusões e aquisições, são exemplos de políticas importantes.

Quando, nos anos 1960, os jornalistas perguntaram a Tex Thornton, o CEO e *fundador* da Litton Industries, porque sua empresa era inclinada a aquisições, ele respondeu: "Não compramos empresas, compramos tempo". Hoje, quando as empresas farmacêuticas ou de TI compram *start-ups* para capitalizar sobre seus produtos, elas também compram tempo.

Dito isso, as empresas de um mesmo setor podem adotar políticas diametralmente opostas por causa das diferenças na filosofia de negócios. Uma questão política importante, por exemplo, é: "Deveríamos 'fazer' ou 'comprar'? Outra, "Deveríamos ser o 'primeiro' ou o 'segundo' em nosso setor?". Algumas vezes, a resposta depende da situação, e em outros casos é deliberada.

No início dos anos 1950, a compra da Univac pela Remington Rand, depois de Thomas Watson Sr., da IBM, se recusar a comprá-la (Capítulo 13), levou a empresa antiga a um desempenho estrelar em computadores. Porém, no início dos anos 1960, a IBM acordou e deixou a Univac para trás. A política adotada fez a diferença.

A política da IBM se baseou em dois pilares. O primeiro era a atenção intensa da administração na P&D para o desenvolvimento bastante rápido de *hardware* e *software* internos. O outro era extrovertido, pedindo uma estratégia intensiva de educação do cliente sobre o uso de computadores – e ele passou a ser o "primeiro" em processamento de dados. Os dois juntos permitiram que a IBM ganhasse tempo para poder ultrapassar a Remington Rand Univac.

As políticas são normalmente estabelecidas pela diretoria, pelo CEO e pelos seus assistentes imediatos. Mas elas não são necessariamente comunicadas para o público em geral. Na maioria das vezes, os gerentes seniores as guardam a sete chaves. Ao mesmo tempo, no entanto, à medida que as declarações formais demonstram o relacionamento entre os planos, as decisões e as ações, políticas podem se tornar obsoletas sem reavaliações estáveis e em momento oportuno.

As reavaliações críticas das políticas existentes deveriam ser feitas em total apreciação do fato de que para serem vitais para a empresa, as políticas devem ser atuais – mesmo se, pelo fato de serem declarações gerais, não forem tão específicas. Além disso, para canalizar suas decisões e ações de acordo com as políticas corporativas, os subordinados devem *interpretar a política.*

As noções descritas pelo parágrafo anterior constituem ao mesmo tempo os pontos fortes e fracos de uma política. Embora a implementação severa da política permita a coordenação de todos os elementos na estrutura geral, existem pré-requisitos no nível operacional como:

- diretrizes para a interpretação de políticas;
- critérios para jogadas táticas; e
- o exercício de um julgamento sólido uniforme em certo padrão de atividade.

Além disso, uma política administrativa bem pensada e de longo prazo poderá alterar o padrão de atividade da empresa. A Siemens, um fabricante alemão de eletrônicos e produtos eletromecânicos, representa um exemplo. Como mostra a Figura 3.2, em 1975 a Siemens derivou três quartos de sua renda da engenharia mecânica e elétrica, e o saldo de eletrônicos. Uma política administrativa focada certificou-se de que:

- em um período de 10 anos, a renda da empresa viera 50% de eletromecânicos e elétricos e
- dez anos depois, os eletrônicos representavam três quartos dos negócios. (Esta participação aumentou ainda mais durante os anos em que ela foi reforçada.)

A gestão de risco proporciona outro exemplo sobre o impacto da política. Durante os anos de glória, 2005 até meados de 2007, a política para assumir riscos de Goldman Sachs era muito mais aberta do que a dos rivais, mas ela também foi mais rápida em cobri-los. Por exemplo, no final do ano 2006, ele gastou aproximadamente $150 milhões, o correspondente a um oitavo dos lucros operacionais daquele trimestre, cobrindo sua exposição ao AIG.

Goldman tinha a política de promover negociantes seniores para posições de risco, deixando que eles soubessem que tais jogadas são um trampolim potencial para o topo. Esses negociantes, que passaram a ser gerentes de risco, foram encorajados a cobrir os "riscos de cauda". (Os "riscos de cauda" são aqueles riscos na extremidade longa de uma distribuição que normalmente tem baixa frequência, mas alto impacto.)

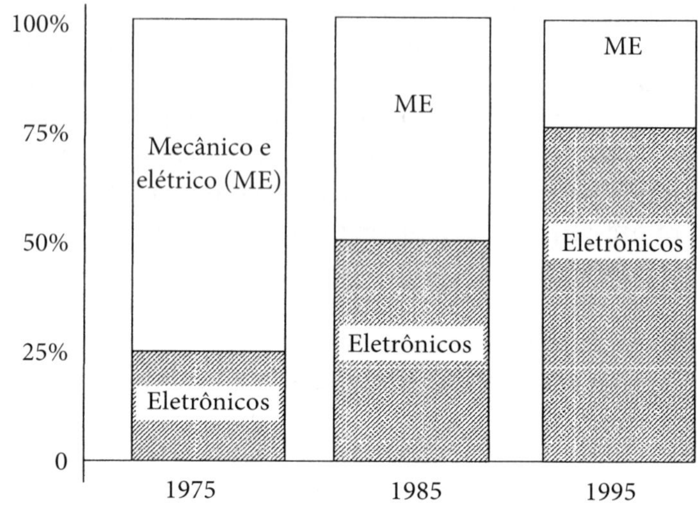

FIGURA 3.2
Evolução em negócios anualmente pela Siemens durante um período de tempo de 20 anos

Em contrapartida, em outros grandes bancos, que ficaram contra a parede durante a crise severa de 2007-2010, havia o apetite pelo alto risco, mas a política que governava sua cultura de riscos estava abaixo do padrão. Seus executivos eram livres para apostarem com os fundos subsidiados, enquanto as transferências do tesouro do banco eram profundamente precificadas a menor e a exposição presumida foi apresentada em formato "lucrar e esquecer". Por exemplo:

- as mesas de negociações estimam as perdas máximas possíveis sobre os ativos de risco, e
- eles cobriram-na, mas também registraram o risco líquido como mínimo, escondendo enormes riscos de cauda na exposição bruta.

Para piorar as coisas, apesar do controle de risco abaixo dos padrões, a política administrativa encorajava a tomada de riscos, recompensando-a com bônus abundantes. O fracasso em promover o controle do risco tornou-se uma cultura corporativa e os bancos entraram em decadência, se prejudicando bastante e chegando à beira da falência – para serem salvos por uma quantia extravagante de dinheiro dos contribuintes. Os exemplos são o Citigroup, Bank of America e UBS. Outros caíram no abismo, como o Lehman Brothers.

- A tomada excessiva de riscos e a ausência de uma gestão rigorosa de lucros têm sido falhas na política.
- Os controles de risco abaixo dos padrões e as linhas congestionadas de comunicação dos controles internos foram erros associados aos procedimentos.

Os *procedimentos* não devem ser confundidos com políticas ou com planos. Eles são meios de ação; assim sendo, mais detalhados do que as políticas e mais bem controláveis. Dentro de um sistema de planejamento dos lucros, os procedimentos devem trazer à tona o lucro e os elementos de custo, sendo o último em conexão com as despesas orçamentadas. (Custo de vendas, manufatura e custos de P&D, avaliações dos lucros, inventários, rotatividade, liquidez disponível e mais.)

As soluções procedimentais poderão prescrever ferramentas como análise da oportunidade; por exemplo, em conexão com os problemas de inventário. Eles poderão focar na atribuição de recursos, transporte, programação e outros temas nos quais a administração tem possibilidades alternativas para as decisões. Os procedimentos, por exemplo, podem especificar o uso de modelos com algoritmos excelentes/alocadores ou requerem opiniões divergentes em questões a respeito do dinheiro, tempo, produtos, máquinas, pessoas, instalações, matérias-primas e outros.

Os procedimentos estabelecidos pelas organizações sofisticadas pressionam o ponto de que a experimentação é essencial para o planejamento da administração. Por meio da simulação de oportunidades podemos expressar o relacionamento prevalecente em um sistema em termos quantitativos, mas os procedimentos podem também especificar que o modelo deve representar o máximo possível o ambiente da vida real sendo imitado – e isto deveria ser testado profundamente antes de ser implementado.

3.3 A ADMINISTRAÇÃO DA MUDANÇA

Uma das questões mais desafiadoras que a administração sênior enfrenta e as funções que se espera que ela realize é a administração da mudança. Normalmente, as organizações suspeitam das mudanças. O risco percebido não é tanto financeiro, mas sim do *status quo* e dos benefícios adquiridos – porque o poder e prestígio podem ser perdidos. Assim sendo, a gestão da mudança:

- começa com o marketing da mudança;
- requer um plano bem concebido e uma programação;
- leva a uma nova estrutura; e
- almeja um salto quântico em eficiência.

O marketing da mudança requer liderança e um profundo conhecimento das pessoas na organização, assim como as tarefas que elas realizam. Isso envolve não apenas o entendimento de problemas corporativos, mas também a apreciação de maneiras práticas para dirigi-los. Esse também levanta questões complexas como mudanças de ideias e práticas administrativas. Além de requer qualificações para a solução de problemas, uma vez que a mudança inevitavelmente envolve vários problemas internos e externos.

Na época de Thomas Watson Sr., a mudança estrutural na IBM era moeda comum. Naquele momento costumavam dizer que a hierarquia da empresa era um castelo de areia. A cada três ou cinco anos, Deus colocava o dedo nele e o movia. Assim,

- os grãos no topo iam para baixo e,
- então, porque Deus usava suas mãos para reconstruir o castelo, os grãos que estavam embaixo ascendiam para o topo.

A mudança estrutural obriga a reconceitualização das funções administrativas; analisa criticamente como a curva crescente de inovação e globalização afeta os clientes da empresa, seu pessoal, seus produtos e seus mercados; e presta muito mais atenção ao planejamento e treinamento – o qual é parte da missão de reavaliação de uma pessoa. O pessoal da empresa que pretende sobreviver deve estar preparado para se reinventar ao:

- pensar sobre o impensável;
- desafiar o óbvio;
- se ajustar rapidamente às mudanças; e
- destruir a mobilidade aumentada.

Pensar sobre o impensável requer o teste de novas ideias sobre produtos e processos; o desenvolvimento de novas oportunidades de mercado em áreas que no passado eram consideradas fora dos limites; o envolvimento de pessoas em todos os níveis da organização, de preferência começando no topo. Ele também obriga a usar a alta tecnologia (para deixar os concorrentes para trás) e supervisionar os itens de custo como um falcão.

Um dos ativos principais é se movimentar rapidamente na gestão da mudança. Sempre houve indivíduos, e empresas, excepcionais, capazes de se movimentarem rapidamente pelas suas políticas sem permitir afrouxamento no desenvolvimento. Depois de salvar a Turquia da desintegração, Mustafa Kemal Atatürk estava a favor de substituir a escrita árabe pelo latim. Como era de se esperar, esta ideia encontrou uma resistência feroz.

Mustafa Kemal a confrontou de cabeça. Uma vez que ele havia decidido, nada iria mudar sua opinião. A pressão estável foi exercida não apenas no topo, mas também na parte inferior. Ele foi para as vilas e cidades e falou com o homem comum. Em seguida, uma vez que as pessoas estavam engajadas, certificou-se de que a reforma seria realizada em seis meses.[43]

Essa motivação para obter resultados apesar da resistência crescente, ou mais precisamente por causa desta, não é a maneira como a maioria dos executivos opera – ou como a organização típica reage. A mudança tem seus oponentes e seus inimigos. As forças contra a mudança se alimentam de:

- Pessoas com poder de decisão que temem perder suas autoridades, seus poderes e talvez seus empregos.

Isso leva a políticas internas e "frentes de resistência", as quais algumas vezes têm sucesso em congelar a mudança na organização.

- Os conceitos que prevaleceram há 20 e 30 anos, os quais ainda dominam o pensamento e o *design* de produtos.

Por exemplo, o momento da IBM em meados ao final de 1980, para basear suas fortunas em *mainframes*, foi um desastre completo. Naqueles anos, os PCs estavam arrebatando o mercado, os clientes/servidores eram muito mais eficazes em termos de custo e os computadores de bancos de dados estavam ganhando participação no mercado.

- A natureza dos critérios-chave para uma época cheia de mudanças na tecnologia não havia sido elaborada.

Parte do motivo foi a resistência maciça à mudança entre a alta gerência da corporação. O *status quo* reinava e a burocracia "fazia a festa". A resistência à mudança é mais fácil de superar quando os critérios para o desempenho, e os motivos que o corroboram, não são apenas apropriadamente estabelecidos, mas também explicados a todas as partes interessadas. A melhor abordagem é convencê-los de que tanto eles quanto a empresa têm muito a perder quando optam pelo *status quo*. O raciocínio para a mudança é mais bem explicado pela identificação de:

- qual foi o ponto de partida;
- como a administração chegou à conclusão de que viver no passado é perigoso; e

---

[43] Andrew Mango, *Atatürk*, The Overlook Press, Nova York, 2000.

- quais são as ligações rigorosas entre causa e efeito que levam à conclusão de que a mudança é o melhor curso possível.

A falha em preencher o que é pedido pelo terceiro ponto é largamente um erro na previsão e no planejamento (Capítulo 4), tendo suas raízes no "pensamento antigo". E também, ao acreditar que a montanha virá até o profeta e não o contrário. A IBM quase caiu no abismo por causa de sua política obstinada.

Finalmente, a resistência à mudança diminui e existem vários exemplos documentando que, no final das contas, ela foi inútil. Os *Luditas* proporcionam um exemplo. Os revolucionários originais contra a mudança, contra as máquinas, conhecidos como Luditas, foram ativos nos países industriais da Inglaterra por 15 meses ao longo de 1811 e 1812. Eles pegaram o nome de Ned Lüdd, o qual supostamente destruiu uma fábrica de tecidos em Leicertershire.

Usando máscaras e trabalhando principalmente à noite, os Luditas são lembrados por terem destruído os teares mecânicos que estavam tirando seus empregos de tecelões. Finalmente, o governo britânico enviou 14 mil soldados para reprimir a sabotagem industrial, e os Luditas foram massacrados. Aproximadamente 15 deles foram mortos durante os protestos, 24 foram enforcados depois de um julgamento em York, 37 foram mandados para a Austrália e outros 24 foram presos.

Mas nada disso foi em vão. Por causa dessa reviravolta chocante, nos anos seguintes, melhorias foram realizadas nos salários e nas condições de trabalho. Com a paz da mão de obra restabelecida, a indústria têxtil britânica viu mais máquinas do que antes. Em memória a esta resistência à mudança armada, o Ludismo hoje significa qualquer negação leviana de progresso. O termo também está ligado à falácia em economia de que a demanda por mão de obra é fixa em curto prazo e que as máquinas que economizam mão de obra matam os empregos.

3.4 RESPONSABILIDADE PROPORCIONAL À AUTORIDADE

"Apenas a autoridade pode ser delegada" é uma antiga máxima da administração. Responsabilidade nunca é delegada. Ela é aceita quando uma pessoa assume a autoridade para fazer algo, mas ela também fica com a pessoa numa posição mais alta no organograma que delegou.

Neste sentido, o CEO é responsável pela precisão de relatórios financeiros para os acionistas e autoridade supervisórias, mesmo se esta função depender do CFO. Mas este também se mantém fiel à responsabilidade do que é escrito nos livros e relatórios financeiros, embora a pessoa diretamente responsável pelos livros da empresa seja o diretor de contabilidade – o qual é, evidentemente, corresponsável.

Não há uma explicação melhor para isso do que a Lei Sarbanes-Oaxley (SOX). Em 2002, com o tumulto do escândalo da Enron, o Congresso dos Estados Unidos votou uma lei com o objetivo de reavaliar as práticas de relatórios financeiros das corporações norte-americanas. Seu objetivo maior tem sido aprimorar a governança corporativa ao fornecer informações financeiras mais precisas para os investidores. A Lei SOX:

- mantém os CEOs e CFOs diretamente responsáveis pelo relatório financeiro e
- reforça a independência do sistema de auditoria, mas fortaleceu a importância de relatórios pelos contadores públicos independentes.

A resistência à mudança, no entanto, se mostrou não apenas entre as empresas, mas também no topo do nível governamental. Para ser implementada apropriadamente, a SOX exigia reforçar os poderes da Comissão de Valores Mobiliários (SEC, em inglês; CVM), banindo os executivos que abusam de seu poder de trabalhar ou outros empregos corporativos. Mas George W. Bush decapitou a CVM ao demitir William Donaldson,[44] e a implementação da SOX foi, na melhor das hipóteses, manchada.

Apesar da lei, os investidores não ganharam acesso às informações mais confiáveis, necessárias para julgar a condição financeira de uma empresa e os risco que ela estava assumindo. Eles também não se beneficiaram do acesso *imediato* às informações críticas. O desastre de 2007-2010 documentou como é errada esta política do governo e dos reguladores de fazer vista grossa.

A SOX declarava que os diretores-presidentes eram pessoalmente responsáveis pela precisão das revelações públicas e relatórios financeiros de suas empresas. Nos anos que ela ocorreu, desde 2002, várias declarações financeiras falsas foram protocoladas. A última ao chegar aos noticiários (em março de 2010) é que antes da falência do banco de investimento, a alta patente do Lehman Brother's escondeu $50 bilhões em perdas. Mas ninguém, exatamente ninguém, foi judicialmente responsabilizado.

Outras regras que passaram a ser leis estipulavam que os auditores independentes (contadores públicos certificados [CPA]) não deveriam realizar

---

[44] Embora o motivo declarado tenha sido o registro dos fundos *hedge*, ao qual a administração Bush era *irracionalmente* contra.

outros serviços para as empresas que eles auditam, se esses serviços comprometerem a independência da auditoria. Até certo ponto, isto foi feito, quando as grandes parcerias de CPAs foram vendidas ou se desmembraram de suas consultorias em processamento de dados. Mas, ao mesmo tempo, eles desenvolveram outros serviços lucrativos pagos pelas empresas que estão sendo auditadas.

A permeabilidade de posições superiores entre os CPAs e suas empresas clientes também é um precursor de problemas éticos. As pessoas que querem que o sistema capitalista sobreviva ao se reinventar e se reestruturar, sugerem, como uma das medidas, um período de cinco anos durante o qual os auditores podem não aceitar as posições de sênior com os clientes de auditorias. Outras sugestões são centradas no perdão às práticas contábeis criativas, eliminando, assim, a debilidade da alta gerência, como também:

- aumentando a revelação de riscos assumidos e suposições embutidas nas declarações financeiras;
- estabelecendo penalidades duras para executivos, diretores e auditores que deixam de descarregar apropriadamente suas responsabilidades; e
- impedindo as corporações de contratarem suas empresas de auditoria para fazerem consultorias não relacionadas a auditorias e impostos.

A SOX também estipula que um comitê regulatório garantirá que a profissão de contador será mantida nos mais altos padrões. Este comitê, conhecido como AICPA, acabou de ser formado. O problema é que nada que sai disso tem um impacto positivo na:

- maior precisão dos relatórios financeiros, e
- nas éticas, padrões e práticas dos contadores públicos certificados.

Em vez disso, foram feitas declarações vagas como "os sistemas contábeis da empresa deveriam ser caracterizados pelas melhores práticas possíveis" – o que não significa nada em termos práticos. Os críticos sugerem, não sem motivos, que a maior fraqueza em aplicar a lei é que os políticos a destroem.

Aqueles que criticam o que há de errado com o fato de que hoje em dia as responsabilidades não são proporcionais à autoridade dizem que, quando uma pessoa é candidata a uma eleição, ela expressa opiniões diferentes (muitas vezes contraditórias) porque os eleitores não são caracterizados por um estado mental único. De certa maneira, quanto mais opiniões contraditórias o político tiver, maiores são as chances de ele ser eleito.

Mesmo depois de ser eleita, as opiniões contraditórias podem ser úteis para a carreira política de uma pessoa, especialmente quando expressas como profundamente enraizadas. Quando, em 1925, o governo de Edward Herriot caiu na França, um artigo fez o seguinte comentário: "Qualquer que seja a opinião de uma pessoa sobre o governo de Herriot, é apropriado reconhecer que ele respeitava as questões essenciais de seu programa. Ela as respeitava tanto a ponto de nem sequer tocar nelas".[45]

Foi exatamente isso o que aconteceu com a SOX em duas administrações consecutivas. Implícita à lei SOX estava que os executivos da empresa deveriam ir para a cadeia por roubarem os acionistas. A profunda crise econômica de 2007-2010 revelou vários casos que levariam os criminosos para a cadeia, mas isso não aconteceu.[46]

Ainda assim, ao pedir que os CEOs e CFOs pessoalmente certificassem a precisão das declarações financeiras de suas empresas, a lei da terra facilitou para o governo punir os executivos que agem erroneamente. Ela também almejava reduzir a prerrogativa dos chefes e diretores de se garantirem contra processos de fraudes. Entretanto, isso também foi posto de lado, e as empresas continuaram sendo capazes de indenizarem os chefes e diretores contra processos de fraudes.

Os críticos da legislação e supervisão atuais, as quais são bastante leves, querem ver disciplinas mais rígidas para os oficiais, diretores e auditores que seriamente não cumprem suas responsabilidades. Quando os executivos intencionalmente enganam o público, deveria haver penalidades suficientemente rigorosas para instilar um senso profundo de responsabilidade. Na época das práticas desonestas da Enron, a *Business Week* sugeriu que deveria haver medidas legislativas para proteger os delatores como Sherron S. Watkins da Enron.[47] Nada parecido aconteceu e isto levou ao jogo de Madoff Ponzi.

Devemos nos lembrar, para o bem da ordem, que na época do colapso da Enron, seus funcionários perderam seus empregos e suas pensões porque os planos de pensão da empresa mantinham níveis altos das ações da empresa, as quais, sob as regras do plano, os funcionários não tiveram permissão para vender quando o preço caiu. Em contrapartida, os executivos seniores da Enron venderam milhões de dólares das ações e opções da empresa antes de o preço desabar.

Em 2006, Jeffrey Skilling, ex-diretor executivo da Enron, foi sentenciado a mais de 24 anos de prisão e ordenado a pagar $45 milhões em restituição pela

---

[45] Jean Egen, *Messiers du Canard*, Stock, Paris, 1973.

[46] Ironicamente, no início de 2010, Dennis Kozlowski, CEO da Tyco, condenado e aprisionado por fraude (embora não por causa da SOX) pediu compensação pela perda dos privilégios de executivos.

[47] *Business Week*, 11 de março de 2002.

sua parte na fraude que levou o negociante de energia à falência em 2001. Mas as condenações de Kenneth Lay, que era o presidente e fundador, foram canceladas depois de sua morte em julho daquele ano.

No que diz respeito às responsabilidades dos executivos, é necessária uma legislação, a qual garante que os líderes corporativos precisam revelar as negociações nas ações de suas empresas em dois dias e que os diretores que abusam de seus cargos de confiança deveriam perder o direito de servir em diretorias. Além de não reforçar o lado ético das responsabilidades dos executivos seniores, a esperança de agir de acordo com as regras é bastante tola.

3.5 ADMINISTRAR POR OBJETIVOS

O termo "administrar por objetivos" surgiu originalmente como um rótulo para vender serviços de consultoria. Mas há um sentido nisso. Na realidade, a prática precedeu o rótulo. Nos anos 1960, quando eu era consultor na Brainard Francher, o CEO da General Electric-Bull todos os anos, no início de dezembro, pedia aos vice-presidentes que se reportavam a ele para que:

- apresentassem por escrito seus 10 principais objetivos para o ano seguinte e
- um ano depois, pouco antes do Natal, também relatassem por escrito como os objetivos foram cumpridos nos 12 meses.

Por trás dessa abordagem está o fato de que um conjunto de 8 a 12 objetivos declarados adequadamente ajuda a desenvolver uma *estrutura estratégica* dinâmica. O pré-requisito é que tais objetivos anuais sejam realistas e escritos em vista das oportunidades identificadas. As metas tecnológicas, financeiras e de marketing podem ser examinadas sob o aspecto duplo das forças de mercado e as operações vitais da empresa.

As revisões estratégicas, as escolhas da alta gerência e as decisões táticas diárias podem ser ajudadas pela *identificação* de fatores cruciais, possibilitados através de objetivos bem estabelecidos. No entanto, para poder servir dessa maneira, os objetivos devem:

- ser significativos, precisos e tangíveis;
- ser estabelecidos em um período de tempo funcional com datas-alvo realistas; e
- oferecer referências para medir o progresso, assim como para exercitar a ação corretiva.

Como sugerem as referências precedentes, a administração por objetivos pode ser desenvolvida em um mecanismo que proporciona o espírito e os meios para o planejamento efetivo e controle da organização. Esta requer uma metodologia, assim como muita prática na aplicação, bem além da tarefa mencionada anteriormente de estabelecer objetivos. O gerente deve:

- identificar as atividades necessárias para completar cada projeto sob seu controle e isolar aqueles que são críticos;
- projetar os requisitos de recursos, por tipo de recurso e período de tempo;
- estabelecer horários, resumir *status* e realçar aquelas questões que requerem atenção; e
- elaborar um mecanismo de controle com acompanhamento, permitindo analisar os fracassos e discernir os motivos, assim como as responsabilidades.

Nem todo mundo aprecia os fracassos e erros que podem ser transformados em oportunidades de ouro para o aprendizado. Para aprender com os fracassos, devemos desenvolver e constantemente atualizar a lista de assuntos que podem dar errado, revisá-la regularmente, identificar os motivos – e, quando algo der errado, proporcionar ações corretivas. Somente então podemos ter um efeito prático sobre a origem dos fracassos, os quais nos impedem de alcançar os objetivos.

Não é menos verdade que este procedimento pode ter uma aplicabilidade muito mais ampla, isto porque ele começa com um plano para identificar todas as atividades necessárias para completar nossa *missão*. Ele também inclui a maneira pela qual essas atividades estão relacionadas, a duração estimada para cada atividade e os indivíduos responsáveis que deveriam dar toda sua atenção à realização da missão.

A próxima etapa na administração por objetivos é *programar um horário* com o objetivo de determinar a duração estimada, as datas mais cedo possível para início e finalização e as datas mais tarde possível para início e finalização que não atrasarão ou interferirão na realização da missão. Essa deve ser seguida, como uma terceira etapa, por uma *lista quente* que chama atenção para os itens mais importantes de cada gerente. As listas quentes identificam as atividades:

- críticas para a finalização da missão e
- sendo programada durante as próximas várias semanas, proporcionam assim a habilidade para enxergar à frente.

A quarta etapa na administração por objetivos envolve atualização. As informações devem ser coletadas regularmente sobre as atividades completadas desde a checagem anterior programada, aquelas começadas, mas que ainda não foram completadas, novas atividades a serem adicionadas à programação e às mudanças na duração das atividades, assim como em responsabilidade ou descrição.

Se houver um acordo total sobre os objetivos, *então* a coordenação é mais fácil. Se houver um acordo sobre os resultados da atividade organizada, há pouca necessidade de aprovação anterior de todas as decisões operacionais menores. O cenário é então montado para a delegação de autoridade operacional, sendo que a gerência sênior reserva para si:

- a aprovação final dos objetivos e
- uma revisão do desempenho por meio de revisões da responsabilidade.

Os objetivos podem, além disso, ser usados para treinar o pessoal a pensar em termos da organização como um todo e proporcionar motivação para as iniciativas individuais, incluindo a resolução de problemas levantados pela inovação. Por exemplo, as questões limítrofes entre pesquisa e marketing, reunindo:

- os planos de P&D;
- investigações de marketing;
- estimativas do desempenho financeiro; e
- avaliação estratégica para cada produto ou serviço.

Das declarações feitas nos parágrafos anteriores, o leitor deve saber que a administração por objetivos tem pré-requisitos. Ela não é apenas um "termo útil". O conceito de Trumam e Napoleão sobre a necessidade de *follow-up* na execução de uma ordem (Capítulo 1) é uma delas. Um relatório interativo das *atividades-chaves* deve ser consistentemente atualizado para identificar – peça por peça – as datas de finalização programadas. O gerente precisa desse relatório em sua revisão do progresso para:

- aplicar uma autoridade de controle do projeto coerente;
- avaliar não apenas os horários em geral, mas também os detalhes na execução;
- traduzir as "necessidades" de desenvolvimento em revisões de planos específicos, se necessário;
- solicitar apoio específico para as atividades sob seu comando; e
- geralmente realçar o planejamento do projeto e as capacidades de controle.

As mudanças podem ser necessárias para corrigir as ineficiências organizacionais, melhorar o moral entre os membros da administração, atualizar os grupos especialistas ou reforçar os conceitos de planejamento de carreira e procedimentos. No processo de correção das ineficiências organizacionais, executivos devem ser responsabilizados pela realização de cada tarefa nos prazos explicitamente estabelecidos. E como já foi declarado, as etapas devem ser tomadas para proporcionar as revisões regulares de progresso em direção aos objetivos.

A administração por objetivos também proporciona um canteiro para as avaliações da política e para as contramedidas, para satisfazer as manobras comerciais pelos oponentes corporativos. O pré-requisito para esta é a definição de objetivos tanto qualitativa quanto quantitativamente – em relação aos mercados, participação no mercado, retorno sobre o patrimônio, retorno sobre o investimento e outros caminhos ou marcos a serem alcançados. Por exemplo,

- avaliação do poder humano, incluindo produtividade, qualidade dos produtos, contratação e treinamento;
- direção da pesquisa para cumprir as estratégias do produto;
- potencial de manufatura, incluindo os investimentos de capital (capex);
- marketing e capacidades de vendas para liderança do mercado; e
- avaliações finais, incluindo orçamentos, liquidez e fluxo de caixa (Capítulo 14; também, custos padrão [Capítulo 15]).

Dependendo da precisão e exatidão com as quais os objetivos são cumpridos, ações corretivas podem ser necessárias para garantir que a eficácia na pesquisa, manufatura, marketing e vendas seja melhorada. A ênfase deve ser operacional e econômica, tendo a lucratividade como um ponto central. Os alvos de vendas devem ser estabelecidos, os orçamentos de custos e despesas devem ser fixados e as políticas devem ser revistas e, se necessário, repensadas e restabelecidas.

3.6 ADMINISTRAR POR RESULTADOS

Um gerente é julgado pelos resultados que ele produz e não pelos aplausos de seus partidários ou pelos assovios de seus oponentes. Os resultados são mostrados por meio de dados mensuráveis e (exceto nos casos excepcionais de uma oportunidade antecipada) de acordo com os planos.

Um bom gerente se permitiria a exaustão, mas nunca a derrota. Em contrapartida, muitas vezes ele ficará cansado, mas nunca entediado. Esse foi o conselho que recebi de Jim Allen, o homem que construiu a consultoria Booz, Allen & Hamilton, quando em 1960 entrei para sua empresa. Tédio, e não fadiga, é o inimigo da vida.

Cinco longas décadas de experiência me ensinaram que as palavras de Allen eram sábias. Ele também disse que *administrar por resultados* é a melhor e mais justa maneira de avaliar um consultor ou qualquer outro profissional em qualquer nível na organização. Na GE, Jack Welch, o CEO da empresa, realizava reuniões anuais, durante as quais ele:

- pessoalmente avaliava o desempenho de centenas dos principais gerentes da GE e
- mostrava projetos inovadores que permitiam que seus gerentes enxergassem o quadro como um todo.

Essas reuniões incluíam os gerentes gerais das principais unidades de negócios da GE, assim como executivos seniores de engenharia, manufatura, vendas, marketing e finanças. A meta era melhor apreciar os resultados dessas pessoas e expandir os limites da GE ao:

- avaliar carreiras;
- priorizar o corte de custos e a eficiência; e
- conectar os bônus a novas ideias, satisfação dos clientes e crescimento das vendas.

Toda empresa será bem aconselhada ao seguir esta política de administrar por resultados, pois essa é uma maneira sólida de garantir que a liderança da *nossa* empresa é eficaz, e que a empresa em si é um produtor de alta qualidade, custo baixo de produtos inovadores com atrativo de mercado. Esse é o caso para todas as áreas funcionais e todos os projetos que a empresa empreende.

Veja a TI, por exemplo. Pode soar irônico porque os computadores e a comunicação são hoje o "arroz com feijão" da empresa, mas um dos pontos fracos que eu repetidamente encontrei na alta gerência foi sua inabilidade em garantir que a *tecnologia* será usada de maneira efetiva para dar lucros e manter a empresa na *vanguarda*.

- *Se* os CEOs de sucesso são caracterizados por manterem seus subordinados de TI em operação,

- *então*, baseado em longas décadas de experiência, devo dizer que não existem muitos executivos de sucesso por aí.

Quando falamos sobre as atividades da TI, muitos presidentes, vice-presidentes executivos e seus assistentes imediatos (incluindo CIOs) não passam no teste de administrar por resultados. Alguns dos piores exemplos vêm de empresas financeiras.

Para nossa surpresa, os bancos de todos os tipos, de instituições de crédito a bancos de investimentos, gastaram muito mais em TI do que qualquer outro setor. O dinheiro que eles investiram em TI durante 2009 totalizava aproximadamente $500 bilhões de acordo com a Gartner, uma empresa de consultoria. Apesar disso,

- a qualidade de filtragem da informação para os gerentes seniores é inadequada e, muitas vezes, abaixo do padrão e
- embora o *hardware* possa ser novo e muito caro, o *software* é pré-histórico, sua sofisticação é limitada, sua qualidade é questionável e a produtividade do programador é péssima.

Em outubro de 2009, em meio a uma profunda crise econômica, um relatório dos supervisores do banco apontou para a "agregação" com risco ruim. Muitos grandes bancos simplesmente não tinham as soluções de sistema capazes de apresentar um quadro atualizado das conexões, por toda a empresa, com os mutuários e parceiros de negócios.[48]

A mesma referência apontava que dois terços dos bancos pesquisados disseram que eles eram apenas "parcialmente" capazes de agregar seus riscos de crédito. Esta e outras descobertas chocaram os examinadores. Alguns dos grandes bancos precisavam de dias para calcular sua exposição a:

- instrumentos derivativos e
- contrapartes nas negociações

Se o CEO, o CFO, os gerentes de risco e os CIOs desses bancos tivessem passado por um teste de *administração por resultados*, teriam sido reprovados. Parecia que o indisposto havia pedido ao incapaz que fizesse o desnecessário – enquanto o necessário não era feito.

É verdade que o cálculo da exposição dos derivativos, incluindo o risco de mercado e o risco da contraparte, não é fácil. Os instrumentos em si são feitos

[48] *The Economist*, 13 de fevereiro de 2010.

desnecessariamente complexos e negociações bilaterais normalmente envolvem cláusulas esotéricas. Existem também complicações associadas às questões legais em jurisdições diferentes. Mas,

- quando uma pessoa não sabe como calcular o risco que está assumindo,
- então a coisa mais racional a ser feita é não assumi-lo.

A resposta "Eu não sabia" não é aceitável. As pessoas que assumem tais exposições enormes – com o dinheiro dos acionistas e dos contribuintes, não com o seu próprio – são executivos muito bem pagos e negociantes que deveriam saber o que estão fazendo. Eles não são crianças saídas do jardim da infância.

- *Se* eles não sabem como computar e atualizar a exposição que assumem,
- *então* a administração por resultados está no seu mínimo; eles não são qualificados para o trabalho que fazem.

Os bancos com os sistemas de informação mais disfuncionais, como o Citigroup, foram, não inesperadamente, os mais prejudicados pelo fiasco. Eles passaram por várias fusões e aquisições, subsequentemente falhando em integrar a tecnologia de várias empresas sob suas asas. Esta também é uma prova de que seu CEO, CFOs e CIOs falharam no teste de administração por resultados.

Certas vozes em Wall Street estão dizendo que na profundidade da crise, alguns bancos não estavam cientes de que unidades de negócios diferentes marcavam os mesmos ativos com preços diferentes e, que entre eles, haviam ultrapassado os limites de crédito. O caminho a seguir não é rejeitar as finanças de alta tecnologia, mas ser honesto sobre suas limitações, diz Emmanuel Derman, professor na Columbia University.[49] Em outras palavras,

- *se* os CEOs e seus colegas não sabem que existem limites,
- *então* deveriam ser proibidos de praticar o comércio, de emprestar, de investir e de assumir riscos.

Os acionistas e os contribuintes, que entre eles alimentam a conta, não são estúpidos; mais ou menos eles sabem o que está acontecendo. Algumas vezes a reação é exagerada, como aconteceu na semana de 16 de março de 2009, quando uma multidão de pessoas jogando sapatos se reuniu fora de um centro de confe-

[49] Idem.

rência no Canadá, quando George W. Bush falou para comerciantes em sua primeira palestra desde quando ele deixou a presidência dos Estados Unidos.[50]

Os serviços dos executivos e dos gerentes não apenas deveriam estar sujeitos aos *testes de resultados*, mas também às políticas que eles estabeleceram e seguiram porque elas estão na origem de custos extremos e desnecessários. Algumas dessas políticas são uma aberração total, adotadas principalmente para satisfazer a maioria, mas que acabam:

- não satisfazendo ninguém e
- custam uma fortuna eternamente.

Um exemplo é a política da Comissão Europeia de que seus documentos são traduzidos para mais de 20 idiomas. Essas traduções são feitas por especialistas – e elas custam uma fortuna. Ninguém se preocupou em estabelecer um idioma, em que todas as pessoas e entidades, que tenham algo a ver com a União Europeia, se comunicarão por meio dele.

O que está acontecendo agora nos Estados Unidos é um paraíso para idiotas. Tales, um dos oito sábios da Antiguidade, costumava dizer que o que um idiota consegue fazer, outro idiota também consegue. Dr. Carlo Pesenti costumava responder às reclamações dos CEOs de seus bancos de que eu os considerava idiotas com uma resposta curta: "Se você não quer ser considerado um idiota, então não cometa idiotices".

Administrar por resultados é, até certo ponto, um teste de *idiotice*. A leniência para com um CEO ruim, ou CFE ou outro executivo sênior, não é uma política que dá frutos. Qualquer que seja o motivo para retirar o CEO incumbente do sistema, seja um desempenho ruim ou malfeitoria, ele precisa ser substituído – e o mesmo vale para todos os executivos. A diretoria e os acionistas devem considerar o conselho de um senador ateniense na peça *Timon de Atenas*, de Shakespeare: "Nada encoraja mais o pecado do que a misericórdia".

[50] *The Economist*, 21 de março de 2009.

Parte 2
Princípios Administrativos

4

Previsão e Planejamento

4.1 PREVISÃO

A *previsão* tem por objetivo projetar o futuro; ela acontece seja prognosticando os eventos futuros ou pré-analisando o impacto futuro das decisões e ações atuais. Como o leitor cuidadoso perceberá, a pré-análise do impacto futuro das decisões e ações atuais é o principal objetivo da previsão nos negócios. Ela também é a mais bem-sucedida das duas missões.

Em um número significativo de casos, esta projeção no futuro é considerada eficaz, mas é praticamente inevitável que ela influenciada pelo julgamento subjetivo, pois envolve especulação. *A previsão perfeita ainda não foi inventada.* Mas, embora as previsões não possam nunca ser tão precisas quanto um relógio, elas podem ser valiosas, especialmente *se*

- refletirem as suposições aprendidas sobre casos específicos e
- forem feitas para se adequarem às necessidades da organização, por parte da qual estão sendo feitas.

Os tipos gerais de previsão muitas vezes surgem como algo imaginável. Em contrapartida, as previsões específicas são valiosas porque elas representam a melhor estimativa que pode ser feita sobre uma situação futura na época de seu preparo.

Os livros de história dizem que o desejo de saber o que o futuro nos reserva, encontra sua origem na antiguidade. Isso estava na mente dos dignitários que marcharam em multidão para o Templo de Delfos, na Grécia antiga, levando presentes na esperança de aprender sobre os eventos futuros.

Mais recentemente, nos anos após a Segunda Guerra Mundial, o "futuro" passou a ser um tópico de preocupação e interesse cada vez mais amplo, mas seu estudo nem sempre é feito de maneira sistemática e estruturada. Até certo ponto, ele é baseado em estimativas. As suposições feitas nas previsões (Seção

4.2) devem ser pragmáticas, isto porque não importa quão bem uma empresa programe suas operações, seus planos irão colapsar se as previsões forem muito erradas. A gerência deve saber de antemão as respostas para questões como:

- a maneira mais provável pela qual a economia se desenvolverá;
- o tipo de oportunidades de mercado que existirá;
- como os concorrentes reagirão aos nossos produtos;
- a quantidade de vendas que pode ser esperada;
- quão rapidamente os custos subirão, e em quais domínios;
- se novas instalações e escritórios de vendas serão ou não necessários para atender às necessidades dos clientes.

A previsão não tem por objetivo prognosticar tais eventos futuros com um alto grau de precisão. Seu objetivo é proporcionar uma base para julgamento, a qual serve para escolher entre os cursos de ação alternativos e estabelecer um caminho que possa proporcionar direcionamento. Ela oferece bagagem para o planejamento corporativo, assim como uma reavaliação das políticas atuais.

A previsão é um pré-requisito para o planejamento assim como o estabelecimento de objetivos é um pré-requisito para a formulação da estratégia. O benefício obtido com a previsão pode ser medido pelo sucesso que os gerentes e os planejadores têm em evitar crises e falhas.

A pesquisa do futuro tem crescido em importância, isto porque a superioridade tecnológica é essencial para a liderança industrial. O período de tempo para projeções e prognósticos varia com seus objetivos. Amplamente distinguimos:

- as previsões de longo alcance, muitas vezes limitada entre 5 e 7 anos, mas também pode se estender para mais;
- as previsões de médio alcance, normalmente de 2 ou 3 anos; ajudam a conectar os planos de longo e curto alcance; e
- as previsões de curto alcance servem para as projeções de orçamentos, de fabricação e de vendas, sendo que a última, normalmente, é feita a cada seis meses para o período de 12 meses.

Dentro dessas classes existem outras subclasses. Por exemplo, as previsões de vendas podem ser feitas para agregados de produtos, conhecidos como "grupos de *commodities*". A previsão de requisitos de estoque para produtos individuais por período de estocagem é outro exemplo de previsão de curto alcance – é, na realidade, uma ferramenta de planejamento muito importante.

As previsões de marketing para produtos novos e atuais, normalmente, são feitas em cooperação com outra divisão. As previsões de vendas de novos produtos envolvem o departamento de planejamento de produto. Os engenheiros de *design* trabalham em conjunto com os especialistas na manufatura em seus focos nos custos de produção. Como documentam esses exemplos,

- uma previsão pressupõe um propósito.

Fundamentalmente, nosso propósito não é prever o futuro precisamente, mas determinar os efeitos que os resultados projetados terão sobre o escopo, direção, lucratividade e sucesso de uma dada divisão, e da corporação como um todo. As condições de mercado, no entanto, mudam constantemente e, portanto,

- uma previsão não pode ser rígida ou inflexível.

Sua contribuição mais significativa é prover uma identificação do *curso provável* de eventos vindouros. Nesse curso provável, estarão os marcos que caracterizam as decisões de planejamento, incluindo o tempo, compromissos, custos e resultados esperados. Tenhamos sempre em mente que as previsões são feitas para fins de planejamento.

Muitas vezes sou questionado sobre a chave para o sucesso na previsão, e a resposta é que em geral ela razoavelmente depende das leis simples que governam uma empresa e seu ambiente. Seria tolice se preocupar com as complicações ao eliminar a possibilidade de que a resposta pode ser simples.

Essa abordagem simples normalmente será passo a passo permitindo um foco melhor, apesar dos *se* e *mas* que levam aos desvios do curso principal e (muitas vezes) dos cursos alternativos. Por analogia, é como estudar uma moeda antiga.

Sob uma luz comum, as chances são de que as características, acumuladas pelo fato de a moeda ter passado de mão em mão, serão difíceis de desvendar. Mas ao lançarmos luz sobre ela e iluminarmos sua face de um ângulo preciso, as sombras resultantes enfatizam alguns dos menores detalhes.

Esta é, de fato, uma técnica que ajuda os arqueólogos a revelarem sinais superficialmente invisíveis nos objetos que eles descobrem. O processo é conhecido como *mapeamento polinomial da textura* e ele proporciona uma maneira inestimável de "iluminar" o passado. O mesmo conceito também é instrumental para estudar o futuro, pelo menos até certo ponto.

4.2 SUPOSIÇÕES FEITAS NAS PREVISÕES

A mensagem na Seção 4.1 trazida para a atenção do leitor é que arqueologia e previsão compartilham uma metodologia comum, embora a arqueologia tenha por objetivo descobrir o que aconteceu no passado, ao passo que o objetivo da previsão é estimar (ou adivinhar) o que poderá acontecer no futuro.

Para servir nas decisões administrativas, as previsões precisam ser feitas com certo grau de precisão. Isso tem muito a ver com a seriedade e a documentação de nossas suposições sobre os eventos vindouros e as mudanças – mesmo se a última nunca estiver completamente correta. É importante reconhecer que cada previsão envolve tentativas de declarações. As projeções não são baseadas em fatos, mas sim em hipóteses.

- Quanto mais detalhadas elas forem, mais detalhadas são as previsões,
- mas, ao mesmo tempo, menor é a probabilidade de que a previsão seja precisa.

Esses dois pontos indicam que as previsões têm limites, um fato que pode ser totalmente explicado pelos executivos que dependem delas para tomarem suas decisões. Por outro lado, embora possa ser suficiente para o gerente de uma pequena empresa depender das estimativas intuitivas e não sistemáticas dos chefes, uma empresa maior tem uma necessidade definida de análises metódicas das possibilidades futuras.

Algumas vezes essas análises são tendenciosas, sendo indevidamente influenciadas por uma tendência ou uma questão popular. Os veículos elétricos (VE) são um exemplo. Seus defensores dizem que os usuários ficarão felizes com uma distância de viagem restrita. Pelo contrário, um estudo realizado pela Deloitte Consulting nos Estados Unidos descobriu que 70% dos compradores potenciais querem uma capacidade de 500 quilômetros.

Com base nesses estudos e em suas próprias projeções, no final de 2010, Dieter Zetsche, CEO da Daimsler, jogou água fria na Nissan e na previsão do chefe da Renault, Carlos Ghosn, de que, por volta de 2020, os VEs seriam responsáveis por 10% das vendas globais de automóveis. Na opinião de Zetsche, essas vendas seriam de 1 a 5%.[51]

A previsão eficaz das vendas futuras é largamente uma questão de fatores determinantes que afetam o volume de vendas de um produto, como uma função da direção e extensão de influências maiores. Quando a direção é conheci-

---

[51] www.automotivedesign.eu.com, novembro de 2010.

da, a quantia do produto que provavelmente será vendido pode ser computada com certo nível de confiança.

Frequentemente, embora nem sempre, é possível prever como um número pequeno de fatores críticos mudará no futuro; portanto, a tendência das vendas. Para fazer isso, os previsores prestam muita atenção às interações prevalecentes entre os elementos que constituem o futuro competitivo, explorando alternativas e examinando soluções contraditórias assim como complementares. Um bom guia é computar uma variedade de possibilidades com suas probabilidades associadas.

- As estatísticas passadas servem como referência, pois muitos eventos tendem a se repetir com o tempo.
- Elas também trazem certa objetividade ao processo de previsão ao relembrar os eventos que aconteceram.

Em contrapartida, com frequência, as previsões que se baseiam, principalmente e tão somente, em convicções pessoais reduzem a quantidade de precisão associada – a ponto de prever o oposto do que poderia acontecer.

"A coisa mais tola que já fizemos... a bomba nunca explodirá", disse o Almirante William Daniel Leahy dos Estados Unidos, pouco depois que os testes nucleares começaram em 1945. Em 1932, o diplomata norte-americano William C. Bullit escreveu para o presidente eleito, Franklin D. Roosevelt: "A influência de Hitler está declinando tão rápido que o governo não teme mais o crescimento do movimento nazista".[52]

Maynard Keynes era um economista bem conhecido, voltado para análises, e participante ativo na bolsa de valores. Ainda assim, ele fracassou em prever a queda de 1929 que levou à Primeira Grande Depressão. "Quem em sã consciência quer ouvir algum ator falar?" foi a declaração, hoje famosa, feita em 1927 por Harry Warner, fundador dos estúdios da Warner Bros.

"Eu acho que há um mercado mundial para aproximadamente 50 computadores", dizem que Thomas J. Watson Sr., fundador e presidente da IBM, declarou em 1953, quando rejeitou a oferta pelos *designers* da Univac para comprar sua empresa. "Não há motivos para qualquer indivíduo ter um computador em sua casa". Respondeu Ken Olsen, fundador e presidente da Digital Equipment Corporation (DEC), em 1987 quando seus assistentes insistiram no ponto de que a DEC precisava inventar um computador pessoal.

As hipóteses tendenciosas fizeram previsões ineficazes ou diretamente enganosas. Elas também poderiam levar ao fracasso da empresa, como aconte-

[52] *International Herald Tribune*, 30 de novembro de 1988.

ceu com a DEC pouco depois de seus anos de glória, nos anos 1980 como o fabricante de computadores Número 2 do mundo. O fracasso em fazer uma previsão de maneira pragmática, não tendenciosa, muitas vezes levou a crises corporativas.

As empresas que baseiam as decisões em ideias fixas, preconcebidas, ou na intuição do momento estimam equivocadamente o curso dos eventos vindouros. Precisamente por causa da necessidade de instilar confiança quando confrontado pela incerteza, a personalidade daquele que é confiado com o trabalho de previsão pode ter um valor significativo (veja também o Capítulo 6 sobre as características das personalidades). O previsor deve possuir:

- uma mente analítica, penetrante;
- experiência em avaliar as questões econômicas e comerciais;
- experiência para fazer com que suas rejeições sejam acreditáveis;
- habilidade de quantificar e qualificar o potencial futuro;
- habilidades em estimar as tendências, quantidades, rendimentos, custos e lucros potenciais;
- habilidade de viver, e mesmo prosperar com a incerteza; e
- qualidade de decidir quando enfrenta situações difíceis e conflitantes.

Os economistas são famosos por fazerem reservas sobre os caminhos alternativos que os eventos poderão tomar. Evidências incidentais sugerem que o presidente Trumam disse um dia aos seus assistentes imediatos: "Estou procurando um economista com um lado só". Quando perguntaram o motivo, ele respondeu, "para que ele não me dê um conselho e imediatamente adicione: 'Por outro lado...'".

Porém, uma prática sólida é desenvolver cenários alternativos na previsão – cada um com sua probabilidade – quando a situação permitir. Uma maneira de desenvolver previsões favoráveis é projetar as melhores, as mais prováveis e as piores condições. Outra maneira é ficar com a "mais provável" como um valor central, e usar intervalos de confiança para refletir a distribuição em virtude de uma variação dos fatores-chave.

Comentários breves e focados aprimoram o valor da previsão para seus usuários. Se as condições prevalecentes claramente mostram que um dado mercado escapou do controle da empresa, o previsor precisa explicar *porque* isso aconteceu. Ele tem de ser convincente em seus argumentos; por exemplo, quão rapidamente o mercado está se movimentando em uma direção diferente.

Um motivo básico por trás do fracasso em fazer previsões pragmáticas é a falta de metodologia (Seção 4.4) – desde fazer suposições a produzir resultados computacionais. A eficácia na previsão requer que os produtos sejam baseados em suposições claras que podem ser testadas, retidas e dispensadas.

- Os previsores nunca deveriam mostrar à alta gerência o que ela quer ver e ouvir, mesmo se, algumas vezes, ela forçar a previsão em tal direção.

- As suposições podem ser favoráveis ou diretamente desfavoráveis ao pensamento prevalecente da gerência sênior, mas de qualquer maneira o previsor tem de ser pragmático e direto.

Suposições não realistas também são feitas quando os gerentes não entendem o valor de trabalhar com alternativas, baseando algumas ou todas as suas decisões em estimativas confusas do futuro e na simples ignorância. Quando o que a gerência quer são "respostas exatas", o resultado mais provável é que ela obterá respostas obviamente falsas ou nenhuma resposta que possa ser útil.

4.3 PREVISÕES E PLANOS DE AÇÃO

A previsão não acontece de forma abstrata. As previsões eficazes examinam o impacto futuro das decisões atuais ao prestar atenção às estratégias da empresa, seu apetite pelo risco, suas necessidades de planejamento e suas características comerciais especiais. Elas também acomodam, refletem e discutem as opiniões contrárias, e expressam suas descobertas de maneira abrangente.

A referência feita ao apetite pelo risco pode soar estranha nesta parte do livro, mas Willian Allen, CEO da Boeing, teve sucesso ao assumir riscos. Ele também disse que os riscos, os quais colocam a empresa em perigo, são o serviço mais importante reservado para o chefe executivo. Todas as outras pessoas na organização – de vice-presidentes aos gerentes médios precisam trabalhar dentro dos limites estabelecidos.

Geralmente não é apreciado que o apetite pelo risco possa condicionar a largura e a profundidade das previsões. *A priori*, devemos rejeitar a ideia de que algo é impossível, Allen costumava dizer, adicionando que a integridade é o ingrediente básico da autoridade. Dentro dessa perspectiva, as previsões são compostas de três partes básicas, sendo cada uma delas conectadas a um tema específico:

- Missão econômica
- Estratégia competitiva
- Planos de ação

Em relação à *missão econômica*, as previsões enfatizam o tipo de probabilidade (mas não a certeza) de eventos econômicos que afetariam os negócios, a empresa, assim como sua habilidade para desempenhar. As previsões que têm por objetivo ajudar a *estratégia competitiva* focam no produto correto/combinação de mercado para efetivamente satisfazer os objetivos associados com as operações comerciais.

As previsões, feitas com a meta específica de auxiliar um *plano de ação*, envolvem a análise de desenvolvimentos de curto prazo que afetam os orçamentos, as quotas de vendas, os cronogramas de produção, as cadeias de suprimento e outros compromissos pendentes. Eles têm por objetivo ajudar a gerência a dirigir seus negócios diários de maneira factual, abrangente, contínua e lucrativa – em reconhecimento ao que, mais provavelmente, se apresenta à frente.

Em cada um desses temas, os previsores devem apresentar para a gerência hipóteses convincentes e documentadas. Assim sendo, um sistema de informação abrangente, capacitado com uma instalação de memória corporativa (CMF), é significativamente útil para a previsão. Este último registra todas as suposições, opiniões, previsões e declarações feitas por todas as partes acerca de uma decisão, e pode ser de assistência inestimável para documentações pós-morte, assim como previsões subsequentes.

As documentações pós-morte são instrumentais para o processo de focar em uma questão e aparam a metodologia de previsão. Um fluxo bilateral desinibido de informações, proporcionadas por meio de comunicações interativas, também estabelece a base necessária para o *feedback corretivo*. Este último é um ingrediente vital para a habilidade de gerentes experientes serem encarregados.

- O *feedback* direto ajuda no redimensionamento ou descarta de vez as previsões extremamente otimistas e as extremamente pessimistas.
- Em longo prazo, este também pode ser instrumental em garantir que as suposições sendo feitas tornem-se cada vez mais pragmáticas.

Uma previsão voltada para a ação e apropriadamente estruturada permite que a gerência pondere os benefícios potenciais contra os riscos potenciais; estime o valor que será (provavelmente) derivado pelo comprometimento de recursos; e quantifique o resultado mais provável sob probabilidades diferentes que os eventos importantes acontecem. Este é útil para o planejamento corporativo estratégico e uma das áreas mais recompensadoras em que a previsão pode ser útil.

Para provar seu valor, uma previsão efetiva e procedimento de planejamento devem permitir a possibilidade de erros em uma previsão. A regra a ser lembrada é esta: Enquanto a gerência considerar a falta de habilidade para "prever exatamente" como um obstáculo, em vez de um incentivo, a previsão terá um valor limitado.

- O mecanismo de previsão correto sugere um entendimento mais claro de um impacto futuro provável, mas não certeiro, nas decisões atuais.
- A gerência tem muito a ganhar ao ficar ciente do impacto futuro provável, isto porque este condiciona a direção e o comprometimento.
- Mas a gerência está no caminho errado quando quer garantias e certezas sobre o futuro; por definição, o futuro é incerto.

A previsão está apenas proporcionando uma opinião ao tentar expressar tal incerteza em termos compreensíveis. Posteriormente, os *planos* caracterizarão a interdependência de estruturas e recursos pertencentes à atividade industrial.

Como veremos nas Seções 4.6 a 4.8, um plano formal leva em direção à realização de objetivos, respondendo às oportunidades à medida que elas surgem. Um objetivo é um final; um resultado é uma consequência de uma tarefa específica ou uma função a ser realizada. Os objetivos podem ser de curto ou de longo alcance.

- Os objetivos de longo alcance cobrem e ajudam a esclarecer os objetivos de alcance mais curto.
- As metas principais determinam a natureza e o tempo das metas menos importantes.
- Dentro da estrutura de planejamento administrativo, eles passam a ser declarações de propósitos que evoluem da tentativa de expressão de um plano de ação para sua declaração específica.

Isso é possível porque o planejamento está em uma linha bem definida de ação com objetivos a serem cumpridos, recursos a serem comprometidos para cumprir esses objetivos, estágios a serem passados e métodos a serem usados. Ao passo que previsão significa avaliar o futuro, o planejamento é fazer provisões para este, almejando garantir que as metas estabelecidas serão alcançadas:

- dentro de períodos de tempo aceitáveis, e
- com um custo aceitável.

Neste sentido, o plano é *direcional*, proporcionando as capacidades básicas para alcançar as metas escolhidas. Um plano somente é eficiente se ele ocasionar a realização de metas com um mínimo de consequências indesejáveis e/ou inesperadas, e com resultados maiores do que o custo.

Uma vez que as previsões mudam, os planos devem ser *voltados para a mudança*. Isso ajuda a mantê-lo atualizado e também encoraja a busca por melhorias. O leitor deve, no entanto, observar que, no caso geral, a noção de "melhorias" é o *alter ego* da noção de mudança (Capítulo 3).

Outra característica compartilhada pelas previsões e planos é que eles devem ser abertos e *interativos*, garantindo um diálogo entre todas as divisões e departamentos, cujas tarefas podem ser diferentes, mas eles compartilham uma meta comum. Uma previsão ou plano "guardado a sete chaves" terá pouco efeito nas operações da organização.

Por fim, as boas previsões e os bons planos são *sensíveis em termos de tempo*. A programação dos eventos-chave é essencial para realizações ordenadas e eficientes. A hora certa permite consideração e coordenação adequada das várias etapas envolvidas, fortalecendo, assim, o foco e a continuidade das operações comerciais.

4.4 PREVISÕES E METODOLOGIAS

A meta desta seção é explicar o que é preciso para desenvolver uma metodologia de previsão válida, não uma solução única. Não existe uma metodologia de previsão singular, e sim alguns princípios que formam uma estrutura geral de referência para ser adaptada a situações específicas. Como um ponto de partida, uma boa metodologia de previsão envolveria três componentes principais:

- Coleta de dados e análise com o objetivo de identificar tendências, desvios, oportunidades e riscos.
- Pesquisa de campo – isto é, estimativas (por exemplo) do mercado potencial ou do sentimento do mercado.[53]
- Indicadores estabelecidos que possam ser indutores ou de resultados, mas, ainda assim, proporcionem informações valiosas sobre uma tendência em desenvolvimento ou um evento significante que provavelmente ocorrerá.

A Seção 4.2 trouxe para a atenção do leitor que as pessoas não deveriam acreditar, como algumas acreditam, que os dados históricos têm pouca ou ne-

[53] Algumas vezes, a análise de dados e o sentimento do mercado apontam para a mesma direção. Em outros casos, eles se contradizem. Geralmente, quando isso acontece, o sentimento do mercado ganha.

nhuma importância para as previsões. Muito pelo contrário, eles podem trazer uma enorme contribuição, contanto que usemos séries temporais significativamente estatísticas para simular a situação no mundo real. Essa abordagem é seguida por empresas de primeira linha em áreas como:

- projeções econômicas;
- decisões da política a respeito de investimentos e;
- decisões sobre a política monetária.

A verdade é que as diferenças na metodologia, na estrutura do modelo e nas variáveis escolhidas muitas vezes resultam em previsões econômicas que apresentam diferenças significativas. Essas são devido à coerência teórica do modelo, dos procedimentos para a estimativa, do número e tipo de variáveis ou outros fatores.[54] Praticamente os mesmos desafios existem com os modelos de negócios.

Precisamente porque tais diferenças são moeda corrente, os bancos centrais e outras entidades de previsões econômicas geralmente mantêm conjuntos de modelos, usados paralelamente para previsão. A justificativa para tal é que mesmo os modelos sofisticados são uma extrema simplificação da realidade complexa da economia, e uma bateria de modelos pode preencher as lacunas deixadas por um ou dois modelos. (Na melhor das hipóteses, esta é uma declaração duvidosa.)

O modelo passou a ser parte integral da metodologia de previsão porque ele ajuda a expandir o horizonte de análises empíricas mais clássicas conduzidas com poucos fatores. A teoria diz que, mesmo se os resultados oferecidos pelas simulações sucessivas não forem convergentes, a atividade de previsão pode ganhar em clareza analítica, pois os modelos múltiplos:

- permitem um julgamento mais bem fundamentado e mais amplamente suportado; e
- oferecem uma visão polivalente do que pode acontecer em uma atividade econômica ou comercial, ao capitalizar nas margens da incerteza.

Este nem sempre é o caso. No entanto, a verdade é que os simuladores permitem que o pessoal de marketing e os planejadores de produção experimentem *on-line*, otimizem o agregado de vendas-inventário-produção, examinem as mudanças necessárias que afetam o curso de ação planejado e analisem as

[54] Por exemplo, pode não haver medidas históricas para comparações quando estiver avaliando as condições econômicas fundamentais, isto porque os eventos singulares raros têm exercido uma influência crítica.

hipóteses que envolvem a incerteza em relação à validade das suposições que as corroboram.

O experimento proporciona uma base sólida para o planejamento de vendas, inventários e produção; contudo, o leitor deve estar ciente de que uma previsão é uma estimativa. Em contrapartida, um plano é um compromisso. Eles podem muito bem se complementarem (com o pré-requisito de previsão) e precisam ser feitos com o total conhecimento de que devem ser mantidos dinâmicos. Quando isto acontece, as previsões proporcionam uma base para:

- a escolha eventual de um curso de ação;
- melhor uso dos recursos para cumprir os compromissos; e
- soluções eficazes para os problemas cruciais para o futuro da empresa.

Faz parte de uma metodologia de previsão que seus usuários apreciem que, embora necessário, os padrões de relacionamentos econômicos derivados de eventos passados nem sempre formam uma base sustentável para inferir conclusões sobre o futuro. Por exemplo, uma das suposições que virou pó com a profunda crise econômica e crise bancária de 2007-2010 foi que os desenvolvimentos nos mercados financeiros não têm efeitos sérios sobre os desenvolvimentos cíclicos na economia.[55]

Ainda assim, outra consideração inerente à metodologia de previsão sólida é que as previsões baseadas em modelos devem ser usadas com cautela. Este é o caso especialmente para as previsões que dependem da incorporação de conhecimento empírico subjetivo e/ou teorias não provadas – como aquela que garante que os mercados são eficientes.

Os desafios conectados à previsão são menos pronunciados em sua complexidade quando o assunto é um setor específico dos negócios, como marketing e vendas. Os domínios setoriais não apresentam teorias extravagantes. Além disso, premissas erradas ou suposições não garantidas são geralmente menos controversas, embora suas presenças não possam ser totalmente excluídas.

Esta diferença em objetividade bastante significativa entre previsões econômicas e comerciais (vendas, produção, inventário) tem a ver com o fato de que, no último caso, o objeto da previsão é muito mais contido. Normalmente, depois que uma previsão de vendas é feita, a progressão natural é de "números projetados consolidados" para um:

- plano de ação
- orçamento de vendas

[55] Outro exemplo de uma teoria que foi estraçalhada pelo mesmo evento abismal é a "teoria do mercado eficiente".

- plano de manufatura
- orçamento de manufatura
- políticas do inventário

Os compromissos com as cadeias de suprimentos, os gastos de capital não garantido e os custos operacionais podem ser evitados se a gerência souber de antemão o curso mais provável dos eventos de mercado que condicionam os resultados das vendas. Independentemente dos números quantitativos, esta exige uma metodologia direta assim como um raciocínio ordenado.

Um previsor industrial começa seu trabalho ao identificar primeiramente as tendências comerciais nas principais linhas de produto da empresa. Ele deve, então, ver como a empresa se posicionou em cada mercado por produto, porque inevitavelmente seus pontos fortes variam por produto e por mercado. Entre as considerações cruciais, para as quais o previsor deve ser sensível, estão as seguintes:

- Potencial de mercado, à medida que este se desenvolve.
- Os produtos dos concorrentes e seus preços.
- Período de defasagem nos resultados de P&D de sua empresa.
- Efeito dos períodos de defasagem em vendas e participação no mercado.
- Investimentos e retornos sobre o investimento.
- Coordenação com os planos de outras empresas afetando os produtos, seus mercados e suas vendas.

Não há truques de "cartomante" neste processo, no sentido de ver através de uma bola de cristal. A ênfase está na metodologia, nos dados, na pesquisa paciente. A força de uma previsão depende de quão bem o previsor consegue prever os "benefícios" e os "riscos" de estatísticas, projeções e pesquisas relacionadas. A tecnologia age como um amplificador das habilidades humanas, não como um substituto para elas.

4.5 UMA PREVISÃO QUE NÃO FOI CONSIDERADA, MAS QUE PROVOU ESTAR CORRETA

O destino das previsões está longe de ser uniforme. Algumas acertam em cheio e contribuem muito para o planejamento eficaz. Outras procrastinam o caminho errado dos eventos, ou são usadas como uma desculpa para o planejamento ter pouco a ver com a realidade. Ainda assim, outras provaram estar corretas, mas as projeções que elas fizeram sobre as prováveis consequências não foram consideradas – e nenhuma medida corretiva foi tomada em tempo.

Este último caso foi a remissão de um estudo muito bem feito pelo MIT a pouco mais de duas décadas atrás. Ao focar nas questões industriais e políticas salientes que confrontavam a economia norte-americana no final dos anos 1980, Dertouzos, Lester e Solow declararam que os interesses nada mais eram do que a fortuna futura e o poder político dos Estados Unidos, projetaram os motivos para isso e sugeriram algumas mudanças urgentes.

Os pesquisadores do MIT concentraram seu estudo em 80 setores, sendo que cada uma deles ganhou um capítulo em seu livro.[56] Eles visitaram mais de 200 empresas nos Estados Unidos, Japão e Europa e em suas descobertas detectaram um padrão persistente de fracassos administrativos dos Estados Unidos em todos os setores: "As empresas norte-americanas não são mais vistas como líderes mundiais, até mesmo pelos consumidores norte-americanos", eles escreveram em seu livro.

Para julgar como Dertouzos, Lester e Solow *acertaram em cheio* nos anos 1989, o leitor deve conhecer a opinião de um especialista entrevistado pela Bloomberg News em 6 de abril de 2010 na ocasião da pressão renovada de Washington sobre Pequim para reavaliar o *yuan*. "Eu não acredito que isso faria muita diferença", disse o especialista. "Nos cinco anos antecedentes, o yuan foi, de certa maneira, reavaliado, mas o déficit norte-americano com a China continuou aumentando. Além disso, grande parte do que importamos da China, não fabricamos mais".

Muitas das empresas norte-americanas que produziam bens, as quais o estudo do MIT disse que corriam perigo, até agora, já fecharam suas portas. Essa tem sido exatamente a sirene de aviso tocada pelos nossos pesquisadores há 22 anos, os quais também adicionaram que corrigir o progressivo declínio da indústria norte-americana levará a "mudanças doloridas em todos os níveis da organização". Não é apenas o país que está em maus lençóis.

Todo o Oeste está em derrocada pelos mesmos motivos que encontram suas raízes em políticas passadas e atuais – feitas por cidadãos incapazes que posam como chefes de Estado, mas, na realidade, têm sistematicamente destruído a base industrial de seus países. Os homens de negócios com experiência prática acatam a ideia de salvaguardar o potencial futuro da indústria, mas os políticos no poder não. Suas previsões são míopes; assim sendo, eles se engajam em:

---

[56] M. Dertouzos, R. Lester e R. Solow, *Made in America*, MIT Press, Cambridge, MA, 1989.

- super alavancagem a qual eles não sustentam e
- montanhas insustentáveis de dívida acumulada através de déficits orçamentários e déficits em conta-corrente que crescem constantemente.

O prognóstico de Dertouzos, Lester e Solow para os Estados Unidos em 1989 já estava em andamento na Grécia, levando à sua quase falência em 2010. Para todos os países ocidentais, este deveria ser o último aviso. As pequenas economias colapsam mais rapidamente porque seus recursos se esgotam mais facilmente, mas as grandes economias também alcançam a beirada do precipício se continuarem no mesmo caminho. Veja a Grã-Bretanha de 2010.

A lição a ser aprendida com os efeitos posteriores da previsão não considerada, discutida nesta seção, é que *se* não conseguirmos reverter as tendências atuais e salvaguardar nosso futuro, *então* tanto nós quanto a próxima geração pagaremos caro por isso – não importa se moramos num país desenvolvido ou não. Com trilhões de dólares gastos para salvar os grandes bancos da autodestruição, dado o estado de endividamento que eles acarretaram para si mesmos, *se* os Estados Unidos, a Grã-Bretanha e o Japão fossem empresas comerciais, *então* a única solução teria sido impetrar proteção dos credores.

Em 1989, os pesquisadores do MIT não tinham a evidência desta catástrofe financeira irrestrita – mas tiveram o entendimento tardio porque haviam passado pela crise das bolsas de ações de 1987 e viram a tendência. O que sabemos agora valida as previsões dos pesquisadores. Os governos ocidentais deveriam começar a pensar em salvaguardar o que ainda temos em recursos ao:

- reorganizar;
- reduzir;
- tirar a alavancagem; e
- punir os meliantes para dar, no mínimo, um senso de justiça e uma evidência de ética.

Alguém poderia usar como desculpa o ditado do século 19: "Por que deveríamos legislar para a posterioridade? O que a posterioridade já fez por nós? Mas é válido colocar tal pergunta?". Como homens de negócios, deveríamos apreciar que as questões morais não estão envolvidas. E, pelo fato de pertencermos a comunidades humanas de um tipo ou de outro, passamos a compartilhar obrigações comuns que surgem das interdependências que elas envolvem.

Isso ajuda na reflexão de nossas obrigações para com as gerações futuras, as quais, até certo ponto, dependem de nossas ações atuais para sua sobrevivência (uma declaração verdadeira em termos ecológicos). Nossa obrigação para o futuro podem ser justificadas em termos de autointeresse. Os opositores poderão responder que existem razões profundas dentro de nossa cultura para achar que é muito difícil prover uma base moral para uma *obrigação com o futuro*. Mas isso é ser muito convencido. Nenhuma geração deveria deixar a economia ou o planeta Terra pior do que os encontrou.

4.6 PLANEJAMENTO

A metodologia do *planejamento* almeja a combinação de recursos – humanos, financeiros, materiais (fábricas, máquinas, matérias-primas, produtos acabados) – com objetivos específicos durante certo período de tempo. Os planos devem ser documentados, mas também flexíveis e adaptáveis, mas o mais importante de tudo é a metodologia. "O plano é nada", disse o presidente Eisenhower, "o planejamento é tudo".

- Como as estratégias, um plano deve se encaixar nos objetivos de desenvolvimento das pessoas, empresas ou sociedade.
- Em contrapartida, as previsões devem ser feitas sobre um dado tema, mas elas não devem encaixar quaisquer objetivos; a medida de sua qualidade é a objetividade.

As empresas bem administradas enfatizam o *planejamento como um sistema*. Uma vez que os pontos fortes atuais de uma organização muitas vezes estão nas suas características geográficas ou de liderança dos produtos (ou alternativamente na sua diversidade), o planejamento corporativo deveria integrar a coordenação de "metas" e trabalho em equipe com o objetivo de preservar esses ativos.[57]

- A metodologia do planejamento é mais importante do que o plano individual.
- Os planos podem mudar, e mudam; a metodologia, se correta, deve apenas evoluir lentamente.

Quanto mais globalizada é a economia e mais competitivo é o mercado, mais o planejamento torna-se uma das funções básicas da gerência. Se executado apropriadamente, ele auxilia para enxergar um quadro mais claro dos re-

[57] Isto não contradiz a necessidade de que a empresa é capaz de se reinventar, pelo simples motivo de que o propósito da reinvenção é salvaguardar os ativos.

cursos e compromissos, evitando decisões que amarram as mãos das pessoas para um curso comprometido de ação durante um longo período de tempo. O planejamento também promove a oportunidade de negócios e mantêm os riscos sob vigilância ao:

- forçar uma consideração das alternativas; e
- obrigar a organização a contabilizar os desenvolvimentos prováveis (veja a discussão sobre previsão).

Os planos alternativos, os quais são partes integrais de uma metodologia de planejamento sólida, contribuem para a melhor adaptação ao realçar as maneiras diferentes de alcançar um objetivo. A gerência tem muitas oportunidades para estudar e escolher o melhor curso, isto porque um plano é feito em estágios. Existem nove estágios principais no planejamento corporativo:

1. *Traduzir as metas estabelecidas pela diretoria, altos executivos ou comissão executiva em planos de ação.*

Dentro do domínio dos objetivos gerais da empresa, as metas precisam ser detalhadas e atribuídas aos órgãos funcionais, como as autoridades divisionais. Os objetivos estratégicos são estabelecidos em nível de alta gerência da empresa; as metas táticas, subordinadas às metas corporativas gerais, são estabelecidas em nível divisional. Todas as ações pertencentes a ambos devem ser planejadas.

2. *Proporcionar uma estrutura que possibilite que as decisões futuras sejam tomadas mais rápida e economicamente, e com poucos transtornos do curso do negócio escolhido.*

Não é suficiente planejar uma vez e esquecer-se disso depois; nenhum plano é para sempre. A vigilância constante é o preço do sucesso, e a vigilância envolve oportunidades repetitivas para tomar decisões – seja dentro da estrutura do plano original ou, à medida que as necessidades e requerimentos se desenvolvem, ao alterá-lo.

3. *Fazer escolhas entre as alternativas para poder alcançar as metas da empresa, levando em consideração os recursos da empresa e a programação para sua aplicação.*

Qualquer empresa, assim como qualquer indivíduo, comunidade ou estado tem recursos finitos. Diferentemente do que algumas pessoas pensam, o recurso mais escasso em uma organização não são as finanças, mas sim talento, experiência e habilidade; sendo que todos devem ser apropriadamente alocados para metas dignas.

4. *Auxiliar a equipe em detalhar as atividades escolhidas que variam de P&D a manufatura, vendas e finanças – ambas, doméstica e internacional.*

Muitas das ações promovidas e sustentadas por um plano serão decididas pela alta gerência apenas em termos gerais. A gerência média trará para o detalhe do plano. Como diz o ditado, o diabo está nos detalhes, por isso é necessário desenvolver relatórios de "pontos fortes e fracos" para cada mercado e para cada produto.

5. *A previsão de obstáculos possíveis em cada curso de ação, permitindo, assim, que a gerência tome decisões tendo em mente não apenas as oportunidades futuras, mas também os riscos e limites.*

Uma vez que cada previsão é baseada, pelo menos em parte, em declarações e hipóteses que colocadas no plano, as últimas deveriam ser totalmente testadas com a meta de provar seu merecimento e desvendar seus obstáculos. A meta deve ser prevenir a abordagem geral de "brigada de incêndio" quando a adversidade ataca.

6. *Estabelecer a estrutura dentro da qual a gerência conseguirá fazer o uso máximo dos recursos organizacionais.*

Um plano será mais eficaz se ele proporcionar alternativas e escolhas claramente definidas que se encaixem em sua estrutura para a gerência. Dessa maneira, depois que as escolhas são feitas no nível mais elevado, a gerência média pode usar suas opções para alocar e explorar os recursos sob seu controle.

7. *Avaliar as implicações futuras do plano estabelecido, antes de autorizações, e definir os tipos de decisões que mais provavelmente serão requeridas mais abaixo.*

O momento para testar as questões do tipo "e se" é durante a formulação de planos. Qualquer plano apropriado é voltado para os resultados, mas a busca por produtos concretos muitas vezes traz consigo certas implicações. Em algum ponto no tempo, os aspectos negativos podem compensar os benefícios a serem criados por alcançar certa meta; a ação administrativa poderá contrariar os saldos existentes; ou obstáculos sem precedentes poderão requerer a mudança de recursos de outros planos (e objetivos).

8. *Avaliar os resultados que estão sendo obtidos à medida que o plano entra em ação pelo feedback controlado, incluindo a avaliação do desempenho individual.*

O relatório da execução dos planos deve ser em tempo oportuno e estruturado de maneira a esclarecer a existência de desvios e exceções. Um plano monolítico mascara os desvios e é opaco em termos do progresso geral. O oposto também é verdadeiro. As ações corretivas são manchadas por muitas solicitações de atenção, por causa dos detalhes indevidos.

9. *O tempo de todas as ações (e suas fases) envolvidas em um plano ajuda na identificação de dimensões múltiplas das premissas de planejamento e a necessidade de uma transição suave de um estágio para o outro.*

Um requisito básico de toda atividade de planejamento é considerar o tempo de entrega. As coisas não acontecem instantaneamente; elas são parte de um plano. E também, em longo prazo, as previsões, nas quais um plano é baseado, podem mudar. Assim sendo, o planejamento deve ser flexível e reajustável em suas funções para prover uma base para tomar uma ação, e, o quanto possível, minimizar o desconhecido. Vários motivos poderão ocasionar o fracasso de um plano. Os mais importantes são:

- Falta de habilidade

Isso tem muitos aspectos. Um deles é a falta de uma metodologia sólida, muitas vezes acoplada com disciplina pessoal precária – a qual é uma pedra fundamental no planejamento. Outra é a inabilidade de focar e explorar as oportunidades, ou na aplicação de riscos e limites.

- Falta de inteligência de mercado

Como foi visto no Capítulo 1, a estratégia é um plano mestre contra um oponente. Nos negócios, esses oponentes são concorrentes em produtos e mercados que se mantêm na liderança. No que diz respeito ao planejamento, a inteligência de mercado não é uma opção – é um "dever".

- Falta de objetivos claros

Um plano caracterizado por objetivos obscuros, ou um que tenta alcançar várias metas ao mesmo tempo, está fadado ao fracasso. Os planos eficazes têm localidade; eles são específicos e, portanto, não podem ser tudo para todas as pessoas (o que é um motivo básico para, muitas vezes, os planos governamentais ficarem contra a parede).

- Baixa tecnologia

Alta tecnologia, custo baixo e inovação rápida são as três vantagens mais importantes na indústria moderna. Em minha prática profissional, muitas vezes encontro planos ambiciosos por empresas cuja tecnologia informática não se compara àquela de seus concorrentes – sendo, portanto, incapaz de prover os instrumentos necessários para planejamento, execução e controle.

4.7 PERÍODOS DE PLANEJAMENTO

A alta gerência precisa de uma *visão do futuro* a respeito dos produtos, mercados e ações necessários para alcançar as metas estabelecidas. Como vimos neste capítulo, a previsão de projetos sobre os eventos futuros e planejamento ajudam a programar a atividade administrativa dentro de um período de tempo específico. Teoricamente, os períodos de tempo podem ter um de vários alcances; na prática, os quatro seguintes são os mais frequentemente usados:

- *Curto alcance.* De 12 a 18 meses, normalmente chamado de "ano móvel". O plano financeiro de 12 meses é o orçamento clássico.
- *Médio alcance.* Geralmente de 2 a 4 anos e normalmente não excede este período.
- *Longo alcance.* De 5 a 7 anos, variando de acordo com a empresa, algumas vezes chegando a 10 anos.
- *Muito distante ou de alcance muito longo.* O plano de 15 anos é o mais recente, almejado a responder as perguntas: "O que esta empresa deveria estar fazendo em 2025? De onde virão os ganhos?".

No histórico do planejamento administrativo em cada um dos quatro alcances em questão, está o reconhecimento de implicações possíveis dos compromissos que são feitos. Quando os compromissos da empresa são estabelecidos, o curso de ação lógico é anexá-los às suas metas escolhidas, tendo as submetas como degraus.

As variações nos alcances mencionados anteriormente podem existir, e existem. Como veremos nos próximos parágrafos, a duração específica do período de planejamento para desenvolver planos formais e abrangentes é relativamente sem importância. O que é importante é que este período – uma vez estabelecido – seja observado por toda a empresa de modo que o elemento tempo não seja interrompido.

Os planos estratégicos têm um alcance mais longo. Os planos de médio alcance geralmente abordam mercados e produtos e, como mostra a Figura 4.1, podem ser estratégicos ou táticos. Os planos puramente táticos são de alcance mais curto, principalmente os planos operacionais ou financeiros.

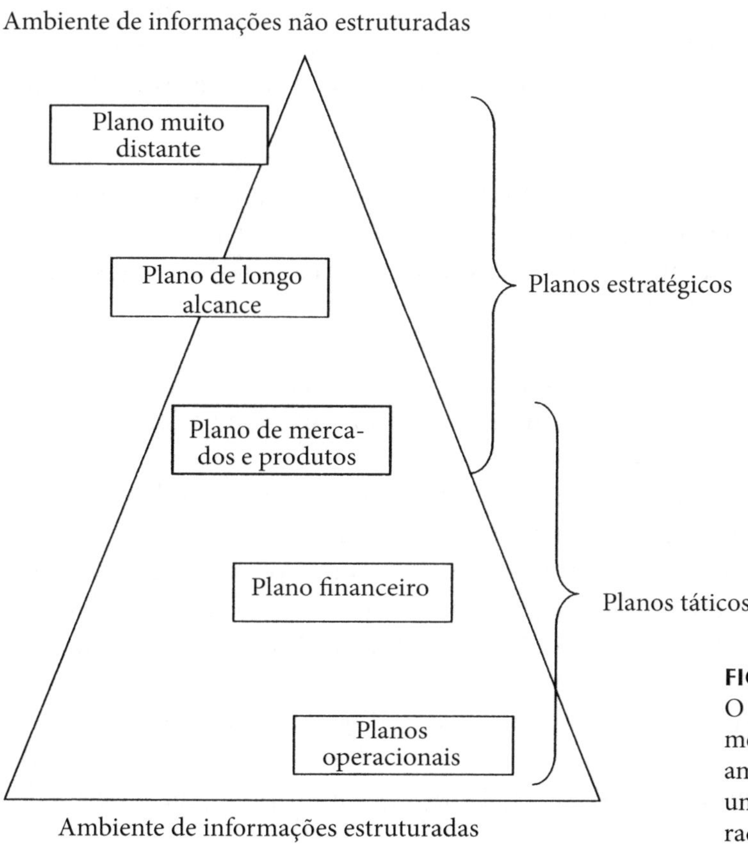

FIGURA 4.1
O plano é nada. O planejamento é tudo, e varia de um ambiente estruturado para um ambiente não estruturado.

Não importa qual seja o seu alcance, um plano força a gerência em todos os níveis a ficar conscientemente alerta para os objetivos e políticas em geral. Isso é especialmente importante nas grandes organizações, onde a complexidade e a falta de padrões globais são forças negativas.

A programação para o período de planejamento muito distante é um empreendimento mais desafiador que requer conceitos claros e visões. Um alcance de 15 anos pode ser abordado principalmente do ponto de vista da direção geral baseado na ordem crítica de avaliações da grandeza. No entanto, mesmo assim, ele permite posicionar nossa empresa (em termos de produtos e serviços) contra as forças do mercado.

Muitas pessoas objetam o planejamento muito distante ao dizer que as necessidades e requisitos dos clientes não podem ser projetados tão à frente no futuro. Esse é um argumento errado. No início dos anos 1970, a unidade de planejamento muito distante da GE em Santa Barbara, formado por ex-gerentes gerais da empresa, havia projetado que por volta de meados de 1980 mais da metade dos produtos da GE usariam um microprocessador. E foi exatamente o que aconteceu.

Embora as incertezas aumentem à medida que o período de tempo é estendido, as possibilidades de considerar as várias alternativas e maximizar as escolhas também são maiores. A ênfase está em ajustar o futuro, em vez de simplesmente presumir que as condições presentes continuarão sem desafios ou inalteradas.

Provavelmente o aspecto mais difícil, mas também o mais interessante e recompensador, do planejamento muito distante e de longo alcance é o desenvolvimento de um programa que mostra como e sob quais condições os objetivos organizacionais no geral podem ser realizados. As características essenciais de tal plano mestre são que ele é:

- abrangente, cobre todos os elementos principais e
- está integrado em um programa equilibrado e sincronizado.

Outro motivo para o planejamento de longo alcance ser um dos períodos de tempo mais desafiadores é porque ele envolve muitas incertezas – ao passo que os problemas no planejamento de curto alcance podem ser rastreados para a falta de um senso claro de direção ou de prioridades bem estabelecidas. As prioridades são a substância de um plano, embora elas também possam ser símbolos históricos.

Em contrapartida, o plano de curto alcance, o qual foi trazido para a atenção do leitor, é feito depois que um "congelamento" é assumido em consideração aos cursos de ação alternativos possíveis, resumido pelo plano de médio alcance. O foco do plano de curto alcance é a implementação; ao passo que a meta dos planos de médio alcance é eliminar o excesso de possibilidades que podem ser de longo alcance nas promessas e de curto alcance em resultados viáveis e tangíveis.

Há também outro propósito valioso para usar o planejamento de médio alcance: o de estabelecer objetivos provisórios entre as metas de longo alcance e aquelas usadas no desenvolvimento de programas para operações anuais e orçamentos. Os *alvos* são os resultados específicos associados aos marcos de médio alcance.

Os planejadores também deveriam estar cientes do fato de que, embora necessário, o foco nos alvos apenas faz um plano incompleto. A seleção de um curso de ação não garantirá por si só o momento correto (Seção 4.6). Os marcos são necessários e suas definições podem ser divididas em três tipos:

- aqueles que lidam com ações repetitivas;
- aqueles que almejam um evento único; e
- aqueles em relação a um conjunto alterado de circunstâncias.

O tempo oportuno das ações dos gerentes e profissionais é relativamente fácil quando essas são repetitivas e rotineiras, e quando um procedimento claro foi elaborado para lidar com elas. Os eventos únicos podem também ser nítidos. Mas é um desafio quando as ações e decisões são novidade e não são estruturadas. O último tende a aumentar em número e em incerteza inerente, especialmente quando o período de tempo, sobre o qual seu impacto pode ser sentido, é longo. Esse é um dos motivos fundamentais para que o período de um planejamento detalhado seja limitado ao período de 1 ano, ou de um ano móvel, no qual as previsões sustentam um grau razoável de validade. No entanto, uma vez que a certeza requerida no planejamento administrativo varia com o tipo de indústria ou programa, a escolha de nível de detalhes em cada período de tempo não pode ser declarada de maneira geralmente precisa - exceto pelo fato de que os planos de curto alcance devem sempre ser detalhados e bem documentados.

4.8 PLANEJAMENTO INTEGRATIVO: UM EXEMPLO PRÁTICO

O objetivo principal para instituir uma função de planejamento é a execução ordenada de atividades nos negócios, combinando os recursos às tarefas e aos cronogramas. O plano fornece um mapa quantitativo para a ação administrativa, a alocação de ativos corporativos às metas a serem alcançadas e sua distribuição ordenada com o passar do tempo. O resultado é a melhoria de desempenho por toda a organização através de:

- coordenação operacional e
- *feedback* que permite comparar os produtos ao plano.

A eficácia da gerência melhora significativamente pelo estabelecimento e implementação de procedimentos de programação corporativos e divisionais. A comparação dos produtos com as metas mantém as pessoas em movimento. Qualquer plano, seja ele de longo, médio ou curto alcance apresentará, como pontos focais, aqueles que pertencem à divisão que os estabelecem.

- Em pesquisa e desenvolvimento: projetos de pesquisa, protótipos, projetos em desenvolvimento, suporte de P&D para as linhas de produtos atuais.
- Em finanças: orçamentos, projeções de fluxos de caixa, margens de lucro, retorno sobre investimento, patrimônio, ativos, níveis de dívida admissíveis (autonomia financeira), capitalização.
- Em manufatura: planos de produção, cronogramas, custos-padrão, redução de custos, inventários *just-in-time*, grau de utilização dos equipamentos. Melhorias na eficiência em geral.
- Em marketing: área de operações, liderança de mercado, participação no mercado, atendimento eficaz ao cliente, cotas de vendas, crescimento anual em vendas, margem de lucro por produto e por linha de produto nas operações de vendas.

O plano corporativo em si deve ser *multidisciplinar* abrangendo todas as funções da empresa: P&D, manufatura, marketing, finanças e recursos humanos. Porque a organização de uma empresa típica é departamental, sendo essencial que o mecanismo de planejamento sustente a divisão setorial, assim como a coordenação subsequente entre os departamentos.

A estrutura de planejamento poderá combinar melhor com a estrutura divisional específica da empresa se ela for guiada por objetivos apropriadamente definidos. Nas palavras de Peter Drucker: "Os objetivos são necessários em todas as etapas em que o desempenho e os resultados afetam diretamente a sobrevivência e a prosperidade da empresa. A imaginação e a profundidade com que isso é feito, largamente determinará a qualidade de todo o planejamento administrativo e processo de controle".

A falta de definições apropriadas levará a um aumento na frustração sobre como melhor aproveitar os recursos disponíveis e as oportunidades de mercado. Ela também torna o trabalho de integração dos planos dos vários departamentos, divisões e regiões, mais complexo, de maneira a garantir o compromisso e o envolvimento da gerência em todos os níveis. Esse processo de planejamento integrativo compreende quatro fases:

- Construir a base de informações que registra todas as contribuições divisionais.
- Garantir que os objetivos para o ano (ou para a metade do ano) são totalmente entendidos por todos os envolvidos.
- Integrar os planos operacionais de unidades individuais em um plano agregado bem coordenado.
- Auxiliar a função de controle administrativa da organização (Capítulo 7) no monitoramento e avaliação do desempenho com relação ao plano.

No que diz respeito ao planejamento integrador, algumas empresas escolhem a centralização, ao passo que outras preferem a descentralização. Minha abordagem reúne essas duas alternativas, fazendo que o desenvolvimento de planos operacionais para as unidades individuais seja de responsabilidade de cada gerente encarregado de uma unidade operacional, mas dando ao planejamento central a responsabilidade pela integração e coordenação de planos individuais.

Para cada unidade, o resultado final deve ser um plano operacional que compreenda a análise e a conclusão acerca das condições locais, etapas de ações específicas a serem tomadas e alvos que a unidade planeja alcançar dentro da missão definida pela empresa. Os planejadores deveriam apreciar que também existem restrições na integração de um plano corporativo baseado nos planos individuais das unidades operacionais.

Aqui está um exemplo prático de como uma organização de tamanho médio desenvolve e implementa uma atividade de planejamento integrativa. As contribuições divisionais para cada ciclo de planejamento começam aproximadamente seis semanas antes de os planos vencerem nos escritórios centrais corporativos para consolidação. O processo de planejamento começa em nível divisional – ou, mais precisamente, nos centros de lucro. Existem 100 centros de lucro na empresa em questão, sendo que o CEO acredita que nada estimula mais do que a gestão dos lucros. Esta:

- dá ao executivo responsável uma ideia geral da empresa da qual ele está encarregado e
- proporciona a cada executivo a oportunidade de se identificar com as políticas e filosofias da empresa de maneira demonstrável.

Em cada divisão, o desenvolvimento de seus planos começa com as previsões de vendas: uma área que tem sido perfeitamente dominada por esta empresa. Cada divisão então trabalha retroativamente das projeções de vendas aos cronogramas de produção, requisitos da força de trabalho, despesas de capital, aquisições e orçamentos.

Os fatores das vendas previstas a serem usados para o inventário e planejamento da produção são divididos em vários elementos. Sempre que possível, é praticamente de vendedor para vendedor. Uma vez que o gerente de vendas compila as entradas de vendedores individuais, revisadas e corrigidas pelo diretor de vendas local, os gerentes da divisão combinam esses dados com os resultados da pesquisa de mercado. Em seguida, o planejamento da produção estabelece as necessidades de capacidade de produção. Se uma expansão ou corte da capacidade é julgado como necessário, isto é anotado.

As previsões de vendas também são empregadas para prever quando as mudanças nas metas de vendas ou quotas poderão ocorrer. Esta entrada permite refinar as projeções dos fluxos de caixa. Em produtos mais estáveis, o quadro do fluxo de caixa é detalhado três anos à frente. No desenvolvimento de seus planos, os chefes das divisões estimam variações prováveis e citam as razões para elas. Entre os fatores de planejamento estão os salários, materiais, mercados, transporte, gastos gerais (que são sempre mantidos baixos) e qualquer situação incomum, como greves ou condições climáticas adversas.

Os chefes de divisão discutem seus planos prospectivos com os executivos do grupo e coordenam com as divisões relacionadas. Isso deixa espaço para poucas surpresas já que os gerentes estão em contato constante. Os planos são compartilhados com todos nos escritórios centrais corporativos, onde uma equipe de análise financeira e revisão os agrupa em um único pacote corporativo.

- Este passa a ser o principal veículo de relatório para o CEO e a diretoria.
- O plano e o *feedback* de controle são os meios pelos quais a diretoria controla as operações.

O plano integrativo e seus detalhes divisionais são apresentados para a diretoria como recomendações. Nos casos das grandes decisões, como os gastos de capital que excedem os limites-alvo, o relatório conteria o raciocínio por trás das recomendações e as alternativas. As metas dos planos de lucro e o desempenho passado estão listados em termos de centros de lucro: Primeiro, pela empresa como um todo, em seguida por grupos e depois por divisões. Os presidentes dos grupos, os quais são todos membros da diretoria, estão disponíveis para quaisquer explanações.

Esse procedimento que, na empresa em questão, tornou-se uma metodologia estabelecida, é seguido por avaliações críticas do potencial de lucro dentro de cada área de operação. Os critérios qualitativos, como um centro de lucro "vaca leiteira", traz para o processo um elemento importante do desempenho. Tão importante quanto é a avaliação quantitativa.

Medidas diferentes foram instituídas, de forma a permitir a medida objetiva da eficácia do marketing. Sua meta é identificar a lucratividade alcançada medida em relação ao potencial de lucro, constantemente verificando o custo dos produtos vendidos. Algumas vezes, este *feedback* é crítico, mas também fortalece a habilidade da organização do distribuidor de melhorar seus produtos.

5

Organização e Estrutura

5.1 A ESTRUTURA DEVE SEGUIR A ESTRATÉGIA

O futuro pertence àqueles que conseguem criar as estruturas necessárias para os ambientes de negócios mais complexos e mais incertos de hoje e de amanhã. Quando em meados da primeira década do século 21 os serviços financeiros e bancário passaram a ser um campo de batalha, as estruturas impróprias para aquele ambiente ruíram, trazendo as instituições abismo abaixo. Não há um exemplo melhor do que aquele das grandes instituições: Citigroup, AIG, Bank of America, Royal Bank of Scotland, UBS, os quais eram caracterizados por unidades não integradas resultantes de fusões e aquisições com diversas:

- culturas
- estratégias
- estruturas

O homem que, no início dos anos 1960, pela primeira vez ligou estrutura à estratégia foi Alfred Chandler.[58] Quando morreu 45 anos depois, em maio de 2007, ele foi reconhecido como decano da história das empresas norte-americanas - o homem que praticamente inventou a história das grandes corporações e derivou lições desta.

Em seu livro seminal, *Strategy and Structure*[59], Chandler esboçou o conceito de que estrutura deve seguir estratégia, e a estruturação de uma empresa deve ser feita de maneira a prover uma vantagem prática distinta. Sua tese também era de que as mudanças na estratégia apenas podem ter sucesso se os gerentes estiverem dispostos a modelar suas organizações em novos formatos.

---

[58] Durante a maior parte de sua vida, Alfred Chandler ensinou na Harvard Business School, onde tornou a história das empresas o objetivo principal.

[59] Alfred Chandler, *Strategy and Structure*, MIT Press, Boston, 1962.

Para Chandler, as grandes e poderosas corporações surgiram no final do século 19 como resultado da integração que começou a ser a produção em massa e a distribuição em massa. Sua ascendência não foi baseada apenas no poder financeiro, mas também, se não principalmente, em técnicas administrativas superiores – cujo início pode ser traçado naquele mesmo período.

Na realidade, o final do século 19 foi prolífico em mais de um aspecto. A primeira teoria concisa de administração é creditada a Henri Fayol, o CEO de uma grande empresa de manufatura francesa. O primeiro laboratório de pesquisa industrial foi organizado por Werner von Siemens,[60] o fundador do império industrial alemão.

O mesmo acontece no início do século 20. O conceito original, e primeira aplicação, do estudo do tempo, o qual tinha por objetivo medir o desempenho e aumentar a produtividade do trabalhador, foi feito por Frederic Winslow Taylor, um engenheiro na U.S. Bethlehem Steel em 1912. O primeiro estudo do movimento é creditado a dois engenheiros industriais norte-americanos, Frank B. e Lillian M. Gillbreth, e data de meados dos anos 1920.

Não é por coincidência que, também em meados dos anos 1920, Alfred Sloan, o legendário CEO e presidente da GM, inventou a estrutura, assim como os princípios, de linha e quadro de pessoal, o que hoje caracteriza a estruturação de uma corporação. A solução de Sloan é mostrada em linhas gerais na Figura 5.1, a qual consiste de um:

- quadro de pessoal nos escritórios centrais que planejam, coordenam e também proporcionam os serviços de P&D, engenharia, marketing e finanças para as divisões e
- um número de divisões independentes cujo objetivo principal é manter sua marca registrada distinta e canalizar os veículos motores para o mercado.

As divisões apresentam quadros de pessoal menores, que operam sob o controle dos serviços centrais mencionados anteriormente. Uma das tarefas para as quais Alfred Sloan empregou o conceito de estruturação divisional foi usar uma linha vermelha fina para dividir uma linha de produto da próxima. Originalmente, os veículos motores das empresas agregadas à GM competiam diretamente com o Modelo T da Ford e, portanto, atraiam mais ou menos a mesma classe de clientes. Isso era contraprodutivo.

---

[60] Werner von Siemens (1816-1892) estabeleceu sua primeira empresa de eletrotécnica em 1841, mudou para telegrafia em 1846 e em 1847 fez (juntamente com Johann Georg Halske) o *Telegrphen-Bauanstalt Siemens & Halske.*

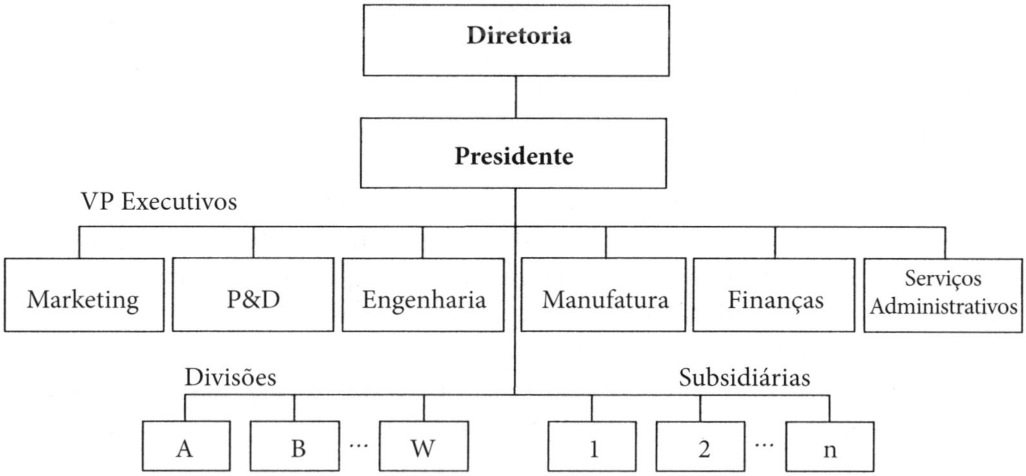

FIGURA 5.1
O conceito de organização corporativa e estrutura data dos anos de 1920 e pode ser creditada a Alfred Sloan.

A mente penetrante de Sloan entendia que tais sobreposições não faziam sentido. A marca registrada de cada veículo motor deveria ter um mercado bem definido para o qual apelar. O Cadillac foi atribuído ao grupo de indivíduos mais ricos, de classe mais alta. Em seguida, veio a Buick, seguida pela Oldsmobile. A sobreposição no segmento de mercado e atrativo era menor.

A Oldsmobile destinou o mercado de classe média alta para carros; o Pontiac foi projetado para cobrir o mercado de classe média baixa. A população mais ampla de proprietários potenciais e atuais de veículos motores, encontrada na base do mercado, era uma remissão da Chevrolet – a qual, para fins práticos, competia diretamente com o Modelo T da Ford. Como demonstra este exemplo:

- uma estrutura organizacional apropriadamente idealizada ajuda, através de produtos-alvo, a definir a segmentação de mercado e,
- entre eles, esses produtos e segmentos de mercados dão substância ao conceito da corporação como uma entidade produtiva, que constrói riquezas; e também serve suas metas estratégicas.

É bem provável que Alfred Chandler tenha sido influenciado pela ênfase de Alfred Sloan na estrutura corporativa, já que colaborou com ele na escrita do excelente livro do Sloan, *My Years with General Motors*.[61] É também

[61] Alfred Sloan, *My Years with General Motors*, Pan Books, Londres, 1969.

provável que a necessidade de estrutura tenha chegado até ele ao observar a complexidade de implacavelmente internalizar as transações de uma empresa gigante, o que antes era feito aos poucos por empresas independentes, separadas e menores.

Confrontado com esses desafios, a mente de uma pessoa alerta evidentemente aprecia a necessidade para desenvolver e adaptar novos formatos organizacionais para lidar com os problemas que continuam a evoluir e se expandir. A necessidade de estrutura tornou-se clara à medida que as empresas com várias divisões uniram as unidades de negócios separadas em uma empresa integrada e coordenada com unidade de comando.

Com base na evidência que ele coletou, Chandler argumentava que, do final do século 19 em diante, o papel de coordenação de atividades econômicas passou dos proprietários para a mão invisível dos gerentes profissionais. Eles construíram, lideraram e dirigiram as grandes organizações caracterizadas por uma propriedade bastante dispersa – os acionistas. Devemos adicionar a isso que as indústrias que motivaram o crescimento econômico por grande parte do século 20 eram dominadas por um número pequeno de empresas integradas verticalmente, seguindo o modelo da German Konzern. Ao capitalizar em

- seus tamanhos e
- os recursos financeiros que elas trouxeram sob suas asas,

essas empresas em larga escala continuaram a crescer e dominar o mercado, dirigidas por gerentes profissionais. Na realidade, em contraste com final do século 19, o qual foi a era da propriedade, o século 20 viu a ascensão do *capitalismo gerencial*. Muitas pessoas agora acreditam que esta época chegou ao fim.

- As empresas de sucesso estão ficando menores, enquanto os gigantes são colocados contra a parede.
- Os proprietários começaram a surgir como uma classe gerencial, assumindo o controle da classe de "gerentes para contratar".

O arquétipo de dinossauros, como revelou a profunda crise econômica e bancária de 2007-2010, são os grandes bancos, que "são muito grandes para cair". Sua descida para o abismo documentou que "ser muito grande para cair" também significa "muito grande para ser administrado". E quanto aos gerentes profissionais, eles pisaram em casca de banana por conta própria: salários cada vez mais altos, mais e mais bônus, no entanto, menos e menos habilidades profissionais.

Isto é, de fato, uma grande mudança da tese do Alfred Chandler sobre a estrutura corporativa, mas ela dificilmente torna suas visões irrelevantes. Não há uma maneira melhor de entender a era da desagregação organizacional do que o estudo da era de superagregação que veio antes dela, incluindo seus:

- sucessos
- fracassos
- defeitos

De acordo com todas as probabilidades, durante o ano vindouro, a organização e a estrutura das empresas mudarão seu formato. O leitor atento se lembrará da tese de Drucker sobre uma nova estrutura se assemelhando, mais provavelmente, a uma orquestra, com um condutor e centenas de profissionais. Mas sempre haverá uma estrutura.

5.2 ORGANIZAÇÕES RADIAIS, PARECIDAS A RAIOS

Quando, na segunda metade do século 19, ele começava a primeira grande corporação multinacional, a Standard Oil, John D. Rockfeller criou o precursor da megaempresa. No topo de seu poder, antes do antitruste quebrá-la, a Standard Oil refinava, distribuía e comercializava aproximadamente 90% do petróleo nos Estados Unidos e proporcionava um modelo que mais tarde veio a ser conhecido como organizações radiais e parecidas a raios.

Rockfeller investiu em sua primeira refinaria durante a Guerra Civil Americana. Quando ele fundou a Standard Oil em 1870, prevalecia um padrão de preço caótico nos campos de petróleo no oeste da Pensilvânia, na época o coração desta indústria, sendo que a fartura levava os preços para abaixo dos custos de produção. Rockfeller apareceu para bagunçar uma estratégia que fez dele uma lenda – ele:

- comprou os rivais;
- modernizou as instalações;
- impôs disciplina na indústria; e
- organizou os negócios petrolíferos numa base sustentável.

Essa estratégia requeria certa astúcia e um autocontrole incrível, em primeiro lugar, por parte de John D. Rockfeller, que ainda estava com seus 30 anos de idade - uma maravilha jovem que nascia.[62] Independentemente de disciplina, ela também requeria uma estrutura que permitisse manter a empresa que se estendia em uma peça só e contra-atacar as forças centrífugas que estavam sempre presentes. Isto foi proporcionado por John D. Rockfeller, Jr. que sucedeu seu pai no comando da Standard Oil.

- O pai era um visionário, o filho um organizador e,
- como um organizador, ele precedeu por um curto período de tempo Alfred Sloan (Seção 5.1).

Uma das características de ambos, Rockfeller e Sloan, era, supostamente, sua aversão à burocracia tradicional com posições defensivas e inércia. Isso não é surpresa porque os construtores de impérios são unânimes em sua apreciação de que os burocratas prosperam ao tornar as tarefas em tarefas rotineiras, as quais identificam as empresas que provavelmente não crescerão e não prosperarão.

Essa referência ao estado psicológico dos magnatas industriais é tão importante quanto é a escolha de grandes empresariados em relação a uma estrutura dinâmica. Eles se colocam no topo da pirâmide, ou mais precisamente, no centro da rede, sendo que a cadeia de comando irradia como raios em todas as direções. Esse estilo organizacional:

- mantém o empresário no centro da ação;
- permite fácil comunicação e trabalho de rede; e
- encoraja a inovação ao provocar um curto-circuito na estrutura hierárquica.

Os grandes empresários favorecem a rede porque ela permite operar o sistema rápida e efetivamente. Uma das maiores vantagens da organização com estrutura plana é a rápida adaptação às mudanças de mercado. Como costumava dizer Sam Walton, do Wal-Mart, uma organização dinâmica deve ser capaz de dar uma reviravolta rápida e eficiente.

Em contrapartida, as longas hierarquias têm muita inércia (sem falar nos custos, Seção 5.3), o que demanda muito tempo para o sistema dar a volta por cima. Isso atrasa significativamente, e muitas vezes embaça, a resposta necessária para as mudanças de mercado. Ele também torna mais difícil identificar claramente as metas realistas para cada unidade de negócios.

---

[62] Quando o valor líquido Standard Oil chegou a $900 milhões em 1913, isto era o equivalente a mais do que 2% do produto nacional bruto dos Estados Unidos. Nenhuma outra pessoa, antes ou depois, conseguiu tal feito.

O fato é que depois que o construtor do império já não está mais no cargo, o poder hierárquico, e com este a burocracia, assume uma posição superior, e a rede bidimensional torna-se um cordão de empregados inexpressivos. Isso aconteceu, por exemplo, na GM, depois que Sloan deixou o comando. Depois de Watson Sr., a IBM seguiu o mesmo caminho, e este é o caso de praticamente todas as corporações.

Nos últimos 100 anos, três tipos de corporações industriais e financeiras evoluíram do original quadro enxuto de funcionários e estrutura de linha de Sloan e Rockfeller – o qual, como mostra a Figura 5.2, era bidimensional, como praticamente todas as estruturas radiais empresariais, parecidas a raios.

- A estrutura tridimensional dos anos 1960 adicionou uma camada mais alta de burocracia pelo holding.
- A estrutura de quatro dimensões dos anos 1980 se expandiu para beneficiar a globalização.
- O estilo federado dos anos 1990 seguiu o conceito japonês original num esforço de encontrar uma solução organizacional para corporações virtuais.

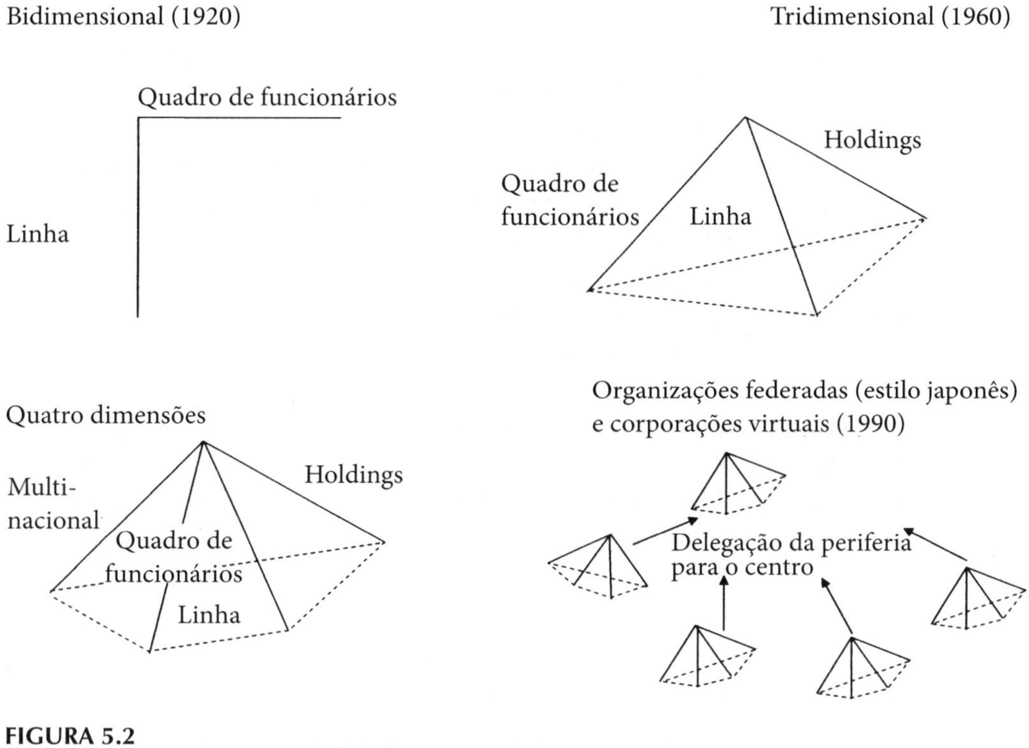

FIGURA 5.2
Oitenta anos de evolução nas dimensões da organização industrial e estrutura.

A onda de fusões e aquisições nos anos 1960, e a popularização das holdings (muitas vezes promovidas como uma maneira de contornar restrições legais diferentes, colocadas para controlar o tamanho grande), tem sido responsável pelo modelo tridimensional. Mais uma dimensão foi adicionada nos anos 1980 com a expansão multinacional agressiva de grandes empresas e o avanço da globalização.[63] (Veja mais sobre estruturas necessárias para a globalização na Seção 5.4.)

Globalização, é claro, foi uma invenção do século 19 e não do século 20. Mas a internalização inicial dos negócios foi largamente uma questão de *merchandising* caracterizado pelas exportações (dos países industriais) e importações (principalmente a mineração). As empresas começaram seriamente a considerar, e também a construir, operações de manufatura no exterior antes da Primeira Guerra Mundial. No entanto, com algumas exceções, essa política ficou parada durante a Primeira Guerra Mundial, o período entre as guerras e a Segunda Guerra Mundial.

A globalização passou a ser uma solução estratégica nos anos 1980. As *holdings* e a globalização significativamente complicaram a estrutura corporativa. Elas também reduziram o controle da alta gerência na corporação (apesar de alegações contrárias) e tornou as informações sobre a rede de operações muito opacas.

A falta de transparência também foi promovida pelos instrumentos financeiros complexos. Quando em 7 de abril de 2010, Chuck Prince, o ex-CEO do Citigroup, e Robert Rubin, ex-Secretário da Fazenda e ex-presidente do escritório executivo do Citigroup, foram intimados a testemunhar perante o congresso norte-americano sobre os trabalhos do Citigroup, eles disseram que não sabiam da enorme exposição de seu banco às obrigações de dívida colaterizadas[64] (COD) até sua derrocada ao abismo.[65]

A declaração dada pelos ex-dirigentes do Citigroup também confirmaram que, como já foi trazido para a atenção do leitor,

- as empresas muito grandes para cair são também muito grandes para serem administradas e
- quanto mais complexos são os instrumentos pelos quais eles negociam, mais a falta de administração assume até que a empresa vai à falência.

---

[63] D.N.Chorafas, *Globalization's Limits. Conflicting National Interests in Trade and Finance*, Goer, Londres, 2009.

[64] Obrigações de dívida colaterizadas. D.N. Chorafas, *Financial Boom and Gloom. "The Credit and Banking Crisis de 2007-2009 and Beyond"*, Palgreave/Macmillan, Londres, 2009.

[65] *Boomberg News*, 8 de abril de 2010. *Quem* acredita que os dois executivos mais altos não sabiam do risco do CDO, *então* pode acreditar em qualquer coisa.

Os CEOs que acreditam poder prosperar na complexidade estão errados sempre. A empresa de quatro dimensões não é uma novidade ou uma maravilha; é uma maldição. O "tamanho certo" é aquele definido habilmente por Sam Walton quando ele diz que a gerência deve ser capaz de colocar suas mãos ao redor do problema.[66]

A Figura 5.2 apresenta ao leitor uma estrutura de quatro tipos: a organização federada. Sua característica principal é que a autoridade não flui de cima para baixo. Em vez disso, ela é delegada da periferia para o centro, permitindo que aja como um "topo condicional".

Na sua forma original, essa estrutura tem sido, e continua sendo, usada pelo *Keiretsui* (conglomerado) japonês, mas corresponde a uma solução que é estranha para o Ociedente. Ela foi experimentada, por exemplo, pela União Europeia (EU) na esperança de que levaria a uma integração melhor. Em vez disso, o resultado tem sido desintegração, aumentada pelo alargamento incontrolável da União Europeia. Parece que ninguém explicou aos 27 chefes de estado que crescimento pelo simples crescimento é a filosofia da célula cancerígena.

5.3 O *SPAN* ADMINISTRATIVO

A verdadeira medida do tamanho de uma empresa é a rotatividade. O número de pessoas que trabalham para ela não significa muito, isto porque a ineficiência pode ser descontrolada, e o resultado é que muitos empregados estão vadiando. O lucro também não é uma medida do tamanho e nem a capitalização.

Empresas modernas, como o Google e a Amazon.com, são construídas na rotatividade. Outro fato importante, que deve ser observado, é que elas não são organizações que se alastram, onde a alta gerência perde o contato com a base e com o mercado. Em termos de estruturação, elas são organizações planas e radicais, com poucas camadas de gerência média.

Contrárias às grandes indústrias (aço, automobilística, engenharia mecânica, produtos químicos) remanescentes do final do século 19 e início do século 20, as empresas modernas são muito pressionadas para encontrar o guia mais eficiente para formar o que muitos consideram um bloco construtor essencial de uma estrutura adaptável e lucrativa:

- As empresas altamente competitivas pequenas sabem que manter a dinâmica é vital para sua sobrevivência.
- Entre as grandes empresas, as mais inteligentes apreciam que a habili-

[66] Sam Walton, *Made in America: My Story*, Bantam, Nova York, 1993.

dade de se reinventarem e se renovarem é essencial para enfrentarem os problemas causados pelos giros de mercado e pela complexidade.

À medida que a segunda década deste século se desvenda, ficará cada vez mais evidente que toda empresa deve ser capaz de se reformar e se reformular para sobreviver em um mundo não familiar de mercados saturados e concorrência sem fronteiras. Os casos, onde a gerência está numa encruzilhada entre o passado e o futuro, se multiplicam. Dessa forma, a ousadia é necessária e isto pede uma estrutura administrativa astuta.

Peter Löscher descreve, como segue, sua ação na Siemens, depois de ter sido nomeado CEO em 2007: "Uma das minhas primeiras metas na empresa foi velocidade, velocidade, velocidade". Nem todos conseguiam acompanhar. Metade da antiga administração operacional foi transferida. As 11 divisões da empresa foram reduzidas para 3; e no lugar da administração por comitê e consenso, Löscher deu a cada um dos seus executivos de *setor* (principais divisões reestruturadas) responsabilidade total pelos negócios dizendo a eles:

- "Isso tem a ver com o alinhamento de responsabilização e responsabilidade."
- "No final do dia, olho nos seus olhos e digo: você é responsável."[67]

Os navios de guerra não conseguem facilmente fazer um retorno, e quanto mais camadas administrativas são mostradas em uma estrutura, mais ela se assemelha a um navio de guerra antigo, imóvel. Além disso, os custos são mais altos e o senso de falsa segurança sentido pela gerência e seus subordinados é maior. Isso passa a ser altamente prejudicial porque a habilidade da gerência em dirigir a organização é baseada em quatro *spans*:

- controle
- atenção
- conhecimento
- suporte

Somando todos eles, temos o *span administrativo*. O *span de controle* e a eficácia administrativa estão correlacionados. Em termos simples, o *span* de controle é medido por quantas pessoas reportam para um chefe mais acima. Duas pessoas, por exemplo, é terrível. Ela representa uma figura altamente em forma de pirâmide, como aquela no canto superior esquerdo da Figura 5.3, que apresenta muitas camadas intermediárias, do presidente ao chefe de seção.

[67] *The Economist*, 11 de setembro de 2010.

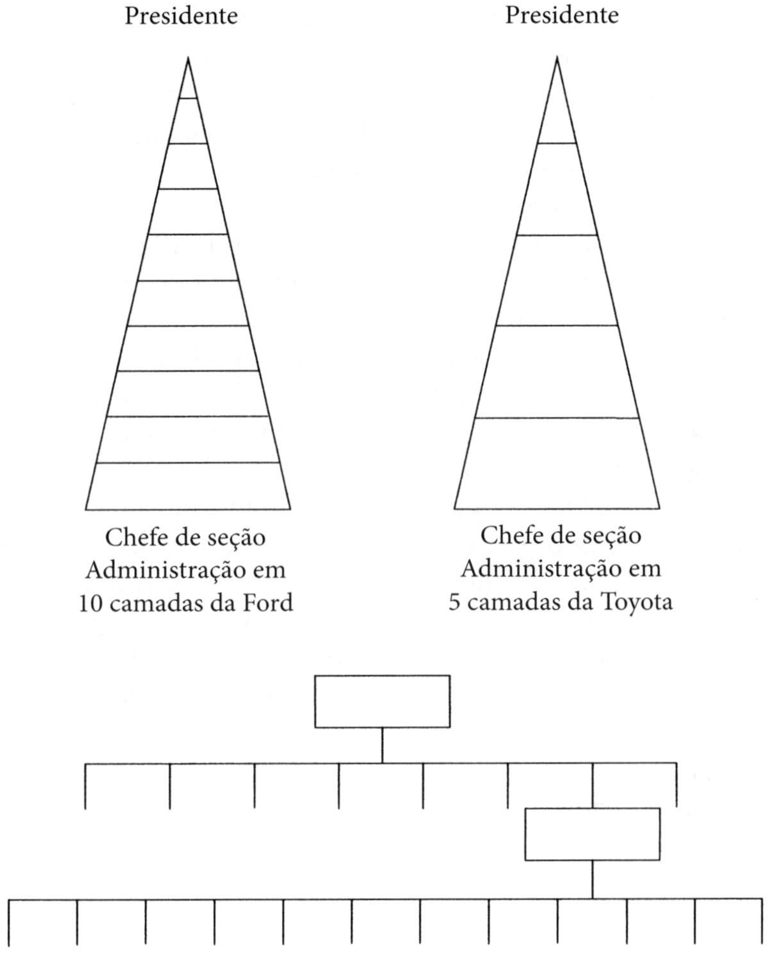

A distribuição de comando deve ir de um mínimo de 6 a um máximo de 12 dependentes diretos

FIGURA 5.3
Uma organização enxuta tem um *span* de controle amplo e poucas camadas administrativas no meio.

Muitos anos atrás eu estava em uma reunião com um executivo sênior da Ford que disse que sua empresa tinha uma organização de 10 camadas. Isso, como ele mesmo disse, havia sido uma melhoria das 12 camadas anteriores – mas ainda assim continuava ruim em comparação à Toyota, cuja administração tinha 5 camadas. Nessa reunião, o executivo da Ford caracterizou a Toyota como o maior concorrente de sua empresa, e adicionou que a Ford tinha de ficar tão enxuta quanto a Toyota.

Antigamente, um *span* de controle mais estreito era mais ou menos justificado para poder permitir atenção administrativa suficiente a cada um dos executivos que reportam ao chefe. Este é mais o caso atualmente, à medida que sistemas especializados, agentes e tecnologia informática em tempo real substituem várias camadas administrativas do meio. Poucas pessoas realmente apreciam as muitas vantagens de uma organização enxuta.

Como mostra a Tabela 5.1, uma empresa com, digamos, 30 mil pessoas conseguirá progredir com 5 camadas, com um *span* de controle de 8, mas ela precisará de 6 camadas com um *span* de 5. Independentemente da maior flexibilidade e dos custos mais altos que ele proporciona, um *span* maior tem consequências importantes em tornar a organização mais enxuta, assim como consegue responder melhor às situações em mudança que requerem um posicionamento contra as força de mercado.

O *span de conhecimento* pode ser melhorado de duas maneiras. Uma é pelo emprego apropriado de pessoas qualificadas, bem treinadas, e a provisão de instalações para aprendizado vitalício (Capítulo 6). A outra tem a ver com o estabelecimento apropriado de questões estruturais – mais especificamente, com o delineamento de relacionamentos eficazes e o estabelecimento de qualificações posicionais. Isso é alcançado por meio das descrições de emprego que enfatizam:

- responsabilidades
- indicadores
- objetivos

TABELA 5.1
Efeitos de um *Span* de Controle mais Amplo nas Camadas da Estrutura Organizacional

Camadas Organizacionais	*Span* de Controle		
	5	7	8
1	5	7	8
2	25	49	64
3	125	343	512
4	625	2.401	4.096
5	3.125	18.807	32.768
6	15.625	117.649	
7	79.125		

Os *objetivos* são de curto prazo; eles se estendem por 1 ano como já foi observado no exemplo anterior com a General Electric. Os *indicadores* classificam a natureza das responsabilidades, definindo a ligação entre as posições gerenciais para poder facilitar a compreensão da coordenação complementar.

As *responsabilidades* devem ser definidas em poucas palavras-chave, digamos de 2 a 4; não apenas 1 mas também não 5 ou mais. Em poucas palavras, elas identificam pelo que uma pessoa numa posição gerencial é responsável. Surgem algumas palavras descritivas. Os textos longos não são bem-vindos. Eles proporcionam desculpas para escapar da responsabilização e abrem caminho para permitir que um gerente pise no calo do outro.

O *span de suporte* está fundamentado em duas bases. Uma é estrutural (Seção 5.1). A outra é funcional; a tecnologia da informação é um exemplo. A funcional requer a determinação dos números, tipos e localizações de todos os tipos de instalações que estejam diretamente conectados ao suporte administrativo, disponibilizado para cumprir as metas e requisitos associados com as responsabilidades administrativas.

Uma abordagem útil na estimativa dos requisitos de suporte é fazer uma avaliação precisa da eficiência com a qual as instalações existentes estão sendo usadas, estabelecendo o nível de atualizações desejáveis e metas para as várias funções administrativas. Devemos prestar uma atenção especial aos pontos fracos nas práticas presentes, como:

- abordagens segmentadas, sem considerar as necessidades de toda a empresa e
- falta de soluções tecnológicas avançadas capazes de satisfazer os requisitos antecipados ou em mudança, de informações administrativas e profissionais.

As decisões a respeito do *span* administrativo são tão importantes que elas constituem um elemento vital do processo de planejamento corporativo. Muitas empresas encontraram problemas organizacionais associados com a estrutura obsoleta. Um dos maiores erros cometidos a respeito do *span* administrativo é que as empresas têm inclinação para permitir as mudanças, não como o resultado de um estudo racional, mas sim em resposta a problemas imediatos específicos.

Muito pelo contrário, como explicaram as seções anteriores, os planos estruturais devem ser elaborados para o crescimento dinâmico e para conseguir proporcionar eficiência e flexibilidade a respeito das operações. A tendência das organizações em se tornarem rígidas e não conseguirem se adaptar às circunstâncias em constante mudança é um de seus problemas mais agudos.

Resumindo, a tarefa do planejamento organizacional com o *span* administrativo como ponto focal é essencial para determinar as posições gerenciais, profissionais, administrativas e de serviço, assim como, os inter-relacionamentos entre elas necessários para satisfazer os requisitos operacionais.

É bom lembrar que o planejamento estrutural não é algo abstrato ou estranho para a experiência diária da empresa; em vez disso, é um requisito comum de praticamente tudo que fazemos. A melhor maneira de ver as decisões a respeito do *span* administrativo é observá-lo como se estivesse colocando ordem em uma situação caótica. As soluções devem ser enxutas, isto porque uma organização enxuta reflete um dos maiores princípios da administração moderna, a qual pode servir como guia no planejamento estrutural.

5.4 PRÉ-REQUISITOS ESTRUTURAIS PARA EMPRESAS GLOBAIS

A globalização faz que uma empresa determine quais de seus produtos – reais ou potenciais – conseguem se manter em face da concorrência de países com baixos salários. E a vantagem competitiva será inovação ou qualidade, já que a concorrência em termos de custo será uma tarefa inútil.

Uma vez que esta decisão básica é tomada, a empresa precisa selecionar e treinar a gerência e profissionais capazes de fazer o serviço em escala internacional sob uma estratégia industrial estabelecida. Este é o caso para empresas que têm instalações no exterior, pois a natureza e a essência de suas atividades mudaram consideravelmente com a globalização.

Para melhor apreciar o sentido desta referência, devemos retornar brevemente para o período entre as duas guerras mundiais, quando as limitações de câmbio e as restrições de importações tornaram desejável para algumas empresas estabelecerem fábricas no exterior, mas isto aconteceu numa escala bastante limitada, e as fábricas de manufatura locais não necessariamente trouxeram consigo uma mudança nos métodos de marketing.

Na maioria dos casos, o mercado a ser servido por uma fábrica de manufatura era a área geográfica definida pelas fronteiras do país no qual ela estava localizada. Essa empresa com operação local estabelecia uma organização de vendas, geralmente numa escala menor, modelada na organização de vendas da empresa-mãe com o objetivo de prover cobertura de vendas apenas para o mercado local.

No entanto, depois da Segunda Guerra Mundial, o fato de que em vários casos, por causa dos salários mais baixos, a produção local era mais eficaz em termos de custo do que aquela da empresa-mãe, provocou interesse considerável nos escritórios centrais pela elaboração de uma rede integrada de produção e vendas, a qual, por sua vez, apresentava desafios, tais como:

- reformulação da cadeia de suprimentos da empresa;
- coordenação do planejamento de produção doméstico com o das fábricas estrangeiras;
- organização e aplicação dos padrões de qualidade uniforme para todas as fábricas; e
- estabelecimento de um programa *any-to-any* coerente e abrangente, estruturado por meio de soluções estruturais.

Tais pré-requisitos estruturais devem responder ao papel da administração nas operações globais. Este muitas vezes começa com uma avaliação do investimento em capital e qualificações. Se a gerência escolhe investir, então a extensão deste investimento deve ser determinada; uma decisão que envolve certo número de fatores, entre eles:

- O tamanho do mercado no qual o investimento é feito e de outros mercados abertos que podem se beneficiar deste.
- A natureza e extensão da concorrência local existente, assim como aquela de outras empresas globais.
- A aceitação por parte do cliente potencial dos produtos atuais da empresa, assim como a necessidade de novos produtos para permitir um posicionamento de mercado sólido.

Esses três pontos principais enfatizam a necessidade de um estudo detalhado do mercado e do produto, assim como um planejamento estrutural global definido para desenvolver uma estrutura organizacional sólida. Além disso, as empresas que operam internacionalmente descobriram que, para sobreviver em um mercado intensamente competitivo, toda sua filosofia administrativa deve mudar. Outros fatores acerca das decisões sobre a globalização das operações da empresa são as seguintes:

- Atmosfera política e econômica dentro do país estrangeiro.
- Regulamentações, determinando se deve haver ou não qualquer propriedade local.
- Considerações de tarifas, quotas de importação, restrições de câmbio na remessa de lucros e, mais evidentemente, impostos.

Os impostos têm um impacto maior nas decisões para construir, investir e operar. Um exemplo disso é proporcionado pelo tamanho dos jornais.

As folhas largas, caracterizadas pelos tamanhos maiores dos jornais, passaram a ser popular depois que os Tories introduziram uma estampa fiscal na

Grã-Bretanha em 1711. Esta tributava os jornais por página de notícias impressas. Como consequência, os jornais eram publicados como folhas únicas, com páginas enormes. Levou quase 300 anos para o tamanho da folha larga mudar, a qual se tornou tradicional, e isso prova duas coisas:

- O poder dos impostos para influenciar o comportamento.
- Atrasos associados com as mudanças de comportamento uma vez que certos padrões de fato assumiram o controle.

Em termos de operações internacionais, uma armadilha na qual muitas empresas caem é presumir que as condições, as quais influenciam os negócios no exterior, provavelmente terão variações menores dos padrões que prevalecem em casa. Outra armadilha é deixar que os negócios estrangeiros sejam manipulados por "um departamento comercial estrangeiro" renomeado de "divisão internacional" com pouca integração, se houver alguma, na corrente principal do pensamento administrativo.

As empresas multinacionais mais bem administradas tratam seus negócios estrangeiros como uma questão principal em si, e não como uma divisão menor da unidade doméstica – um processo que requer escolhas estruturais significativas. A IBM fez isso nos anos após a Segunda Guerra Mundial, quando estabeleceu a IBM World Trade Corporation.

Além disso, a eficiência nas decisões administrativas requer que os executivos da empresa estrangeira tenham mais autonomia do que os gerentes das unidades domésticas. Isso é necessário por motivos práticos, uma vez que não há, e não pode haver, o mesmo grau de supervisão administrativa executiva sobre os negócios diários no exterior como há nas operações domésticas. Em outras palavras:

- os homens nos mercados estrangeiros devem ter o poder de agir rapidamente,
- mas, ainda assim, a administração corporativa tem o instrumento mais eficaz através do qual ela exercita a supervisão de todas as operações, tanto estrangeira quanto doméstica – as metas de lucro e os orçamentos.

É responsabilidade do CEO e do CFO da empresa global examinar, emendar e aprovar o orçamento anual de cada operação estrangeira. Eles devem avaliar os gastos projetados para o ano de antemão e também julgar o desempenho real pela sua medida – vendas. Esta aprovação orçamentária é a notificação para os executivos estrangeiros. O plano *versus* a avaliação real é a medida de quão bem o serviço está sendo feito.

Não é coincidência que as indústrias globais e instituições financeiras estejam caminhando em direção a um sistema sensível de avaliação do desempenho gerencial ao comparar os resultados reais com as metas quantitativas e qualitativas verificáveis.

As declarações de ganhos e perdas permitem a avaliação do desempenho executivo, mas este em si requer padrões que deveriam ser universais na empresa global.

- Uma consideração fundamental é o reconhecimento de que o mais direto e mais eficiente de todos os controles é o controle da qualidade administrativa.
- Um dos desafios mais importantes que a empresa multinacional enfrenta é um desenvolvimento adequado e avaliação de seu pessoal na gerência.

As políticas de recursos humanos (Capítulo 6) e as questões referentes à organização e estrutura estão relacionadas. Como comentou um diretor executivo de um fabricante líder: "Basicamente, operamos sob o princípio de que os gerentes nacionais devem se reportar ao presidente e ao vice-presidente executivo da empresa... O homem encarregado do grupo nos Estados Unidos tem total responsabilidade pela operação do grupo, e assim por diante. Isso, de muitas maneiras, responde à pergunta sobre a contratação de pessoal nacional local, a qual defendemos. Suas oportunidades de promoção são excelentes contanto que cada gerente nacional esteja trabalhando em conjunto um com o outro".[68]

No que diz respeito aos recursos humanos, as considerações devidas devem ser dadas às atividades como combinar as pessoas com os requisitos do emprego independentemente do país de origem. A liderança centralizada dos recursos humanos não contradiz o espírito de descentralização efetiva.

Por fim, para remover os elementos de dúvida, a empresa global deveria considerar auditorias para avaliar a qualidade de seus gerentes e profissionais. Quão bem uma pessoa planeja, organiza, seleciona o pessoal, direciona e controla as atividades sob sua autoridade? A alta gerência deve se colocar na posição de elaborar e fazer perguntas bastante objetivas que possam esclarecer essas questões e, ao mesmo tempo, evitar que haja alguma confusão acerca da sobreposição de funções e responsabilidades e a duplicação onerosa das atividades.

---

[68] De uma reunião pessoal.

5.5 O TRABALHO DE *DOWNSIZING*

Downsizing (redução de tamanho) é um conceito relativamente novo no mundo dos negócios e significa combinar as pessoas, produtos, instalações, divisões e/ ou áreas de operações. Costumava-se pensar que a redução de tamanho era um passo drástico a ser tomado apenas quando se avistavam tempos ruins, ou quando todas as outras atividades para cortar custos haviam se exaurido. Os funcionários viam a primeira onda de *downsizing* como uma tragédia: um acidente prestes a acontecer com outra pessoa.

Mas depois da onda de fusões e aquisições dos anos 1960, quando as empresas mais dispersas ficaram sob um mesmo teto – os exemplos são a ITT e a Litton Industries – o *downsizing* tornou-se um tipo de política. Mesmo as empresas que não estão em situações financeiras calamitosas, ou sofrendo pressões da concorrência, começaram a vê-lo como uma medida que iria chacoalhar os gerentes de sua complacência e deixaria a empresa mais:

- enxuta
- significativa
- adequada para competir em um mercado cada vez mais difícil

Lenta mas claramente, os gerentes, os funcionários e as empresas para as quais eles estavam trabalhando passaram a perceber que o *downsizing* veio para ficar. Ele é uma prerrogativa corporativa usada não apenas uma vez, mas repetidamente, em tempos bons e ruins. De fato, isto é o que as empresas e a indústria, com uma capacidade mundial em excesso de aproximadamente 50%, precisam numa escala global hoje; e a indústria automotiva é um exemplo disso.

Outro motivo para o *downsizing* é que as corporações estão enfrentando pressões implacáveis dos investidores para que reformulem sua linha de lucro e portfólios de negócios. A gerência parece estar pronta para obedecer porque a lucratividade da empresa também reflete em seus bônus. As *spin-offs* são uma maneira para fazer isso, especialmente se uma subsidiária não se encaixa mais nos planos de crescimento de longo prazo. Este conceito vago de uma divisão que usou parte do agregado, mas não o usa mais, inclui:

- uma subsidiária que não está satisfazendo as expectativas e
- uma unidade que não se encaixa no plano estratégico mais recente.

O enxugamento é também uma maneira de capitalizar sobre as vantagens fiscais. Curiosamente, em vários países, as leis permitem preservar mais valor na *spin-off* típica do que nas vendas diretas da mesma empresa. Os acionistas também são beneficiados porque aproximadamente 80% das cotas da subsidiária são distribuídas para os acionistas. Quando estruturada dessa maneira, a *spin-off* é uma isenção de impostos para os investidores e para a empresa.

Como exemplo da especulação dos anos 1980 está W. R. Grace, o qual privou os portadores de patrimônio do National Medical Care da sua divisão de diálise renal. Antes da *spin-off*, W. R. Grace recebeu uma oferta de $3,5 bilhões para a unidade do diretor L. Hampers. Mas uma venda direta teria resultado numa cobrança fiscal estimada de $850 milhões a $1 bilhão. Um exemplo recente é a Xstrata de Zug, Suíça, uma das maiores empresas de mineração do mundo, nasceu da oferta pública inicial (IPO) das minas de carvão de Glencore em 2002. Ela tem crescido espetacularmente desde então, e em 2010 valia $52 bilhões.

A última troca de ativos entre a ex-empresa mãe e a *spin-off* aconteceu em 5 de março de 2010, quando a Glencore exercitou uma opção para recompra da Prodeco, uma mina de carvão colombiana. A Glencore havia vendido aquelas minas para a Xstrata em 2009 por $2 bilhões a fim de levantar fundos para participar na emissão de direitos da Xstrata.

A habilidade dos alto executivos da Xstrata tem sido comprar minas de qualidade mais baixa e operá-las mais eficientemente. A empresa alcançou esta eficiência maior com uma gestão incomumente enxuta e descentralizada: a Xstrata emprega apenas 50 pessoas nos seus escritórios centrais em Zug e Londres. (O rumor mais recente sobre o "caso de amor" entre Glencore e Xstrata é que elas poderão se fundir.)

Entretanto, nem todas as *spin-offs* funcionam para a vantagem dos acionistas. Algumas vezes, o *downsizing* é uma maneira de corrigir erros passados. Em dezembro de 2001, ao enfrentar uma torrente de resultados finais negativos de sua expansão (imprudente) na extensão mais ampla de serviços financeiros e aquisições que vieram com esta, a Zurick Financial Services (a antiga Zurich Insurance) lançou seu resseguro para terceiros sob o nome de Converuim.

Os analistas não gostaram dos termos desse lançamento porque eles eram complexos. A Converium assumiu a maior parte dos negócios de resseguro da Zurich por meio de um acordo de retrocessão de cota-parte, excluindo as empresas sobrescritas sob o nome de marca Zurich Re antes de 1987.

- A Converium recebeu a responsabilidade de administrar a empresa transferida.
- Mas a Zurich Financial Services continuou responsável pelos cedentes originais.

De acordo com os termos da *spin-off*, ao administrar a retrocessão da terceira parte relacionada à empresa transferida, a Converium era responsável pelo risco de crédito para os resseguros não coletados. A nova empresa poderia compensar os balanços de resseguro que ela devia para a Zurich contra a conta de fundos retidos, e ela solicitaria adiantamento em dinheiro da Zurich se tivesse perdas elegíveis de um único evento ou de uma série de eventos.[69]

Entre outros termos especiais para a flutuação da Converium, a Zurich estabeleceu um limite das perdas da nova empresa com os eventos de 11 de setembro de 2001 a $289 milhões. Ela também concordou em arcar com quaisquer resseguros não coletados. A Zurich também cobriu todas as perdas líquidas da Converium acima de $59 milhões relacionadas aos negócios transferidos para a Amerisafe, um segurador de indenização por doença profissional. Como mostram essas referências, as *spin-offs* são:

- empresas legais e financeiramente complexas e
- algumas são repletas de responsabilidades potenciais.

Isto é evidentemente vantagem para a ex-empresa mãe, cujas responsabilidades são diminuídas. Algumas pessoas chamam o processo de *downsizing* de "pensar sobre encolher", mas isso não muda, de maneira alguma, o fato de que ela continua "cortando" – geralmente com uma faca afiada. Em vários casos, isso não é uma escolha, é uma necessidade, tanto no mundo dos negócios quanto na administração pública.

Em 23 de março de 2010, os cidadãos de Detroit se aglomeraram em um auditório grande no centro da cidade. Charles Pugh, o líder dos vereadores estava presente, e Dave Bing, o prefeito, ia fazer seu primeiro discurso. Os palestrantes e os ouvintes estavam cientes de que duras realidades haviam produzido o novo pensamento radical. De fato,

- medidas dramáticas foram seriamente discutidas, incluindo os planos para fecharem uma dúzia de escolas, cortar serviços e transformar a paisagem e,
- em contrapartida, as tarefas urgentes eram criar empregos, diminuir a criminalidade e arrumar a bagunça fiscal que ameaçava levar a cidade à falência.

Os planos de *downsizing* para a cidade de Detroit incluíam grandes mudanças em sua paisagem. O prefeito disse que o plano era demolir 3 mil casas

---

[69] Não relacionados à retrocessão da cota-parte e excedendo $25 milhões até um máximo de $90 milhões.

em 2010 e mais 7 mil até o final de seu mandato. E este seria apenas o primeiro passo para reestruturar Detroit.[70]

As entidades patrocinadas ou financiadas pelo governo também enfrentavam problemas de *downsizing*. Nos Estados Unidos, os dois elefantes brancos, Fannie Mae e Freddie Mac, escaparam do *downsizing*,[71] mas a British Broadcasting Corporation (BBC), a qual desde o final da Segunda Guerra Mundial tornou-se indistinguível da paisagem do governo britânico, fez algo sem precedentes. Em 2 de março de 2010 ela se voluntariou a cortar o seu tamanho.

A empresa decidiu abolir duas estações de rádio digital, encolher seu site na Internet e gastar menos em shows importados e esportes. Mark Thompson, gerente geral da BBC, disse que a emissora que ele dirige abandonará a meta de fazer mais e mais programas para agradar todos os gostos. A decisão é uma mudança importante da política de expansão em larga escala que direcionou a BBC, mas ela é pragmática especialmente quando comparada ao fato de que:

- em 1981, a BBC1 e a BBC2 reuniram, entre si, mais de 50% da participação britânica de telespectadores,
- ao passo que, na primeira década deste século, esta participação encolheu para bem menos de 30%.

Na BBC, assim como em várias outras empresas, muitos empregos são redundantes. Para fazer o *downsizing* de seu pessoal sem comprometer sua eficiência, as empresas investem em tecnologia. A edificação da engenharia do conhecimento, por exemplo, realiza funções que anteriormente remetiam às camadas da gerência média e ao pessoal que fazia o papel de "assistente" de algum chefe.

Não importa qual seja o motivo para o *downsizing*, mas parece haver poucas dúvidas de que uma poda cuidadosa e bem planejada pode transformar uma empresa em um concorrente. O trabalho é difícil, mas ele oferece recompensas. Rara é a empresa que não sofre com pelo menos uma camada desnecessária de gerentes, e rara é a nação que não sofre com o excesso de funcionários públicos em todos os níveis.

Falando em termos de negócios diretos, o *downsizing* bem-sucedido exige seletividade e um plano estratégico geral que examina o trabalho e a estrutura da organização. Os sistemas de controle, como o orçamento bem cuidadoso e as práticas de contratação precisam ser postos em prática para manter a empresa no tamanho certo. Além disso, a preservação de ganhos com o *downsizing* pede um sistema que preste atenção ao prazo mais longo.

---

[70] *The Economist*, 27 de março de 2010.

[71] Continuam sobrevivendo à custa dos contribuintes.

5.6 REFORMULANDO A EMPRESA

A profunda crise econômica e financeira de 2007-2010, assim como o número de grandes bancos que foram para o além, especialmente nos Estados Unidos e na Grã-Bretanha, trouxe à tona uma questão bastante intrigante: se as empresas muito grandes, com gastos gerais tremendos e burocracias pesadas, são capazes de se administrarem. Contrariamente à grande estrutura hierárquica da grande corporação, um empreendedor pode:

- tomar decisões rápidas;
- rapidamente responder às pressões do mercado em mudança e
- ignorar a necessidade de Wall Street por lucros trimestrais que aumentam cada vez mais.

Pelo fato de as unidades de negócios menores, que se movimentam rapidamente, se encaixarem melhor na perspectiva e nas demandas de um mercado dinâmico, há um interesse crescente entre os indivíduos privados em comprar fragmentos de empresas. Na essência, isso significa que o comprador deve ter visto algo em uma empresa que está à venda que a gerência sofisticada não viu.

A Remington Shavers, de Sperry, tornou-se um caso clássico. Seu ativo era ser líder em tecnologia de barbeadores elétricos por mais de 30 anos. Eles tinham uma rede internacional sólida para vendas e manutenção; tinham também fábricas no mundo todo; e poucos concorrentes (Philips, Braun) – resumindo, tinham um mercado estável. As pessoas ainda precisam se barbear e não há produto substituto para o barbeador elétrico.

Sperry Rand decidiu vender, embora a divisão de barbeadores elétricos obtivesse um desempenho melhor do que empatar. Uma administração ruim teve tudo a ver com essa falta de investimento. Inicialmente, Sperry tentou expandir e fazer da divisão de barbeadores elétricos uma indústria em crescimento. Esta estratégia falhou: os barbeadores elétricos são uma indústria estável – não um setor em crescimento. Houve, também, falsos problemas tecnológicos: uma mudança muito rápida de modelos criou questões técnicas onde elas não existiam.

Em 1979, A Remington Shavers foi vendida para Victor Kiam por $25 milhões, mas os motivos não estavam claros. Kiam, um executivo de marketing com experiência da Lever Brothers, identificou tanto a incompreensão da "inovação" contínua quanto seus limites:

- A política de mudança tecnológica rápida (de seis meses a um ano) estava fazendo os modelos que mais vendiam ficarem obsoletos – e os custos de desenvolvimento eram altos para não ter retornos.

- Por causa da ênfase em tecnologia, pouca atenção foi dada à diferenciação de preço. Os "modelos passados" foram retirados da linha de produtos.

Kiam mudou esta política: os novos modelos, como os "3000", eram precificados a $40. Os modelos mais antigos foram reintroduzidos e, dada a depreciação dos equipamentos, foram precificados a $20. Em 1980, dentro de um ano da nova política, os lucros antes dos impostos totalizaram $2,6 milhões – mais de 10% do preço de compra.

A American Safety Razor (ASR) é outro caso. A empresa fez o Personna e outros tipos de lâminas. A Philip Morris havia adquirido a ASR em 1960 e continuamente tentava transformar a pequena empresa de lâminas, com vendas anuais no nível de $40 a $50 milhões, em um concorrente formidável da Gillette, o gigante que dominava (na época) o mercado de $800 milhões. Mas,

- a Gillette era um rival poderoso e
- a Philip Morris nunca implementou com uma estratégia coesa para a ASR que funcionasse.

Como resultado, a ASR tornou-se apenas marginalmente lucrativa, e seu desempenho fraco trouxe consequências psicológicas. A Philip Morris começou a tentar vender a ASR em 1974, mas apenas para o comprador que prometesse manter os funcionários. Diferentes empresas famosas, incluindo

- American Home Products
- Coca-Cola Bottling
- Sterling Drugs
- British Match

assim como outras, vinham, olhavam e davam as costas. A Bic Pen, que já desafiava a Gillette em termos de lâminas (assim como isqueiros), concordou em comprar a ASR em 1976 por $19 milhões. A negociação, no entanto, fracassou depois que o Federal Trade Commission objetou em termos de antitruste.

A Philip Morris começou então a liquidar a ASR. Ela cancelou a maioria das propagandas e dispensou aproximadamente 100 vendedores, 80% da força de vendas. Em dois anos, a ASR teria saído totalmente do negócio de lâminas para barbear se John Baker (presidente da ASR) e oito de seus colegas executivos não tivessem comprado a empresa por $16 milhões, colocando mais de $600.000 de seus próprios fundos e emprestando o restante.

O então presidente da Philip Morris disse a Baker que ele estava cometendo um erro. "Os dias de pequeno empresário já acabaram", ele disse. Mas John Baker decidiu que a ASR prosperaria ao concentrar em alguns dos segmentos menores dos negócios de lâminas que a Philip Morris havia ignorado, isto porque não era atraente para a grande empresa mãe ir em busca de uma parte pequena do negócio de lâminas.

Alguns anos depois que a gerência comprou a empresa, a linha do Personna, foi responsável por 28% das vendas em 1979, contribuindo com menos de 10%. Em contrapartida, as lâminas para usos industriais, como para raspar janelas de vidro, e as lâminas de marca própria excederam 20% do volume de vendas da ASR – quatro vezes mais do que na época da Philip Morris.

Em seguida, no início dos anos 1980, a ASR comprou um negócio de sabonetes de marca própria da Procter & Gamble, outra indicação da mudança em estratégia em termos de linha de produto. À medida que a ASR tornou-se uma empresa confortavelmente lucrativa, as vendas de lâminas para barbear quase não aumentaram, mas os lucros antes dos impostos subiram muito – mais de 400% do nível na época da Philip Morris.

Helena Rubinstein é ainda outro exemplo. Em 1973, a empresa foi vendida para a Colgate-Palmolive por $142 milhões. Pelos próximos quatro anos suas operações foram lucrativas, mas por volta de 1978 a empresa estava perdendo dinheiro, e a Colgate-Palmolive decidiu vendê-la. Uma empresa japonesa, a Kao Soap, negociou a compra da empresa de perfume por $75 milhões, mas a negociação fracassou. A francesa L' Oreal ofereceu $50 milhões, mas esta negociação também não aconteceu.

Por último, a Burak-Weiss fez uma proposta difícil de recusar. Ela tinha de pagar apenas $1,5 milhão em dinheiro e o restante do saldo seria pago em vários anos. Depois da compra, a Burack-Weis estudou cuidadosamente a linha de produto da Helena Rubinstein e suas operações.

- As boas novas eram que 25 das divisões da empresa eram lucrativas.
- A má notícia era que cinco países foram responsáveis por 90% das perdas, sendo que os mais problemáticos eram os Estados Unidos, a Inglaterra e o Japão (representando 38% das vendas).

Mas o dano não era irreparável, como provou o relançamento de alguns produtos da Helena Rubinstein. A reação dos consumidores foi bastante favorável. A Burack-Weiss fez uma pesquisa de mercado detalhada, a qual estabeleceu que, os produtos do mercado de massa eram inconsistentes com a imagem da Helena Rubinstein. A nova empresa mãe:

- vendeu as marcas de produtos para as massas, coletando *royalties*, e
- focou seus próximos movimentos ao se concentrar em alta qualidade.

Outro estudo rigoroso feito pela Burack-Weiss estabeleceu que as fábricas nos Estados Unidos e na Inglaterra eram ineficientes e estavam operando abaixo da capacidade. Assim, a gerência as fechou, levou a produção para uma fábrica europeia e exportou para os Estados Unidos e Inglaterra. Em pouco tempo, as operações britânicas e norte-americanas estavam no azul. Por volta de 1981, a Helena Rubinstein era solidamente lucrativa.

O que a Burack-Weiss fez na reestruturação das operações da Helena Rubinstein é um exemplo de primeira classe sobre o que pode ser conseguido em termos de empresa por meio da reestruturação interna. A empresa impulsionou suas operações ao vender os negócios que não estavam tendo um bom desempenho e aqueles que não se encaixavam em seu plano estratégico. Ela também reestruturou as linhas de produto que manteve e deu muita atenção tanto às fábricas quanto à lucratividade do mercado.

6

Seleção de Pessoal e Direção

6.1 A ESTRATÉGIA DOS RECURSOS HUMANOS

Os ativos organizacionais que hoje chamamos de *recursos humanos* têm sido classicamente conhecidos como "pessoal" ou *seleção de pessoal*. As metas da função de seleção de pessoal são aquelas de recrutar as pessoas qualificadas, cuidando de seu desempenho no trabalho, constantemente melhorando a competência, antecipando a obsolescência humana ao proporcionar treinamento por toda a vida e garantir o planejamento de carreira.

Não é coincidência que no topo da lista das funções de seleção de pessoas importantes de uma empresa e na gestão de recursos humanos esteja o recrutamento de pessoal qualificado. O motivo é bastante evidente:

- Se pessoas mentalmente capazes não entrarem na base da organização,
- então não haverá pessoas qualificadas para liderar a empresa quando elas chegarem ao topo, e a empresa cairá no esquecimento.

Atribuir pessoas qualificadas para cada posição, desenvolver um capital humano valioso e ajudar a melhorar seus conhecimentos e experiência é um "dever", não uma opção. O aprendizado vitalício faz uma grande diferença na qualidade da seleção de pessoal (como os capítulos anteriores já mostraram). Buda disse que deveríamos viver como se fosse o último dia de nossas vidas, e deveríamos aprender como se fossemos viver para sempre.

Deixe-me adicionar algumas outras referências relacionadas ao recrutamento. Não é coincidência que não basta o CEO enviar seus diretores do departamento de pessoal para entrevistarem os formandos das melhores universidades, para poderem encontrar os melhores entrantes na base de sua empresa. Antes de fazer isso, ele deve se perguntar: O que quero que minha empresa seja nos próximos 15 a 20 anos?

- Com quem ela estará competindo?
- Quais características humanas serão necessárias para tal concorrência?
- Em quais serviços ela deve ser forte?
- Como ela irá produzir e oferecer esses serviços?
- O que seus futuros executivos deveriam conseguir alcançar?

A linha comum dessas perguntas é "Quais tipos de personalidades e qualificações nos levará daqui até lá?". A resposta define a estratégia de seleção de pessoal da empresa. Nem as políticas passadas nem os modelos ou estereótipos conseguem fornecer as respostas. Respostas capazes virão dos homens no topo – não de livros ou máquinas.

Em 1917, George F. Baker, presidente e CEO do First National Bank de Nova York, convidou Jackson Eli Reynolds para se juntar ao seu círculo interno. A proposta veio do nada e Reynolds, um advogado corporativo e professor da Columbia University, respondeu com uma risada espontânea.

"Eu disse algo engraçado?", perguntou Baker, 77 anos. "Parece-me", respondeu Reynolds, "como se eu estivesse esperando um telefonema a qualquer momento de Paderewski me pedindo para fazer um dueto no piano com ele". "Dirigir um banco não é tão difícil quanto tocar piano", garantiu Baker.[72] Ele deve ter adicionado a isto que, em contrapartida, a seleção do próximo CEO requer as habilidades de um maestro.

É preciso muito preparo para estar pronto para liderar uma empresa. Meyer Guggenheim começou como milhares de outros imigrantes que foram para os Estados Unidos em meados do século 19 – o que significa que construiu sua empresa do zero. Guggenheim não era apenas um trabalhador árduo, mas também um homem motivador, inquisitivo, que habilmente transformou nada em algo.

Em 1880, usando os ganhos da bolsa de valores e a renda obtida de uma empresa bem-sucedida de bordados, ele transformou duas minas alagadas de prata e chumbo no Colorado numa fábrica de dinheiro. Veio então o desafio da ARASCO, a mina de cobre e entidade de fundição operando no oeste dos Estados Unidos, no Canadá, no Chile e na Bolívia.

Meyer Guggenheim planejou muito cuidadosamente a mudança de sua família do bordado para o cobre. A maneira como Bernard Baruch conta, ele enviou todos seus sete filhos para aprender sobre os negócios do cobre.[73] Seu primeiro investimento importante foi em treinamento, enquanto esperava pelo momento certo para assumir a ARASCO.

[72] James Grant, *Money of the Mind*, Farrar Strauss Giroux, Nova York, 1992.
[73] Bernard M. Baruch, *My Own Story*, Buccaneer Books, Cutchogue, NY, 1957.

Como diz um provérbio antigo, o sucesso é o que acontece quando a preparação encontra a oportunidade. No que diz respeito ao conhecimento da família em termos de cobre e fundição, os Guggenheim estavam preparados quando a oportunidade surgiu. Em 1900, os investidores com restrições orçamentárias da ARASCO imploraram para que ele assumisse uma parte majoritária e salvasse a empresa. Nas décadas que se seguiram:

- os sete filhos fizeram o negócio crescer, expandindo para alumínio, nitrato e fertilizantes e,
- quando os Estados Unidos entraram com tudo na eletrificação, o preço do cobre subiu vertiginosamente, e os Guggemheim eram os principais beneficiários.

Esta é a *regra de ouro* na seleção de pessoal, no que diz respeito a preparar para a sucessão do CEO. Primeiro, a escolha estratégica, seguida de perto por treinamento, treinamento, treinamento – se preparando para agarrar a oportunidade assim que ela chegar. Não é de admirar que a seleção de pessoal seja um elemento crucial no processo de planejamento corporativo.

Uma parte integral do desenvolvimento de recursos humanos é a determinação das qualificações, números e tipos de pessoas que satisfazem os requisitos atuais e futuros da organização. Como ressaltaram os exemplos anteriores, primeiro vem a definição de metas corporativas e, em seguida, aparece o desafio das qualificações dos recursos humanos – e ele continua se agigantando como um dos problemas mais críticos ao enfrentar o futuro, porque está bastante claro que:

- há, e sempre haverá, uma falta marcante de talento adequado e qualificado em praticamente todos os níveis organizacionais, e
- o planejamento sistemático dos recursos humanos é essencial se uma empresa tiver que assegurar e manter a liderança de mercado e de produtos.

Tal planejamento sistemático envolve várias etapas básicas. Por exemplo, uma análise das várias posições na estrutura organizacional, para determinar os tipos e as características de pessoas necessárias para os negócios atuais e projetados. Isso deve ser feito em todos os cargos, à medida que os funcionários são transferidos ou se aposentam.

Uma vez que nenhuma organização é melhor do que seu pessoal, essas determinações são críticas na definição do curso futuro da empresa. É inútil acrescentar que a ênfase deve ser colocada nas habilidades especiais e conhecimento requerido para cada pessoa e cada cargo (veja a discussão sobre Responsabilidades, Indicadores e Objetivos no Capítulo 5). Quanto melhor a seleção de pessoal, mais provavelmente a empresa:

- realizará suas metas;
- desenvolverá uma organização operacional efetiva; e
- alcançará os programas, projetos e objetivos que ela estabeleceu para si.

Pessoas com ideias brilhantes desenvolvem produtos inovadores e conceitos muito mais eficazmente do que os concorrentes. A imaginação de Walt Disney criou uma empresa que por várias décadas não tem concorrente ou rival. A GE foi desenvolvida pela habilidade extraordinária de Thomas Edison, a Ford Motor Company foi desenvolvida nos conceitos de seu fundador epônimo. A alma do negócios por trás da IBM foi Thomas Watson, e Akio Morita da Sony ocupa um lugar similar nos anais das empresas modernas.

A contribuição do capital humano de primeira classe pode ser mais bem apreciado se justificarmos o fato de que, em uma economia globalizada, o sucesso das empresas estabelecidas é geralmente baseado na profundidade de suas experiências gerenciais e técnicas – e também em suas habilidades de marketing e capacidade de distribuição, as quais devem ser constantemente mantidas. Se não tiverem isso, elas serão tomadas pela concorrência.

6.2 AS LEIS DOS RECURSOS HUMANOS SÃO ASSIMÉTRICAS

Hoje, o capital compra capacidades intelectuais, não apenas equipamentos. Quando em junho de 1995 a IBM deu $3,5 bilhões para a Lotus Development, ela não estava apenas comprando os produtos de *software* da empresa, mas sim a habilidade e visão do arquiteto da Lotus Notes, Ray Ozzie, e várias outras mentes criativas empregadas pela empresa.[74]

Porque a inovação é baseada em ideias elaboradas "fora do contexto geral", as quais são a força motriz em alta tecnologia, muitas pessoas na força de trabalho do setor de tecnologia (aqueles cujas compensações são muitas vezes ligadas ao sucesso de suas empresas) entendem que seu futuro é não linear. Ele está ligado à disposição dos investidores em:

[74] Por fim, Ray Ozzie deixou a empresa e se tornou um dos principais pensadores e executivo sênior da Microsoft.

- se arriscarem com uma boa ideia e
- obterem uma taxa de retorno impressionante por este risco.

A administração de empresas estabelecidas e tradicionais não apenas precisa reconhecer este mar de mudanças, mas também deve desenvolver uma política – ou, mais precisamente, uma cultura – que reflita isso. Nenhuma empresa tem condições de permanecer transfixada pela visão no espelho retrovisor, pois essa atitude leva diretamente para o precipício.

Enquanto ignorarem as mudanças assombrosas que têm acontecido nos últimos 30 anos, os executivos seniores não podem se posicionar, ou as suas empresas, de modo a enfrentarem os desafios deste século. O conhecimento é produtivo apenas se for aplicado para fazer diferença. Esta é a verdade:

- desde o planejamento do conhecimento e, consequentemente, da educação;
- aos resultados que desejamos obter de maneira mensurável, transparente e visível.

Além disso, a imaginação e o conhecimento podem fazer verdadeiras contribuições apenas se eles forem claramente focados. Para isso, é necessário educação correta e trabalho árduo. Ele também pede a exploração sistemática de oportunidades à medida que elas se apresentam, equilibrando:

- as saídas de curto prazo no sentido de produtos e
- a evolução de prazo mais longo, baseada em conhecimento, a qual distingue uma sociedade avançada.

Mais crítico para este processo é a mudança conceitual, a qual permite mobilizar os múltiplos conhecimentos que uma pessoa possui, interconectando-os em um sistema flexível e reestruturável. No que diz respeito à administração de recursos humanos, a habilidade de comunicar, inspirar e direcionar os profissionais para criarem um ambiente de trabalho altamente motivador é a pedra fundamental para o sucesso.

Para uma pessoa, uma empresa, uma nação, as raízes profundas da educação não são apenas o investimento com o retorno mais alto, mas também o que, em uma sociedade moderna, caracteriza o que chamamos de recursos humanos. Teoricamente, isto é o que supostamente diferencia a economia do Oeste daquelas de países em desenvolvimento. Mas, será que é isso mesmo?

A resposta não é inequívoca porque as evidências existentes demonstram que, à medida que o sistema educacional se expande para cobrir mais e mais da geração de jovens, sua qualidade torna-se cada vez mais baixa. *Parece* que o conhecimento, produzido pelo sistema educacional, se assemelha a uma quantidade fixa – ou, então:

- à divisão de disciplinas com educação em massa e
- ir à escola já não é mais sinônimo de aprender.

"As leis da educação são as primeiras que recebemos... elas nos preparam para sermos cidadãos", disse Montesquieu, o grande escritor e filósofo francês, há vários séculos. "Se a nação em geral tem um princípio, então as partes que a compõem... também terão um".[75] Mas, infelizmente, a educação em massa não mais cultiva o conhecimento, e isto reduziu significativamente o nível de *know-how* ao diluí-lo muito.

Seria bom se essa hipótese estivesse errada, mas evidências existentes dizem o contrário. Além disso, o esforço que muitos indivíduos, jovens e mais velhos, colocam na educação está longe de ser profundo e rigoroso – com o resultado de que as leis que governam os recursos humanos são assimétricas. Isso é amplificado pelo fato de que o sistema educacional encontra-se sob tensão, e as escolhas que os jovens fazem em sua área de estudo são questionáveis.

- Matérias humanas como sociologia, literatura e ciência política são fundamentais.
- Mas o que o mercado de trabalho das nações industriais precisa é engenharia, física, química, biologia, medicina, matemática – as ciências exatas que promovem a tecnologia.

A discrepância entre ciência e orientação da tecnologia, exigidas por uma economia de conhecimento, e a disponibilidade de formandos em matérias humanas é outro motivo para as leis dos recursos humanos serem assimétricas. Como resultado, um grau universitário não garante mais um emprego.

Como descreveu um artigo no *The Economist*, a história da educação superior britânica é menos sobre expansão do que a inflação de esperanças, as quais não são sustentadas pelas qualificações. Os graus universitários significam menos e menos e há mais e mais deles. A besteira, diz o *The Economist*, estabelecida em 1992, quando o governo conservador permitiu uma atualização pessimamente controlada de instituições de ensino localmente baseadas, rotulando-as de "universidades". Esta lei:

[75] Montesquieu, *De l'Espiritdeslois*, Classique Garnier, Paris, 1961.

- criou um arsenal de novos cursos acadêmicos, muitos com méritos duvidosos, e
- eliminou o pilar vital da educação superior ao excluir a diferença entre as faculdades de educação continuada puramente vocacionais e as universidades totalmente acadêmicas.[76]

A consequência é o aumento do desemprego entre os graduados. Isso é muito negativo porque não apenas a contribuição da educação de uma pessoa, e sua satisfação com esta, está sendo significativamente diminuída, mas também encontrar um emprego está se tornando cada vez mais difícil do que deveria ser. Veja a Espanha como exemplo.

Antes da expansão imobiliária de 2002-2007 e depois que a bolha estourou, a Espanha foi, e continua sendo, um país atolado na recessão. O desemprego chegou perto de 20% com uma tendência de alta, e as leis rígidas do mercado de mão de obra carregavam custos significantes para a economia do país. Tudo isso é bem conhecido, mas, seja de centro-esquerda ou centro-direita, os governos espanhóis sucessivos se recusam a tomar medidas impopulares. Em vez disso, desenvolveram o hábito de derramar dinheiro público sobre qualquer problema, largamente dinheiro que eles obtiveram da União Europeia em uma negociação que classificou (incorretamente) a Espanha como um país subdesenvolvido. Isso provou ser um enorme ponto negativo para os recursos humanos de um país. Hoje, a Espanha sofre com uma força de trabalho cara e pessimamente educada – e sair do buraco significa reformar o:

- sistema educacional disfuncional e
- o mercado de mão de obra administrado desastrosamente.

A negociação coletiva é outra calamidade. Suas regras inflexíveis significam que os salários para a aristocracia de trabalho do país estão aumentando, mesmo que os preços estejam caindo. Já que a Espanha, um membro da terra do euro, não pode mais desvalorizar, suas empresas estão se tornando a cada dia menos competitivas – enquanto em 2009 seu déficit orçamentário chegou a 12% do PIB e em 2010 o país paira sobre a beira da falência.

Resumindo, a educação é um "dever", mas o desenvolvimento de recursos humanos tem pré-requisitos. Para começar, o sistema educacional deve funcionar como um relógio. Isso não acontece hoje, quando o efeito em massa e a tendência em seguir as disciplinas humanas desastrosamente enfraqueceram o processo educacional.

As pessoas desejam ser verdadeiramente educadas e almejam desenvolver

---

[76] *The Economist*, 24 de janeiro de 2004.

carreiras de valor. Se elas abandonarem ou mesmo frequentarem a escola como diversão, não é de admirar que as leis dos recursos humanos sejam assimétricas – ficarão desempregadas e viverão vidas miseráveis. "A chance favorece a mente preparada", disse Louis Pasteur, o grande químico francês.

6.3 ADMINISTRANDO OS RECURSOS HUMANOS

As empresas favorecem uma função centralizada de administração de pessoal, tanto para o melhor controle da alta gerência quanto para uma coordenação mais eficaz. Embora algumas responsabilidades básicas dos recursos humanos sejam deixadas para as subsidiárias, o diretor central estabelece as regras e, normalmente, ele é instruído a prestar muita atenção a:

- políticas de seleção de pessoal;
- qualidade de insumos;
- manutenção do *know-how*;
- sinergia das qualificações; e
- gestão de carreira nas unidades operacionais.

Com as corporações globais, a seleção de pessoal pelos recursos humanos centrais multinacionais deve deixar claro os objetivos pessoais das subsidiárias, sendo que cada caso importante é julgado pelos seus próprios méritos e não aceitos simplesmente porque era feito "dessa" maneira no passado. O vice-presidente executivo corporativo (VPE) de recursos humanos é normalmente responsável por supervisionar a habilidade do diretor local em lidar com o pessoal que ele lidera, e tem pessoas com timbre gerencial disponível. Para fazer isso de maneira hábil, ele deve saber como lidar com:

- a motivação intrínseca e
- a recompensa extrínseca.

O vice-presidente executivo de recursos humanos também deve ter conhecimentos sobre como criar sistemas de incentivo para manter os profissionais motivados ao oferecer um trabalho interessante, bons salários e um desenvolvimento de carreira comensurado com as contribuições de cada um deles.

Em colaboração com a gerência local, o diretor central de recursos humanos deve ter um sistema capaz de manter as promoções, que contornam as experiências técnicas, de serem interpretadas como um sinal de que certa pessoa não é suficientemente boa para ser um gerente. No seu auge, a IBM contornou esse problema ao criar uma classe distinta de "Colegas da IBM". Jim Bachus, que havia desenvolvido o Fortran, foi seu primeiro membro.

Tão importante quanto é ter um método para melhor integrar na organização os engenheiros e cientistas recém-contratados. Outra responsabilidade do VPE corporativo de recursos humanos é resolver as diferenças pessoais no escritório central e nas organizações subsidiárias, ajudando as pessoas a entenderem seus papéis em projetos importantes que requerem contribuições de alto desempenho.

As melhores organizações fornecem evidências suficientes sobre a importância de evitar ser encaixado em cargos protegidos. A administração de pessoal corporativo deve mostrar para as subsidiárias como superar os problemas singulares associados com o desempenho e a produtividade dos profissionais individuais. E também, como realçar sua criatividade.

Tudo isso acaba sendo uma tarefa exigente, pois as abordagens que melhor se adaptam à motivação mudam com o tempo, assim como os métodos necessários para maximizar a produtividade (Seção 6.7). Parte dos motivos para esta mudança são as fontes de tensão que existem entre as demandas organizacionais e profissionais. Enquanto tentam alavancar a contribuição efetiva de seu pessoal técnico e gerencial, eles nem sempre compreendem:

- o relacionamento entre motivação, inovação, mudança e incerteza;
- a diferença entre incerteza e o risco que é assumido;
- os meios existentes para reduzir a incerteza, a qual permite que a mudança seja introduzida eficazmente; e
- como trazer à tona os problemas logo no início, o que é uma das melhores maneiras de evitar, ou pelo menos aliviar, o estresse subsequente.

Falando da experiência pessoal, as subsidiárias estrangeiras de empresas globais tendem a valorizar a estabilidade, não a mudança. Mesmo nos escritórios centrais, a proteção de ideias e técnicas antigas passam a ser uma grande preocupação para o nível da gerência média (Capítulo 5), ao passo que a criação de novas oportunidades está lá embaixo em suas listas de prioridades.

Um dos meus professores na UCLA havia ensinado aos seus alunos que na vida os problemas são oportunidades, e o que acabei de mencionar é uma oportunidade – não um problema. É uma oportunidade cujas soluções também trarão outros benefícios, isto porque se preparar para a mudança significa atualizar e renovar as habilidades dos funcionários – como uma maneira de melhorar a base de conhecimento científico e de marketing da empresa.

Um dos desafios mais importantes para o chefe de recursos humanos é superar a complacência e derrotar a inércia, o que é um pré-requisito para agir diante das novas oportunidades. A medida está no coração de qualquer processo de melhoria. *Se* o progresso em direção a recursos humanos melhores não pode ser medido, *então* isso é evidência de que eles não estão sendo melhorados. Mas, para ter sucesso,

- as métricas precisam ser estabelecidas 'a priori' e
- a medida deve começar no princípio do programa de melhoria, não no meio ou perto do final.

Melhor ainda, tais medidas devem ser realizadas pelos participantes no programa de melhorias – isto é, pelo grupo de trabalho. São os gerentes e os profissionais em si que deveriam garantir que esse processo não se tornará burocrático, que haverá evidências de um *espírito de equipe* e que não haverá brigas ou discussões.

Essencialmente, isso é o mesmo que dizer que os recursos humanos precisam de liderança. É responsabilidade da divisão de pessoal instilar a cultura de liderança. As medidas objetivas proporcionam melhor discernimento e os sinais de aviso precoces levam a vantagens competitivas significativas. Se preocupar em proteger a posição de hoje é menos importante do que criar a vantagem de liderança de amanhã.

Como documentam as referências antecedentes, a administração de recursos humanos não é apenas a seleção de pessoal e as ações disciplinares, embora a disciplina em si seja bastante importante. As responsabilidades vitais estão liderando, provendo para a educação contínua e planejamento de carreira, assim como assegurando um suprimento estável de executivos experientes que são necessários para administrar uma organização.

O VP corporativo de recursos humanos também é responsável por promover, entre o pessoal multinacional, responsabilidades específicas atribuídas aos homens e mulheres de nacionalidades diferentes e por garantir que eles tenham oportunidades iguais. Nessa missão, ele deve ser cuidadoso e assegurar que as promoções serão baseadas no desempenho. Entre outras responsabilidades vitais nesta descrição de emprego estão:

- estabelecer padrões para as propostas feitas pelas subsidiárias sobre as políticas de pessoal e suas aprovações, e
- assegurar que a empresa tenha os recursos humanos de que precisa para responder (ou mesmo iniciar) aos motivadores para a liderança de mercado.

Tudo isso se resume a fazer com que a administração da força de trabalho seja uma parte crítica do planejamento, execução e controle dos negócios internacionais em geral. A tarefa é exigente, mas pode ser eficaz se os principais fatores envolvidos na administração da força de trabalho forem determinados e traduzidos em requisitos detalhados. As empresas com experiência neste campo sugerem que a tarefa de selecionar pessoal dos recursos humanos internacionais exige um alto nível de planejamento e diretriz, assistência às subsidiárias e coordenação entre:

- as subsidiárias estrangeiras e
- os vários grupos e departamentos de operações domésticas.

É necessária muita precaução e prática para avaliar o desempenho gerencial no nível de escritórios centrais e subsidiárias, assim como para estabelecer padrões de desempenho para o planejamento da força de trabalho efetiva. O último também envolve um inventário constante de força de trabalho na administração, cobrindo todas as posições no fluxograma organizacional global e delineando os critérios pelos quais o sucesso e o fracasso serão julgados em termos de recursos humanos.

Concluindo, as suposições de planejamento devem ser estabelecidas para identificar as mudanças organizacionais esperadas através de processos e métodos melhorados, incluindo a aquisição de qualificações. Na seleção de pessoal internacional, espera-se que o VPE de pessoal compare os requisitos existentes e antecipados e defina as novas posições administrativas em termos de:

- responsabilidades,
- funções e
- deveres a serem realizados de acordo com o plano.

Assumir as responsabilidades pela administração e desenvolvimento dos recursos humanos para todas as subsidiárias é, sem sombra de dúvida, um trabalho exigente, o qual inclui o envolvimento dos membros da diretoria e o CEO nas decisões fundamentais. Os requisitos modernos para qualificação e *know-how* são mais do que um departamento de pessoal clássico pode oferecer.

6.4 O ATO DE DIRIGIR

Dirigir significa muitas coisas. Entre elas estão as decisões táticas feitas diariamente em um plano estratégico; delegar, enquanto mantém a responsabilidade; atribuir os serviços a serem feitos e cuidar para que eles sejam feitos; administrar, assim como coordenar e motivar da maneira discutida na Seção 6.3.

Muitas pessoas acreditam que dirigir é uma atividade bastante burocrática. Embora em alguns casos ela seja, isto não é, de maneira alguma, a verdade geral. Dirigir, portanto, envolve tarefas administrativas, atenção cuidadosa aos detalhes e a superação de diferenças pessoais e outras. Os melhores participantes nesta missão encorajam o pensamento independente, estimulam a criatividade e cuidadosamente controlam os resultados.

Uma parte estável do serviço de direção e, por conseguinte, do trabalho do gerente, é relacionar os esforços de subordinados em combinações vencedoras, assim como o máximo deles (veja também a Seção 6.7 sobre produtividade). Mais do que qualquer outra coisa, ao desempenhar suas funções, o gerente deve estar encarregado da cadeia de comando:

- Atribuir autoridade comensurada com responsabilidade.
- Assegurar o alcance das metas ao supervisionar cuidadosamente os projetos sob sua autoridade.
- Exigir responsabilização de cada um de seus subordinados.

Os resultados que o diretor espera de seus subordinados pode ser alta qualidade, estar dentro do orçamento e respeito pelo plano. Espera-se que ele desempenhe não apenas essa parte das funções (de acordo com a descrição de seu cargo), mas também é uma tarefa cujos resultados caracterizarão quão bem o diretor delega suas responsabilidades.

Clareza e detalhe na ordem dada pelo diretor é um prêmio. É regra geral da direção que as ordens dadas pelos chefes não devem ser nem gerais nem abstratas. As ordens devem ser claras e inequívocas. Evidências cômicas dizem que durante a Segunda Guerra Mundial no quartel-general da Frente Ocidental, na Prússia do Leste, Hitler usava como intérpretes das ordens da equipe geral alguns dos soldados mais estúpidos que o Wehrmacht pode encontrar para ele. O raciocínio era que:

- se um soldado, no silêncio do quartel-general, não conseguia entender a ordem,
- então o general na frente, sob estresse constante com a batalha, também não entenderia.

Um amigo, CEO de uma grande empresa, depois de emitir uma ordem em um ponto de inflexão ou sob condições estressantes, chamava seus VPE para uma reunião e eles tinham de explicar para ele o que entenderam que a ordem pedia. Observe que essas não eram ordens planas, mas sim diretrizes firmes do chefe. Como Alfred Sloan uma vez observou, as ordens planas desestabilizam a organização.

Deixe-me repetir esta referência. As melhores ordens de executivos são simples em caráter e, até certo grau, quantitativas e fáceis de entender. Independentemente de outras vantagens, isso garante que até onde elas sejam aplicadas serão mensuráveis e controláveis. Além disso, as ordens dadas por um diretor devem ser:

- diretamente relacionadas às atividades diárias de seus subordinados e
- integradas nas metas estabelecidas pela diretoria, assim como as ordens mais gerais dadas pelo CEO.

As metas que não se integram, ou pior, contradizem as outras e/ou as diretrizes estratégicas da empresa, criam ineficiências na execução. Por sua vez, as ineficiências organizacionais tendem a aumentar a frustração. Elas deterioram o moral entre os membros mais ambiciosos da gerência e desestabilizam os grupos especialistas.

Assim sendo, o planejamento, o recrutamento e a seleção (Seção 6.1) da força de trabalho são inseparáveis da função de dirigir, dada a linha de atividade. O chefe também deveria se envolver em programas que almejam o treinamento e o desenvolvimento de carreira de seus subordinados; a cooperação próxima com a divisão de recursos humanos em questões que dizem respeito ao *seu pessoal* em relação às decisões de pessoal, que são as seguintes:

- Descrição do emprego.[77]
- Planejamento de carreira.
- Estrutura salarial.
- Padrões de trabalho para ajudar a julgar o desempenho.
- Ferramentas e políticas para auditar o desempenho.

É responsabilidade do gerente alocar as missões para os recursos humanos sob sua guarda e definir as estruturas necessárias para sua realização. De fato, todas as tarefas atribuídas devem ser escalonadas no tempo, e pessoas devem ser encarregadas da realização de cada tarefa dentro do prazo explicitamente declarado. Também é necessário tomar medidas para suprir as revisões regulares do progresso sendo feito – algo comparável ao que fazemos através de *revisões de projeto*, em conexão com os projetos de engenharia.

Infelizmente, as escolas não ensinam desde cedo que o tempo é um recurso

[77] Incluindo responsabilidades, indicadores e objetivos (Capítulo 5).

como o dinheiro, e em muitos casos, ele é mais precioso que o dinheiro. Os cronogramas e a eficiência em fazer um dado serviço uma única vez estão correlacionados.

Em seu livro, *The Merchants of Debt*, George Anders deu um exemplo excelente da KKR, uma empresa de investimento, e sua cultura observando: "... os parceiros da KKR poderiam contar com uma terceira fonte de lucro do investimento – aumento na eficiência. Quase todas as grandes empresas eram prejudicadas pelos excessos de gastos gerais e burocracia, como Kravis e Robert passaram a acreditar".

Um ponto dolorido específico era que o pessoal dos escritórios centrais de muitas empresas era grande e ineficaz. "Eu os chamo de pessoas que reportam para pessoas", Kravis disse muitas vezes. Se a maioria das empresas pudesse talhar seus custos de gastos gerais, os parceiros da KKR acreditavam, a lucratividade seria grandemente melhorada sem a necessidade de qualquer crescimento das vendas. "As empresas desenvolvem camadas e mais camadas de gordura", Kravis disse em um almoço de editores de jornais em 1989.[78]

Henry Kravis está perfeitamente correto. O caos corporativo leva a um aumento estável dos custos administrativos; e custo importa. Como demonstrou o Capítulo 5, as organizações enxutas estão mais bem posicionadas para sobreviverem e são caracterizadas por poucas camadas administrativas. A gordura é inimiga da saúde – não importa se estamos falando de indivíduos ou de organizações.

Algumas vezes, porque a incompetência, o nepotismo e a administração ruim alcançam um nível que não é mais sustentável, a gerência é obrigada a agir, mas, em seus esforços em reduzir custos, ela acaba cortando músculos em vez de gordura. Em 3 de março de 2010, a TV5, o canal de televisão francês, tinha uma reportagem sobre Quebec, a qual declarava que neste século o número de pessoas que trabalham em empregos públicos havia aumentado em 700%. Em contrapartida, o número de engenheiros cresceu apenas 20%, o que significava que:

- os projetos têm falta de pessoas com qualificações de engenharia,
- mas há excesso de pessoal no nível de estágio e de burocracia – com resultados desastrosos na qualidade e eficiência do trabalho sendo realizado.

No início dos anos 1960, o professor Parkinson publicou um livro pequeno, porém suculento, *Parkinson's Law*, o qual demonstrava perfeitamente que as despesas se expandem para exceder os orçamentos. Para provar que a burocracia tende a crescer exponencialmente, Parkinson usou estatísticas de homens em serviço ativo e em escritórios, no Almirantado britânico antes da Primeira

[78] George Anders, *Merchants of Debt*, Basic Books, Nova York, 1992.

Guerra Mundial. Durante a Primeira Guerra Mundial, a frota no Almirantado e a força de trabalho nos escritório se expandiram. Mas, depois que a guerra acabou, a frota encolheu, ao passo que o número de burocratas no Almirantado continuou crescendo.

Existem também outros princípios da vida executiva, conectados à função de direção, a serem trazidos para a atenção do leitor. Com exceção do CEO, o qual em muitos casos tende a ser uma *prima dona*, o trabalho de dirigir tem um perfil discreto. Os gerentes, seus profissionais e funcionários devem, no entanto, apreciar que os deveres administrativos podem ser criativos e um histórico operacional simplesmente não acontece sem muito trabalho árduo.

Além disso, quanto mais qualificado e mais confiável for o assistente para quem o gerente delega o trabalho, mais "sorte" este gerente terá. O mesmo ocorre para fornecedores e consultores. "Nunca tivemos a inclinação de dar uma 'carona' a qualquer estranho não merecedor, e nunca iremos mudar de ideia sobre isso", disse Sam Walton.[79]

6.5 TRAÇOS DE PERSONALIDADE CONCEITUAIS E DIRETIVOS

Normalmente na literatura, assim como na mente de muitas pessoas, os termos *executivo* e *gerente* são usados de forma intercambiável. Esta é uma prática geral, mas não é precisa. O executivo é aquele que elabora políticas, o que não é necessariamente o caso do gerente, embora existam exceções a essa declaração.

Por exemplo, as pessoas no nível sênior são ambos, executivos e gerentes. Diretores independentes (membros da diretoria que não trabalham para a empresa) têm posições de executivo, mas não gerenciais. Normalmente, um gerente é uma pessoa interna na empresa para a qual trabalha. Com a exceção dos membros internos da diretoria, os quais (como declarado) também são gerentes, um exemplo clássico é o CEO, a diferença entre executivos, isto é, aqueles que elaboram a política, e gerentes, aqueles que se ocupam com as atividades diárias, pode ser muito mais profunda do que os rótulos sugerem.

Os elaboradores de políticas de primeira classe são pessoas *conceituais*, enquanto os gerentes têm a experiência para *dirigir* seus subordinados. Essa é uma dicotomia suave, pois muito da diferença também é definida pelas características de personalidade.

A Figura 6.1 apresenta os quatro quadrantes que são conhecidos como ca-

[79] Sam Walton, *Made in America: My Story*, Bantam, Nova York, 1993,

racterísticas de personalidade (não confunda com inteligência, muito menos QI). Os modelos autoclassificatórios de contingência cognitiva foram elaborados para descobrir qual dos quartos mostrados nessa figura é o mais forte em uma pessoa, qual é o próximo mais forte e qual é o mais fraco. Na raiz desse quadro está o fato de que:

- as pessoas usam o lado esquerdo ou direito de seus cérebros e
- são reconhecidas como sendo primariamente pensadores ou feitores, representadas (correspondentemente) pelas camadas superiores e inferiores na Figura 6.1.

Os grandes matemáticos encontram-se no espaço do quadrante superior esquerdo, mas aqueles que desenvolvem teorias profundas têm capacidades analíticas e conceituais (assim, na camada superior na Figura 6.1). Os mestres da indústria, os chamados magnatas, têm características conceituais e diretivas (diagonal na Figura 6.1). Falando de maneira geral,

- o cérebro esquerdo é caracterizado pela eficácia e
- o ponto forte do cérebro direito é uma visão mais ampla e a capacidade de compartilhar.

Uma pessoa não pode ser excelente em tudo. Suas características de personalidade são ponderadas. Um dos melhores testes de autoclassificação permite que a pessoa atribua graduações a cada quadrante, para um total de 300 pontos. Repetindo, o estilo de decisão resultante não tem nada a ver com inteligência; é o próprio padrão da pessoa. A Figura 6.2 mostra os resultados de um teste. A pessoa que tomou esta decisão é predominantemente analítica sendo que seu próximo ponto forte é ser diretivo – consequentemente, o cérebro esquerdo.

	Cérebro esquerdo	Cérebro direito
Pensador	Raciocínio analítico	Capacidades conceituais
Feitor	Experiência diretiva	Habilidades de marketing

FIGURA 6.1
Os quatro espaços de quadrantes nos quais se encaixam as características de personalidade individuais.

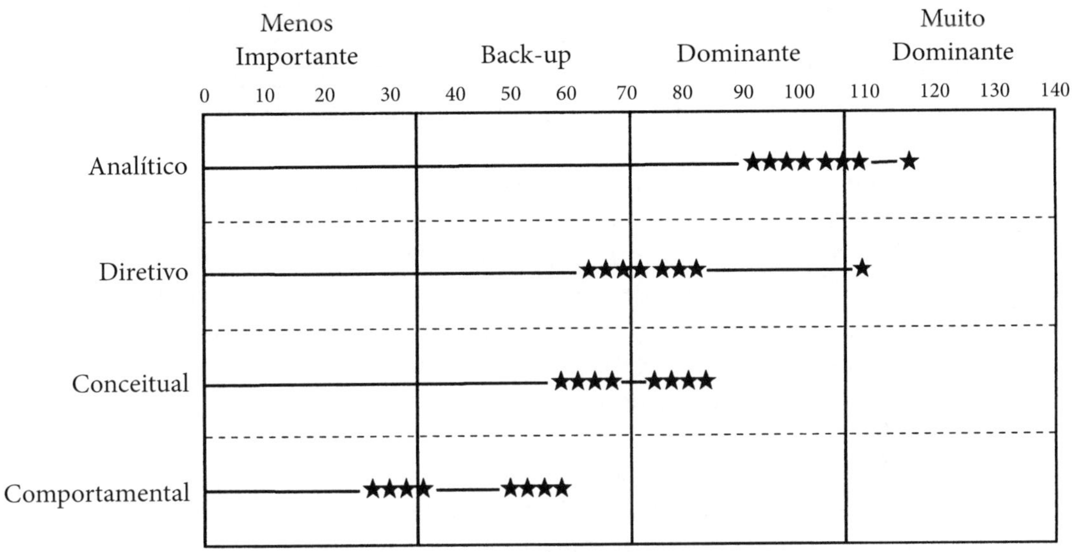

FIGURA 6.2
Padrão do estilo de decisão de 8 pessoas que fizeram o teste. As habilidades conceituais importantes para todos estão bem atrás.

Outros estudos sobre os traços de personalidade focaram na habilidade do indivíduo em meditar. Seu raciocínio é que existem vários aspectos benéficos associados à meditação. Esses incluem:

- um foco melhor;
- controle sobre as emoções e;
- níveis reduzidos de estresse (Seção 6.6).

Há também uma ligação entre meditação e estrutura do cérebro. Em um projeto relativamente recente na UCLA, os pesquisadores encontraram medidas cerebrais significativamente mais largas em meditadores em comparação àqueles do grupo de controle compostos de não meditadores. Esses incluem volumes maiores do hipocampo direito e mais massa cinzenta.

Pelo fato de as áreas do cérebro com massa cinzenta aumentada estarem proximamente ligadas à emoção, os pesquisadores concluíram que essas devem ser a base de neurônios que dá aos meditadores a habilidade extraordinária de regular suas emoções, e permitem respostas bem ajustadas para o que quer que a vida apresente a eles.[80]

[80] *UCLA Magazine*, janeiro de 2010.

É apropriado admitir que não sabemos muito sobre como o cérebro funciona, mesmo que seja reconhecido que isso é muito importante na gestão hábil dos recursos humanos. Os traços de "personalidade" e características de comportamento, como meditação, ajudam muito na atribuição apropriada de pessoas aos cargos e posições gerenciais.

Outro conselho para uma administração sensata, no sentido de direção, foi dado por Lao Tsé, o filósofo chinês, por volta de 600 a.C. Lao Tsé disse: "Empregar pessoas melhores do que nós é prova de que somos melhores do que todos os outros". É uma pena que poucos gerentes realmente prestem atenção a este conselho de ouro. Um dos motivos é a falha na educação nas escolas de comércio, a qual cresceu significativamente nos últimos anos, em vez de ficar sobrecarregada. Mais frequentemente:

- a educação nos negócios desenvolve egos,
- em vez disso, deveria ensinar humildade e, com esta, a força para sair de situações adversas e, consequentemente, ter sucesso.

As escolas de comércio deveriam ser fortes, mas não o são, na arte de negociações, na construção de equipes, em encontrar um meio termo e em resolver problemas. Nos negócios há uma tremenda necessidade de influenciar e criar relacionamentos duradouros - mas isso não faz parte da educação nos negócios atuais.

Embora os métodos quantitativos que são amplamente ensinados sejam importantes, eles são apenas um dos aspectos da educação gerencial, "A administração, como uma profissão de metodologia científica e clara, é irrelevante para as necessidades das organizações de hoje", diz David Noer, professor de liderança nos negócios na Universidade Eton. "Muitos novos gerentes, especialmente os recém-formados, com MBA, mas sem experiência, vêm para o mundo dos negócios com a expectativa de que:

- este é um local de racionalidade,
- sujeito a análise objetiva e
- e tomadas de decisões ponderadas, baseadas em quantidade".[81]

Noer acrescentou que as escolas de comércio serão aconselhadas a retificarem o desequilíbrio torto das habilidades mentais com uma dose igual de habilidades emocionais. Os gerentes precisam se conectar às pessoas, especialmente quando os empregados estão no meio de uma crise de identidade e propósito. Na realidade, não apenas os empregados, mas os executivos e gerentes

[81] *Financial Times*, 12 de abril de 2010.

em si, podem estar sob estresse, e os métodos quantitativos são impotentes para tirá-los do buraco que cavaram para si mesmos.

6.6 GERENTES TRABALHANDO SOB ESTRESSE

Estresse é a reação natural do corpo aos eventos ou atividades que uma pessoa subconscientemente acha ameaçador ou desafiador. Em sua essência, é um mecanismo de proteção que permite que o corpo se prepare para uma luta ou para escapar de uma ameaça física, contanto que tais ameaças tenham vida curta. E também, contanto que alguma pessoa aprecie que, sob certas condições, o estresse é saudável (veremos mais sobre isso a seguir).

De acordo com algumas opiniões, o estresse é um assunto em *moda* – não uma consequência inevitável de trabalhar sob pressão ou enfrentar situações difíceis e complexas. Outros, no entanto, acreditam que o estresse está sendo criado pelas dinâmicas dos negócios dos dias de hoje: condições urgentes de alto risco, associadas com a inabilidade de administrar a percepção, se não o fato, de que a pessoa está sob pressão constante.

De acordo com esta última escola, o estresse passou a ser um grande problema quando as ameaças são emocionais, intelectuais e duradouras. O problema surge quando o estresse passa a ser crônico, resultando num sentimento de impotência diante dos eventos diários e das adversidades que impactam o modo como a pessoa trabalha. A identificação do estresse requer:

- o exame minucioso e objetivo de todos os eventos e atividades durante o dia de trabalho;
- a análise da abordagem de uma pessoa ao problema e à vida como um todo; e
- a avaliação de maneira objetiva, em vez de subjetiva, da perspectiva atual e futura.

De fato, em termos de perspectiva futura muito depende de como uma pessoa responde aos eventos que acontecem. A inabilidade de estar encarregado de uma situação envolvendo incerteza, ou as demandas do cargo gerencial, significa que ele internaliza respostas que seu corpo interpreta como estresse. Isso leva a uma *transferência*. A tendência dos indivíduos que sofrem de estresse, em um aspecto de suas vidas, é descontar em uma parte inocente de suas vidas ou que não está relacionada ao trabalho.

Algumas vezes, o estresse gerencial é o resultado direto de ter um chefe muito exigente. Quando ele era presidente e CEO da Occidental Petroleum,

Armand Hammer exigia que os membros da diretoria, composta principalmente de seus funcionários, dessem a ele cartas de demissão assinadas e sem data que ele poderia usar se alguém tentasse votar contra ele. Aproximadamente no mesmo período, os executivos seniores da ITT eram regularmente interrogados nas grandes reuniões com o CEO Harold Geneen.

Algo parecido acontecia com grandes projetos militares quando uma pessoa com forte personalidade assumia o comando. Para testar como os candidatos aguentam a pressão, o Almirante Rickover muitas vezes contava com a intimidação. Alguns soldados disseram que eles eram sentados em uma cadeira com as costas retas, sendo que uma das pernas era mais curta do que as outras. Tentando se equilibrar nesta cadeira, eles passavam por interrogatórios que podiam durar horas.[82]

Mas nem todos estavam sob estresse. Muitos soldados jovens gostavam do treinamento e eles sabiam que Rickover sempre escolhia entre a elite do grupo de soldados. Como relatou uma história na *Fortune*, servir sob as ordens do almirante era "como ter seu bilhete para o sucesso", disse um dos alunos de Rickover.[83] Por causa do treinamento de Rickover, a indústria privada tem ansiosamente recrutado homens da marinha nuclear.

- A indústria privada tinha Rickover e seu estilo pessoal de administração com alta estima, mas também com reverência e medo.

Para desenvolver a frota nuclear dos Estados Unidos, o almirante tinha de obrigar os estaleiros e os empreiteiros a adotarem padrões de alta qualidade sem precedentes para a fabricação e montagem de equipamentos nucleares e para os cascos que carregam os reatores.

- O poder de Rickover sobre os contratos de navios e a resolução de problemas para os excedentes fez com que ninguém ousasse contradizê-lo.

As pessoas que estavam envolvidas na construção da frota de submarinos nucleares dos Estados Unidos dizem que o estresse muitas vezes estava associado a uma visita de inspeção de Rickover, a qual algumas vezes acontecia à noite. Essas inspeções enviavam ondas de apreensão por todo o pessoal naval e civil do estaleiro.

---

[82] Na mesma época, os anos de 1960, um teste similar na IBM era convidar um gerente, um vendedor sênior ou um engenheiro de ciências aplicadas a dar uma palestra para um grupo de altos executivos. O palestrante recebia um *flipchart* cujos furos não se encaixavam nos pregos da estrutura do *flipchart* e lápis que não escreviam. A ideia do teste de estresse era ver como uma pessoa reage à adversidade inesperada na forma de um grupo de seus superiores.

[83] *Fortune*, novembro de 1976.

Uma vez, quando Rickover embarcou em um navio de serviço para o submarino, na instalação da Electric Boat, da General Dynamics em Groton, Connecticut, para passar a noite, ele descobriu que o telefone em sua cabine não funcionava. Com isso, o oficial executivo do navio veio correndo até o almirante que berrou: "Que tipo de porcaria de navio de serviço é este onde nem os telefones funcionam?". Com ou sem estresse, a *qualidade dos serviços* fizeram a fama do Rickover.

- Seus navios funcionaram melhor do que ele havia prometido.
- Eles foram construídos em tempo e dentro do orçamento.

Mas, infelizmente, esta não é a matéria ensinada na maioria das escolas de administração – ou pelo menos não é ensinada de maneira a ter um impacto duradouro nos alunos. Aqui está uma citação de uma carta intitulada "a Contribuição dos Consultores Ecológicos", escrita para a *The Economist* e publicada pela revista em 11 de novembro de 1995.

> (Nossa) empresa contratou alguns caras da Harvard – consultores administrativos com cérebros, mas nenhuma experiência. Eram garotos sem muito a oferecer, porém vestidos em ternos de três peças, alguns diziam...
>
> Uma noite, depois de um dia longo, estendido pela necessidade de participarmos em outro seminário administrativo, alguém mencionou um artigo no jornal que alegava que o custo para manter um prisioneiro no sistema prisional da Califórnia era igual ao de colocar um filho na Harvard Business School. Alguém então disse que o mundo seria melhor se tirássemos todos os jovens da Harvard e os colocássemos na prisão. Esta seria uma solução para custos praticamente iguais.

Ninguém nunca disse algo assim para os formandos de Rickover. Em vez disso, era só elogio. Os testemunhos do almirante perante os comitês congressionais eram sempre ansiosamente esperados. Eles vinham repletos de ataques ao Pentágono: "aquele reino de ilusões". Evidências casuais sugerem que um dia uma criança perguntou ao almirante porque ele continuou – ele não via que sua missão era desesperada? Dizem que Rickover respondeu: "No início, achei que eu pudesse mudar os homens. Se eu ainda grito, é para evitar que os homens me mudem".

6.7 PRODUTIVIDADE

O relógio está tiquetaqueando para os fabricantes e para as empresas de serviço cuja produtividade está abaixo dos padrões, mas os custos estão bem acima do de seus concorrentes. Hoje, os ganhos com a produtividade são mais críticos do que antes porque a globalização fez os preços baixar continuamente e as margens de lucro serem espremidas.

O mercado doméstico, antigamente uma base segura de muitas empresas, também foi atingido pela desregulamentação, sem falar das greves. Um alto executivo de uma grande empresa aérea disse, durante nossa reunião, sobre uma greve em andamento e os grevistas: "A vitória deles seria uma derrota para os assalariados da empresa, incluindo o pessoal de voo, pois, com isso, estarão assinando a garantia de morte da empresa".

A sobrevivência requer maior eficiência, uma missão que sempre aparece. A produtividade pessoal é uma meta válida como estar fisicamente em forma ou seguir uma dieta saudável – mas, assim como estar fisicamente em forma, ela pede uma mudança de hábitos.

- Em longo prazo, a chave para elevar os padrões de vida é produzir mais na mesma unidade de tempo.
- O problema é que, em curto prazo, há uma tensão entre eficiência e empregos, porque as pessoas acreditam que isso prejudicará seus empregos – e algumas vezes é o que acontece.

O contraste é apresentado pelos Estados Unidos e a Alemanha de um lado e pela França e a Grã-Bretanha do outro. Os primeiros começaram um regime; eles espremeram a produção extra de sua força de trabalho. Em contrapartida, a França e a Grã-Bretanha optaram por conter as perdas de empregos à custa da produtividade mais baixa. Isso fez que suas indústrias não fossem competitivas no mercado globalizado.

Tanto para as empresas quanto para as economias nacionais, é fácil discriminar o crescimento da produtividade como um termômetro importante da saúde industrial. Nada afeta mais os padrões de vida em longo prazo do que as melhorias na eficiência com a qual uma economia combina mão de obra e capital – uma declaração igualmente válida quando aplicada a uma economia ou a uma pessoa.

Normalmente, o crescimento da produtividade é calculado ao dividir a produção total pelo número de trabalhadores, ou o número de horas trabalhadas. Isso é, admitidamente um padrão impreciso, o qual pode ser manipulado. Mas, contanto que este seja aplicado uniformemente, ele fornece uma base para comparação.

Em princípio, mesmo se as métricas e os parâmetros não forem tão precisos quanto gostaríamos que fossem, eles ajudam a identificar um motivador

– por exemplo na produtividade, a qual expressa a decisão da administração em ganhar. Uma das empresas de engenharia mecânica/elétrica, para a qual fiz consultoria, cortou quase pela metade seus custos de mão de obra direta depois de fazer avaliação comparativa de seus concorrentes imediatos. O número de inventários no piso intermediário da fábrica foi cortado em três, seguindo um exercício de comparação com a fábrica de um concorrente.

No entanto, é verdade que as comparações em si não contam a história toda. Algumas vezes, saber onde começar nas melhorias em produtividade pode ser amedrontador, especialmente se a administração:

- teme estudar seus rivais e analisar seus pontos fracos, ou
- não está disposta a gastar dinheiro em reestruturar a organização, o piso da fábrica.

Os números falam, mas às vezes a mensagem que eles transmitem não é satisfatória porque escondem fatos que são qualitativos. É sempre perigoso tentar comprimir os problemas complexos em estatísticas únicas; os números da produtividade de 2009 nos Estados Unidos e na União Europeia proporcionam um exemplo.

Nos Estados Unidos, os custos de mão de obra por unidade para o segundo e o terceiro trimestre de 2009 realçaram como as empresas agressivas estão contendo custos ao manter forçadamente uma tendência para com uma produtividade maior. Os custos de mão de obra por unidade abaixaram 6% em um ano, pois as horas trabalhadas foram cortadas (mas o resultado foi um aumento drástico correspondente no desemprego). As horas agregadas trabalhadas foram reduzidas em 7%.

Não na União Europeia. De meados de 2008 a meados de 2009, a produtividade da mão de obra para toda a economia europeia encolheu 4%. De fato, em partes da indústria de manufatura a queda da produtividade tem sido de aproximadamente 14%, embora nos serviços o número correspondente foi de apenas 1,5% durante o mesmo período de tempo.[84]

O mínimo que se pode dizer é que, à primeira vista, essas estatísticas parecem estranhas. Para entender o que está por trás delas, temos que justificar o fato de que na Europa continental não há algo como "admitir e demitir" como nos Estados Unidos. As leis trabalhistas fazem que as demissões, e por consequência, as contratações, sejam um negócio complexo, e muitas empresas escolhem manter seus trabalhadores e funcionários do escritório empregados –

[84] Banco Central Europeu, Boletim Mensal, outubro de 2009.

em vez de tomar o caminho para as demissões temporárias caras e maciças. É uma ação equilibradora que os números apenas não conseguem descrever.

Isso não muda o fato de que, quando os números estão bons, a gerência tem orgulho de suas conquistas com a produtividade. As estatísticas mostradas na Figura 6.3 são de um relatório anual de 2009 da Eli Lilly, a empresa farmacêutica, que se orgulha deste fato ao declarar que: "Em 2009, mantivemos nosso foco na produtividade". A métrica sendo usada é *receita por funcionário*, a qual aumentou 7% para $540.000 em 2009.

Do ponto de vista social, o crescimento da produtividade é definitivamente bem-vindo, tanto em uma sociedade em desenvolvimento quanto em uma sociedade desenvolvida. No entanto, quando a saturação nas possibilidades de emprego é alcançada, como é o caso na maioria dos países ocidentais, é necessário imaginação para poder enfrentar os desafios sociais que esta saturação apresenta. Os partidos políticos de centro-esquerda e esquerda clamam aos quatro ventos que a produção para o bem da produção não é mais o ponto crucial do dia por que:

- a produtividade aumentada leva à produção aumentada;
- a produção aumentada requer menos empregados;
- a tendência para menos empregados aumenta o desemprego; e
- o aumento no desemprego leva a mais acúmulo de problemas.

Entretanto, ao mesmo tempo, o ponto forte de qualquer economia nacional é sua produção. Quando todos os outros fatores são mantidos iguais, a produtividade mais baixa tem um efeito muito negativo nos custos, e os custos de produção mais altos reduzem a competitividade e, portanto, encolhem o grupo de oportunidades de emprego.

O leitor deve apreciar que, tradicionalmente, o conceito de produtividade e suas estatísticas refletem os resultados da mão de obra. As questões são muito mais complexas quando falamos da produtividade de executivos, gerentes e profissionais.

Para os gerentes e profissionais, a melhor ferramenta de produtividade é aquela que aumenta o poder de decisão através de experimentação e o teste de hipóteses através de ferramentas fáceis de usar, porém confiáveis. Em um dos principais bancos para os quais dei consultorias, a diretoria desenvolveu um sistema que permitia propostas de investimento complexas, as quais anteriormente levavam até três meses de trabalho de um profissional para serem preparadas, podiam ser produzidas em duas horas por meio de finanças analíticas interativas. Em seguida, ao usar a mais recente alta tecnologia, esta foi reduzida para a fração de uma hora.

Os simuladores aumentam nossa habilidade para acessar e manipular as ricas informações que obtemos de nossas fontes dentro e fora da empresa. A tecnologia da informação, quando usada apropriadamente, ajuda a liberar os indivíduos altamente pagos do trabalho rotineiro, permitindo que eles se concentrem na produção de conhecimento – precisamente a tarefa para a qual eles estão sendo pagos. A confecção de modelos precisos e simuladores, no entanto, é uma arte moderna – e o sistema escolar produz muito poucos desses artistas.

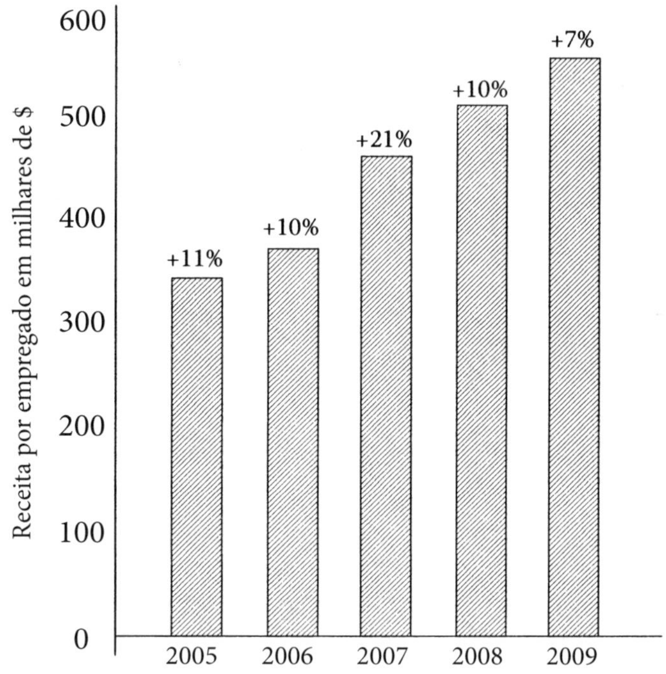

FIGURA 6.3
Aumento da receita por empregado durante cinco anos na Eli Lilly.

7

Controle Administrativo

7.1 CONTROLE ADMINISTRATIVO DEFINIDO

Para alcançar seus objetivos, uma empresa industrial, de mercadorias, de serviços ou instituição financeira precisa, no nível administrativo, de um ambiente no qual o planejamento e as atividades de controle floresçam.[85] Uma organização bem administrada é distinguida pela sua maneira ordenada de operar, e o planejamento é fundamental para este processo. De sua parte, a ação de controle é uma parte integral da governança sólida. Um sistema formal de planejamento e controle:

- permite a delegação com responsabilidade comensurada;
- coordena e unifica a ação por toda a organização;
- estrutura o progresso da responsabilização; e
- mantém a gerência informada sobre o fato de as políticas estarem sendo ou não observadas e os planos executados.

Logo depois que Alan Mulally foi nomeado CEO da Ford (setembro de 2006), ele convocou uma reunião com seus gerentes seniores, os quais ele questionou como estavam os negócios sob suas autoridades. A resposta obtida foi: Estão bem. "Estamos prevendo uma perda de $17 bilhões e ninguém tem problemas!" o novo chefe exclamou.[86]

À medida que a discussão seguia seu curso, Mark Fields, o qual dirigiu as operações da Ford nos Estados Unidos, admitiu que uma parte defeituosa ameaçava atrasar o lançamento de um novo veículo importante. "Grande visibilidade", Mulally disse. Nos meses que se seguiram, uma nova cultura se instalou e quatro anos depois a Ford continua tendo bons lucros. A revitalização

[85] O processo de planejamento e controle pode ser estruturado de várias maneiras, mas, invariavelmente, a meta é garantir que as unidades operacionais – de linha e de pessoal – estejam comprometidas a alcançar as metas almejadas.

[86] *The Economist*, 11 de dezembro de 2010.

começou com a disposição dos executivos de reconhecerem e discutirem seus problemas. Isso é controle administrativo.

A ação unificadora do controle administrativo beneficia a empresa ao focar a atenção nas principais áreas, permitindo a delegação efetiva de autoridade e facilitando a avaliação do desempenho individual. No entanto, embora os sistemas e procedimentos de controle não sejam suficientes, a gerência ainda tem que reservar tempo para as avaliações e decisões de controle.

Em termos de controle administrativo, os CEOs devem ser suficientemente espertos para seguir o conselho do ex-presidente Lincoln: "Minha mente é como uma placa de metal, é difícil rasurar algo nela, mas, é quase impossível, depois de rasurada, apagá-la". O ex-presidente Lincoln adicionou: "Tenha sempre em mente que sua própria resolução para ter sucesso é mais importante do que qualquer outra coisa"[87] – e o controle é fundamental na sustentação de resoluções de sucesso.

Além disso, as informações de controle devem ser eficazes em termos de custo e de alta qualidade. Sua qualidade depende do vigor dos dados básicos usados para fins de avaliação. Para assegurar a eficácia, um sistema de controle deve focar nos componentes-chave da lucratividade dentro dos planos operacionais e desenvolver análises da sensibilidade em conexão com cada elemento operacional-chave. Implícito nessa declaração está o fato de que o controle administrativo não é diferente de qualquer *feedback*:

- Chamar a atenção para as variâncias dos alvos acordados.
- Calcular o impacto provável de tais variâncias.
- Prover informações para avaliar o efeito provável de uma ação corretiva.

A atividade de controle será válida apenas se ela operar de maneira totalmente desinibida e transparente. E também se os planejadores e gerentes apropriadamente apreciarem as premissas básicas mencionadas acima, assim como a necessidade de um *feedback* ininterrupto e imparcial. A Figura 7.1 apresenta a estrutura do controle administrativo.

O controle efetivo deve ser exercitado tanto no nível estratégico quanto no tático. Normalmente, isso não acontece. Um exemplo de fracasso estratégico em fusões é a aquisição, em 1991, da NCR pela AT&T. A empresa telefônica, antigamente orgulhosa, estava em busca e uma nova identidade – e estratégia de crescimento – na esteira da desregulamentação da telefonia de longa distância. Os altos executivos acreditavam que as telecomunicações e as tecnologias de computador estavam convergindo e tentaram capitalizar nesta hipótese:

---

[87] Emil Ludwig, *Lincoln*, Grosset& Dunlap, Nova York, 1930.

- A AT&T via a NCR como um candidato promissor para aquisição, pois ela teve lucro em computadores.
- A diretoria da operadora telefônica achava que a NCR funcionaria em sinergia com a AT&T, já que ambas as empresas compartilhavam não apenas uma visão comum, mas também um estilo burocrático.

Entretanto, contrário a essas superficialidades, um processo de diligência devida, o qual foi feito muito tarde para evitar uma fusão ruim, trouxe à tona muitos problemas sérios. Os engenheiros dos Bell Labs da AT&T avaliaram a tecnologia da NCR somente depois da aquisição, o que deveriam ter feito antes. Quando eles fizeram a auditoria técnica, descobriram diferenças substanciais entre:

- as habilidades de comutação da AT&T e a tecnologia básica de PC, a qual reduziu significativamente as sinergias esperadas da aquisição e
- como a AT&T não se importou em descobrir, em termos de computação pessoal, a NCR era um pouco mais do que um montador; a empresa era essencialmente um *mainframer*.

Como demonstraram os estudos subsequentes, mesmo as similaridades culturais hipotéticas entre a AT&T e a NCR provaram ser superficiais. O mesmo foi o caso para a filosofia administrativa. A NCR operava de maneira altamente centralizada. A AT&T era descentralizada e suas tentativas subsequentes

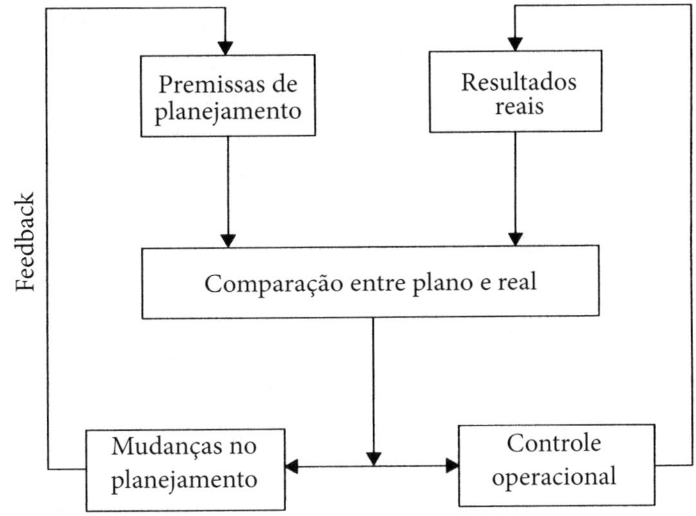

FIGURA 7.1
A ação de controle é ativada pelo *feedback* organizacional depois de uma comparação entre o plano e o real.

de achatar a hierarquia da NCR saíram pela culatra. Além disso, o controle administrativo da AT&T estava em frangalhos. Apenas cinco anos depois, após sofrer perdas pesadas, a AT&T se desfez da NCR.

Como esse exemplo de duas empresas bem conhecidas traz para a atenção do leitor, embora o processo de controle administrativo seja indispensável, ele não é popular entre os executivos. Muitos são relutantes em ouvir as notícias ruins e as críticas que o *controle interno* muitas vezes traz, quanto mais em agir sobre elas (Seção 7.3). "Não quero ouvir isso" é um tipo de expressão-chave que engraxa as rodas da governança ruim. As informações adversas são eliminadas à medida que relatórios factuais avançam na cadeia administrativa. Quando isso acontece:

- as más notícias nunca chegam até a alta gerência;
- os executivos seniores não têm a chance de ouvir opiniões adversas; e
- a empresa vai de bons tempos para tempos ruins, ou, de forma geral, à falência.

Seja na empresa privada ou na administração pública, o desempenho pela alta gerência e seus assistentes imediatos faz a diferença entre sucesso e fracasso em curto, médio e longo prazo. Mas quando as informações para controle são suprimidas, os olhos e os ouvidos do CEO permanecem fechados.

Por causa disso, na vida organizacional, as famosas mancadas acontecem o tempo todo em todos os campos e em todas as questões; algo similar é o caso de verdadeiros lapsos de memória. No setor de transporte, por exemplo, a maior parte dos desastres aéreos fatais envolvendo as grandes empresas aéreas ocorre na decolagem, e cada um deles envolveu lapsos na atenção dos pilotos logo depois que ele empurra o afogador até a parede.[88]

Não importa se estimamos o potencial de uma movimentação para cima e para baixo pelo mercado, avaliamos projetos, trabalhamos com pesticidas, dirigimos carros ou pilotamos aviões com centenas de pessoas a bordo, nem sempre prestamos atenção no que estamos fazendo. Desse modo, não podemos nos surpreender diante das consequências bastante negativas.

Tal fracasso é aumentado várias vezes pela falta de *feedback*. Assim sendo, o controle administrativo é uma função organizacional fundamental. Não é algo feito apenas para passar o tempo ou fazer as pessoas infelizes.

O controle administrativo é essencialmente um processo baseado em pessoas. Já que as organizações são feitas de pessoas, precisamos entender a maneira como as pessoas se comportam, agem e reagem.

[88] De acordo com os resultados de uma investigação; de uma reunião sobre segurança aérea.

Francis Bacon sugeriu em 1597, quatro séculos atrás, que se uma pessoa trabalha com outra, ela deve:

- conhecer sua natureza ou seus métodos, e com isto liderá-la;
- ou conhecer seus propósitos, e assim persuadi-la;
- ou seus pontos fracos e desvantagens, e assim venerá-la;
- ou aquelas que têm interesse nela, e assim governá-la.

7.2 REPUTAÇÃO NOS NEGÓCIOS

O controle interno rigoroso deve se estender por toda a organização (Seção 7.3) e almejar propor evidências se a administração está ou não no controle. Ele também deve indicar se a diretoria e o CEO se importam com a reputação da instituição. A reputação de uma empresa ou de qualquer outra organização é:

- estabelecida pelo seu comportamento durante um longo período de tempo;
- proximamente ligada às suas atividades, e a maneira como ela as executa; e
- pode ser facilmente perturbada pela opinião adversa de contrapartes, portanto, do mercado.

Reputação e imagem não são as mesmas questões, mas elas também não são independentes uma da outra. Ambas precisam de *feedback* e controle administrativo para serem sustentadas. Leva uma vida para estabelecer uma reputação, mas ela pode ser perdida em dias ou horas. O dano à reputação é medido como uma perda de confiança do mercado, dos clientes, dos principais funcionários. Uma reputação perdida é rapidamente traduzida em perda de confiança do quadro de pessoal, dos investidores, dos parceiros comerciais, dos órgãos supervisores, legisladores. Em contrapartida, uma boa reputação cria confiança.

Porque ambos refletem uma governança sólida, o controle administrativo e a reputação nos negócios estão correlacionados. As raízes da última são a apreciação do comportamento da diretoria, do CEO, da gerência sênior, de todos os funcionários da empresa e da maneira como a entidade se importa com seus parceiros comerciais. Esse cuidado é mostrado na qualidade de seus produtos e serviços, na inovação, no controle de custos, na gestão dos riscos, no atendimento ao cliente, na contribuição à sociedade e na preocupação sobre seus resultados financeiros.

Dentro desse contexto, a meta que fundamenta o aumento da ênfase no controle administrativo é limitar as perdas do operacional e outras falhas, mantendo os canais de informação e artérias de *feedback* abertos. A transparência e a resposta imediata à adversidade através de ações corretivas:

- mantém o capital a salvo;
- auxilia no reconhecimento inicial de desvios dos alvos; e
- contribui para o relatório financeiro confiável, o qual, por sua vez, realça a reputação nos negócios.

Para fazer com que o controle interno seja mais eficaz, é necessário identificar e reformular as práticas fracas, ao mesmo tempo recompensando aquelas que são corretas. O presidente, a diretoria, o CEO e a alta gerência são responsáveis e responsabilizados pela existência de um sistema de controle interno de primeira classe e seu funcionamento apropriado. Porque as artérias da organização podem ser entupidas, o controle interno deve ser regularmente auditado para garantir sua classificação e condição.

Quando em minhas auditorias administrativas eu descobria que os livros financeiros estavam em total conformidade com as regras e regulamentações, isso sugeria, para mim, que o controle interno agia como os olhos e ouvidos do CEO e seus assistentes imediatos. E porque o controle interno é um processo integral que evolui com o tempo, eu também checava para ver se este também havia evoluído com o passar do tempo. Normalmente em todas as empresas, novas e antigas, as práticas de controle diferentes coexistem. As mais antigas têm sido usadas para relatar abuso, fraude e erros. Mas durante a última década, novas metas foram adicionadas:

- Risco da reputação
- Risco administrativo
- Exposição mais ampla da contraparte
- Risco de alavancagem
- Exposição dos derivativos
- Uma lista mais longa de riscos operacionais que incluem os alvos antigos assim como o risco da tecnologia

As auditorias de controles internos ao longo das linhas descritas por esses tópicos contribuem para a reputação nos negócios da empresa. No entanto, elas são válidas apenas até onde as pessoas que trabalham para a empresa continuem observando princípios mais sólidos. Por exemplo, os princípios conectados à responsabilidade e responsabilização financeiras. Isso requer:

- comportamento ético
- supervisão independente
- medidas precisas e
- transparência dos contratempos

A responsabilização pelo controle interno deveria começar na diretoria. A diretoria e o CEO devem garantir que aqueles responsáveis por ele desempenham suas obrigações de maneira aprendida, precisa e detalhada. Confrontado com as informações trazidas à sua atenção através de controle interno, os membros da diretoria devem também fazer perguntas focadas e esperar receber respostas factuais. Os exemplos de um ambiente bancário, por exemplo, serão os seguintes:

- Os nossos créditos são diversificados ou concentrados em poucos nomes? Em poucas indústrias?
- Como nossos créditos são distribuídos pela contraparte? Pela moeda? Pelo vencimento?
- Qual o padrão de nossos créditos por oficial de crédito? Por filial? Por subsidiária estrangeira?
- Há um número significante de créditos fracos? Quais as ações corretivas a serem tomadas?

Outras perguntas sobre o controle interno que têm a ver com a reputação do banco focam na sua política com as contrapartes. Por que esta *parte* está lidando com centenas de milhões de dólares em *swaps*? A contraparte é um usuário estável de ações de balcão (OTC) ou ela está equilibrando a exposição do OTC com o câmbio de produtos financeiros negociados? Qual é a exposição líquida e bruta que *nosso* banco tinha (e tem) com sua contraparte?

As perguntas a serem feitas pelos membros da diretoria devem evidentemente incluir conflitos de interesse associados ao elemento humano: O mesmo oficial de crédito está sempre lidando com a mesma contraparte? Os negociantes frequentemente estão repetindo os mesmos padrões ou padrões similares em negociações com a mesma contraparte? O olho da mente no controle interno é a descoberta de tendências e correlações que levam a:

- a exposição da empresa;
- maneiras duvidosas de se fazer negócios; e
- efeitos colaterais negativos na sua reputação e na sua sobrevivência.

Uma quantia extraordinária de atenção é necessária porque o submundo também adotou princípios organizacionais. Lucky Luciano, o ex-chefe da máfia de Nova York, foi o primeiro a substituir os métodos de braço forte sicilianos por uma estrutura corporativa, incluindo uma diretoria. Ele também iniciou a infiltração sistemática de empresas legítimas, o que, com o passar dos anos, tornou-se uma lenda dos tipos.

O estilo administrativo do Luciano era bem diferente do estilo de sua contraparte de Chicago, Al Capone, que passou mais tempo matando do que administrando e realizando transações comerciais. Na realidade, o FBI descreveu a ascendência do Luciano como uma nova era na história do crime organizado.

- Ele modernizou a máfia, moldando-a em um sindicato nacional do crime focado no resultado final.
- Ele colocou suas operações sob o comando de duas dúzias de chefes de "família" que controlavam o contrabando de bebida alcoólica, narcóticos, prostituição, a área praiana, os sindicatos, os mercadinhos, as padarias e o comércio de vestuários.

Esta estrutura tipo corporativa, iniciada por Luciano, viu uma expansão rápida para a influência da máfia, infiltrando e corrompendo empresas legítimas, os políticos e a segurança pública. Seu promotor vivia num quarto luxuoso no hotel Waldorf Astoria, vestia ternos elegantes, camisas de seda, sapatos feitos à mão e sobretudos de caxemira. E quando a "boa vida" de Luciano acabou em 1935, outros assumiram o papel de diretor executivo.

No ano de 1935, Thomas E. Dewey foi nomeado promotor especial da cidade de Nova York para acabar com a atividade criminosa. Seu alvo era Luciano, o qual ele chamava de "o czar do crime organizado nesta cidade" e o responsabilizava pelo número de prostituição compulsória. Luciano negava ser cafetão, mas ainda assim ele foi preso, embora tenha saído da prisão por conta dos serviços prestados em encontrar os espiões alemães em Nova York e pelo ressurgimento da máfia contra o exército alemão na invasão da Sicília.

Um repórter que entrevistou Lucky Luciano na Itália, no crepúsculo de sua vida, perguntou se ele faria tudo novamente. "Faria de forma legal", ele respondeu. "Aprendi tarde demais que você precisa do mesmo cérebro tanto para fazer um milhão desonesto quanto um milhão honesto. *Hoje em dia você se inscreve numa licença para roubar do público.*[89] Se eu pudesse fazer de novo, pegaria primeiramente esta licença".[90]Luciano não se importava com sua reputação,

---

89 Ênfase do autor.

90 *Time*, 7 de dezembro de 1998.

mas os CEOs legítimos devem se importar muito – tenham ou não "licença" para agir à margem da legalidade ou ilegalidade.

7.3 A EXTENSÃO DO CONTROLE INTERNO

A lei, disse Oliver Wendell Holmes, um juiz da Suprema Corte dos Estados Unidos, não é sobre certo ou errado ou julgamento racional, mas sim um sistema de sanções. A lei e suas consequências são bem vistas do ponto de vista da pessoa, que não pergunta o que os livros de lei dizem ou quais as justificativas que os juízes dão em suas sentenças, mas apenas o que um tribunal específico faria com ele se fosse pego.

Esta política data da antiguidade, tendo sido estabelecida pelos legisladores de Esparta, na Grécia antiga. Hoje, ela se encaixa muito bem no conceito que fundamenta a extensão do controle interno – tanto numa organização quanto na sociedade como um todo. Os políticos, no entanto, certificam-se de que esta lei de profunda responsabilidade social não seja adequadamente aplicada. Veja o setor financeiro como um exemplo.

As fraudes de 2003-2007, que levaram à profunda crise econômica de 2007-2010, e a bolha financeira que a acompanhou, passaram por várias etapas: das alavancagens bastante altas aos *subprimes*, iliquidez, insolvência, a gráfica de impressão dos bancos centrais e, em 2010, os riscos de soberania. Mesmo com este suporte maciço (e ilógico) concedido pelo Estado, os bancos e outras empresas financeiras são confrontados com uma convergência tripla das exposições e das incertezas que variam entre:

- instituições
- mercados
- jurisdições nacionais

O fato de que o risco de conduta ilegal, incluindo a conduta ilegal da gerência (Seção 7.5), seja tão pronunciado aumenta a extensão a ser coberta pelo controle interno. Para ser eficaz, a gerência deve ser polivalente, tanto em relação às funções sobre as quais ela exercita sua fiscalização quanto em referência às leis e regulamentações. Em uma reunião, a Commission Bancaire do Banque de France avisou que as instituições bancárias sob sua autoridade devem buscar as seguintes soluções:

- Controle de suas operações e procedimentos internos.
- Medidas dos riscos que elas assumem.

- Documentação de todas suas transações.
- Estabelecimento, estudo e administração de suas exposições.
- Uso de um sistema contábil e de TI que funcionem muito bem.

A Commission Bancaire quer ver se as soluções que cada instituição adota sejam dimensionadas de maneira correspondente ao seu tamanho e complexidade de seus negócios. O risco de crédito deve ser abordado com base tanto individual quanto consolidada. O risco de mercado deve ser cuidadosamente monitorado. As auditorias internas devem ser realizadas regularmente e a função de auditoria deve reportar a um comitê de auditoria no nível de diretoria.

O emprego é polivalente. A atenção da gerência aos riscos inclui não apenas um, mas sim vários fatores: a solvibilidade das contrapartes, as taxas de juros, as taxas de câmbio, os pagamentos e acordos, os riscos operacionais, a adequação do capital, a liquidez, os riscos legais e o risco de exposição máxima. Em sua estrutura formal e oficial[91], o controle interno deve proporcionar à gerência informações que respondam não apenas uma, mas várias questões críticas. Por exemplo:

- Os riscos de mercado são mantidos em um nível prudente e dentro dos limites?
- As métricas de risco empregadas são apropriadas para a natureza das transações sendo realizadas?
- Todos os gerentes e profissionais da empresa entendem totalmente a gestão do risco de mercado?
- As informações sobre a exposição ao risco que eles recebem são feitas no momento oportuno, pertinente, personalizadas e precisas?

Outros grandes eventos a serem fiscalizados pelo sistema de controle interno estão conectados à suposição de risco de crédito. Nos negócios bancários clássicos de intermediação, as práticas de controle de crédito almejam a reunião de informações sobre as contrapartes, assim como o *status* financeiro e o comportamento, evitando, assim, perdas maiores de empréstimos. A triagem para idoneidade creditícia inclui:

- histórico de repagamento de cada mutuário;
- análise das perdas de empréstimos de acordo com os critérios estabelecidos pela gerência;
- exame da probabilidade de um *mix* ruim de empréstimos e grande con-

[91] Veja na Seção 7-4 a discussão sobre os *rumores*, um canal não oficial de informações.

centração do risco de crédito (por nome, indústria, topologia);

- estimativa dos lucros e perdas com empréstimos por tipo de empréstimo, classe de cliente e cliente individual; e
- localização das práticas indesejadas, como ajustar os controles internos para as pressões diferentes e outras falhas.

Cada um desses tópicos mencionados acima pode ter um impacto no risco da contraparte ao influenciar os critérios para extensão do crédito. A função da gestão dos riscos é limitar a exposição, mas a função do controle interno e da auditoria é verificar se as regras e limites são ou não observados. O mesmo ocorrem:

- casos de fraudes conectados com a intermediação financeira e
- decisões gentis sobre os critérios de risco pela gerência de linha.

As empresas bem administradas revisam e avaliam seus sistemas de controle interno no mínimo a cada ano, usando pessoas que são independentes da função sendo revisada. Entre as questões, nas quais a auditoria externa do sistema de controle interno deveria se concentrar na avaliação das suposições sendo feitas, estão os valores de parâmetros empregados na análise de exposições, a precisão das informações relatadas e a metodologia sendo usada. Qualquer recomendação para melhorias deve incorporar *o que deve ser feito* versus *o que é feito*.

Os pré-requisitos para a avaliação da precisão do controle interno é a habilidade de reconstituir as transações e outras operações, as quais acontecem em qualquer lugar, a qualquer hora, respeitando totalmente os princípios contábeis gerais estabelecidos. Por exemplo, a Commission Bancarie pediu à alta gerência das instituições financeiras sob sua jurisdição para certificarem-se de que existem os detalhes necessários, profundidade, qualidade e confiabilidade de:

- informações contábeis e de controle do risco e
- os métodos para avaliar e analisar os fluxos de dados de negociações, empréstimos, investimentos e outras operações.

Isso requer uma quantia grande de cuidado pelos contadores e auditores. Esses últimos precisam certificar a precisão dos esquemas contábeis, incluindo a especialidade necessária para corrigir os desvios *se* e *quando* eles surgirem. A regra vigente é que a auditoria do esquema contábil deve ser feita no mínimo mensalmente. Além disso, os controles sobre a tecnologia da informação devem garantir que:

- o nível de segurança é aceitável do ponto de vista rigoroso da gerência e
- o *backup* apropriado de serviços de informação, de forma a não haver acúmulo nos procedimentos de avaliação criados pelas falhas ou sobrecargas nos subsistemas.

Cada vez mais, as autoridades regulatórias enfatizam as qualificações que as empresas sob sua supervisão devem ter. Estas incluem as qualificações dos controladores de risco e a especialidade de seus funcionários, sobretudo daqueles que trabalham na análise de riscos. Uma das prerrogativas para a boa administração é que as qualificações e ferramentas devem ser comensuradas ao problema apresentado pelo:

- tamanho da empresa;
- seu domínio de atividades e
- os produtos, instrumentos e serviços que ela promove.

Por toda a organização, quanto maior a extensão do controle interno, passa a ser essencial estabelecer a responsabilidade para este no nível de diretoria e CEO. A frase *controle de alto nível* foi cunhada para descrever o papel da diretoria em conexão com as responsabilidades esboçadas nos parágrafos anteriores. O controle de alto nível inclui todos os controles instituídos e exercitados na iniciativa da diretoria, e na sua capacidade, como órgão eleito pela reunião geral de acionistas, de supervisionar todas as outras operações da empresa.

7.4 PROMOVER O CONFLITO

As informações do controle interno não apenas consistem de fatos e figuras. Este último deve ser enriquecido com comentários sobre a evidência e esta pode seguir canais informais. Os *rumores* da empresa, um nome dado para os canais informais de comunicação, podem levar a descobertas bastante interessantes de práticas ruins. O mesmo é o caso de *denúncias*. Esses dois termos pertencem a atividades que não são as mesmas.

- Os rumores funcionam por meio da linha de comando e ao contorná-la, mas geralmente mantém as informações não oficiais ou boatos entre quatro paredes.
- Em contrapartida, a atividade de denúncia leva a revelações para as autoridades, como aconteceu no caso de Madoff; em muitos casos, a denúncia é muito bem documentada.

Nem toda denúncia é necessariamente confiável, e existem também muitos casos em que as autoridades não dão muita atenção a esta. Como será lembrado, no caso de Madoff, a Comissão de Valores Mobiliários (SEC) não seguiu as informações de práticas ruins com uma investigação, como deveria ter feito. Esta falta de interesse é lamentável, isto porque as informações que eles receberam poderiam ter parado o esquema logo no início.

Embora ambos estejam fora do que os livros administrativos consideram como práticas aplicáveis, os rumores e as denúncias chamam a atenção para as fraudes e outros casos que as auditorias não têm conseguido revelar. Um método melhor, e mais formal, para fazer isso é a gerência sênior encorajar o conflito – desde as reuniões da diretoria até os níveis mais baixos de supervisão. Dessa forma, as decisões que estão sendo tomadas se beneficiam com as opiniões contrárias.

O raciocínio por trás de discussões onde os subordinados expressam opiniões contrastantes é que isto ajuda a explorar todas as possibilidades. Muitos dos mestres da indústria têm se mostrado bastante entusiasmados em promover a discórdia, isso porque ela os ajuda a basearem seus julgamentos em mais do que uma voz. Alfred Sloan tem sido um dos melhores exemplos desta política (veja detalhes sobre isto mais adiante). Ainda assim, muitas empresas fazem o erro crítico de não aceitar a discórdia. Isso leva a:

- um beco sem saída nas decisões e
- domínios obscuros ou visões afuniladas de onde não há saída

O conflito é o *forte* de empresas bem administradas porque ele abre perspectivas, as quais, caso contrário, poderiam passar despercebidas. Um exemplo é proporcionado por Ray Ozzie, da Microsoft. Em outubro de 2005, ele escreveu um memorando extenso chamado "O Transtorno nos Serviços da Internet" expressando opiniões contrárias às políticas de Bill Gates. Neste, Ozzie analisava como a Microsoft estava:

- perdendo terreno para os rivais e
- perdendo oportunidades para dominar o novo ambiente de mercado.

A tese de Ozzie era que a empresa precisava mudar de direção para evitar interrupções no desenvolvimento de *software* e estratégias de mercado. Em vez de se sentir ofendido pela crítica implícita, Bill Gates endossou o memorando de Ozzie com um memorando seu. Em seguida, ambos ficaram no palco em São Francisco durante o lançamento do "Windows Live" e do "Office Live", dois serviços grátis na Internet com a intenção de derrotar o Google e outros parecidos em seus próprios jogos.

Um exemplo mais profundo é proporcionado por Alfred P. Sloan, o legendário presidente e CEO da General Motors. Ele havia sido um dos únicos alto executivos que não apenas convidou, mas também promoveu a dissensão como um meio de desafiar o óbvio e testar as decisões de uma pessoa antes de confirmá-las. Em seu livro, *MyYears with General Motors*,[92] Sloan conta novamente que, como presidente, ele sempre aconselhou os outros membros da diretoria e seus assistentes imediatos a

- nunca aceitarem uma proposta importante sem dissensão e
- a promoverem discussões críticas sobre os méritos e deméritos dos tópicos em questão.

Dr. Robert McNamara, ex-secretário de Defesa e presidente do Banco Mundial, aconselhava nunca seguir adiante com um projeto a menos que todas as *alternativas* tenham sido examinadas. "Em um projeto multimilionário, nunca devemos nos dar por satisfeitos apenas com sorvete de baunilha, mas sim escolher entre os muitos sabores", McNamara costumava dizer. Se os grandes bancos, os quais perderam fortunas com o *subprime*, tivessem escutado seu conselho, eles poderiam ter se salvado, assim como os contribuintes, do mar de problemas nos quais eles se viram.

O fracasso em escutar as vozes dissidentes internas é mais do que 90% por causa dos grandes egos. As informações que podem ser valiosas, precisamente porque elas saíram do fluxo principal, podem ser um ingrediente importante das decisões de sucesso. Alternativas altamente interessantes e modos diferentes de especialidade são postos de lado porque as decisões foram tomadas sem:

- ouvir as vozes dissidentes ou
- examinar todos os cursos de ação disponíveis, incluindo seu risco e retorno.

"Dick Fuld dirigiu o Lehman Brothers como se estivesse em guerra. Ele pressionou muito e ignorou os sinais de colapso",[93] disse Andrew Gowers em um artigo. "O mercado tem uma expressão para este tipo de evento: *a morte espiral*. Os credores e os parceiros em negociações temem uma queda no preço

[92] Alfred Sloan, *My Years with General Motors*, Pan Books, Londres, 1969.

[93] Por volta de março de 2010, aproximadamente um ano e meio depois do colapso do Lehman Brothers, foi revelado que, pela contabilidade criativa e derivativos, o banco escondeu cerca de $100 bilhões de dívida que pesou em seu balanço.

das ações e ameaçam cortar as linhas de crédito. O alarme é amplificado pelas comunicações modernas e instantâneas. O medo se alimenta de si mesmo e as profecias de juízo final se realizam. Nossos mercados financeiros globalmente integrados e sem regras acabaram sendo construídos em areia".[94]

Gower sugere que teria sido fatal ficar no caminho do Fuld ao mostrar aversão ao risco. A empresa não apenas parecia toda poderosa, mas também bastante confiante de que as montanhas de risco que ela acumulou realmente não importavam. Elas eram simplesmente um local atraente para fazer dinheiro mais fácil. Mas este também era um lugar muito perigoso, isto porque a aversão à dissensão certificou-se de que o Lehman Brothers:

- permaneceu extremamente alavancado e
- tornou-se impossível de ser administrado depois que o mercado virou de ponta cabeça.

Falando por experiência, posso afirmar que é possível encontrar uma pessoa de primeira classe para ficar no lugar de um executivo incomum, que tem a coragem de declarar sua opinião abertamente, mas muitas vezes é enviado para o exílio porque seu chefe atual declara "eu não consigo ouvir essa pessoa". Ou a pessoa em questão é considerada como indispensável em outro cargo. Existem apenas algumas explanações para o "homem indispensável", diz Peter Drucker:

- seu ponto forte é usado erroneamente para elevar um superior fraco que não consegue se manter em seus próprios pés, ou
- seu ponto forte é direcionado erroneamente para retardar o ataque a um problema sério, ou mesmo esconder sua existência.

Como um exemplo sobre como administrar subordinados de maneira eficaz, o Drucker usa a política de George Marshall durante a Segunda Guerra Mundial. George Marshall insistia que um oficial general considerado menos do que extraordinário fosse imediatamente exonerado. Ele argumentava que mantê-lo em comando era incompatível com a responsabilidade do Exército dos Estados Unidos.

Como Chefe do Estado Maior, o General Marshall se recusava a ouvir o argumento "Mas não temos substitutos". "Tudo que importa", ele dizia, "é que você sabe que este homem não se iguala à tarefa. De onde seu substituto virá é a próxima pergunta". Marshall também insistia no ponto de que exonerar um ho-

---

[94] *The Sunday Times*, 14 de dezembro de 2008.

mem do comando era menos do que um julgamento naquela pessoa específica do que no comandante que o nomeou.

"A única coisa que sabemos é que este era o cargo errado para aquele homem", George Marshall argumentava. "Isto não significa que não seja o homem ideal para outro trabalho. Nomeá-lo foi um erro meu, agora depende de mim descobrir o que ele pode fazer".[95] Peter Drucker sugere que desta política surgiram os futuros generais da Segunda Guerra Mundial, os quais ainda eram oficiais juniores quando Marshall tornou-se o chefe do Exército dos Estados Unidos.

Este é um exemplo excelente sobre a gestão dos recursos humanos e como a dissensão pode ser frutífera e eventualmente salvar o dia. Entretanto, ao mesmo tempo, não importa quão ótima seja a metodologia, a administração sólida será uma quimera, a menos que a pessoa encarregada faça as coisas acontecerem.

7.5 DEMITIR UM EXECUTIVO RUIM E SOBRECARREGAR A CONDUTA ILEGAL

F. Lee Bailey, um advogado criminal, coloca as palavras seguintes em seu conceito sobre a necessidade de fazer a tarefa de alguém: "Minha experiência me ensinou a importância de – na realidade, a necessidade absoluta – uma preparação completa antes da audiência... Os casos nem sempre são ganhos no tribunal. Eles são ganhos pelo lado que vem para o tribunal completamente preparado, isto porque ele trabalhou arduamente para encontrar os fatos do caso antes da audiência começar".[96]

Uma declaração similar é válida no que diz respeito às negociações, investimentos, comercialização, operações e questões financeiras. Muito depende da originalidade do pensamento de uma pessoa e de suas realizações – um substituto das coisas que virão. Todas as iniciativas que falamos a respeito envolvem riscos, e esses devem ser, a princípio, analisados assim como constantemente seguidos para garantir que eles não sairão do controle.

Acima de tudo, este é o trabalho do CEO; no entanto, nem todos os CEOs veem-no como parte de suas responsabilidades. Muitos gostam de desfrutar os benefícios extras, salários e bônus que acompanham seus empregos – mas estão atrasados em colocar o tempo necessário para a tarefa de um dia honesto. Invariavelmente, os últimos acabam sendo presidentes de empresa muito ruins.

O controle administrativo ajuda a prover a evidência para livrar a organização de um CEO ruim. A experiência nos negócios ensina que é sempre difícil

[95] Peter Drucker, *The Effective Executive*, Heinemann, Londres, 1967.

[96] F. Lee Bailey, *For the Defense*, New American Library/Signet, Nova York, 1975.

tirar um CEO ruim do sistema. O executivo sob pressão resistirá, e isto inevitavelmente levará a uma batalha interna. Quando falava sobre como se livrar de um executivo sênior ruim, Dr. Neil Jacoby, meu professor de Estratégia nos negócios na UCLA no início dos anos 1950, aconselhava seus alunos a darem a um CEO ruim corda suficiente para ele se enforcar.

- Isso, no entanto, leva tempo e no processo ele poderá destruir a empresa.
- Com o passar dos anos, chefes de empresas descobriram meios mais rápidos de limpar a casa.

No início do século 20, John Patterson, na época CEO da National Cash Register (NCR), demitiu um executivo incompetente ao remover a mesa e a cadeira dele, colocá-la na frente da fábrica da empresa, encharcá-la com querosene e pôr fogo na frente do executivo. Pouco depois da Segunda Guerra Mundial, o então CEO da Montgomery Ward foi carregado para fora da sede da empresa sentado em sua cadeira. Armand Hammer, quando era o chefe na Occidental Petroleum, mantinha em sua mesa cartas de demissão assinadas e sem data de cada um de seus diretores.

Edward I. Koch, o ex-prefeito de Nova York, tinha uma política diferente para demitir aqueles que não estavam tendo um bom desempenho. "Eu apenas entrava e dizia 'Você precisa ir embora', e eles diziam 'Não iremos embora', e eu dizia 'Sim, você vai embora. É apenas uma questão de como você vai'".[97] O chefe se mantém firme quando confrontado com resistência. Esse é um conselho que o leitor deveria anotar.

Desempenho inferior e fraude são irmãos gêmeos, um dos meus professores ensinou aos seus alunos – aqueles que têm um desempenho ruim usam erroneamente os ativos da empresa, a ponto de exauri-los, os quais eles supostamente tinham que proteger. Isso é verdade até certo ponto, mas ao mesmo tempo existem casos de fraudes diretas cuja existência pode ser encontrada nas origens do controle interno.

O crime corporativo não é apenas uma desgraça. Ele também pode ser um desastre financeiro não atenuado, e não é necessário explicar que uma das missões do controle administrativo é focar em maneiras e meios de contra-atacar o crime corporativo, cujas formas mais comuns são as seguintes:

- Roubo
- Corrupção
- Fraude contábil

[97] Edward Koch, *Mayor. An Autobiography*. Simon & Schuster, Nova York, 1984.

O aumento no crime corporativo no período de 2002 a 2010 originou da mistura de aumento das oportunidades, crescimento nos incentivos e o fato de os reguladores fazerem vista grossa. As oportunidades aumentaram à medida que as empresas reduziam o número de pessoas empregadas para monitorar os funcionários que são tentados a quebrar as regras. A proporção de fraudes cometidas pelos gerentes médios tem mostrado um aumento particularmente grande, de 26% em 2007 para 42% em 2008.[98]

O crime econômico está em ascensão, como documenta a fraude de $65 bilhões de Madoff. Isso traz consequências obscuras para tudo, da moral corporativa ao desempenho financeiro. Ele também sugere que dentro da empresa os gerentes seniores deveriam ter um papel mais ativo em combater o problema, ao passo que, em nível nacional, a liderança política deveria se fazer sentida através de supervisão e um esforço constante para massacrar o crime econômico por meio de:

- sentenças penais mais longas e
- desonra pública

Um exemplo excelente para extrair respostas para as questões críticas comensuradas a um ambiente de controle interno que perdeu o rumo são as seis perguntas evidentes de Cícero (Marcus Tullius Cicero, 106 a.C.-43 d.C.). Parafraseado para se encaixar no ambiente financeiro dos dias modernos, as perguntas que o grande advogado romano, senador e orador normalmente fazia em uma investigação eram:

- Quem, além da pessoa que assinou, contribuiu ou foi testemunha desta decisão?
- Como as pessoas envolvidas, sozinhas ou em um comitê, chegaram a esta decisão?
- Quando esta decisão foi originalmente tomada e sob quais condições?
- Onde tem estado as evidências que levaram ao compromisso sendo feito?
- O que exatamente a decisão envolveu em termos de risco? Esta foi subsequentemente alterada ou manipulada?
- Por que a decisão foi tomada, qual meta precisa ela almeja ou tem a intenção de evitar? Houve conflito de interesses?

Os CEOs que têm se balançado à beira da autodestruição por causa de decisões medíocres ou não garantidas, não conseguem escapar dos holofotes

---

98 *The Economist*, 21 de novembro de 2008.

dessas perguntas. Por meio delas, Cícero forçava as pessoas a praticamente se despirem em público, e fez aqueles que não estavam sob investigação prestarem mais atenção às suas decisões futuras, ações e números.

Quem, como, quando, onde, qual, o que e porque são as chaves de um processo de descoberta que almeja rastrear e medir as forças que alimentam a especulação, a conduta ilegal corporativa e os esquemas. Através delas, o controle interno consegue investigar os sete pecados capitais que têm o poder de demolir qualquer empresa, em qualquer setor, a qualquer hora:

- Ganância
- Imoralidade
- Mentira
- Decepção
- Medo
- Apatia
- Arrogância

Sua onipresença foi trazida à tona em um artigo publicado pelo *London Times* em junho de 2002, sobre um aumento significante na conduta ilegal corporativa na Grã-Bretanha. Naquele mesmo mês, outro artigo no *The Wall Street Journal* apontava que nos cinco anos que haviam se passado desde 1997, o número de casos civis nos Estados Unidos, envolvendo as violações financeiras, havia mais do que dobrado. O controle administrativo não tica mais como um relógio.

Em retrospecto, uma referência interessante é que um contribuinte importante para este pulo quântico na conduta ilegal foram os avanços tecnológicos, como a Internet, a qual abriu novas oportunidades para fraude. Outro fator contribuinte é um ambiente que não desencoraja suficientemente ou penaliza a desonestidade. As pessoas tornam-se fraudulentas por conta de:

- pressões financeiras;
- a ausência de limites;
- percepção de uma oportunidade para ganhos fáceis; e
- falta de punição apropriada, o que se transformou em concepção social errada.

"Como muitas vítimas testemunharam tão eloquentemente, seus crimes impuseram em centenas, se não milhares, uma sentença de vida de pobreza", disse Simeon Lake III, Juiz da Corte Distrital dos Estados Unidos em outubro de 2006, quando ele condenou o ex-CEO da Enron, Jeffrey Skilling, a 24 anos de prisão e ordenou que ele pagasse $45 milhões para os acionistas da Enron.[99]

Um mês antes desta decisão, o ex-chefe da WorldCom, Bernard Ebbers, foi condenado a 25 anos e começou a cumprir sua sentença numa penitenciária federal na Louisiana. Mas seu CFO, Scott Sullivan, fez um acordo com a promotoria e teve que cumprir apenas cinco anos de prisão.

Em outro caso, Sanjay Kumar, ex-chefe do fabricante de *software*, Computer Associates International, se declarou culpado das acusações de fraude de títulos mobiliários e obstrução da justiça em um esquema contábil de $2,2 bilhões. Ele expressou remorso. Em novembro de 2006 ele foi condenado a 12 anos de prisão. Entretanto, várias pessoas são da opinião de que para cada parte que é condenada, uma dúzia de outros saem ilesos.

7.6 AVALIAÇÃO DO CONTROLE INTERNO

Desde o final dos anos de 1990, os supervisores requerem que os bancos devem ter seu sistema de controle interno revisado e avaliado pelos contadores públicos certificados (CPAs, contadores certificados) que fazem a auditoria de seus livros. Espera-se que essas auditorias incluam avaliações das suposições, valores para parâmetros e a metodologia sendo usada para fins de revisão do controle interno – e leva a opiniões não qualificadas ou qualificadas, dependendo dos resultados.

No caso de uma opinião qualificada, que basicamente significa que o auditor expressa reservas em relação às suas descobertas, as recomendações para melhorias deveriam ser relatadas à alta gerência e à diretoria; assim como ser influenciado de maneira oportuna. A posição do regulador é que a avaliação do controle interno seja um processo constante.

Mesmo sem os reguladores dizerem, as empresas bem administradas são ágeis em revisar seu sistema de controle interno pelo menos a cada dois anos, em vez de esperar pelos relatórios anuais de auditores externos. Não é necessário explicar que as revisões do controle interno devem ser feitas por pessoas com conhecimento que são independentes da função que será revisada.

As avaliações mais fundamentais do controle interno seguem uma abordagem holística. Checagens realizadas aqui ou ali levam a lugar nenhum e podem ser contraprodutivas. Os examinadores devem começar no topo: a diretoria e o CEO que recebem as informações do controle interno. Isso ajuda em suas decisões sobre a ação de controle; a maneira pela qual elas foram executadas e como os resultados foram relatados precisamente.

[99] *Business Week*, 18 de dezembro de 2006.

- As políticas e procedimentos são bem documentados?
- Em questões de gestão de riscos, as suposições a respeito da exposição são válidas?
- As informações sobre os riscos são processadas e relatadas de maneira precisa e oportuna?
- As equipes de controle dos riscos e auditoria têm o nível necessário de *know-how*? Em números adequados?

Devemos prestar atenção especial à probabilidade de os controles internos terem sido rebaixados: Tem havido mudanças significantes no sistema de controle interno da empresa desde a última auditoria? As recomendações mais recentes de revisão foram estabelecidas? Os controles internos são adequados no seu *status* atual? Quais melhorias são necessárias para melhorar a qualidade do controle interno?

As evidências de que o controle interno é inadequado são proporcionadas pelos escândalos que foram revelados e chegaram aos olhos do público. Por exemplo, uma das questões que foram trazidas em perspectiva com a crise econômica, bancária e de crédito de 2007-2010 é que os instrumentos financeiros conectados à transferência do risco de crédito (CRT) estão sujeitos ao vazamento de informações privilegiadas (*insider trading*).

As avaliações independentes sugeriram que um, mas apenas um, dos motivos era que os novos participantes no mercado, como os fundos *hedge* e as empresas de patrimônio privado têm acesso às informações privadas, mas não têm o controle interno ou estrutura de conformidade que os reguladores impuseram aos bancos comerciais sob sua supervisão. Outros motivos promoveram o uso errado de informações materiais não públicas, sendo que um exemplo é a disponibilidade mais ampla de nomes básicos no grupo.

Paralelas aos problemas de informações privilegiadas que caracterizam o mercado de CRT, estão as preocupações regulatórias no que diz respeito às grandes aquisições alavancadas (LBOs), onde muitos participantes estão envolvidos e onde a atividade de negociação e movimentações de preços acontecem antecipadamente às negociações de LBOs. Isto é um sinal de que alguns participantes no mercado têm mais informações materiais do que outros (o que, de certa forma, é um tipo de vazamento de informação privilegiada).

A auditoria do controle interno também não está conectada a práticas contábeis sem problemas. Durante a minha pesquisa, muitos executivos competentes comentaram que a avaliação dos controles internos, requeridos pelos padrões de auditoria é um trabalho complexo, ao passo que o teste do controle interno pode variar significativamente de uma asserção da declaração financeira para outra.

Por trás dessas referências está o fato de que os padrões para a auditoria dos controles internos ainda não foram bem estabelecidos. Vários auditores realizam primariamente teste substantivos por motivos de eficiência, limitando, assim, o âmbito e a profundidade que são necessários para fins de descoberta. Ao mesmo tempo, a complexidade que é encontrada (pelo menos algumas vezes) na auditoria dos controles internos tende a fazer com que algumas questões sejam mal-entendidas.

Os auditores que respeitam sua missão e os seus clientes fazem o máximo para obterem conhecimento, não apenas sobre a eficácia dos controles internos, mas também a fraqueza neste. Além disso, não devemos nos esquecer de que – seja a referência os livros contábeis ou o controle interno – a opinião expressa por um auditor, após completar sua auditoria, é uma expressão de:

- qualificações profissionais e
- integridade expressada através da independência de opinião.

Sem a independência da opinião profissional, o relatório da auditoria é tão útil quanto penas em um peixe. A empresa auditada nunca deve se permitir testar a esperança contra os fatos e contra a experiência. Há várias observações para se ter em mente, em conexão com a prática de auditoria dos controles internos (e os livros), para poder garantir que não haverá mal-entendido sobre esta função:

- O exame realizado pelo auditor não é para ser considerado como nada mais do que um processo de verificação rotineira.
- Um processo de descoberta é uma empresa exigente.

Enquanto observa os padrões de auditoria geralmente aceitos, o auditor deve cuidadosamente exercitar seu julgamento informado como um profissional qualificado. Esse é o senso da avaliação qualitativa para ser dada pelo auditor de acordo com a Lei SOX. No entanto, é possível que as condições de natureza incomum, e nos casos de conluio ou conflito de interesse, possam subsequentemente indicar erro no julgamento. Alternativamente, as descobertas podem ter sido enviesadas por dados não confiáveis.

Exatamente porque as informações que o auditor recebe podem não ser confiáveis, para poder dar uma opinião independente ele deve ser versátil em termos legais. Os advogados usam a expressão de "presunção da lei", ou *inferência*, para indicar que uma opinião é, algumas vezes, conclusiva, porém, com mais frequência, ela é refutável.

Embora a presunção seja considerada como uma estipulação no código de ética da profissão, ela tem a força da lei profissional para o auditor. Sem excluir a responsabilidade por outras regras, no topo da lista de independência do auditor está a livre expressão de opinião sobre:

- a existência de uma função válida de controle interno;
- as declarações falsas ou enganosas relacionadas às suas operações;
- os conflitos de interesse que prevalecem numa empresa cliente, os quais mascaram os fatos; e
- as ocupações não compatíveis com as atividades de controle que resultam em viés do controle interno.

Na auditoria de registros contábeis, declarações financeiras e controle interno, o curso que acabou de ser traçado não sugere a atitude de um promotor público, mas sim uma atitude de imparcialidade judicial que reconhece uma obrigação pela apresentação justa dos fatos. A independência de opinião significa um desinteresse honesto na expressão de suas descobertas e qualificações das declarações. Esta requer:

- julgamento não tendencioso e
- a força para colocar tais descobertas por escrito.

O auditor deve tal imparcialidade não apenas para a administração da empresa, funcionários, acionistas e portadores de obrigações, mas também aos outros credores da empresa, às autoridades supervisoras e a todos aqueles que, caso contrário, tem o direito de depender do relatório do auditor. Vamos sempre nos lembrar de que uma auditoria é um elemento indispensável de todos os sistemas de administração eficazes.

Além disso, como prescrito pela Lei SOX, a auditoria administrativa é distinta da função de supervisão diária. A auditoria do controle interno é essencialmente uma auditoria da administração e, portanto, se encontra em um nível mais alto do que as funções de auditorias clássicas, como a análise em profundidade dos livros para descobrir os casos de fraude agora clássicos – os quais sempre existiram, mas, em termos de impacto, eles foram ultrapassados pela conduta administrativa ilegal.

Parte 3
Marketing e Vendas

8

Marketing

8.1 FUNÇÕES DO MARKETING

A principal meta em marketing é posicionar *nossa* empresa contra as forças do mercado. Para fazer isso, precisamos olhar bem além dos compromissos diários e enfrentar as responsabilidades mais amplas para os mercados e as vendas. Com a globalização, a desregulamentação e a inovação rápida, essas responsabilidades aumentaram tremendamente, especialmente porque a sobrevivência não pode ser dada como garantida.

Para se posicionarem aos olhos do mercado, as empresas precisam *ganhar reconhecimento*, tanto desenvolvendo produtos que seus concorrentes no setor não têm (veja o Capítulo 11) quanto sendo mestres em relações públicas. A publicidade, as promoções, e também o boca a boca (no que se refere a qualidade, funcionalidade e preço acessível) distinguem os produtos e serviços de uma empresa em relação ao resto do grupo (Capítulo 9).

- As campanhas promocionais são um elemento básico do pensamento estratégico em marketing.
- Elas são complementos importantes para outras ferramentas mais clássicas como a pesquisa de mercado (Seção 8.4) e o planejamento do futuro.

O planejamento do marketing é feito para curto, médio e longo alcance, sendo que o planejamento de longo alcance foca no "quadro geral". Os planos de marketing detalhados são de curto a médio alcance. As respostas para as questões de termos mais longos exigem muito discernimento, pois eles se tornam óbvias apenas durante um período de tempo.

Há sempre o risco de que algumas abordagens rigorosas e energéticas possam se tornar contraproducentes quando o gerente de marketing perde de vista o termo mais longo. Para o termo mais curto, alguns fracassos não são causados pela falta de atividades de vendas sólidas, mas sim pelos resultados desta. Com frequência, é a direção de vendas que fracassa – e este é o caso principalmente no apoio aos clientes. É irônico, porém verdadeiro que:

- algumas organizações de vendas se especializam em irritar o cliente e
- não fazem o máximo, como deveriam, para servi-lo.

Os planos sólidos de marketing não apenas garantem a continuidade consistente nas vendas, mas também são estruturadas de maneira a permitir a justificativa das mudanças radicais na direção do mercado, ou em padrões "estabelecidos". Eles também conseguem lidar com o impacto de uma geografia mais ampla (nacional e multinacional) ocasionado pelo comércio intensificado.

A realização de tais requisitos pede desenvolvimentos estruturais que vão além do organograma organizacional de duas dimensões, o qual já conhecemos (Capítulo 5). A atividade de marketing poderá envolver muitas missões especiais e ainda assim ser totalmente focada e capaz para identificar, atacar e resolver milhares de problemas dos clientes. O marketing pode muito bem ser caracterizado pela sensibilidade e conhecimento por toda a indústria de:

- estratégias da concorrência;
- produto(s) que o mercado quer ou "precisa";
- motivações, localizações e extensão de novos mercados;
- análise voltada para os negócios que os concorrentes (e *nós*) têm(os) disponível para preencher os desejos do mercado;
- treinamento contínuo da força de vendas, enriquecida com informações pertencentes aos nossos produtos e movimentações e dos concorrentes; e
- recursos amplos – tanto humanos quanto financeiros – para enfrentar o marketing e os desafios de vendas, para poderem captar as oportunidades de negócios.

Não é necessário explicar que tudo isto exige uma análise abrangente e *design* das movimentações do marketing, as quais evidentemente pressupõem amplos conhecimentos dos objetivos e planos corporativos. Esta deveria envolver os produtos, a atividade de vendas e a estrutura comercial em si. Com base na experiência de sistemas de computadores, a Tabela 8.1 mostra algumas considerações relevantes.

TABELA 8.1
Produto e Objetivos de Vendas e Perguntas do Marketing

Produto e Objetivos de Vendas	Perguntas Comerciais
• Qual é nosso produto? • Qual é nosso "próximo" produto? • Nosso pessoal está pronto para ele? • Qual é a qualidade do nosso apoio ao cliente? • Qual é nossa política de manutenção? • Quão bom é o nosso controle contábil? Ele é satisfatório?	• Qual é o mercado? • Qual é a evolução do mercado? • Quão forte é *nosso* marketing funcional por setor da indústria? • *Temos* a força de vendas para vender nossos produtos? • *Nosso software* básico continua sendo de primeira linha? Uma mudança nos padrões de fato melhorarão *nossas* vendas? • *Temos* rotinas suficientes de aplicativos para sustentar os requisitos atuais do mercado? Para abrir novos mercados? • Estamos treinando nossos vendedores e o pessoal dos clientes no uso de *nossos* equipamentos? • Quais são os requisitos futuros para suportar a atividade de vendas?

As crises vão e vêm em qualquer empresa de marketing e, mais frequentemente, existem bons motivos por trás delas – por exemplo, declínio do atrativo do produto, crescimento da concorrência, inovação rápida pelos concorrentes, perda da liderança de mercado, taxas de crescimento estagnantes, padrões de marketing alterados, fracasso em abrir novos mercados, efeitos de mercado altamente cíclicos, qualificações administrativas em declínio, executivos exaustos e recursos de capital estendidos além do limite.

Outros motivos por trás da adversidade do marketing é a perda de prestígio e de imagem, assim como as inconsistências para administrar a base de clientes. A correção de uma situação, antes de ela sair do controle, requer um modelo conceitual para determinar quão afiadas *nossas* atividades de marketing são.

Um dos melhores motivos na indústria de computação pede o conhecimento e entendimento do uso dos produtos que vendemos; altos padrões de talento para as vendas com objetivos quantitativos; entendimento do problema dos usuários e pesquisa sobre como *nossos* equipamentos podem se encaixar em *seu* sistema de operações; e análise e exame dos procedimentos dos usuários para ver como suas operações podem se tornar mais produtivas quando eles são ajustados. Esses três deveres administrativos básicos podem ser definidos no ciclo de planejamento do mercado no geral:

1. *Planejamento abrangente*, garantido pelo estabelecimento de padrões e diretrizes por toda a organização – válida a qualquer hora e em qualquer lugar.

Os objetivos exercem uma influência unificadora na implementação de planos feitos por pessoas diferentes, em tempos diferentes, perfilando, assim, a coordenação do marketing e das vendas. Mesmo se houver um acordo total sobre os objetivos de marketing, esses podem não ser totalmente entendidos pelas pessoas. Os padrões quantitativos reduzem tal ambiguidade, e a redução deles para modelos coerentes proporciona uma estrutura melhor de referência do que a descrição por palavras.

2. *Doutrinação e motivação* ao ajudar a força de vendas a rapidamente entender o escopo, o caráter e a direção dos programas de marketing.

Um plano de marketing, de curto a médio alcance, bem estudado e claramente declarado leva a uma uniformidade razoável. Os objetivos de vendas quantitativos (cotas) ajudam cada vendedor a pensar em termos de sua própria contribuição para o esforço corporativo – para seu próprio benefício e para o benefício da organização como um todo.

3. *Aplicação da responsabilização:* Quando os objetivos de vendas são significativos, precisos e tangíveis, eles proporcionam um ambiente de trabalho aproveitável e controlável e a responsabilização passa a ser, no geral, transparente.

Os objetivos quantitativos oferecem parâmetros para medir o progresso, construindo, assim, uma ponte entre os resultados de vendas conhecidos e os desconhecidos; logo, o "realista" e o "idealista". A avaliação de tais objetivos ajuda a evitar conflitos organizacionais, os quais muitas vezes surgem porque os níveis diferentes de supervisão não estão exatamente certos dos resultados de vendas esperados e sua ordem de prioridade.

Com base nos objetivos de vendas, a gestão do marketing estabelece os padrões para o futuro muito melhor do que baseado nas tendências derivadas de dados históricos. Os objetivos fornecem para a força de vendas um quadro abrangente das "coisas que virão". Eles também ajudam a visualizar o *momentum* da organização, sua habilidade em cumprir as metas estabelecidas, seus pontos fortes e seus pontos fracos. A realização desses objetivos promove um sentimento de confiança para o pessoal da empresa numa estrutura de referência acima das:

- forças conflitantes do mercado;
- condições prevalecentes no setor (soluções de sistemas, novas tecnologias, guerra de preços, instalações de suporte); e
- as ações a serem tomadas em relação a política de preços e a motivação para o retorno sobre o investimento (ROI)[100].

Os três níveis de referência caracterizam a atividade de marketing descrita. O primeiro é planejamento, e é conceitual. O segundo é analítico, e, depois dos fatos, é sustentado pelas estatísticas.

O terceiro é o de projeção das prerrogativas. Este é trabalho criativo, e constitui um pré-requisito para implementar uma abordagem de marketing efetiva, incluindo a gestão real da rede de vendas, treinamento da força de vendas e o desenvolvimento de abordagens melhoradas para o apoio ao cliente – sempre almejando se manter lado a lado com os desenvolvimentos do mercado.

8.2 OS MELHORES ESFORÇOS DA ORGANIZAÇÃO DE MARKETING

Uma orientação voltada para o cliente é uma política boa para a organização de marketing como um todo, mas tanto os especialistas na sede da empresa quanto os vendedores devem ser treinados para estabelecê-la e mantê-la. A orientação e o apoio ao cliente requerem atitudes específicas, eles não vêm como uma questão de curso. Os participantes e a complementaridade entre as diretivas e a ação são mostrados na Figura 8.1.

Seja nesta ou em qualquer outra área, toda organização de marketing é confrontada por uma interação entre planejamento (normalmente a equipe de marketing) e vendas apropriadas, as quais constituem o braço executivo (normalmente trabalhando sob pressão). A ação dos vendedores é mensurável por meio dos resultados que a empresa obtém, e a da equipe pela qualidade das diretivas que ela proporciona.

As atividades de marketing estão sendo condicionadas pela cultura da organização, pelo treinamento da força de vendas e pelo modo como ela executa suas funções. No entanto, a definição de marketing não está gravada na pedra. A Coca-Cola define marketing como qualquer coisa que crie a demanda do consumidor pela sua marca. A gestão de marketing foca em continuamente encontrar novas maneiras de:

[100] O ROI e a participação no mercado não são os mesmos; essas duas metas são contraditórias.

- diferenciar os produtos da empresa e
- construir valor em todas as suas marcas.

FIGURA 8.1
O planejamento e execução da política voltada para os clientes de uma organização de marketing.

Tanto a habilidade de marketing quanto os gastos com marketing almejam realçar a percepção dos consumidores e suas preferências pelos produtos da empresa. Um alvo bastante disperso é produzir crescimento no volume. Por exemplo, a Coca-Cola almeja o consumo *per capita* e participação nas vendas mundiais de bebidas.

As atividades de marketing de muitas empresas se concentram em elevar a percepção dos consumidores e atrativo do produto para seus produtos, serviços ou marcas registradas por meio de programas integrados de marketing. Isso pode ser feito de várias maneiras diferentes. Muitas empresas de TI apostam nas alianças estratégicas para implementarem um programa de marketing. Para estabelecerem os melhores parceiros para tais alianças, elas:

- começam com o posicionamento da marca;
- conduzem pesquisa de produtos;
- engajam-se em programas de publicidade conjunta;

- desenvolvem comunicações com os parceiros comerciais; e
- solicitam *feedback* de sua base de clientes.

Uma estratégia baseada nesses cinco pilares consegue encontrar aplicabilidade mais generalizada. Para maximizar o impacto de seus gastos com publicidade, a Coca-Cola atribui marcas específicas para agências de publicidade individuais. Isso viabiliza o aumento na responsabilização e realça o posicionamento de cada marca.

No caso geral, a criação de um programa de planejamento poucas vezes procede de maneira direta e lógica, como sugerem os livros de receitas. Seus passos à frente e, algumas vezes, para trás, são eventos humanos nos quais as personalidades, a tradição organizacional e, com frequência, as mudanças, têm papéis importantes. Qualquer programa de planejamento tem imperfeições; essas podem ser corrigidas por:

- planejamento do *feedback* e
- interação desinibida necessária entre o planejamento e a avaliação.

A interação próxima do planejamento e revisão é evidenciada pelo fato de que algumas funções do planejamento são simultaneamente instrumentos de revisão, como os orçamentos (Capítulo 14), e padrões de desempenho. Como foi discutido no Capítulo 4, o planejamento deve proporcionar, desde o começo, uma estrutura efetiva para revisão: uma declaração clara dos objetivos que devem ser realizados, a descrição dos resultados que são antecipados, a definição dos recursos alocados para sua realização. E os nomes das pessoas responsáveis pela execução.

Para aprender com os erros (isto é, planejar melhor), é necessário analisar o que deu errado no passado, e este é um dos motivos para um *follow-up* contínuo e sistemático no processo de planejamento ser muito importante. Sem tal revisão, a maioria das pessoas e organizações tende a se descuidar das metas, objetivos e planos. Uma revisão cuidadosa tem funções motivacionais e de supervisão.

Uma avaliação da eficácia do programa pode ser testada de várias maneiras, sendo que uma das favoritas é o teste financeiro. Além disso, organizações grandes e complexas normalmente requerem um teste administrativo que fornece avaliações por meio dos controles administrativos contínuos (Capítulo 7) que produzem um fluxo regular de informações de *feedback*.

- As avaliações recorrentes dão à gerência uma revisão periódica detalhada de áreas selecionadas do comportamento organizacional.

- Tais revisões ajudam a constatar o grau prevalecente de eficiência no uso de planos, e também sugere os ajustes necessários para o futuro.

Um processo de *feedback* normalmente requer mais do que apenas o *input* disponível ou gerado de dentro da organização em si. A resposta obtida dos clientes é mais crítica. Assim como são necessárias metas claras para a medida adequada e avaliação do desempenho, o *feedback* adequado também é necessário para continuamente avaliar a adequação, a utilidade e a viabilidade dos objetivos atuais.

As respostas dadas para as sete perguntas seguintes ajudam a verificar se aqueles que estabelecem as metas de marketing e o processo de planejamento do mercado cumpriram ou não sua tarefa.

1. Qual porcentagem do mercado (e qual classificação no mercado) sua empresa planeja obter?

Essa pergunta deve ser respondida em termos de marketing para a empresa como um todo, por categoria de produto, assim como por quanto tempo as respostas presentes serão válidas.

2. Qual volume de vendas os alvos de marketing representam por categoria de produtos?

As respostas devem ser precisas em perguntas como: "Em quais mercados? Produtos individuais? Através de quanto investimento agregado os alvos podem ser aumentados em 10%? 20%? 30%? Em que nível da margem de lucro cada etapa adiante faz sentido?".

3. Qual deve ser o coeficiente entre os custos de vendas, os custos dos produtos vendidos e as margens operacionais?

Não há uma regra e não há uma tendência clara para responder essa pergunta, a qual é uma das mais importantes que os CEOs e VPEs de marketing confrontam. A Figura 8.2 apresenta um exemplo com uma amostra de oito empresas de tecnologia bem conhecidas. Em um extremo, está um fornecedor de computadores bem conhecido, cujos custos de venda são quase iguais aos custos dos produtos vendidos. No outro extremo, temos outra empresa de computadores, sendo que os custos de vendas dela são aproximadamente um oitavo dos custos dos produtos vendidos. As margens operacionais também variam amplamente.

4. Como *nossa* empresa consegue aumentar sua influência no mercado?

A resposta deve ser específica para cada mercado no qual a empresa é ativa. O aumento projetado está comensurado com suas metas? A melhoria dos lucros faz parte do plano de marketing? Quanto se pode esperar na melhoria dos lucros com a redução de custos? Com a revisão no preço do produto? Com a expansão das vendas?

5. Há um período de tempo para um aumento na lucratividade? Quanto o marketing está implicado neste?

As maneiras e os meios de se melhorar a lucratividade dependem de muitas outras coisas além de apenas as decisões de marketing. A resposta para esta pergunta deve especificar: "Quando? Em quais categorias de produtos? Por quanto? Como as movimentações contempladas se comparam àquela de *nossos* concorrentes?".

6. Quais novos investimentos serão necessários no marketing e nas vendas?

O marketing deve estudar as implicações para a divisão de expansão corporativa contemplada nos produtos e/ou nos mercados. As questões pertinentes são as seguintes: Quando? Para quais produtos? Para quais mercados? Qual é o ROI esperado? Este está abaixo ou acima dos resultados atuais? Padrão da indústria?

7. Qual tipo de novas qualificações é necessário em marketing e vendas?

Quando? Com que rapidez? A que custo? Esses custos estão arriscando perturbar as estimativas de lucro atuais? Quais políticas são seguidas em relação a um nome de marca? Quantidades de produtos? Custos de entrada no mercado? Estabelecimento permanente em novos mercados? Tudo isso faz parte de uma perspectiva de termo mais longo em marketing e vendas.

FIGURA 8.2
Empresas de alta tecnologia com políticas diversas nos custos de venda e nos custos de produtos vendidos.

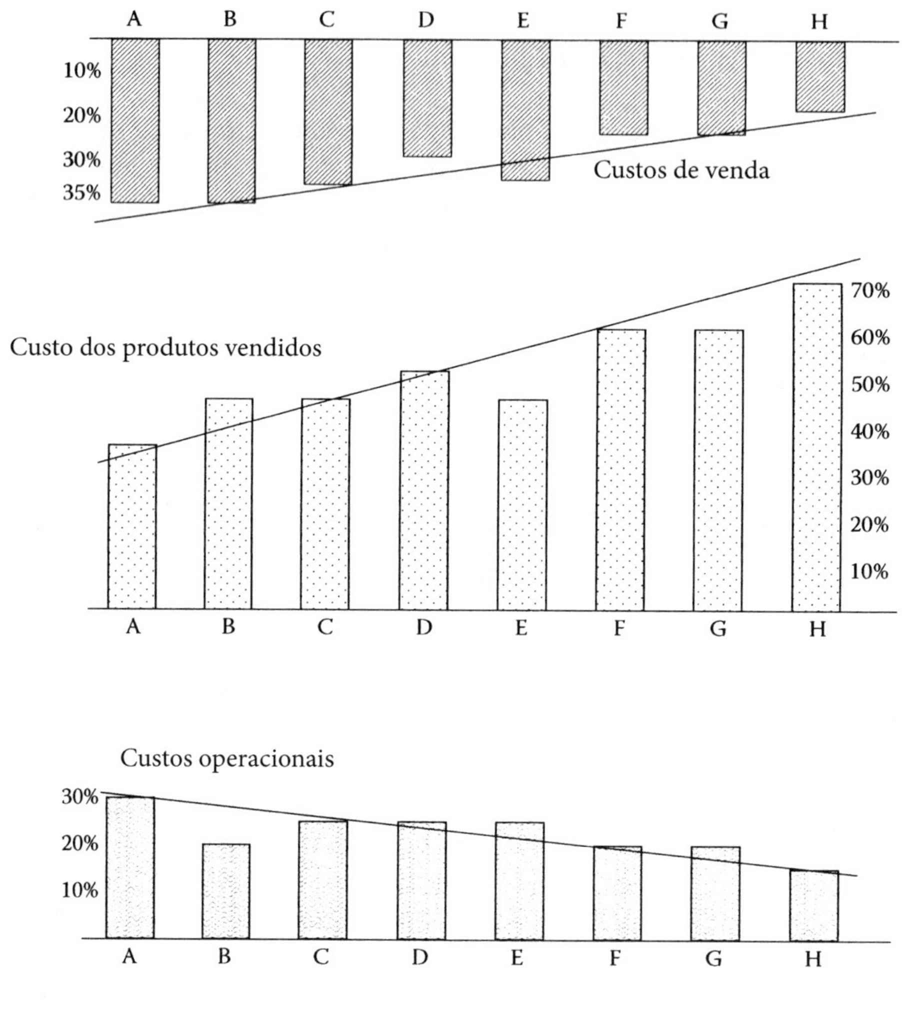

8.3 A PERSPECTIVA DE MARKETING DE TERMO MAIS LONGO

Inerente à atividade de planejamento do mercado está a necessidade da gerência corporativa em ter contato com os clientes, para avaliar os investimentos em publicidade, promoções de vendas e outros itens que entram no orçamento do marketing. As mudanças na estratégia podem ditar novas estratégias de marketing, alvos e iniciativas táticas, mas, com exceção dos pontos de inflexão, tais desenvolvimentos são bastante previsíveis. Ainda assim, é responsabilidade do diretor de marketing:

- Procurar e desenvolver mercados satisfatórios para os produtos e serviços da empresa, com atenção especial aos mercados que apresentam um potencial maior.
- Colaborar com o departamento de P&D para inovar e/ou ampliar a linha de produto, para facilitar as expansões futuras dentro e fora da base atual de clientes.
- Desenvolver novos métodos e canais de distribuição, onde seja viável, como um meio para melhorar a participação ou entrada em mercados novos e diferentes.
- Auxiliar os clientes a melhor apreciarem os produtos, os preços e o valor agregado da empresa em relação ao que é oferecido pela concorrência.
- Melhorar os números de vendas, e os lucros provenientes desta, por meio do aumento na eficiência da força de vendas, até o nível do vendedor individual.

Essas metas são de alcance mais longo, e a maioria das empresas usa não apenas um, e sim dois, três ou cinco períodos de planejamento. Quando o tempo de preparação, necessário para o desenvolvimento da instalação da atividade de marketing de um produto, é mais longo do que um ano – como em produtos para defesa, computadores e concessionárias públicas – o período de planejamento normalmente se conforma ao período para o qual os contratos ou compromissos relativamente firmes prevalecerão.

A visão em termo mais longo no marketing é um complemento indispensável para a atividade de P&D da empresa. O planejamento muito à frente (Capítulo 4) é 80% marketing e apenas 20% tecnologia. Isso de maneira alguma significa que o previsto pelo alcance mais longo acontecerá. Os mercados mudam assim como as motivações dos clientes.

Nos anos 1960, a AT&T projetou que num período de 10 anos mais de 50% de sua renda viria das comunicações de dados, sendo que a comunicação por voz assumiria um papel secundário. Isso nunca aconteceu dessa maneira, sendo que a comunicação sem fio é um dos motivos. Como mostra a Tabela 8.2, quarenta anos depois, nas comunicações com fio (linha fixa), a voz e os dados são quase iguais – mas de longe a maior participação é da comunicação sem fio.

TABELA 8.2

Renda de negócios de 2009 da AT&T

Linha de Negócios	Porcentagem
Sem Fio	45
Voz em Linha Fixa	25
Dados em Linha Fixa e	25
Serviços de Publicidade	5

Fonte: Do Relatório anual de 2009 da AT&T.

De acordo com a International Telecommunication Union (ITU), até 2010 houve mais de 4,6 bilhões de assinaturas para a mobilidade, sendo que as taxas de penetração crescem abruptamente em todos os lugares. No meu ponto de vista, isso é ridículo, porque em alguns países o número de assinaturas é maior do que a população. Outro elemento importante que altera a perspectiva comercial é a fusão de computadores práticos e os navegadores de Internet (Seção 8.7).

Um crescimento explosivo no mercado obriga que o planejamento de marketing seja altamente dinâmico. Entretanto, este é um dos fatores que afeta o tempo para a entrega. No caso geral, o período de tempo específico para o planejamento de tarefas de marketing varia, dependendo do tipo de empresa, da linha de produto individual e dos prazos para entrega associados com grandes gastos de capital. Embora, como acabamos de mencionar, este geralmente varie de um a cinco anos, a variação do planejamento pode também ser de 10 anos ou mais.

A perspectiva de marketing de longo prazo é especialmente importante nos setores em que os produtos competem com aqueles manufaturados por muitas outras empresas e são vendidos em mercados altamente competitivos no mundo todo - por exemplo, computadores e semicondutores. Outro exemplo são os produtos para a saúde animal, os quais confrontam, globalmente, não apenas os artigos para a saúde animal, mas também de empresas farmacêuticas, químicas e outras empresas que operam divisões ou subsidiárias de produtos para a saúde animal.

Outros motivos também têm seu peso nos prazos de entrega do marketing. Na indústria de eletrônicos, os fatores competitivos importantes incluem segurança, compatibilidade, facilidade de uso e custo/eficácia. Os resultados do P&D não são apenas importantes, mas os lucros também dependem da habilidade das vendas, pois os produtos e serviços competem com outros já no mercado, assim como com novos produtos introduzidos pelos concorrentes.

- *Se* os concorrentes trouxerem para o mercado produtos inovadores com vantagens de eficácia ou de custo;
- *então* as ofertas da empresa podem estar sujeitas às reduções de preço progressivas e/ou encolhimento no volume de vendas.

A expiração da proteção das patentes também tem efeitos devastadores. O Relatório Anual de 2009 da Eli Lilly descreve sobre esse tópico, declarando que: "Quando uma empresa farmacêutica renomada perde a exclusividade de mercado, ela normalmente enfrenta a concorrência intensa de preço das formas genéricas do produto. Em alguns países, a proteção da propriedade intelectual é fraca ou não existe e devemos competir com versões genéricas ou falsificadas de nossos produtos".

O Relatório Anual de 2009 da Eli Lilly declara ainda que:

> Acreditamos que nossa posição competitiva de longo prazo depende de nosso sucesso na descoberta e desenvolvimento (seja sozinha ou em colaboração com outras) de medicamentos inovadores, eficazes em termos de custo, que proporcionem resultados melhorados para pacientes individuais e entreguem valor para os pagadores, juntamente com nossa habilidade de continuamente melhorar a produtividade de nossa descoberta, desenvolvimento, manufatura, marketing e operações de suporte em um ambiente altamente competitivo.

Isso é, mais claramente, um desafio para a engenharia e para o marketing. Outro dever importante do marketing é a proteção da propriedade intelectual e marca registrada da empresa. Isso é crítico para a habilidade da empresa em comercializar com sucesso seus produtos e serviços, sem ter seu mercado prejudicado por concorrentes antiéticos.

As empresas estão ocupadas se inscrevendo para patentes relacionadas aos produtos, dispositivos ou processos de manufatura – mas o mercado global está repleto de falsificações e imitações. Não existem garantias de que as patentes obtidas pelas empresas serão observadas se forem desafiadas, e o alerta global de falsificações é um "dever".

Por exemplo, a divisão de marketing da Société Suisse d'Industrie Horlogiere (SSIH), para a qual dei consultoria, tinha um departamento jurídico dedicado ao rastreamento de imitações e falsificações da Omega, Tissot e outras marcas mundiais da empresa. Suas atividades tinham tudo a ver com a descoberta da origem das imitações, a identificação de seus intermediários e clientes, como também as ações de policiamento.

Em certos casos, o rastreamento das falsificações pode ser combinado com uma pesquisa de mercado, auxiliando assim os esforços da empresa na identificação das tendências e motivações dos clientes. (Desde o final dos anos 1950 – isto é, por mais de meio século – a pesquisa de mercado tornou-se uma ferramenta indispensável da atividade de marketing. Mas nem todas as atividades de pesquisa de mercado são eficazes, como veremos na Seção 8.4.)

8.4 A MISSÃO DO MARKETING: ESTUDO DE CASO SOBRE UMA PESQUISA DE MERCADO DE FORMA ERRADA

Duas empresas nunca têm precisamente a mesma estrutura ou métodos de marketing, mesmo se elas operarem no mesmo campo. Ainda assim, embora o organograma possa variar em termos de linhas de autoridade e responsabilidades correspondentes, os aspectos funcionais apresentam similaridades significantes.

Muitos dos serviços esboçados nas Tabelas 8.3, 8.4, 8.5 e 8.6 são encontrados em todas as organizações de marketing, embora sob nomes diferentes. O propósito do estabelecimento dessas tabelas é apresentar ao leitor a distribuição mais ampla possível da funcionalidade do marketing, mostrada ao longo das linhas de uma solução organizacional adotada por uma empresa na qual eu prestava consultoria para o CEO. Os temas seguintes estão incluídos em cada uma das tabelas a seguir.

Repetindo, este é apenas um exemplo com a intenção de auxiliar o leitor no desenvolvimento da sua própria lista de funções de marketing. No entanto, observe que algumas delas, que costumavam ser pilares do marketing, enfraqueceram largamente porque são usadas de maneira errada ou atribuídas a pessoas não qualificadas. A pesquisa de mercado é um desses casos.

O principal motivo para a pesquisa de marketing falhar é que seus agentes olham as coisas de um ponto de vista deturpado. Por exemplo, eles perguntam: "Você gosta desta marca?". A abordagem clássica da pesquisa de mercado presume que o consumidor é bastante racional, mesmo que saibamos que mais de 80% das decisões sendo tomadas se originam da parte inconsciente do cérebro.

Além disso, algumas das perguntas feitas pelos pesquisadores de mercado pressupõem que o respondente tem conhecimento do assunto – o que está longe de ser a verdade.

Ao tentar extrair opiniões sobre coisas que não foram claramente explicadas para as pessoas, cujas opiniões são coletadas e destiladas por meio da pesquisa de mercado, obtemos resultados totalmente tendenciosos e não confiáveis. Isso também é bastante perigoso não apenas para o conceito e prática da pesquisa de mercado – mas também para a democracia.

Precisamente porque as maneiras e os meios agora clássicos de pesquisa de mercado foram amplamente usados de maneira incorreta, e os resultados deixam a desejar, há uma nova espécie de pesquisadores de mercado, os *neuromarqueteiros*. Eles acreditam que seu trabalho será especialmente útil para os produtos que os consumidores acham difíceis de descrever. As empresas de bens para consumo estão no processo de criar unidades de teste locais que imitam os supermercados, de anúncios no ponto de vendas ao posicionamento nas prateleiras.

Os críticos dizem que essas são abordagens de curto prazo, e não de longo prazo, limitadas a algumas atividades de comercialização. Entretanto, existem neurocientistas que acreditam que o futuro de suas especializações está além dos produtos. Eles veem-no se espalhar para o setor financeiro, para entender como a confiança nos bancos é desenvolvida e derrubada.

Essa discussão sobre a pesquisa de mercado equivocada e o esforço recente para reinventar meios para medir a opinião pública estão altamente relacionados, isto porque uma das funções importantes do marketing de termo mais longo são as campanhas promocionais, coordenadas com novos produtos que acabaram de sair do P&D. A IBM era mestre nessa política de marketing na época dos *mainframes*.

Nos anos 1960 e 1970, os *mainframes* eram alugados, não vendidos, mas sempre que um novo modelo estava para ser introduzido, os vendedores da IBM rapidamente faziam ofertas aos seus clientes que "eles não poderiam recusar" para comprarem as máquinas antigas, as quais, logo mais, seriam obsoletas. Esta política veio sob o jargão de *incentivos de exclusividade*. Outras formas de incentivos de exclusividade são os seguintes:

- Promoções conjuntas de marketing.
- Subsídio de publicidade em troca do compromisso de não negociar os produtos de um concorrente.

A negociação de exclusividade também pode assumir a forma de um desconto na participação no mercado que aumenta quando o comprador concede ao fabricante uma participação maior nos negócios. Isso tende a tirar os concorrentes mais fracos do mercado. Os descontos no mercado também assumem a forma de *slotting fees* (taxas de logística) – um estratagema de marketing amplamente usado na indústria de alimentos e bebidas, usado também para comprar espaços exclusivos nas prateleiras de supermercados.

Outras ofertas que os vendedores fazem para seus clientes no domínio da promoção intensiva de vendas são os *abatimentos por pacote*; eles entram em efeito quando se compra mais de um produto da linha de produtos de um fornecedor. Se um dos produtos no pacote de abatimento tem uma demanda excepcionalmente alta, esta estratégia é o equivalente a um *vínculo* - uma prática onde um fabricante faz a venda de um produto com alta demanda condicional à compra de um segundo produto que pode não ser tão popular. No caso de os dois produtos estarem conectados entre si e serem precificados juntos, esta ação é conhecida como *empacotamento*.

TABELA 8.3
Funções de Administração da Política, Pesquisa de Mercado e Práticas de Marketing

Administração da Política	• Administração do contrato • Definição das políticas de crédito • Regulamentações sobre o câmbio • Aconselhamento legal • Arquivos de clientes máster, doméstico • Arquivos de clientes máster, estrangeiros e grandes • Arquivos de clientes máster, contas internacionais
Pesquisa de Mercado	• Análise de mercado (voltada para o produto) • Avaliação potencial da área/indústria • Inteligência nos negócios • Estudo de práticas competitivas • Avaliação dos pontos fortes e fracos da força de trabalho • Análise dos dados históricos para a projeção de vendas
Práticas de Marketing	• Definição da margem de lucro • Acompanhamento da margem de lucro • Estudos para o desenvolvimento da área • Potencial por filial da indústria • Políticas de aluguel ou vendas • Políticas de serviço do produto • Acompanhamento do serviço do produto

TABELA 8.4
Funções da Gestão de Vendas, Atendimento ao Cliente e Processamento dos Pedidos

Gestão de Vendas	• Previsão de vendas (por linha de produtos) • Previsão de vendas (por área e indústria) • Participação no mercado (estimativas) • Participação no mercado (objetivos) • Objetivos de vendas (cotas) • Decisões sobre as comissões de vendas e coordenação
Atendimento ao Cliente	• Definição da política de atendimento ao cliente • Controle do desempenho de vendas, por principais clientes e território • Contas nacionais • Contas internacionais • Vendas diretas • Concessionárias • Especiais e exceções
Processamento de Pedidos	• Liberação do pedido • Triagem dos especiais e exceções • Notificação aos clientes • Cronograma geral de produção • Acompanhamento do pedido de produção • Estimativas de custo/benefícios por cliente e categoria de pedido

TABELA 8.5
Funções da Promoção de Vendas, Coordenação do Marketing e Desenvolvimento da Força de Vendas

Promoção de Vendas	• Políticas de publicidade • Práticas de publicidade (mídia pública) • Publicidade direta • Exceções (nacionais e internacionais) • *Showrooms* e centros de demonstração • Assistência nas promoções de vendas – operações próprias • Serviço de consultoria das promoções de vendas – concessionária
Coordenação do Marketing	• Linha de produto "A" • Linha de produto "B" • Linha de produto "C" • Linha de produto "D" • Linha de produto "E" • Linha de produto "F"

(*continua*)

TABELA 8.5
Funções da Promoção de Vendas, Coordenação do Marketing e Desenvolvimento da Força de Vendas *(Continuação)*

Desenvolvimento da Força de Trabalho	• Treinamento da força de trabalho • Educação contínua da força de trabalho – vendas • Reuniões de informação com a força de trabalho • Cursos de apreciação de Vendas/P&D • Programas regulares de treinamento dos clientes • Seminários com a alta gerência dos clientes • Programas de treinamento de clientes no local

TABELA 8.6
Funções da Administração do Mercado, Análise dos Investimentos e Gestão da Informação

Administração do Mercado	• Orçamento • Avaliação do plano/real • Precificação do produto • Gestão da lista de preços • Políticas de descontos • Política da taxa de câmbio • Financiamento do marketing • Auditoria do preço do produto
Análise dos Investimentos	• Investimentos em novo marketing • Políticas dos *outlets* de vendas • Otimização dos *outlets* de vendas • Avaliação da concessionária *versus* a filial • Estudos de licenciamento *versus* expansão • Manuseio de exclusivos
Gestão da Informação	• Inteligência competitiva • Comunicações com a força de vendas • Boletim corporativo • Comunicações com os clientes • Informações sobre o preço, descontos e promoções • Relatórios para a imprensa e a mídia

8.5 ESTUDO DE CASO SOBRE O MARKETING GLOBAL POR UMA EMPRESA MULTINACIONAL

As listas funcionais – como aquelas apresentadas pelas Tabelas 8.3 a 8.6 – ajudam a abstrair os organogramas concentrados nos serviços de marketing que devem ser suportados. Pelo fato de que em muitos casos os serviços de marketing se sobrepõem, a alta gerência deve cuidadosamente eliminar as sobreposições e condições contraditórias para poder desenvolver negócios competentes e planos de marketing. As tarefas que exigem muita imaginação são aquelas para o desenvolvimento de maneiras certeiras de:

- reunir inteligência de mercado;
- analisar e avaliar as estratégias de precificação;
- inundar os custos de distribuição;
- elaborar planos para usar agentes, negociantes e representantes dos fabricantes; e
- lidar com relações públicas, publicidade, promoções de vendas e feiras comerciais.

Em uma das empresas para a qual eu prestei serviços de consultoria para a diretoria, instituímos uma nova gestão de marketing responsável pelas negociações mundiais, como uma entidade separada das operações domésticas, sob a autoridade do gerente geral responsável pelo Grupo Internacional. O novo diretor de marketing internacional recebeu a autoridade para:

1. Determinar os objetivos e políticas básicas de marketing em multinacionais.

Esta tarefa requer uma avaliação crítica e a definição de não apenas um, mas de uma família de conceitos globais de marketing e suas influências nas funções de gestão de marketing por país em que opera. Os diretores executivos de marketing de cada subsidiária estrangeira reportam para o novo chefe de marketing global. No entanto, as decisões sobre as vendas e políticas de produtos em um dado país, assim como as cotas de vendas, tinham de ser aprovadas pelo gerente geral daquele país.

2. Identificar e entender os mercados mundiais da empresa.

Essa responsabilidade começou com a determinação de todos os mercados estrangeiros nos quais a empresa opera (e não apenas aqueles onde ela fabrica). Parte da missão tem sido identificar o potencial do mercado, estabelecer as características da atividade de marketing local da empresa (padrões de compra, outras influências e hábitos), descobrir oportunidades para maior penetração no mercado e contribuir para o planejamento de novos produtos.

3. Administrar a orientação de mercado e a linha de produto.

Esta envolve uma forte influência para determinar a composição da linha de produto por mercado, estabelecer o papel da pesquisa de mercado (Seção 8.4), acompanhar os resultados obtidos, analisar e avaliar as linhas de produto existentes, identificar os pontos fortes e fracos, trazer para os departamentos técnicos solicitações específicas para melhorias ou renovações de produtos existentes, encontrar novas ideias de produtos, sugerir a eliminação de produtos que não tenham bom desempenho, balancear a linha de produtos e introduzir novos produtos no mercado.

4. Desenvolver o plano de mercado por controle de operações e para os negócios globais.

Entre os requisitos desta missão estão a definição dos objetivos principais da empresa – linha de produto, posição no mercado, volume de vendas, preços e lucros, canais de distribuição e assim por diante; a previsão de vendas anuais; o desenvolvimento do plano de marketing e planos de apoio – publicidade de vendas, promoções de vendas, serviços dos produtos e afins; a combinação de planos individuais em um plano de marketing internacional coordenado; o envio para a alta gerência para aprovação; e, depois da aprovação, a distribuição de metas quantitativas (cotas) por país.

5. Avaliar os canais internacionais de distribuição para os produtos da empresa.

Por exemplo, determinar os canais apropriados; decidir sobre novos investimentos em marketing (operações estrangeiras); administrar as concessionárias (onde elas existem) e selecionar os agentes de distribuição e distribuidores franqueados; manter os relacionamentos de distribuição lucrativos para a empresa; e avaliar a oportunidade de lançamento das operações de marketing e de vendas pelas subsidiárias da empresa, e não pelas distribuidoras.

6. Desenvolver o programa de vendas internacional.

Isto é, determinar o potencial mais produtivo para assegurar o desempenho das vendas; orçar as funções de vendas; determinar o número de vendedores necessários; avaliar e atualizar o apoio às vendas, alocar fundos para os programas de marketing e de vendas; proporcionar coordenação efetiva das atividades de vendas; continuamente avaliar o programa de vendas internacionalmente; e garantir que este seja adaptável para os fatores específicos de cada país.

7. Conduzir publicidades internacionais e promoções de vendas.

Esta responsabilidade cobriu o domínio de planejamento da publicidade internacional e programa de promoção de vendas, estudando alternativas na mídia publicitária e métodos de promoção de vendas; vender o programa para a gestão de marketing por país, e controlar o desempenho de tal programa de país em país, assim como globalmente.

8. Proporcionar para as subsidiárias a assistência para a gestão efetiva de sua força de trabalho.

Mais especificamente, analisar o trabalho do vendedor, revisar as descrições e qualificações do trabalho, ajudar a treinar vendedores novos e experientes, revisar os planos de compensação e incentivos dos vendedores, supervisionar e desenvolver padrões de desempenho e conduzir revisões do desempenho em conexão com o marketing internacional.

Dados os motivos mencionados anteriormente, uma função essencial da equipe multifuncional nos escritórios centrais deve ser agir como uma câmara de compensação para capital, qualificação e experiência. A sugestão recebida em dois projetos globais que conduzi para a Associação Americana de Administração (AMA), e para aquelas que as seguiram, propõe que:

- Em vez de tentar controlar todos os detalhes das operações mundiais, a empresa multinacional deveria estabelecer objetivos e basear as avaliações no desempenho.

- Os objetivos bem declarados e as rédeas relativamente livres são fatores importantes para manter abertas as linhas eficazes de comunicação. Eles também afetam a aquisição e a retenção de executivos capazes e de tecnólogos.

- As empresas multinacionais devem convidar os gerentes de subsidiárias para participarem de cursos e reuniões planejadas nos escritórios centrais. Esses podem durar vários dias, de forma que os gerentes podem encontrar suas contrapartes pelo mundo e desenvolverem uma base comum de pensamento, princípios e objetivos.

- Para aumentar a sensibilidade dos escritórios centrais para com as condições estrangeiras, os cargos administrativos na divisão internacional devem ser preenchidos por executivos que tenham experiência no exterior. Um número significante desses devem ser estrangeiros.

- Adquirir um conhecimento mais amplo da situação na qual a subsidiária opera é certamente um passo importante para melhores comunicações e resultados financeiros mais lucrativos.

Para realizar as vantagens de uma atividade de marketing e de vendas com prazo mais longo, a divisão de Operações Internacionais adotou o *conceito de grupo*. Essa política é usada por várias multinacionais e empresas altamente diversificadas, pois ela permite que descentralizem certas funções para os grupos de produtos, ao mesmo tempo em que mantém o controle central. Normalmente, esses grupos de produtos variam em estrutura e orientação de mercado. As atividades que se encaixam sob esta perspectiva incluem:

- Participação no mercado
- Crescimento das vendas
- Margem de lucro
- Retorno sobre o investimento

Outras tarefas e atividades do marketing internacional foram desenvolver prestígio corporativo nacional e internacionalmente, em conformidade com os objetivos corporativos; buscar e realçar produtos e oportunidades de negócios para a empresa para ajudar a compensar as flutuações e limitações associadas com os bens existentes; e garantir crescimento com termos mais longos ao manter os produtos e linhas de produto dinâmicas em coordenação com o planejamento de produtos e P&D.

Os executivos encarregados do Grupo Internacional apreciaram saber que, para cumprir de maneira hábil suas obrigações nas operações globais, eles precisavam de um corpo experiente de especialistas internacionais nos escritórios centrais; de unidades inteligentes de negócios preenchidas para serviços completos, precisos e analíticos em certos centros no exterior; de funções de pesquisas de mercado apropriadas em vários pontos de concentração dos negócios; de colaboração com institutos de pesquisa econômicos e financeiros; e de um relacionamento de trabalho próximo com os principais bancos locais em cada cidade estrangeira comercialmente importante onde a empresa opera.

8.6 DESAFIOS DE UMA ESTRATÉGIA DE MARKETING GLOBAL

Antes da Segunda Guerra Mundial, as empresas norte-americanas, britânicas, holandesas, francesas e alemãs eram os negócios internacionais típicos. Para alguns deles, os investimentos globais datam dos anos dourados do século 19; as empresas britânicas, mais especificamente, foram instrumentais na criação de uma base industrial influente no continente norte-americano. Depois da Segunda Guerra Mundial, e especialmente no final dos anos 1950 e durante os anos 1960, as empresas norte-americanas assumiram a liderança, criando o conceito de *empresa multinacional.*

Normalmente, em uma empresa multinacional (seja industrial ou financeira), uma porção substancial dos ativos e receitas, assim como os passivos, está relacionada às suas operações internacionais. Duas outras questões que distinguem uma empresa multinacional são as políticas administrativas e de marketing. Entre as metas da empresa estão a criação e manutenção de uma equipe multinacional em tecnologia e administração. Pelo menos teoricamente, tal empresa:

- Poderá ter seus escritórios centrais em qualquer país, embora normalmente eles estejam localizados em seu país de origem.
- É caracterizada por operações multinacionais industriais e/ou financeiras, mas não necessariamente pela propriedade multinacional.
- Extrai recursos inteligentes internacionalmente, desde pesquisa a manufatura, finanças e marketing.
- Distribui recursos em vários países, de P&D a manufatura, além e acima das operações de marketing e vendas.
- Exporta do país de origem e de instalações no exterior para os mercados nos quais ela opera (incluindo o país de origem).

A eficácia depende dos anos de experiência em negócios multinacionais, de um sistema para impor a responsabilidade e de um plano de marketing estratégico capaz de cobrir todos os continentes internacionais. A política de marketing deve ser cuidadosamente investigada não apenas para o potencial de mercado, mas também para:

- clima político;
- requisitos legais;
- estrutura e evolução dos custos;
- concorrência existente e potencial; e
- vantagem proporcionada pela marca de produtos e serviços da empresa.

Entre as empresas mais bem administradas, os motivos que influenciaram a expansão global emergiram de uma atitude de preocupação da administração com o futuro. A decisão refletiu o estudo e a avaliação da economia geral; um mercado (ou recursos naturais) potencial esperando para ser extraído; a necessidade de equilibrar a estratégia nos negócios ao diversificar as atividades e os lucros, e assim por diante.

Embora fosse irreal não incluir nesta consideração as movimentações intuitivas, assim como o impacto de gostos e desgostos pessoais, tais abordagens subjetivas normalmente acabam em problemas. Na minha experiência, existem 12 condições que suportam a confiança nos negócios, e todas elas devem ser consideradas quando examinamos os mercados nacionais para expansão:

1. Independência do judiciário.
2. Estrutura do sistema legal.
3. Qualidade e independência da indústria responsável pela aplicação da lei.
4. Leis em conformidade com as dos mercados G-10.
5. Estabilidade política.
6. Segurança pessoal e corporativa.
7. Ausência de controles monetários rígidos.
8. Sistema educacional.
9. Qualificações disponíveis.
10. Leis trabalhistas e custos trabalhistas.
11. Infraestrutura tecnológica.
12. Outros suportes de infraestrutura (água, eletricidade, transporte, aeroportos).

A pior política possível é se render ao "capitalismo de compadres" e passar por baixo da mesa o dinheiro pedido pelos políticos locais (corruptos) como uma condição pelo seu apoio. O capitalismo de compadres tem muitos aspectos – de autocrático a oligárquico. No aspecto oligárquico, todo o poder político, dinheiro e propriedade estão concentrados nas mãos de poucas grandes famílias (ou empresas) que controlam a mídia de massa, o orçamento governamental, as relações trabalhistas e as conexões internacionais.

O modelo autocrático é um reino burocrático rígido. Os mandarins do ministro de finanças ditam as regras para as empresas privadas e públicas do que é permissível e do que não é. Isso é feito por meio do planejamento centralizado, o qual também mantém taxas de câmbio e taxas de juros ilusórias, atolando a habilidade de uma empresa em chegar a decisões críticas de reestruturação.

Existem métodos válidos e testados para analisar e documentar as oportunidades de negócios estrangeiros. A gerência geral e a gerência de marketing podem ser auxiliadas por uma empresa de fora, ou um consultor internacional especialista. Se for estabelecido um comitê (força-tarefa) para toda a empresa para fins de reestruturação, então tal comitê deve ser encabeçado por um executivo sênior com experiência global e envolver pessoas de várias linhas especializadas funcionais, de marketing e de produtos.

Cada mudança nas oportunidades de mercado identificada pela pesquisa e estudo deve ser cuidadosamente revisada para medir sua atratividade relativa e riscos. Tais estudos devem ser compostos com a avaliação de recursos internos e competências, sendo que um número de perguntas é respondido de maneira fatual:

- A empresa deveria reduzir suas atividades multinacionais ou limitá-las a certas áreas geográficas?
- Durante qual período de tempo a empresa deveria reavaliar sua estratégia multinacional com a intenção de renová-la?
- A gerência deveria impor algumas restrições sobre a extensão do compromisso que ela está disposta a considerar em um dado mercado no futuro?
- Qual é o tamanho econômico abaixo do qual um projeto não vale a pena ser empreendido, ou deve ser eliminado progressivamente?

Outras questões estão relacionadas ao grau aceitável de flexibilidade operacional que tende a diminuir com o tempo. A divisão existente de mercados estrangeiros em categorias concretas e homogêneas continua válida? As mudanças contínuas obrigam a alteração de tal divisão?

- O grau de risco associado com "este" ou "aquele" mercado mudou?
- Qual é a atitude e a política do governo anfitrião para com os empreendimentos estrangeiros?

Ao responder essas perguntas, é interessante ter em mente que os riscos nas operações internacionais podem ser políticos, econômicos, sociais e operacionais. Os riscos políticos variam de pequenas perturbações burocráticas à expropriações diretas. Muitas vezes, por ser difícil separá-lo dos riscos políticos, o risco econômico assume a forma de uma moeda instável, inflação galopante ou uma política que proíbe a repatriação de lucros e/ou capital. Em alguns países, a propriedade de um empreendimento estrangeiro deve ser compartilhada com um interesse local; este muitas vezes tem grandes elementos de risco.

O risco político e os riscos sociais estão especificamente presentes em países com governos instáveis e intranquilidade social. Eles também são pronunciados quando os investimentos em alta tecnologia criam o temor de que as indústrias nacionais serão desprovidas da possibilidade de competir. Embora a participação de interesses locais em um empreendimento estrangeiro diminua a vulnerabilidade política de uma empresa, isso resulta em diluição do controle sobre as principais decisões administrativas.

8.7 APPLE, GOOGLE E O PODER DOS REGULADORES

A sobrevivência em um mercado altamente dinâmico requer uma cultura como a da Sony em seu auge – uma empresa capaz de rapidamente inovar, reduzir, aprimorar a qualidade, controlar custos e vender através dos mercados de massa. Os tempos ruins são estabelecidos quando a cultura corporativa se assemelha à da IBM no final dos anos 1980, em que o imobilismo era a regra. A Big Blue sofria com a mentalidade de empresa grande e sua cultura achou mais fácil rejeitar novas ideias do que experimentá-las, as quais eram consideradas como perigosas pela base instalada.

Esse é um problema clássico. Outro problema que caracteriza as empresas modernas, e não é muito apreciado pelos reguladores, é a reinvenção das participações cruzadas ao compartilhar qualificações em nível de alta gerência. Vários reguladores consideram esta prática, e a troca associada de informações privilegiadas, como uma concorrência injusta que almeja manter os mercados sob controle.

O desenvolvimento da confiança é mais frequentemente revelado pelas movimentações administrativas e de marketing. O Google e a Apple proporcionam um exemplo recente. Em 30 de agosto de 2006, Eric Schmidt, diretor executivo do Google, juntou-se a diretoria da Apple. Ele continuou como diretor da Apple por três anos, finalmente se demitindo sob pressão da Comissão Federal de Comunicações (FCC).

Dez meses depois, em meados de junho de 2007, a associação de Schmidt na Apple foi interpretada como "um conflito de interesse em espera", quando a Apple invadiu o território da Microsoft ao anunciar que seu navegador da Internet, Safari, estaria disponível para os clientes dos sistemas operacionais Windows e Vista da Microsoft. Cerca de duas semanas depois disso, a Apple lançou seu iPhone.

A segunda manobra veio em 5 de novembro de 2007, quando o Google entrou no mercado de sistemas operacionais móveis com o lançamento de sua plataforma tecnológica, o Android. (O sistema operacional do *software* para os fabricantes de telefones celulares era grátis.) em seguida, em meados de fevereiro de 2008, o Google anunciou que teve 50 vezes mais buscas em sua plataforma dos iPhones da Apple do que de qualquer outro aparelho móvel.

Alguns analistas disseram que era "fraude", e os reguladores começaram a prestar mais atenção do que antes – especialmente depois de meados de 2008 quando a Apple introduziu uma nova versão de seu telefone móvel, o iPhone 3G. Ela também tornou pública uma série de aplicativos feitos para o telefone da segunda geração na loja de aplicativos, incluindo:

- jogos,
- *software* de leilões, e
- uma ferramenta para criação de músicas.

Os eventos não pararam por aí. Em 1º de setembro de 2008, o Google lançou seu próprio navegador na Internet, o Google Chrome, em competição direta com o Internet Explorer, da Microsoft. Antes de o mês acabar, o Google entrou no mercado de *smartphones* com o lançamento do aparelho celular capacitado pelo Android, feito pela HTC, em Taiwan.

Alguns meses depois, no início de junho de 2009, a Apple reduziu o preço de seu telefone 3G enquanto lançava um modelo mais rápido, o iPhone 3GS. Dentro de um mês, o Google lançou seu próprio sistema operacional para PC baseado no seu navegador Chrome, para competir com o Windows, mas também com os produtos da Apple. Havia rumores de que a FCC havia decidido tomar uma atitude. Em 5 de agosto de 2009, Eric Schmidt se desligou da diretoria da Apple.

Uma opinião ouvida no Vale do Silício é que a decisão da FCC parece ter sido tomada depois de o Google tornar público os planos para um sistema operacional para PC. O dia em que a sobreposição de mercado entre o Google e a Apple tornou-se significativamente ampliada foi mostrado pela decisão da Apple, em 29 de julho de 2009, bancar os aplicativos do iPhone baseados no Google Voice.

Outro motivo por trás da decisão da FCC de não permanecer como um observador silencioso, pode ter sido o fato de que o mercado de *smartphones* cresce a passos gigantescos. Como relatou uma previsão de meados de maio de 2010, nas economias emergentes, os *smartphones* alcançarão o mercado de massa assim que seus preços caírem para abaixo de $100.[101]

Resumindo, o problema mais básico que a Apple, o Google e os reguladores norte-americanos têm enfrentado é que as tecnologias modernas não apenas tendem a ser globais por natureza (e pelo nome), mas também competem por mercados, produtos e linhas de produtos anteriormente distintos. Por exemplo, no curto espaço de um período de 12 anos, do final dos anos 1990 a 2010, a telefonia móvel passou a ser tão essencial para as pessoas como o café da manhã.

A palavra "acessível"[102] realça a importância de uma funcionalidade que aumentou exponencialmente e ao fazer isso, ela, de fato, expandiu o domínio das autoridades reguladoras. Além disso, num ritmo crescente mais rápido, este "celular" passa a ser um "computador", não apenas uma porta de entrada para a Internet com um navegador. É também a ponta do *iceberg* de uma cultura móvel global.

A mudança na administração em Washington pode muito bem ter tido uma influência na movimentação da FCC. À medida que ambos, o Google e a Apple, continuavam desenvolvendo suas ofertas era inevitável que a sobreposição na oferta de mercado crescesse. A balança pendeu para os aparelhos móveis de ambas as partes conectados na Internet.

No Vale do Silício há também uma opinião contrária baseada em motivos de marketing. De acordo com esta hipótese, no nível de consumidor, a parceria informal entre a Apple e o Google combinou a melhor alternativa de *hardware* e sistema operacional com a melhor plataforma para funções adicionais da Internet.

O que quer que seja, os apelos públicos pela saída de Schmidt da diretoria da Apple, os quais vieram com o Android, cresceram mais audíveis com o anúncio do sistema operacional. O Departamento de Justiça também prometeu melhorar o escrutínio de empresas dominantes na tecnologia, depois dos muitos anos que a administração Bush fez vista grossa.

[101] *Financial Times*, 17 de maio de 2010.

[102] Ou celular, ou portátil, ou como quiser chamá-lo.

Mesmo se a origem de seus negócios tem sido diferente, a Apple e o Google (assim como a Microsoft e outras) competem pelo mercado da outra parte. Como consequência, não apenas suas políticas de marketing, mas também as políticas dos reguladores tinham de ser justificadas. A integração de domínios de mercados anteriormente distintos é exemplificada (se não for totalmente motivada) pelo iPhone e outros aparelhos celulares inteligentes, os quais permitem que os usuários tenham acesso à Internet e baixem aplicativos móveis, incluindo:

- ferramentas de produtividade
- programas de redes sociais
- jogos e muitas outras coisas

"No passado, tínhamos a tendência de dirigir uma empresa para ocupar espaço", disse o então presidente e CEO do Citigroup, John S. Reed, há uma década e meia, em fevereiro de 1995. Na reunião que ele teve com os analistas financeiros, prometeu que, daqui em diante: "Iremos dirigir a empresa pelo desempenho e não tentaremos estar em todos os mercados". A fusão de celulares, computadores e navegadores de Internet pode muito bem permitir que bancos, e outras empresas, estejam "bem próximos" de seus clientes em quase todos os mercados – e para tal não existem regulamentações globais.

9

A Conquista do Mercado

9.1 O PLANO ANUAL DE MARKETING

O impacto do plano de marketing será proporcional ao esforço investido na sua construção, assim como da posição que a alta gerência concedeu para as operações de marketing. A prioridade colocada nos esforços de marketing deve ser examinada tanto em números absolutos quanto dentro da estratégia e estrutura corporativa total, o que significa em conjunto com as outras funções vitais da organização.

Normalmente, o plano de marketing vem antes do estabelecimento dos alvos de vendas, uma vez que este determina o que, onde, para quem e como vender quais produtos. A meta de prazo mais longo do esforço de marketing é a do desenvolvimento de um plano máster efetivo para a conquista do mercado. Esse é o pilar principal da estrutura na Figura 9.1. Os outros dois pilares são:

- *produtos*, incluindo aqueles em projetos, e
- *mercados*, onde a empresa já opera e aqueles que ela planeja adentrar.

Juntos, esses três pilares suportam e animam a força de vendas, o que essencialmente significa a força de frente da empresa e seus gerentes. A equipe de vendas tem de ser adequadamente selecionada, treinada, informada e administrada dentro das diretrizes estabelecidas pelo plano de marketing.

O marketing monitora as vendas e os resultados dos vendedores por meio do estabelecimento de um plano de negócios quantitativo competente. Essas são as “diretrizes” para alcançar as metas da empresa, uma espécie de gráfico da empresa definindo – do ponto de vista do marketing – os negócios em que estamos, as metas de vendas a serem alcançadas e a participação no mercado que desejamos conquistar.

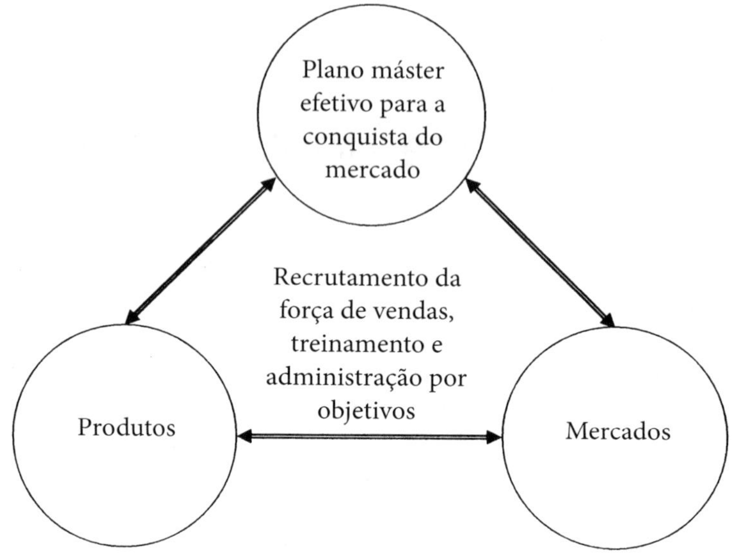

FIGURA 9.1
A gestão de marketing começa com um plano efetivo explicando os produtos, mercados e a força de vendas.

Isso requer organização e estrutura. Dentro da definição geral das funções de marketing corporativo, possibilidades organizacionais diferentes devem ser examinadas dependendo da empresa, seus produtos e seu(s) mercado(s). A organização de marketing pode ser elencada por:

- função
- produto
- geografia
- base de clientes

ou qualquer combinação desses fatores. A escolha deve ser condicionada pela habilidade em estabelecer, da melhor maneira possível, o plano máster de marketing mencionado anteriormente. Normalmente, este deveria vir depois do plano de negócios; prestar-se para as técnicas de planejamento do projeto; e enfatizar as atividades necessárias para coordená-lo com outras funções da empresa na definição dos objetivos, programações e orçamentos.

A construção de um plano máster de marketing deve envolver um exame cauteloso dos produtos, destacando a flexibilidade, enfatizando o atendimento ao cliente e justificando os custos. Ela deve identificar os tipos de clientes: doméstico, internacional, governo, privado; estabelecer requisitos da proposta; projetar os contatos de marketing; manter uma disciplina de vendas; realçar os problemas na reunião da inteligência de marketing; e modernizar o sistema de reportagem por meio de um fluxo preciso e em tempo oportuno das informações de marketing.

Para preencher essas metas, o plano máster de marketing deve começar com o conhecimento detalhado dos clientes. Para esse fim, ele envolverá pesquisa de mercado, planejamento do produto e uma estratégia de preço, os quais estão por trás de qualquer decisão de marketing. Esse planejamento deve ser mantido dinâmico em suas premissas de curto, médio e longo prazo. As principais questões a serem respondidas incluem:

- O que o cliente precisa?
- Como essas necessidades podem ser satisfeitas?
- Qual é o tamanho do seu mercado?
- O mercado contemplado está aqui hoje ou 10 anos à frente?
- Quanto as pessoas pagarão?
- Quão lucrativo será o produto?

Dados históricos ajudam. As análises do mercado total em termos de clientes atuais, a especialidade dos vendedores, os produtos a serem vendidos, as vendas anuais, a estabilidade dos clientes potenciais, as perspectivas multinacionais e a competição são alguns dos pré-requisitos do plano de marketing. Os estudos precisam ser mais fundamentais quando se planeja adentrar um novo mercado.

- Quem já está fazendo ou vendendo este produto?
- As empresas internacionais são especialistas neste mercado?
- A concorrência é ampla ou estreita?
- Os concorrentes potenciais são "grandes" ou "pequenos"?
- Qual é a participação no mercado para cada um?
- Qual pode ser a posição da *nossa* empresa no mercado?
- Qual é o preço de entrada para alcançá-lo?
- Quais são as considerações estratégicas que deveriam entrar no plano de marketing?

Existem diferenças cruciais em uma análise de marketing no exterior em comparação a uma análise doméstica. Entre os fatores especiais estão geografia, cultura, política, estilo comercial, grau de industrialização, legislações especiais, restrições para exportação/importação e requisitos de qualificações. A importância das habilidades em línguas estrangeiras e a facilidade de adaptação devem ser colocadas em perspectiva, e também a habilidade de lidar com as documentações de comércio especiais, seguros, regulamentações comerciais, financiamento disponível e assim por diante. Resumindo,

- vários elementos entram no plano de marketing e influenciam seu mecanismo, e,
- à medida que eles mudam, trazem à tona a necessidade de revisão das premissas do planejamento e, muitas vezes, das políticas e procedimentos.

Como essas referências documentam, o plano de marketing anual está longe de ser um negócio monolítico. Ele deve ser construído por produto e por linha de produto para cada um dos centros de lucro (grupos de produtos), tanto em unidade quanto em volume de dólares. A melhor abordagem é direta. Antes da reunião anual de planejamento dos lucros, o marketing deve submeter seus planos e objetivos para o ano vindouro por centro de lucro, por linha de produto e por produto individual. O mesmo serve para os mercados.

Os planos de marketing com termos médio e longo devem também ser apresentados por linha de produto, mas não necessariamente por centro de lucro. Todos os planos de marketing começam com a previsão do mercado total sobre um período de tempo estabelecido, por exemplo, para um período de 1, 5 a 10 anos com base em um relatório proporcionado pela pesquisa de mercado e seção de previsão de vendas.

Na execução de seus deveres, o diretor de marketing deve ser auxiliado pelos executivos de campo (vendas). No entanto, ele mesmo deve ser responsável pelo estudo cuidadoso (alterando-o, se necessário) e pela aprovação dos planos de implementação para realizar os objetivos da empresa a respeito do volume de vendas por linha de produto, margens de lucro e outros critérios.

Se não houver alguma grande mudança nas condições além do controle da empresa, depois que os objetivos anuais foram estabelecidos, eles devem permanecer em vigor para servir como parâmetro para medir os resultados. As previsões de 5 e 10 anos, e os planos baseados nelas, devem ser revistos anualmente (ou com mais frequência) e revisados quando necessário.

Os planos de longo alcance largamente refletirão os níveis antecipados para a economia geral, com concessões para as várias condições econômicas. Se a economia opera em um nível substancialmente mais alto ou mais baixo do que o antecipado, os objetivos podem se tornar irreais e devem ser reformulados.

Recrutar e treinar vendedores, equipar a rede de engenharia de serviço (manutenção) e preparar a capacidade de treinamento dos clientes são partes integrais do plano de marketing. Eles exigem gastos maiores de capital do que os requisitos de produção correspondentes, assim como prazo de entrega considerável.

9.2 ELABORANDO O PLANO DE MARKETING

Todos os programas de planejamento requerem objetivos com os quais trabalharem. Um objetivo deve ser alcançável dentro da atividade de planejamento contemplada e dentro dos limites da realidade. Os objetivos realistas têm uma relação direta com o problema a ser resolvido; não excedem, em termos de demandas, os recursos da empresa necessários para conhecer os compromissos envolvidos; e conseguem assegurar que esses compromissos estejam alinhados com os planos estratégicos e valores éticos da empresa.

O sentido dessas referências é mais bem explicado por meio de um ditado, o qual diz que "uma pessoa séria não apenas mantém as promessas que ela faz, mas também promete o que ela pode cumprir". Esse se aplica tanto às pessoas quanto às organizações, isto porque as organizações são compostas por pessoas.

Os objetivos usados na elaboração de um plano de marketing não devem ser contraditórios aos outros objetivos que já foram estabelecidos. Normalmente, eles devem se encaixar na estrutura e na missão da organização; devem ser consistentes, mensuráveis e tangíveis; e suprir a estrutura necessária para tomar decisões significativas, em vez de deixar ambiguidades sobre a direção escolhida e os caminhos alternativos.

É evidente que simplesmente converter os objetivos de vendas para o papel não constitui um plano de marketing. Os objetivos devem ser elaborados de modo a darem diretrizes e gerarem ideias, mas os planos não se cristalizam até que as decisões sobre os *compromissos* sejam tomadas. Sob essa perspectiva, quatro questões básicas afetam a criação e a execução de um plano de marketing:

1. Formulação da tarefa

Mais precisamente, definir o escopo, examinar métodos alternativos para obter respostas, selecionar uma solução baseada no custo/benefício e na disponibilidade dos recursos e especificar as ações necessárias para desenvolver os resultados necessários que prevalecerão no marketing e nas atividades de vendas.

2. Desenvolvimento das informações necessárias

Esta requer a montagem dos fatos; a postulação do que é necessário para confrontar as incertezas (conectadas com o curso escolhido e suas alternativas); a descrição dessas alternativas de forma abrangente e quantitativa e o estabelecimento dos planos de marketing baseados nelas, as quais – seguindo a etapa Número 3 – podem ser mantidas na reserva (Plano B, Plano C).

3. Avaliação das alternativas e decisões sobre a ação

A melhor maneira para se fazer escolhas fatuais é converter as alternativas em termos que possam ser comparados; estabelecer critérios para fazer a seleção; aplicar esses critérios; comparar as alternativas em termos da produtividade em relação aos custos e examinar sua viabilidade e atratividade. Subsequentemente a este, decidir qual curso de ação deve ser seguido.

4. Tradução das decisões em declarações executivas

O marketing do VPE deve identificar claramente cada ação; justificar os recursos envolvidos; realçar as consequências esperadas e quando elas surgirão; e proporcionar o controle necessário para a medida intermediária do progresso. Este deve ser elaborado tanto em termos qualitativos quanto quantitativos, de forma que as medidas corretivas possam ser tomadas quando ainda há tempo para fazê-las.

Depois que a empresa se compromete com um curso de ação, o sucesso está na formalidade e cumprimento do programa de planejamento. Isso vai contra a prática, e muitas empresas e CEOs cometem o erro de pensar que ao deixar as questões procedimentais indefinidas supostamente "garantirão mais opções" para a gestão do marketing. Nada é mais distante da verdade do que essa declaração. A única coisa garantida pelas responsabilidades e missões não definidas ou definidas inadequadamente é a confusão.

Além disso, posicionar o esforço de marketing da *nossa* empresa não é apenas uma questão de fazer escolhas sobre mercados, produtos, participação no mercado e afins. Essas decisões precisam ser sustentadas, até certo ponto, por dados financeiros e técnicos. Entre eles:

- *Custos de marketing*, incluindo estabelecimento(s) estável(is) e publicidade.
- *Custos de vendas*, especialmente se os vendedores estão primariamente em salários ou em comissões.
- *Custos de distribuição*, o que sugere uma organização técnica além das apropriadas para vendas (por exemplo, incluindo a manutenção de campo).
- *Custos de P&D* para promover a imagem da empresa no mercado local e ganhar conhecimento e qualificação local.
- *Padrões de qualidade*, os quais devem ser mais altos do que aqueles observados entre os concorrentes.

- *Custos de proteção legal.* Os custos legais nunca devem ser subestimados. Todas as indústrias hoje (mais especificamente a financeira) estão sujeitas a ações coletivas e outras ações.

A importância das tarefas relacionadas ao marketing, e as qualificações que elas exigem, é mais bem apreciada pela diversidade dos empregos que entram no plano máster de marketing. Os casos trazidos para a atenção do leitor, assim como os estudos do ciclo de vida dos produtos e gastos de marketing no geral (justificar e financiar um esforço rigoroso de marketing), são apenas alguns exemplos.

Os estudos do ciclo de vida dos produtos são parte integral do planejamento de marketing. Eles devem focar em todas as fases da vida do produto, de P&D à manufatura, nas vendas dos produtos e nos serviços de campo. As análises de preço e custo associadas com o produto durante seus ciclos de vida são uma "necessidade", e isso é também verdadeiro para a avaliação dos *feedbacks* dos clientes, relatórios de engenharia no campo e gargalos nos canais de distribuição e logísticas.

Outra grande área dos esforços de marketing diz respeito aos custos e benefícios. Em um estudo com uma empresa de equipamentos comerciais, para a qual dei consultoria, estabelecemos que os gastos de marketing necessários para lançar uma nova linha de computadores pessoais (um "primeiro esforço" neste campo para a empresa em questão) excediam os investimentos correspondentes em engenharia e produção na proporção de 3:1. Para outro fabricante de equipamentos, essa proporção era de 2,2:1. Em muitos casos, de fato:

- o esforço de marketing tem mais "sede" de capital do que a engenharia, e
- os gastos com marketing precisam ser repetidos constantemente à medida que as características dos produtos mudam.

A intensidade da necessidade de uma empresa por capital, para financiar a divisão de marketing de suas operações em expansão, influencia e é influenciada pelo plano de marketing. Essa intensidade será baseada nas decisões da alta gerência e sua implementação, assim como os desenvolvimentos industriais e científicos, as mudanças e tendências na economia, assim como a liquidez do mercado e as taxas monetárias.

As soluções não são de maneira alguma lineares entre a credibilidade e as fontes de financiamento de uma empresa. O apelo por fundos de uma empresa para os bancos e mercados de capital muda com o tempo. A disponibilidade de uma empresa em obter os fundos que ela precisa e o custo do dinheiro mudam com sua classificação de crédito. Na maioria dos casos e, portanto, no exemplo comum, o problema fundamental na credibilidade tem muito mais a ver com a linha de produto e com o plano de marketing.

A intensidade dos gastos de marketing é muito mais baixa em uma situação caracterizada por uma linha de produto não tecnológico estável, com canais de marketing bem estabelecidos. Nesses casos, os gastos com produção podem muito bem exceder os de marketing. Quando o marketing usa tais interfaces como concessionárias de franquias e agentes, o investimento associado da empresa largamente consiste na seleção, estruturação e controle subsequente das concessionárias, mas não do estabelecimento real e operação, os quais caracterizam os próprios canais de distribuição da empresa.

Outros objetivos, além daqueles tratados nos parágrafos precedentes, dizem respeito ao dimensionamento dos recursos humanos, físicos e financeiros necessários, assim como o cumprimento dos prazos de entrega necessários para o desenvolvimento de novos produtos, novos mercados, novas oportunidades de negócios e posições mais competitivas. A contribuição mais valiosa é quando se pensa fora do contexto estabelecido, como documenta a Seção 9.3.

Concluindo, um programa de planejamento de marketing é instituído para garantir a liderança de mercado – consequentemente, o crescimento – e para garantir que a empresa tenha sua participação na evolução do mercado. Uma vez que a maioria dessas funções são medidas em anos, deve haver uma metodologia para auxiliar a integração de planos de curto, médio e longo alcance em um plano máster de marketing. Esta é uma tarefa exigente que requer muita qualificação, experiência e perspicácia.

9.3 BLOOMBERG FINANCIAL MARKETS: UM ESTUDO DE CASO

A *Bloomberg Financial Markets*, um sistema de informação computadorizado das negociações de títulos, proporciona um exemplo de primeira classe sobre quão bem-sucedido um plano de marketing pode ser *se* aqueles que estão elaborando-o conseguirem usar suas experiências e imaginação. A Bloomberg distribui informações sobre obrigações, ações, futuros, opções domésticas e estrangeiras e outros títulos de empresas de capital aberto. Ela também mostra entrevistas interessantes e age como um fornecedor de notícias pela *Bloomberg Business News*.

Hoje, o noticiário do mercado financeiro é dominado pela Bloomberg, cujos terminais vêm com ferramentas analíticas que têm sido a lança da empresa na conquista do mercado de bancos, companhias de seguro, outras instituições financeiras e tesouros corporativos. A Reuters, a qual tinha um monopólio prático de tais terminais nos anos 1980 e na primeira metade dos anos 1990, ficou para trás em prover o que os profissionais precisavam para fazer seus trabalhos diários.

Quando montou sua empresa, Michael Bloomberg imediatamente viu o que seria mais vantajoso – e formulou sua oferta de produtos e seu marketing de acordo. Diretores financeiros, negociantes e analistas querem saber não apenas o preço de uma obrigação, mas a história do preço da obrigação e seu desempenho em comparação com outros investimentos. Isso é encontrado na Bloomberg.

Como resultado da inovação do produto e de um plano de marketing sólido, a Bloomberg ganhou participação no mercado, ao passo que o negócio de informações financeiras da Reuters, o qual, na época, era responsável por dois terços de suas receitas, caía. Além disso, a incumbente fez uma partilha desproporcionada de seu dinheiro na Europa, abrindo, assim, uma brecha no mercado norte-americano.

Como a IBM nos anos 1980, o problema básico da Reuters era que por anos ela dominou o lado errado do negócio. A IBM apostou na hipótese de que os *mainframes* nunca acabariam. O falso senso de segurança da Reuters veio do fato de que ela era forte no piso de negociações, mas, à medida que os bancos de investimentos se fundem, o número de negociantes, e consequentemente o número de negociações, tem caído.

- O plano de marketing da Reuters era unilateral e, portanto, deixou a desejar, danificando muito as defesas do incumbente.
- Por outro lado, o plano de marketing da Bloomberg era novidade, capitalizando no fato de que, ao cometer dois erros, a Reuters podia perder seu mercado.

A hipótese de marketing de Michael Bloomberg era que a volatilidade nas taxas de juros e moedas – as quais seguiam as desregulamentações do Smithsonian Agreement e a globalização – mudava a regra do jogo. A análise, não apenas a informação, estava se tornando mais importante do que nunca.

O rápido acesso aos dados financeiros mais recentes, *blips* de preço ou eventos de notícias continuavam sendo essenciais para a sobrevivência de pessoas e empresas que movimentam bilhões de dólares ao redor do mundo. Mas, cada vez mais, os usuários finais exigiam mais do que isso.

- As informações "*barebone*" sobre finanças costumavam ser do domínio exclusivo da Reuters Holdings, ADP, Quotron e Telerate.
- Mas Michael Bloomberg emergiu e assumiu a liderança de mercado ao oferecer *valor agregado*, isto porque ele era um empreendedor astuto, ao passo que seus concorrentes eram partes de vastas burocracias.

No entanto, alguns dos incumbentes menores também detectaram a nova tendência de marketing. A Quotron se movimentou na mesma direção e teve uma primeira liderança, mas se tornou um desastre sob a direção do Citicorp. A Telerate, pela qual a Dow Jones pagou $1,6 bilhões, era lenta para aprimorar suas tecnologias e evitar a perda de seus clientes. (Este erro é repetido por muitas empresas do Ocidente hoje em dia, especialmente na Europa, que são apaixonadas pelas suas tecnologias informáticas herdadas.)

As personalidades também tiveram um papel importante. Michael Bloomberg era um negociante, não um cientista da informática, e era extremamente capaz. Ele se juntou ao Salomon Brothers e passou a ser o chefe de negociações do patrimônio e vendas por cinco anos. Sua experiência em engenharia e finanças ajudou.

- Como engenheiro, ele entendia como os sistemas de computador funcionam.
- Como um negociante, ele sabia como usá-los para fazer negócios bem-sucedidos.

Depois da fusão da Salomon com a Phibro, Bloomberg foi a Merrill Lynch. Quando ele pediu um sistema similar ao que mais tarde estabeleceu, a equipe de processadores de dados eletrônicos[103] lhe disse para esperar mais 6 meses para um estudo sobre a viabilidade. Eles precisavam de todo este tempo para simplesmente examinar a aplicabilidade de sua solicitação. Tais situações são comuns em TI – mas não para Michael Bloomberg que se demitiu para fundar sua própria empresa e fornecer exatamente o tipo de serviço que eles pediam.

A Bloomberg Financial Markets deixou seus concorrentes na poeira, isto porque seu promotor se importava com a competitividade de *seus clientes*. Isso mostrou que ele era um planejador estratégico e um executivo de marketing de primeira classe. Desde 1991, Bloomberg também antecipou o dia quando não haverá espaço para cinco ou seis cotações de mercado e noticiários. Muitos usuários, ele previa:

---

[103] Tecnólogos da informática com pensamento paleolítico sobre o "processamento eletrônico de dados".

- reduzirão para uma ou duas máquinas, e
- escolherão apenas aquelas que oferecem tudo que é necessário ter ao seu alcance.

A conclusão lógica que segue esse raciocínio é de que o sobrevivente deve entupir seu terminal com todos os tipos de informações imagináveis, assim como análises.

De fato, logo no início, a Bloomberg foi além das cotas financeiras e notícias adicionando previsões do tempo, horários das empresas aéreas, listagens de imóveis, anúncios classificados para empregos, empréstimos bancários e acesso abrangente a seus bancos de dados, transformando os antigos terminais financeiros em máquinas de multimídia.

- Ao adotar uma arquitetura aberta, a Bloomberg Financial Markets expandiu seu alcance.
- Ao se posicionar à frente da curva, a empresa assumiu a liderança em inovação, justamente o que faz com que uma empresa tenha sucesso, seja em finanças ou em qualquer outro aspecto.

Este é um dos estudos de caso que documenta que as políticas de marketing seguidas pelas empresas que tiveram sucesso em sua linha de atividade, não são, de modo algum, soluções prontas. Além disso, as decisões administrativas e compromissos com o planejamento devem ser traduzidos em declarações executivas capazes de serem colocadas em ação; sendo que as ações são controladas para garantir sua conformidade com os planos.

Como demonstra o caso que acabamos de examinar, os planos devem ser dinâmicos. Assim sendo, eles devem ser feitos de maneira a serem facilmente revisados. Esse é um ciclo completo, para ser suportado pelo programa de planejamento de marketing, mediante diretivas claras e etapas bem estabelecidas.

Na realidade, *programa* pode até ser um uso impróprio da palavra. O objeto não é apenas a programação como tal, mas também o raciocínio e a organização que vai nela – a qual normalmente tem um termo mais longo. A administração de marketing nunca deveria ficar feliz com os resultados de curto prazo, mas, em vez disso, posicionar a empresa para se adaptar às movimentações do mercado e enfrentar o futuro.

Uma parte crucial do planejamento de marketing é explicar a adversidade antes de ela atingi-lo como um martelo. Os erros cometido sem logística proporcionam um exemplo. Como consequência da primeira guerra no Golfo Pérsico, o Desert Storm parecia uma vitória da logística. Movimentar 7 milhões de toneladas de suprimentos para 550.000 tropas em curto prazo foi uma façanha. Apenas mais tarde, as revisões pouco vistas do Departamento de Defesa revelaram que a operação de 1991 tinha sido um fracasso:

- Metade dos 40.000 contêineres enviados para o deserto pelo Exército dos Estados Unidos (incluindo $2,7 bilhões de peças sobressalentes) não foi usada.
- Esses desperdícios aconteceram porque os soldados não sabiam o que muitos dos contêineres continham ou para onde eles tinham de ser canalizados.

Ao aprender com esta experiência, em 1995, o Pentágono estabeleceu novas metas para substituir a mentalidade de entrega *just-in-time* com um sistema *just-in-time* direcionado, baseado em premissas comerciais. O objetivo tem sido encolher os inventários e acelerar as entregas – o que é também uma "necessidade" em toda empresa industrial. O planejamento correto é muito importante, mas nunca se esqueça das questões associadas com a execução.

9.4 MARKETING – O USO DA INOVAÇÃO REVERSA

Pesquisa e desenvolvimento são capitais de risco. A despesa com a engenharia de manufatura também é um capital de risco, assim como as atividades de marketing e os esforços de vendas – o desenvolvimento e o controle da base de clientes. Com essas premissas em mente, a P&D, a engenharia de manufatura e o marketing formam um total unificado que deveria almejar não apenas os novos produtos, mas também a *inovação reversa.*

O posicionamento da nossa organização, de maneira a capitalizar sobre a engenhosidade do marketing, é uma empresa polivalente buscando ficar à frente dos motivadores de mercado, tomar a dianteira da concorrência e promover a lucratividade. As considerações da gestão de marketing bem-sucedida podem ser mais bem entendidas se forem específicas e bem focadas. Entre outros pré-requisitos está a interação de três fatores:

- o desenvolvimento de uma análise das oportunidades de negócios;
- a avaliação de produtos e cenários de serviços alternativos; e
- a tradução das decisões em planos de marketing específicos.

Não é surpresa que, com a globalização, os custos de marketing, pesquisa e desenvolvimento estão mais do que nunca correlacionados – e que ambas as atividades foram internacionalizadas. O laboratório de saúde da GE em Bangalore[104] contém alguns dos produtos mais sofisticados da empresa. Este:

- promove a imagem de marketing da GE na Índia, e
- presume que a empresa se beneficia com as qualificações locais de P&D.

Por exemplo, um dispositivo que saiu do laboratório da GE em Bangalore foi o aparelho de eletrocardiograma portátil (ECG) chamado de Mac 400. É um aparelho suficientemente pequeno que pode ser colocado numa mochila e é operado por bateria, assim como energia elétrica. Além disso, é vendido por $800, em vez de $2.000 para um ECG convencional, reduzindo o custo de um teste de ECG para apenas $1 por paciente.

- O Mac 400 faz parte de um processo conhecido como *inovação reversa.*
- O conceito é brilhante, apresentando simplificação e custo baixo na sua essência.

Em vez de adicionar equipamentos ainda mais sofisticados e complexidade, a inovação reversa desmonta os produtos até os essenciais básicos, ao mesmo tempo em que retém sua funcionalidade. O marketing proporciona entradas para a inovação reversa e obtém vantagens com esta, pois ela não visa apenas ao *redesign* do produto. Ela também envolve toda a reformulação dos processos de produção e modelos de marketing:

- Comprimir os custos de forma que os produtos sofisticados possam alcançar mais clientes.
- Aceitar margens de lucro mais magras para ganhar volume, contanto que o esforço de marketing tenha sucesso.

Como documenta este exemplo da GE, não é sem motivos que as empresas estão aumentando seus investimentos em P&D nos mercados emergentes – e a inovação reversa é uma das chaves no entendimento da tendência. Na realidade, as empresas americanas da *Fortune 500* têm 98 instalações de P&D na China e 63 na Índia.

A inovação reversa não é uma ideia que surgiu do nada. Nos anos 1960 e 1970, os japoneses redefiniram as metas de marketing ao inventarem a *manufatura enxuta.* Os países emergentes hoje estão indo além ao se voltarem para as raízes de pesquisa, desenvolvimento e engenharia do *design* de produto.

---

[104] O braço de saúde da General Electric gastou mais de $50 milhões nos últimos anos para construir um grande centro de P&D em Bangalore.

- Eles estão alterando as regras do jogo global de volta para seus conceitos bastante básicos.
- Eles estão ativando seus principais métodos de marketing, os quais são baseados em produção clássica e conceitos de distribuição.

O fato é que os esforços de marketing devem ser totalmente renovados para enfrentar os desafios descritos nesses pontos. *Se* as empresas ocidentais não o fizerem, *então* as empresas orientais o farão. O Relatório de Investimentos Mundiais das Nações Unidas calcula que agora existem aproximadamente 21.000 multinacionais baseadas nos países emergentes – a maioria delas na Ásia.

Uma maneira diferente de entender essa questão é que o momento para complacência já passou. O *design* renovado do produto, a manufatura e as políticas e métodos de marketing devem cuidar para que um plano estratégico sólido e sério proporcione os mecanismos necessários para avaliação dos procedimentos prevalecentes e ações corretivas rápidas.

O uso do *feedback*, discutido no Capítulo 7 em conexão com o controle administrativo, é uma parte integral do posicionamento apropriado dos esforços de marketing, isto porque ele constitui um programa de vigilância. Como tal, ele ajuda a identificar e medir as mudanças no ambiente comercial, contribuir no sentido de oportunidade de produtos específicos e ameaças implícitas nas mudanças em andamento.

O controle interno pode ser instrumental em habilitar as revisões do planejamento que servem para aguçar o julgamento administrativo se uma nova missão, estratégia competitiva ou programa de ação é ou não necessário. Dessa maneira, novos planos de marketing competitivo podem ser estabelecidos com metas válidas como alvos para o desempenho da empresa.

Revisões estáveis do planejado *versus* o real, consequentemente as realizações contínuas, fazem que o processo do planejamento de marketing seja contínuo e autoajustável. Ele também realça a necessidade de que, depois de as políticas de marketing e as metas específicas serem selecionadas, etapas intermediárias são estabelecidas na forma de planos de curto prazo – com processos de revisão empregados para medir tais etapas.

- Tais revisões envolvem a medida do desempenho.
- Por meio delas, os fatos são analisados e julgados de forma que as conclusões podem ser destiladas dos produtos das operações.

Seria um erro pensar que a inovação reversa pede menos esforços de marketing. Pelo contrário, ela pode exigir ainda mais esforços. Os planos de marketing devem enxergar à frente e determinar o que precisa ser feito para reposicionar a força de venda da empresa, ao passo que as revisões examinam o passado, estabelecendo o que realmente aconteceu. Há um relacionamento íntimo entre planejamento e revisões.

A participação em um mercado reposicionado por meio da inovação reversa, crescimento das vendas, margem de lucro, tipo de investimentos, e outros, são expressos quantitativamente; portanto, sujeito a avaliações objetivas. Como indicadores, eles sugerem o grau de estabilidade de uma empresa, seja expandindo ou contraindo, sua influência em dado mercado e onde estão seus pontos fortes e fracos.

Uma das consequências indesejadas da inovação reversa que deve ser confrontada logo no início, é que os objetivos de marketing e políticas podem rapidamente se tornar obsoletos. *Se* a empresa não alterar seu curso para cumprir os padrões em mudança da queda de preços, *então* ela perderá clientes, funcionários, prestígio e margens de lucro.

Também está evidente que as pessoas mais interessadas em corrigir as condições indesejáveis do marketing devem receber o suporte de informações necessário para melhorar os resultados. Do mesmo modo, o desempenho incomumente bom não deve ser apenas a base para o crédito apropriado e recompensa, mas também deve ser usado como um ponto de partida para buscar resultados similares nas áreas que mostram um resultado menos satisfatório.

Concluindo, como documenta o exemplo proporcionado nessa seção, não há um monopólio de ideias. As melhorias nos produtos e métodos são muitas vezes encontradas quando se pensa "fora da caixa". Um alerta é que a gestão de marketing deveria usar todos os meios disponíveis para melhorar a eficácia em qualquer oportunidade. A complacência não tem lugar na empresa moderna.

9.5 CONQUISTANDO O MERCADO POR MEIO DA CONSTRUÇÃO DE UM IMPÉRIO: GENEEN E CHAMBERS

Contrário a outros mestres da indústria, como Andrew Carnegie, cujo princípio comercial era focar em uma linha de produto, a ideia de Harold Geneen era o conglomerado – e seu veículo ITT[105]. Geneen, um contador experiente, postulava que uma empresa poderia investir com sucesso em qualquer tipo de negócio, em qualquer lugar, e administrar este negócio de maneira a ficar à frente da curva.

[105] Antigamente conhecida como International Telephone and Telegraph.

Nos anos 1960, Geneen se viu no topo de uma empresa de tecnologia, composta das unidades da AT&T e da RCA compradas por um magnata nos anos 1920 e 1930. A linha de comando era confusa, mas Geneen impôs disciplina nas muitas e diversas unidades de negócios da ITT ao estabelecer alvos financeiros rígidos. Então,

- ele continuou crescendo ao ganhar tempo, através da aquisição de muitas empresas, e
- fez isso usando como moeda as próprias participações altamente classificadas e alavancadas da ITT.

Esta tem sido uma encarnação dos conceitos de controle do mercado por meio de controle financeiro, originalmente inventado há seis décadas pelo Dr. J. P. Morgan, com o Trust. Sua implementação veio naturalmente para Geneen por causa de sua experiência passada e sua atenção aos detalhes financeiros, combinados com autoconfiança. Dessa forma, ele subiu os degraus de várias empresas norte-americanas.

A chance para satisfazer seu desejo veio em 1959. A missão era dirigir uma coleção, na época sem brilho, de empresas telefônicas, as quais ele transformou em um conglomerado. Seus críticos não perderam a oportunidade de dizer que o conglomerado que ele construiu também tinha conotações políticas. Esta era uma *organização supranacional*, que não se explicava para os governos individuais e autoridades supervisoras; na realidade, tentava subvertê-los.

Quando Harold Geneen saiu da ITT, ele havia comprado 350 empresas em 80 países, criando uma entidade com vendas de $17 bilhões, o que era muito dinheiro na época. Em comparação, ele representava mais do que 20 vezes a rotatividade anual da ITT quando ele passou a ser o CEO. Sua estratégia se baseava no princípio de que:

- a gestão financeira de primeira classe pode ser aplicada com sucesso a qualquer negócio, e
- as finanças sólidas são uma precondição e precursores para conquistar mercados – nacionais e globais.

Evidências anedóticas sugerem que Geneen trabalhava 70 horas por semana. Embora a transmissão de poder para seu sucessor não tenha sido muito simples e linear, ele teve uma aposentadoria bem-sucedida como um investidor privado. A ITT, no entanto, não teve tanto sucesso sob a gestão bastante ineficiente de seu sucessor. Depois de Harold Geneen, a ITT saiu do radar de empresas promissoras.

Dessa maneira, a Cisco tem sido comparada à ITT no final dos anos 1990, uma façanha que continuou, embora com conotações menos pronunciadas, durante a primeira década deste século. Quando, em janeiro de 1995, John Chambers foi nomeado CEO da Cisco Systems, a empresa tinha 3.000 funcionários e vendas de aproximadamente $2 bilhões ao ano. Em pouco mais de meia década, ela havia se tornado uma potência em telecomunicações, com 30.000 funcionários e receitas anuais de quase $20 bilhões.[106]

Os negócios principais da empresa tinham mais a ver com este crescimento. O valor agregado era administrativo, incluindo a magia do marketing, assim como uma série de aquisições. A Cisco fabrica e comercializa a tubulação essencial da Internet: roteadores, *hubs* (núcleos) e interruptores. Por meio desses produtos, ela se tornou uma das maiores empresas dos Estados Unidos – na realidade, a empresa de tecnologia com crescimento mais rápido no final dos anos 1990.

Chambers era um "aluno" da IBM e da Wang, e parte do valor agregado contribuído para a Cisco foi a mudança da empresa, baseada em San Jose, de um negócio de um único produto para provedor de produtos de telecomunicações integradas. Milhares de pessoas trabalham para a Cisco em 54 países. Chambers também colocou foco no cliente com sua insistência de que:

- o marketing deve ser global e ao mesmo tempo sensível aos requisitos do usuário local; e
- nenhuma tecnologia deve ser rejeitada com base no fato de "não ter sido inventada aqui"; o papel da tecnologia é internacional.

Como mostram as entrelinhas desses tópicos, a Cisco assume uma abordagem pragmática ao planejamento do produto e do mercado. Se uma tecnologia útil pode ser comprada mais rapidamente do que pode ser desenvolvida pelos seus próprios engenheiros, então ela é comprada. A primeira aquisição foi a compra em 1993 da Crescendo, uma empresa de comutadores da *ethernet*, por $95 milhões – e ela foi solicitada pela Boeing.

Pronto a perder os negócios da Boeing, Chambers perguntou o que a Cisco teria de fazer para mantê-los. A resposta foi: "faça que a nova tecnologia de comutadores seja uma competência central, e faça rapidamente". Além disso, a Cisco enfrentava demandas tecnológicas estimulada pela convergência da In-

[106] Entretanto, observe que a proporção de receitas por funcionário realmente não aumentou durante esses anos.

ternet, do telefone e da televisão. As notícias boas e ruins estavam associadas a esta convergência:

- que trouxe novos mercados,
- mas esses mercados apresentaram requisitos incomuns.

A Cisco foi rápida em enfrentar o desafio porque a experiência havia moldado a mente de Chambers, ajudando-o a evitar a arrogância que pode fazer as empresas de tecnologia grandes e bem-sucedidas se tornarem remotas e não responsivas aos seus clientes (a síndrome da antiga IBM). Comenta-se que para garantir o contato com seus clientes, Chambers todas as noites escuta os recados de voz deixados pelos gerentes que lidam com os clientes na lista crítica. O objetivo é ouvir não apenas suas palavras, mas também suas emoções.

"... Sempre tomamos decisões baseados no que pensamos ser melhor para nossos funcionários e acionistas e para a empresa em longo prazo e não o contrário, diz Chambers.[107] Para realçar a lealdade dos funcionários e reduzir a rotatividade, a Cisco casa os programas de compensação diretamente aos resultados que identificam a satisfação dos clientes. Aqui estão, em resumo, seus princípios administrativos centrados no mercado:

- Faça de seus clientes o centro de nossa cultura.
- Triunfe com as mudanças e sua administração.
- Habilite todos os funcionários a aumentar a produtividade e melhorar a retenção.
- Construa parcerias fortes em uma indústria mais inovadora do que nunca.
- Mantenha as comunicações bidirecionais e a confiança, o que é exigido pelo trabalho em equipe.

O trabalho em equipe, no entanto, não significa nepotismo. Evidências anedóticas sugerem que a cultura da Cisco recebe a concorrência de braços abertos, isto porque os concorrentes são os promotores da inovação – e eles forçam a administração de uma empresa a agir mais rapidamente. "Teremos mais participação no mercado daqui a 3 ou 5 anos porque temos bons concorrentes", John Chambers sugere.

O capital humano tem sido um fator de sucesso. A empresa viu a importância de manter pessoas boas como um meio de melhorar a entrega de produtos e evitar as interrupções desnecessárias na cadeia de suprimentos. O que

[107] *Wall Street Journal*, 2-3 de junho de 2000.

a Cisco geralmente compra, por meio de aquisições da empresa, não é apenas tecnologia e participação no mercado, mas também jovens empreendedores. O estilo de administração descentralizada de Chambers garante que as pessoas que fazem um bom trabalho tenham muita liberdade; aquelas que não pensam assim, saem da empresa. "Isto é responsabilidade", diz o CEO da Cisco.[108]

9.6 GATES E A MÁQUINA DE MARKETING HOLLYWOODIANO DA MICROSOFT

Em 1979, Ross Perot se reuniu com William H. Gates III para discutir a compra de sua empresa *start-up*, a Microsoft. Gates, que na época tinha 23 anos de idade, estava pedindo entre $40 e $60 milhões. Perot, que na época era o chefe da Electronic Data System (EDS), achou que o preço era muito alto. Cerca de 12 anos depois, Perot disse ao *Seattle Times* que ele ainda se martirizava por ter perdido aquela oportunidade.[109]

Como mostra seu resumido currículo pessoal, Bill Gates entrou na Harvard, mas abandonou a universidade para fundar a Microsoft em 1975, quatro anos antes da reunião com Ross Perot. O primeiro produto da nova empresa era uma versão do Basic, a linguagem de programação, para o Altair 8800, um dos primeiros PCs. Considerado por muitos como o primeiro computador pessoal do mundo, o Altair 8800 era vendido como uma unidade comerciável montada e precedeu a Apple em alguns anos.

A próxima coisa com a qual Gates brincou (e eventualmente ganhou) era um sistema operacional para os computadores pessoais. Por volta de 1980, depois de um longo atraso e batalhas internas, a IBM decidiu fabricar computadores pessoais e precisava de um sistema operacional para PCs. Enquanto a Big Blue empregava milhares de desenvolvedores de *software* capazes, eles tinham o hábito ruim (herdado dos *mainframes*) de demorar um tempão para produzir produtos – sendo que tudo significava em termos de tempo para o mercado.

Além disso, a cultura dos profissionais de *software* da IBM não era correta para a nova época. Ela era baseada em *mainframes*, e os PCs tinham um jogo totalmente diferente. Como resultado, a IBM empregou a Microsoft para construir o sistema operacional para seus PCs. A Microsoft comprou o Q-DOS de uma empresa chamada Seattle Computer Products e o reformulou para os PCs da Big Blue.

---

[108] *The Economist*, 28 de março de 1999.

[109] Communications of the ACM, agosto de 1992, Vol. 35, No. 8.

- O OS foi lançado em agosto de 1981 como um sistema operacional por disco (DOS).
- Ele foi seguido no mercado por uma multidão enorme de clones, que fez o DOS se estabelecer como um tipo de uniforme escolar da computação pessoal.

Quando a Apple lançou o Macintosh (em janeiro de 1984) era tarde demais para destronar o DOS, mesmo que, comparado ao sistema operacional sofisticado da Apple, o DOS fosse obsoleto.[110] As rivalidades políticas e pessoais, não a obsolescência do OS, são os motivos por que a parceira da IBM e da Microsoft oscilava entre altos e baixos.

Quando esta parceria curiosa chegou a um impasse, o OS/2 da Big Blue morria juntamente com o PC no qual ele era executado.[111]Na época, a Microsoft já se mantinha com os próprios pés e não precisava mais dos contratos ricos da IBM para sobreviver.

Embora o *design* da linguagem do primeiro PC e a atualização do sistema operacional deste não fossem feitos pequenos, a verdadeira genialidade de Bill Gates não estava aí, mas sim no seu *insight* de marketing. Ele pode facilmente levar o crédito por dois conceitos que se igualam à Lei de Moore, de que:

1. a computação pessoal seria um negócio de alto volume, com margem baixa, porém altamente lucrativo, e
2. diferentemente dos *mainframes*, minis e maxis, os PCs e seus *softwares* podem ser vendidos como pão quente – mas para tal é necessário uma força de vendas num cenário hollywoodiano, em vez de uma força de vendas bem apresentável, de terno e gravata.

A respeito do primeiro conceito, Gates percebeu que a queda nos custos do *hardware*, em combinação com a despesa trivial de fazer cópias extras do *software* padrão, viraria o negócio de computação de ponta cabeça. A funcionalidade e a produtividade cuidariam para que existissem os computadores pessoais em todas as mesas e em todos os lares – um mercado vasto que justificava as margens de lucro magras por unidade.

Os lucros viriam da venda de muitos deles a um preço bastante baixo, não por servir algumas organizações com um preço muito alto – estilo dos *mainframes*. Gates também percebeu que os lucros para fabricar *hardwares* e criar

---

[110] Somente em maio de 1990, a Microsoft aperfeiçoou sua própria versão do Windows da Apple e o chamou de Microsoft Windows 3.0 – um sucesso de marketing enorme (porém não necessariamente técnico).

[111] A divisão de PC da IBM foi finalmente vendida para a Lenovo da China; uma empresa mais ou menos "similar".

softwares seriam mais fortes como linhas de produtos diferentes, mesmo se algumas empresas se agarrassem a ambos, o sistema operacional e o *hardware* – como fizeram as empresas de *mainframes*.[112]

Baseado nessas premissas e trabalhando em uníssono, e no que tem sido o mais próximo de uma parceria, a Microsoft e a Intel explodiram o modelo, na época prevalecente, de negócio de computação. Criticado como o duopólio Wintel, sua sinergia controlava rigidamente o mercado de PCs para o benefício de cada e de ambas as empresas.

Mas, não basta uma empresa ter uma ideia genial. Para ganhar profundidade e apreciação do mercado, ela deve também ser vista como favorita – algo que pareça ter vindo de outro planeta, ou nunca foi visto antes. É aí que entra o toque hollywoodiano.

Ao cronometrar o lançamento do Windows OS no coração da Comdex 1983, o evento de Hollywood em Las Vegas da Microsoft tem sido um exemplo do posicionamento das relações públicas no seu auge. Bill Gates aplicou todo seu ditado No. 2, o que proporcionou a muitos dos funcionários e acionistas da empresa (e não apenas para a empresa) a oportunidade de abrir um banco. Magnificamente executado, o evento em Las Vegas em 1983 serviu para mostrar que:

- nascia uma nova estrela do *software*, e
- ela estava posicionada no topo da cadeia alimentar da indústria de computadores pessoais.

O crédito para o *design* do evento na Comdex vai para Rowland Hanson, Bob Lorsch e Pam Edstrom, mas o apoio (e dinheiro) veio de Gates. Os profissionais capacitados que ele contratou para aquela extravagância hollywoodiana sabiam que eles nunca iriam conseguir a ação de marketing planejado da empresa por meio de canais normais. Esses estavam todos tomados, e, de qualquer forma, eles não eram muito brilhantes. Assim, eles decidiram fazer o impossível acontecer – e a um preço razoável.

Aqui está como Jennifer Edstrom e Marlin Eller relataram o evento: "Não havia um táxi em Las Vegas que não estivesse promovendo o Windows... Adesivos eram colados no descanso de cabeça dos motoristas; os motoristas de táxi usavam *buttons* do Windows... Esses mesmos *buttons* foram entregues nos *stands* de cada fabricante de *hardware* que apoiavam o Windows... As pessoas não conseguiam ir para a cama sem o Windows".[113]

---

[112] Uma referência evidente à Apple. Este princípio, no entanto, não é mais verdadeiro.

[113] Jennifer Edstrom e Marlin Eller, *Barbarian Led by Bill Gates*, Henry Holt, Nova York, 1998.

Com o ataque do Windows a Hollywood em Las Vegas, a Microsoft deixou de ser "uma das empresas de *software*" para ser *a* empresa de *software* para PC – ironicamente para um produto que ainda estava longe de ser liberado. Gates se tornou uma celebridade, e as pessoas ficaram tão convencidas de que a Microsoft significava algo que elas nem mesmo precisavam de um lembrete, como o enorme painel Windows colocado do lado de fora do *hall* de entrada do Centro de Convenção Comdex.

Em retrospecto, a parte mais maravilhosa da extravagância na Comdex em 1983 foi que o Windows, a peça central do evento, ainda nem existia. Em 1983 ele era um rótulo, com alguns conceitos anexados a este. Essencialmente, ele foi mantido vivo como se estivesse guardando o lugar, e não seria um sistema operacional para PC comerciável até muitos anos depois, atraindo o interesse de empresas no final dos anos 1980, começo dos anos 1990 com a versão Windows NT.

No entanto, no final dos anos 1980, início dos anos 1990, a Microsoft era *a* empresa de *software* para PC. Seu leque de produtos estava se expandindo. Novas oportunidades se alinhavam. A World Wide Web emergiu em 1994, fazendo com que fosse necessário usar navegadores. A Netscape foi fundada naquele mesmo ano. O primeiro navegador da Microsoft, o Internet Explorer 1.0, foi licenciado pela Spyglass, uma empresa de *software*, e lançado no mercado. O restante é passado – e parte da história é o fato de que quase três décadas depois de Hollywwod por Las Vegas, a Microsoft não é mais uma empresa dinâmica. Seus guerreiros envelheceram.

9.7 OS MÉTODOS DE MARKETING DA MICROSOFT: O IMPÉRIO CONTRA-ATACA

Em seus primeiros anos de vida, em menos do que uma década e meia, a Microsoft emergiu de uma *start-up* para se tornar a força única mais importante na indústria de *software*. Com o passar do ano, ela conseguiu se mover de dominante em sistemas operacionais a uma posição de comando em programas de aplicativos e conjuntos de programas para escritórios. Ela é creditada por ter abordado as necessidades de *software* da Internet sem perder controle de sua OS; mas, depois disso, ficou estagnada.

Muitas pedras também foram jogadas na Microsoft. Em qualquer indústria, uma posição dominante por uma empresa é associada com abuso. Isto também causa maior escrutínio pelo governo – e não apenas escrutínio (veremos mais sobre isso a seguir).

Os críticos dizem que a Microsoft usa seu poder de maneira parecida à da IBM. Eles acrescentam que a menos que *eles*, o Departamento de Justiça e a Procuradoria Geral de Estados, mudassem a maneira como a Microsoft licencia seu OS e outros produtos para os grandes fabricantes de PC, será quase impossível para as pequenas empresas competirem.

- A Microsoft responde aos fabricantes de PC que têm escolhido várias maneiras diferentes para licenciar os sistemas operacionais.

- Mas os fabricantes de *software* de aplicativos alegam que a Microsoft tem adiantado detalhes das mudanças no seu *software* do OS, e que a empresa é lenta em compartilhar as informações vitais.

Este é um argumento sólido, e não está destinado a desaparecer. Quanto mais sofisticada é a tecnologia, maiores são as chances de os líderes assumirem tudo. Muitas pessoas duvidam da resposta da Microsoft de que ela livremente compartilha com a indústria e não desfruta de nenhuma vantagem no desenvolvimento de rotinas de aplicativos. Os reguladores não têm muita chance de selecionarem essas alegações. Afinal de contas, eles dependem dos especialistas que (em grande número) adotaram "esta" ou "aquela" posição em respeito a como examinam o domínio do mercado de *software.*

Os críticos acusam a Microsoft de ter copiado mais coisas da IBM. Por exemplo, para adequar as manobras pelos produtos concorrentes, ela algumas vezes anuncia os produtos anos antes de eles realmente existirem – a estratégia clássica da "registradora dividida" da IBM. A Microsoft responde que é para sua própria vantagem deixar que os desenvolvedores de *software* externos saibam suas direções no *software* de sistemas.

Outro argumento em andamento sobre o domínio de mercado tem centralizado no preço, e é o seguinte: a Microsoft oferece preços baixos de duas maneiras. Primeiro, ao incluir rotinas extras com seus OS; segundo; ao usar lucros das vendas dos sistemas operacionais para sustentar o baixo preço dos programas de aplicativos. A Microsoft responde que esta é uma tendência para toda a indústria; à medida que os sistemas operacionais evoluem, mais atributos são incluídos como parte integral do OS.

A ironia de tudo isso é que ambos os lados do argumento estão corretos. Em uma indústria bastante dinâmica e excessivamente cobrada, onde os padrões não foram estabelecidos porque eles são uma anátema para os participantes (e para a inovação), o campo está aberto para todos. A liderança de mercado não necessariamente vai para uma empresa que é rápida e lidera o mercado, mas este é o caminho para a aposta. Além disso:

- precisamente porque este é um mercado extremamente competitivo, a balança por si só não é positiva, e
- as empresas menores têm uma vantagem quando são suportadas pela velocidade, inovação e habilidade de dar reviravoltas – e essas características normalmente definem as empresas pequenas, não as grandes.

Os críticos dizem que a Microsoft é um monopólio. Este é um argumento que grassa por mais de uma década. No Comdex de outono em novembro de 1999, em Las Vegas, foi perguntado a uma plateia com aproximadamente 500 especialistas em computadores: "A Microsoft é um monopólio?". Cinquenta e sete por cento responderam "sim", 40% disseram "não" e 3% não tinham certeza. O resultado desta votação é bastante pertinente, isto porque ele veio no clímax do esforço da Administração de Clinton em fazer com que a Microsoft tivesse sucesso.

O "sim" venceu, mas quando se fez referência ao caso do Departamento de Justiça, uma das pessoas que disse "sim" adicionou: "Eu detesto ver o desmembramento da Microsoft". Outra pessoa que disse "sim" sugeriu: "Se a Microsoft permanecer como uma entidade, o preço de suas ações poderá, na melhor das hipóteses, dobrar, mas a chance de triplicar é muito baixa". Em outros termos, a empresa valerá mais do que a soma de suas partes.

Um dos especialistas que votou "não" era da opinião de que a posição da Microsoft era bem merecida com o passar dos anos, e ter no mercado um padrão de fato em OS, ajudou a todos. Outra pessoa comentou: "A posição da Microsoft foi criada honestamente. Apenas os perdedores reclamam".

À medida que o debate sobre esta questão continuava, tinha-se a sensação de que o que emergiu da reunião foi o fato de que ter o controle do mercado vai contra a cultura americana. Os exemplos foram dados de Ford e Rockfeller – os dois, no entanto, contradizem a tese de que, pelo menos por algum tempo, um monopólio é apenas um grande fator negativo.

A posição dominante da Ford Motor Company foi ultrapassada no final dos anos 1920 pela GM, a qual se reergueu. A respeito da Standard Oil, ela foi dividida em aplicações da lei antitruste, mas algumas décadas depois cada uma das empresas que saíram desta eram maiores do que a Standard Oil original era.

Um comentário importante que ouvimos durante a mesma conferência, tanto fazendo a ligação quanto contrastando Bill Gates a Henry Ford e John D. Rockfeller, que eles convidaram para si a inimizade do governo. Este foi amenizado pelo argumento de que "todas essas pessoas criaram fundações ricas. Gates deveria fazer o mesmo". Ele fez. (A Fundação Bill e Melinda Gates é hoje a mais rica no mundo. Nos primeiros anos deste século, eles fizeram uma enorme doação).[114]

A administração de Clinton começou uma enorme investigação na Microsoft em 1996. O Departamento de Justiça alegava práticas anticompetitivas. Vamos seguir de perto esta linha de raciocínio. A ideia por trás do que Mark L. Melcher e Stephen R. Soukup escreveram, em um relatório de análises financeiras pela Prudential Securities, era que Bill Gates tivera a audácia de tentar funcionar no estado burocrático moderno sem pagar os tributos exigidos para os líderes em Washington. Com base nisso, eles sugeriram que o chefe do antitruste, Joel Klein, e o pessoal no Departamento de Justiça haviam decidido usar Gates como um exemplo para outros empreendedores em tecnologia que venham tentar funcionar independentemente.

> Gates era o cara no fundo do lago com sapatos de cimento; o cara que não pagou para ver.[115]

O que Melcher e Soukup lamentavam é que este caso de antitruste estava realmente centrado em uma indústria que certa vez evitou as ineficiências do estado burocrático. Ela também fez o que pôde para escapar de grande parte das restrições regulatórias que atrapalham as empresas tradicionais, que seguem uma economia antiga. Na opinião dos analistas da Prudential Secutiries mencionados anteriormente:

- Gates pagou muito pouco, ou nem pagou, o tributo exigido pela máquina burocrática/política, e
- ele deu pouco para a outra parte e não teve de gastar o que a IBM, por exemplo, gastava em *despesas com políticos.*

O império, no entanto, contra-atacou, e no início de junho de 2000 a Microsoft foi obrigada, por ordem de um juiz dos Estados Unidos, a se dividir para restaurar a concorrência na indústria de *software*. A empresa apelou da decisão judiciária, mas os contra-ataques burocráticos se espalharam pelo Atlântico. A União Europeia não deixou de seguir a liderança do Departamento de Justiça – provavelmente pelo mesmo motivo de pagamento de despesas com políticos.

O que o leitor deveria reter é que a varredura e substância das decisões judiciais contra empresas lucrativas criam precedentes históricos que limitam o crescimento futuro de outras empresas menores, porém inovadoras. "Quando

---

[114] D.N. Chorafas, *The Management of Philantropy in the 21st Century*, Institutional Investor, Nova York, 2002.

[115] Prudentrial Securites, Investor Weekly, Abril 2000.

você tem um mercado global, os resultados de uma divisão são menos previsíveis e provavelmente reverberarão ao redor do mundo", disse Brad Smith, conselheiro geral da Microsoft.[116]

Observando o passado, Smith poderia ter adicionado que o governo deveria ter feito um levantamento da experiência da AT&T. Seguido pela gestão profundamente ruim das sobras, o desmembramento da Ma Bell acabou com a empresa que costumava ter orgulho.[117] O argumento de que a Microsoft estava acabando com a inovação também não foi bom.

Desde que ela se tornou uma empresa grande, a Microsoft não foi mais o inovador que ela costumava ser; a burocracia interna desacelerou o crescimento de ideias. Ao mesmo tempo, ela não teve meios de parar a criatividade de outros – e esses "outros" aprenderam algumas lições em administração e marketing ao ver a IBM vacilar e a Digital Equipment ruir.

---

[116] *International Herald Tribune*, 9 de junho de 2000.

[117] A melhor citação a respeito da divisão em empresas diferentes vem do presidente da Microsoft Europe, Michael Lacombe. Ele disse que "nossos ativos são as pessoas, e não é fácil dividir pessoas. Toda as sinergias serão perdidas". E mais provavelmente não apenas as sinergias.

10

A Força de Vendas

10.1 TÁTICAS DE VENDAS DOS MESTRES

A colheita é produto e recompensa do esforço. A colheita dos esforços da engenharia, da produção e das atividades de vendas é reunida no mercado – contanto que a força de vendas seja motivada, bem treinada, acredite no que está fazendo e saiba como servir o cliente.

As vendas são uma atividade criativa, embora algumas vezes haja excessos. O treinamento em vendas deve ser polivalente, mas também bem focado. O contato humano é primordial. A inovação, a qualidade e o preço, no entanto, também têm um papel muito importante na constelação de motivos que fazem os clientes comprarem.

A globalização intensificou a importância do preço. O nativo que vai ao mercado vender seus bens não tem parâmetros de preço estabelecidos, isto porque seus produtos custam para ele, primariamente, seu trabalho pessoal. A indústria moderna não sustenta tal simplicidade. Os materiais e a mão de obra são ambos fatores caros. As reduções nos custos em geral – especialmente em materiais e processamento – dependem da engenharia:

- Os cortes nos custos são realizados por meio dos processos de produção.
- As vendas efetivas requerem um sistema robusto de distribuição para canalizar os produtos para o mercado.

A pesquisa de mercado, especialmente aquela conduzida pelas entrevistas diretas com os clientes, é uma atividade na qual a engenharia de ideias encontra um porto seguro. Os estudos conduzidos para determinar o que os clientes gostam e não gostam podem ser instrumentais para informar os *designers por* onde iniciar os programas técnicos para os novos produtos e melhorar os existentes. As informações obtidas pela pesquisa de mercado também ajudam a estabilizar os planos de produtos.

Ao mesmo tempo, essas informações servem como a base do *planejamento de vendas* que ajudam a classificar os clientes potenciais de acordo com os tipos de produtos requeridos, indústrias e locais; avaliar a importância de *classes de clientes*, em termos de motivadores e poder de compra; e identificar a natureza dos problemas de consumo dos compradores e seus requisitos. Eles também podem ser instrumentais na(o):

- previsão de quando e como as necessidades dos clientes mais precisamente surgirão;
- aprendizado dos métodos dos clientes para selecionar fornecedores; e
- provisão da base para o atendimento eficaz de clientes durante o prazo mais longo.

O reconhecimento dos fatores básicos nas vendas de produtos tem sido considerado por muitos como a questão crucial na pesquisa de mercado. Tanto as empresas industriais e as instituições financeiras percebem que elas devem considerar as atitudes dos clientes, e que, quanto melhor eles entenderem as pessoas que compõem os mercados, mais eficazes serão suas atividades promocionais e de vendas.

Feita em nível de marketing, uma análise rigorosa das vendas suplementa os aspectos de longo alcance de projeções e estimativas pela força de vendas. No curso de nossa reunião, o diretor executivo de uma grande organização industrial comentou o seguinte sobre esse assunto: "Na minha empresa, as tendências de mercado atuais e de longo alcance são estudadas constantemente para nos ajudarem a distribuir nossos produtos onde e quando eles são necessários".

Este tipo de entrada é absolutamente necessário, mas é um complemento, não um substituto, para aprender as táticas de vendas e as práticas por osmose ao agir como "assistentes" de grandes vendedores e ao observá-los. Normalmente, os grandes vendedores também têm qualidades organizacionais e administrativas. Sam Walton, do Wal-Mart, proporciona um exemplo de primeira classe.

Um de seus dons era antecipar para onde as coisas se encaminhavam, juntamente com a habilidade de entender as implicações das correntes sociais e demográficas que varriam os Estados Unidos nos anos 1950 e 1960. Juntamente com o trabalho árduo, esta perspicácia acelerou sua ascensão de simples dono de uma loja de variedades em Newport, Arkansas, para o maior varejista no mundo.

Walton fez uma contribuição importante à arte de vendas ao mostrar que o bem-estar das pessoas e fazer dinheiro não são inconsistentes ou incompatíveis. Ele provavelmente chegou a esta conclusão porque era um ávido aprendiz e prestava atenção nas pessoas, percebendo que:

- o potencial de qualquer empresa está em conceder aos subordinados a oportunidade máxima para se ter sucesso.
- Esta é uma das características básicas do sucesso nos negócios não apenas em vendas, mas também em todos os deveres administrativos.

Watson não inventou o varejo com desconto, assim como Henry Ford não inventou o automóvel. Mas sua busca extraordinária por descontos revolucionou a economia de serviço e alterou a filosofia das empresas norte-americanas. Quando ele morreu, em 1992, deixou um legado amplo e importante para as empresas norte-americanas, o instinto de ver um mercado antes de ele acontecer – e então fazer com que ele acontecesse.

Entretanto, ao mesmo tempo,Walton prestava muita atenção ao consumidor e buscou maneiras de aumentar a demanda e reduzir os preços. Esta realização dupla é outro grande sinal da arte de vendas. Ele até mesmo forçou a concorrência a acatar este conceito, fazendo que o mercado crescesse criando um fluxo de lucros melhores.

Quando o conceito de desconto agressivo começou a emergir no início dos anos 1960, Walton, na época na casa de 40 anos de idade, era um comerciante bem estabelecido, operando 15 lojas de variedade espalhadas em grande parte ao redor de Arkansas, Missouri e Oklahoma. Essas eram lojas em pequenas cidades com marcações de preços relativamente altas, mas como vendedor mestre *e* estudante ativo do varejo, ele viu o que estava por vir.

- Uma vez comprometido com o desconto, ele iniciou uma cruzada que durou pelo resto de sua vida.
- Seu objetivo passou a ser reduzir os custos do sistema de mercadorias.
- O *controle de custos* foi estabelecido como uma estratégia, estreitando as margens das lojas, dos fabricantes e dos intermediários.

Outro dos legados de Sam Walton foi sua crença de que os vendedores e as empresas deveriam buscar não simplesmente se posicionarem em seus mercados existentes, mas também deveriam capitalizar em suas vantagens para redefinir os mercados a seu favor. É evidente que para alcançar esta meta era necessário:

- identificar e desenvolver pontos fortes que não poderiam ser facilmente imitados pelos concorrentes, e

- estender ao máximo os pontos fortes dos vendedores, ao liderá-los no estabelecimento, para eles mesmos, de objetivos ambiciosos que transformam a indústria.

Para cortar suas margens ao máximo, Walton elaborou a estratégia para fazer o Wal-Mart crescer as vendas num ritmo acelerado. Ao perceber que ele não conseguiria ir muito mais adiante sem a alta tecnologia, em 1966, quando tinha 20 lojas, ele entrou numa escola da IBM com o objetivo de contratar a pessoa mais inteligente na classe para computadorizar o controle de mercadorias. Com isso, o Wal-Mart passou a ser o líder em controle de inventário *just-in-time* e logísticas sofisticadas, usando a tecnologia da informação como uma ferramenta competitiva.

Mas ao mesmo tempo em que ganhava tal vantagem competitiva, ele não permitiu que o controle de custos perdesse o foco. Na realidade, sua habilidade para atrelar a tecnologia da informação possibilitou que cortasse ainda mais os custos. Rapidamente, esta estratégia envolveu toda a organização porque ela era um fator de experiência básico em todas as decisões administrativas. Os exemplos práticos são:

- os baixos gastos gerais do Wal-Mart, e
- o fluxo rápido de reabastecimento do inventário.

A Internet passou a ser amiga desta filosofia, promovendo a eficiência de redes de parceria nos negócios, muitos anos depois de Walton ter falecido. O domínio na arte de vendas não está, de forma alguma, limitado à assinatura de um contrato milionário. Como demonstra o estudo de caso do Wal-Mart, este é um processo com prazo mais longo, complexo e polivalente, que usa a tecnologia, mas também abre as portas para a mente e os corações dos clientes.

10.2 RESULTADOS ESPERADOS DA FORÇA DE VENDAS

Não é necessário explicar que, quanto maior é a concorrência e o nível de sofisticação de um produto, mais bem treinada e suportada deve ser a força de vendas. A globalização agrega a este requisito porque ela triunfa em mercados abertos, e a maioria dos mercados abertos, como disse Jim Barsdale, evolui ou delega para a antiga estratégia de 4-2-1. *Se* é um mercado grande e aberto, *então*:

- o primeiro participante ganha quatro
- o segundo participante ganha dois, e
- o terceiro participante ganha apenas um.[118]

[118] Information Strategy, novembro de 1996.

As empresas que seguem esta lista mais ou menos vão e vêm, especialmente se elas não tiverem um modelo de negócio realmente bem-sucedido e capacidade de resistência financeira. Ela garante que, com o passar do tempo, os mercados verdadeiramente competitivos e abertos tendem a ser reduzidos a duas ou três empresas competitivas que são mais ou menos (mas nem sempre) viáveis.

Não é surpresa alguma que os cenários comerciais abertos, competitivos e que negociam com produtos atrativos são, ou se tornam, suficientemente grandes para as pessoas e empresas quererem adentrá-lo. Mas, ao mesmo tempo, eles podem não ser suficientemente grandes para aqueles que querem ficar no mercado, a menos que eles sejam os líderes e saibam como manter tal posição – uma tarefa que envolve:

- engenharia
- produção
- logística
- habilidades de vendas

Para ficar adiante da curva, é necessário, porém não é suficiente, que a empresa invista em pesquisa e desenvolvimento. Se isso não cortar os custos, da maneira como Sam Walton fazia (Seção 10.1), e consistentemente treinar sua força de vendas com os meios e maneiras necessários para obter resultados, ela perderá sua posição dominante.

Os vendedores devem ser cuidadosamente selecionados e receberem um bom aprendizado para que possamos depender deles para promover os produtos no mercado. O treinamento deve ajudá-los a responder aos desafios aos quais eles são apresentados para impulsionar o produto que vendem. E eles devem ser convencidos de que não há uma alternativa melhor do que vestir a camisa da empresa que os acolheu. Um programa sólido de treinamento em computadores e comunicações normalmente envolve:

- as noções fundamentais da arte de vendas;
- informações completas e minuciosas voltadas para as vendas sobre o(s) produto(s);
- como oferecer esses produtos com sucesso, e como assinar um contrato de vendas;
- qualificações básicas para se tornar um hábil "parceiro em discussões" com os especialistas do cliente ou agente de compras;

- estudos de caso para provar como um trabalho de primeira classe em vendas está sendo feito, e como ajudar o cliente na implementação de seus produtos;
- reuniões com os clientes e sessões de treinamento, incluindo demonstrações de aplicações bem-sucedidas; e
- uma boa biblioteca de referências e uma variedade de materiais de apoio (como XSELL e XCON, Seção 10.4).

O treinamento não deve apenas melhorar o *know-how* técnico do vendedor, mas também sua habilidade em canalizar o(s) produto(s) para o mercado. Além disso, esta habilidade deve ser mantida por meio de reuniões de informação e um fluxo estável de literatura sobre a inteligência competitiva. Esta última questão – a qual tem sido por décadas a política básica da IBM – nem sempre é apreciada pela alta gerência, ainda assim ela é um contribuinte importante para a média de resultados anteriores.

Os resultados de cada vendedor, escritório de vendas ou território de vendas devem ser cuidadosamente avaliados contra alvos (veja mais sobre isso na Seção 10.3). Quando ficam por conta própria, os produtos da força de vendas se definham. O esforço perde sua energia. A Tabela 10.1 proporciona estatísticas da vida real de auditorias que fiz vários anos atrás nas filiais de uma empresa de sistemas de dados. A filial empregava 10 vendedores cuja produtividade variava muito de simples vadiagem a resultados aceitáveis.

O vice-presidente de marketing da empresa de sistemas de dados em questão se expressou da seguinte maneira: "Com a falta dos produtos corretos e sem os vendedores adequados, a participação desta empresa nunca justificará o potencial de mercado total. Devemos de modo realista considerar quantos produtos de tecnologia de dados um vendedor consegue vender".

Não foi necessário qualquer esforço extra para descobrir que a força de vendas desta empresa estava num estado que não permitia um nível alto de vendas. Em vez de aumentar o número de pessoas para poder vender o número de unidades, a empresa teve que eliminar os incapazes e os indesejáveis, contratar vendedores jovens e intensivamente treinar toda a equipe.

Também é necessário fazer perguntas críticas. O que o vendedor está fazendo de errado para suas vendas estarem abaixo da média? Deixando de lado o caso de simples vadiagem, provavelmente ele não está planejando muito bem suas visitas com os clientes. Ou não tem o *know-how* apropriado sobre como administrar o tempo e o território (o que é, no geral, o problema número 1 para os vendedores).

TABELA 10.1
Estatísticas de Vendas sobre os Produtos de Sistemas de Dados em um dos Escritórios de Vendas da Empresa de Sistemas de Dados

Vendedor	Vendas Anuais ($)	Quantidade Vendida em Unidades	Média de Preço ($)
A	1.800.000	38	47.368
B	504.000	63	8.000
C	248.000	12	20.666
D	847.000	93	9.107
E	24.000	8	3.000
F	300.080	27	11.111
G	97.800	6	16.166
H	255.000	20	12.750
I	687.000	19	13.578
	5.020.000	**321**	**136.258**

Notas:

Média de preço por unidade	$15.638
Média de unidades por vendedor	32
Média em $ por vendedor/por ano	502.000
Variação/preço por unidade	3.000 a 47.368
Variação/unidades por vendedor	6 a 93
Variação/$ por vendedor, por ano	24.000 a 1.800.000

Sem sombra de dúvidas, o ônus estava com a empresa porque ela fracassou em auxiliar seus vendedores a fazerem um bom trabalho – não apenas em termos de produto, mas também em apoiá-los com a melhor tecnologia de vendas disponível. E isso acontece com uma frequência surpreendente. As respostas para as 10 perguntas, as quais cada organização de vendas deveria responder afirmativamente, ajudam a melhorar os resultados de vendas:

1. Os objetivos de vendas e os objetivos de lucros são estabelecidos para cada conta?
2. Temos um sistema para classificar as contas de acordo com seu potencial?
3. Fizemos um estudo organizado sobre o uso do tempo do vendedor?
4. Os nossos vendedores usam "programações de visitas"? Elas são eficazes?
5. Os nossos vendedores usam padrões de rotina prescritos para cobrir o território?
6. Determinamos de antemão quantas visitas fazer a uma conta em um dado tempo?
7. Temos as informações para decidir quanto tempo cada visita deveria levar?

8. Temos um sistema de reportagem das visitas? Os nossos vendedores relatam sobre todas as visitas que eles fazem?
9. Os nossos vendedores usam elementos de uma apresentação de vendas planejada?
10. Regularmente revisamos as cotas de vendas (Seção 10.3) quando novos produtos são introduzidos e o preço de produtos mais antigos muda?

Além disso, as reuniões de vendas por filial e por especialidade (produto, linha de produto, lançamento de novo *software* melhorado) ajudam a melhorar a produtividade dos vendedores. Isto faz parte de uma política que declara que a introdução de novos produtos deveria reunir os vendedores com o gerente de produtos e o planejador de produtos.

Uma declaração similar é válida no que diz respeito a trabalhar em conjunto com a equipe de marketing. Os gerentes da conta deveriam estar reportando em termos claros sobre o que eles veem como vantagens/desvantagens competitivas dos produtos que vendem, assim como suas próprias ideias para melhorar as oportunidades de negócio são:

- explorar os pontos fortes da empresa, e
- corrigir seus pontos fracos percebidos.

Os vendedores não conseguem desempenhar sem o conhecimento total dos produtos da empresa com os quais lidam, das motivações de seus clientes e das tendências do mercado. Nem a demanda existente por certo produto necessariamente significa que o que *produzimos* será vendido. Pelo contrário, pouca ou nenhuma demanda por certo produto em certo momento, e em certo lugar, não deve ser interpretado como um forte sinal de que este eventualmente não venderá. A demanda pode ser criada se conhecermos os fatos, apreciarmos as necessidades e sabermos como ir atrás de negócios. Isso, no entanto, tem pré-requisitos:

- Estudos sobre as oportunidades de negócios auxiliados pela pesquisa de mercado.
- Estudos sobre a inteligência nos negócios para analisar as ações dos concorrentes.
- Estabelecimento e observação das cotas (objetivos de vendas, Seção 10.3).
- Avaliação dos objetivos quantitativos reais *versus* os planejados.

- Análises das novas contas e diretrizes com base em tais análises.
- Investigações sobre as reclamações de clientes e respondê-las rapidamente.
- Análises do retorno sobre as vendas para continuamente melhorar não apenas os produtos, mas também a eficácia em relação aos custos da atividade de vendas.

Entre as decisões de marketing e de vendas importantes estão aquelas que dizem respeito à reavaliação da rede de distribuição – seu crescimento, operação e despesas – e a avaliação das oportunidades (assim como das restrições) apresentadas pelos canais de vendas alternativos. É necessário pensar muito sobre a validade de uma organização de distribuidores autorizados e as políticas dos distribuidores autorizados (caso exista tal organização) contra a alternativa de desenvolver canais de vendas totalmente controlados pela empresa.

10.3 ESTABELECENDO OBJETIVOS QUANTITATIVOS

Nem todas as empresas usam as mesmas maneiras e meios no planejamento e controle de suas forças de trabalho. Em minha experiência, descobri que o *feedback* mais frequente significa (para 4 entre 5 empresas) a instituição de um sistema de relatório das visitas. Outra política comum é tentar obter o máximo de negócios das contas existentes.

Nos tempos áureos da IBM, nos anos 1960 e 1970, os pedidos dos clientes existentes representavam 80% das entradas anuais. Essa é uma marca alta, mas aproximadamente 70% das vendas podem muito bem vir de contas existentes, classificadas de acordo com o potencial – especialmente se a atividade de vendas é bem planejada e administrada. Em contrapartida, se a empresa não tem a organização de vendas correta, os resultados de vendas das contas existentes ficarão abaixo do padrão.

Assim como com qualquer outra responsabilidade administrativa, a atividade de vendas deve ser adequadamente organizada, com os objetivos quantitativos estabelecidos e cuidadosamente observados. As medidas quantitativas dos resultados das vendas requerem o estabelecimento de *cotas de vendas*. Estas são uma "necessidade" se a nossa empresa seguir uma abordagem sólida ao:

- planejamento e
- controle do desempenho de seus vendedores.

O trabalho sobre os objetivos de vendas quantitativos deve ser condicionado pela crença de que o sistema de cotas é uma ferramenta fundamental na gestão de vendas. Isso é especialmente importante em uma empresa multinacional, em que a matriz de marketing aloca objetivos quantitativos, e o gerente de cada nação estabelece os objetivos de vendas por setor e cada gerente de setor estabelece as cotas por vendedor – para serem aprovadas por meio de uma corrente de *feedback*. Todas as condições prevalecentes como:

- tipo de produto;
- potencial de mercado;
- margens de lucro;
- indicadores econômicos; e
- disponibilidade de uma força de vendas treinada.

Thomas Watson Sr. era mestre no sistema de cotas. Ao explicar as condições de marketing diferentes por país, a IBM dividiu os territórios de vendas individuais ao redor do mundo em "fértil" e "infértil". Na época dessa referência, um território fértil operava 20.000 pontos por mês de aluguel por vendedor (um ponto era igual a um dólar de aluguel mensal para o equipamento instalado). Um território infértil operava aproximadamente um terço dessa quantia.

A distribuição territorial era organizada de forma a conceder entre 15.000 e 18.000 pontos por mês por vendedor na média, ou mais do que 200.000 pontos por ano. Essa é uma ação equilibradora que levanta a seguinte questão: "Quais diretrizes deveriam ser seguidas para mantê-la em ação?". No curso de um projeto com o objetivo de reestruturar a atividade de vendas, em uma empresa de computação bem conhecida na qual dei consultoria para a gerência geral, estabelecemos que cinco considerações básicas são importantes para o estabelecimento de cotas de vendas individuais:

1. *Mix* de produtos dos vendedores de equipamentos são obrigados a canalizar para o mercado.
2. Orientação da atividade de vendas, especialmente no que diz respeito ao setor de marketing.
3. Penetração da empresa em certo mercado e a fertilidade daquele mercado.
4. Histórico da qualidade de um vendedor, incluindo sua "idade comercial"[119] e características pessoais.
5. A natureza e extensão do suporte de vendas (Seção 10.4).

[119] Número de anos no emprego.

Ao estabelecer esses critérios, consideramos o fato de que, como todo vendedor que se preza descobriu por experiência, uma venda depende da demanda real do mercado, do produto em si, da atividade de promoção de vendas, da concorrência e da habilidade da força de vendas da empresa em levar sua mensagem para "perto do coração" do gerente de compras ou consumidor.

Para ajudar a estabelecer os objetivos quantitativos, pegamos uma página do livro da Big Blue. Como mencionado nos parágrafos precedentes, originalmente, a IBM calculava a comissão de um vendedor com base no sistema de pontos. Para muitas contas novas, a comissão era mais alta. Quando os equipamentos alugados eram devolvidos, seu valor de aluguel era totalmente subtraído do valor de aluguel dos equipamentos recém-instalados e as comissões eram pagas apenas sobre a diferença.

Hoje em dia, os computadores não são mais alugados, pelo menos não de maneira significante, e existem também outras mudanças que são necessárias para adaptar esse sistema. As cotas e comissões tornaram-se mais complexas à medida que os produtos se multiplicavam, enquanto o preço por unidade (de medidas como *bytes* de armazenamento ou instruções por segundo) caía dramaticamente. O mercado mudou, mas questões como a produtividade do vendedor continuam sendo um fator crucial.

O fabricante de computadores mencionado nos parágrafos anteriores escolheu uma abordagem de salário e comissões básicos para a compensação dos vendedores. O engenheiro de vendas "típico" tinha metade do seu salário fixo e a outra metade em comissões baseadas em sua cota – e ele recebia metade da comissão na assinatura do contrato e a outra metade na instalação.

Entretanto, um engenheiro de vendas realmente bom podia ganhar, por meio de comissões, de três a quatro vezes seu salário básico. Isso foi deliberadamente adotado para promover eficácia nas vendas. Uma preocupação de qualquer fabricante de equipamentos de alta tecnologia é colocar o produto no mercado.

Exatamente por este motivo, o sistema mencionado anteriormente, de objetivos quantitativos de vendas, foi estruturado para atrelar a comissão do vendedor à produção. Além disso, o sistema proporcionava a manutenção do emprego dos vendedores de uma empresa. Com esta meta em mente, outra empresa, com a qual eu estava associado, adotou a seguinte abordagem: um quarto da comissão era creditado na assinatura do contrato, outro quarto na instalação, outro quarto no final do primeiro ano e o último quarto no final do segundo ano.

- As duas últimas porcentagens são conhecidas como "comissão de manutenção".
- *Se* um vendedor deixava a empresa antes de receber a comissão de manutenção, *então* sua parte era distribuída entre os vendedores restante.[120]

Para melhorar o desempenho, os vendedores da empresa recebiam um arsenal crescente de suportes tecnológicos, sendo que alguns deles almejavam as vendas, enquanto outros davam assistência aos clientes. A política de suporte de vendas deve sempre ser direta, especialmente por uma empresa que comercializa sistemas baseados em tecnologia.

O suporte adicional foi proporcionado por meio de habilidades com sistemas, localizadas nos escritórios das filiais, para ajudar a promover a implementação de reuniões de cotas de vendas e responder perguntas específicas de produtos apresentadas pelos clientes que necessitam de assistência técnica. Em troca, a empresa pediu aos vendedores que baseassem seus esforços em convencer os clientes sobre os méritos dos produtos que são comercializados – em vez de focarem nas vendas difíceis.

A decisão foi tomada para refletir o fato de que, independentemente da atitude informal e amigável transmitida pelo vendedor do fornecedor, os esforços de marketing de computadores não são nem formais nem amigáveis. Eles são exercícios táticos que envolvem não apenas detalhes e disciplina da força de vendas, mas também um pouco de "pressão".

O programa de vendas reforça o fato de a organização do usuário geralmente confiar no fornecedor e em seus representantes, não deve ser empregado para se aproveitar dele. Em vez disso, a ênfase foi colocada na construção e estabelecimento de um relacionamento profissional com a empresa, seu CIO e seus usuários finais.

10.4 PARA FICAR À FRENTE DA CURVA, USE ENGENHARIA DO CONHECIMENTO, NÃO PRESSÃO

Um dos líderes da indústria que usa a tecnologia para melhorar as vendas e a renda tem sido Ken Olsen. Em meados dos anos 1980, a DEC foi o primeiro

[120] Este provou ser um bom incentivo. Os vendedores não eram adversos a este porque as comissões eram mais altas do que aquelas adotadas pela concorrência. A ideia original de uma distribuição temporal é creditada a Jim Allen, fundador do Booz Allen Hamilton.

fabricante de computadores a desenvolver e usar um sistema especialista chamado XSEL (Expert Salesman - Vendedor Hábil). Em uma conferência na universidade de Vermont na qual estávamos discursando juntos, perguntei ao EVP de Marketing da DEC o que motivou este desenvolvimento, e ele respondeu: "Na DEC empregamos os melhores formandos em engenharia e os colocamos em vendas. Eles sabem tudo sobre o *design* do VAX, mas não a arte de vendas. O XSEL preenche esta lacuna, auxiliando-os nas vendas".

Também em meados dos anos 1980, a DEC havia desenvolvido seu sistema especialista com marcação alta, conhecido como, Expert Configurator (XCON; uma construção de conhecimento complexo). Originalmente elaborado pela Carnegie Mellon University (CMU) como Projeto RI, ele alcançou 500 regras, cresceu para 800 e foi então transferido para a DEC, a qual adicionou sua sofisticação. Incluindo os subsistemas associados; quando totalmente desenvolvido, o XCON:

- apresentava mais de 8.000 regras;
- representava um investimento significante; e
- administrava mais de 12.000 componentes do VAX/PDP.

Se esses programas fossem em Cobol, a linguagem de programação de *software* obsoleta (que continua a prejudicar aquelas empresas que estupidamente continuam a usá-lo), *então*:

- ele conseguiria fazer apenas 1/3 do trabalho do XCON;
- teria envolvido uma estimativa de aproximadamente 1,2 milhões a 1,5 milhões de declarações do Cobol; e
- teria usado de 200 a 300 homens/ano de esforço, a três vezes mais os custos da solução do sistema especialista.

A liderança da DEC na tecnologia avançada na época que o XSELL e o XCON foram criados, é uma leitura interessante porque mostra como uma grande empresa de engenharia consegue transferir habilidades do *design* para as vendas. Há uma metodologia rigorosa de engenharia sugerida pelo desenvolvimento e uso do XCON – primariamente uma ferramenta de apoio às vendas (enquanto o XSELL auxiliava na própria venda). Em uma reunião, a DEC deu seis motivos para desenvolver e usar sistemas especialistas. Eles:

- tornam viável a alta qualidade do serviço;
- garantem a distribuição do conhecimento;

- contribuem para maior produtividade;
- são entradas em um mercado em crescimento;
- os concorrentes também estão entrando neste campo; e
- são um dos melhores meios para reduzir os custos.

Em termos de prevenção de custos, depois que ele entrou em serviço, o XCON representava para a DEC uma economia de $30 a $40 milhões por ano por não ter de fazer a configuração do VAX da maneira antiga, em seguida descontá-los por causa de erros diferentes ou omissões – perdendo tempo e dinheiro no processo. Depois que o artefato do conhecimento estabeleceu um nome para si em marketing e vendas, outras empresas também começaram a desenvolver configurações de sistemas do tipo XCON. Um exemplo é a Reuters. A missão do seu sistema especialista era a movimentação e a entrega de terminais de informações financeiras e outros equipamentos ao redor do globo.

Um dos benefícios em se manter à frente da curva na tecnologia de vendas e métodos é que ao usá-los as empresas ganham confiança em si, servem melhor seus clientes e não têm os recursos para pressionar de forma obscura, para poderem vender seus produtos. Eles treinam seus vendedores sobre como ultrapassar seus concorrentes e como apoiá-los – em vez de como encurralar seus clientes fazendo promessas falsas ou pagando subornos.

Esta prática de *explicar* e *liderar* não é amplamente adotada na venda de computadores, equipamentos para engenharia elétrica, aeronaves e outros sistema feitos pelo homem – muito menos é um padrão aplicado no geral. Em vez disso, algumas empresas na indústria de computadores capitalizam sobre o fato de que os alto executivos de organizações de usuários não têm o conhecimento adequado de *hardware* e *software*, ou o tempo que precisa ser dedicado às negociações de contratos:

- Eles são sobrecarregados com uma variedade de outras questões comerciais urgentes.
- Eles geralmente pedem do fornecedor verificação ou confirmação por escrito das promessas de vendas e dos detalhes negociados que devem ser incorporados para proteger o interesse dos usuários.

No caso de um fornecedor de computadores cujo estudo de caso foi o tema da Seção 10.3, a diretoria da empresa decidiu que, quando confrontada com a concorrência desleal, seus vendedores não entrariam nessa, mas sim trariam para a atenção dos executivos responsáveis da organização do usuário. Eles também explicariam que tais manobras vêm em todos os formatos e tamanhos e em graus variáveis de abuso da confiança dos clientes.

Por exemplo, uma das manobras na venda de computadores não tão ética envolve muito alarde e representação errada pela omissão de fatos importantes pelo vendedor. Outro exemplo é a recusa do vendedor em incorporar no contrato por escrito as promessas que ele tem feito aos seus clientes.

No caso de um banco italiano, para o qual dei consultoria para o presidente, pedimos ao fornecedor tradicional de *mainframe* da instituição (o nome foi deliberadamente omitido) para que cancelasse o contrato atual e assinasse um novo preparado pelo *nosso* consultor jurídico – em *nossos* termos. Esse novo contrato prescrevia penalidades específicas se o fabricante de computadores repetisse suas políticas persuasivas passadas, ou inventasse novas políticas.

O que veio a ser conhecido como o caso da "cesta de tomates", certa noite um caminhão que pertencia ao fornecedor de computadores chegou, por volta da meia-noite, ao centro de computação do banco. O encarregado do turno da noite era um gerente júnior e não tinha poder para assinar qualquer coisa. Sem qualquer autorização por parte do banco, o motorista do fornecedor descarregou as caixas de um *mainframe* enorme e pediu que o funcionário assinasse um recibo.

Inicialmente, o funcionário se recusou, mas o motorista insistiu, dizendo a ele: "Apenas assine como se eu tivesse entregado uma cesta de tomates". Sob pressão, e incorretamente, o funcionário assinou o recibo. No dia seguinte, ligamos para o fabricante para que ele viesse retirar o produto que não havíamos pedido. Ele não apenas se recusou como também enviou a conta pela "cesta de tomates".

Isso chamou a atenção dos nossos advogados. Mediante uma carta registrada acusando o recebimento, informamos o fabricante de que o contrato anterior (mantido no cofre do presidente) o autorizava a publicar e promover os lances imprevistos, no caso de algo desordenado acontecer com o fornecedor. Este enviou seus advogados para a reunião da alta gerência. Nós os recebemos bem. Depois que fizemos nossa descoberta legal, estávamos prontos para eles.

Os advogados do fabricante estavam consternados. Eles simplesmente não esperavam o que viram e leram naquela reunião. Geralmente, as organizações de usuários de computadores simplesmente se curvam quando os fornecedores ficam agressivos. No fim das contas, ele não apenas recolheu sua "cesta de tomates", mas também concordou em pagar uma multa pesadíssima. Depois disso, passamos a ser *amici come prima* (amigos em primeiro lugar).

A moral da história é que o usuário nunca deveria assinar a forma padrão de contrato de um fornecedor. Ele deve sempre envolver seus advogados logo no início das negociações, para permitir que eles preparem um contrato significativo que proteja os interesses da organização de usuários na transação. E, mais importante, a organização de usuários deve ter a coragem de desafiar o fornecedor de computadores quando ele se comporta de maneira errada.

10.5 RECONHECIMENTO DA MARCA

Batons, sombras e maquiagem são termos popularizados pela Max Factor. Seu poder sobre os consumidores está no fato de que eles são compostos de palavras simples, facilmente entendidas e lembradas. Desde o começo, a marca tem se baseado na habilidade e em frases chamativas que são fáceis de lembrar.

"Faça a maquiagem em segundos, e fique linda por horas", era a manchete numa propaganda típica da Max Factor. Para milhões de mulheres comuns, a *Factor* simplificou a tarefa complicada de ficar linda, ou no mínimo de se sentir linda. No processo, ela também ajudou a criar a primeira grande empresa internacional de cosméticos.

Hoje em dia em marketing, o reconhecimento da marca e a gestão da marca são vistos como uma maneira de gerar o que mais se aproxima de uma forte identidade – sejam esses produtos cosméticos, carros, cereais de milho ou pasta de dentes. Para as empresas de diversos setores, como os *chips* para microprocessadores, produtos para computação, minivans ou alimentos industrializados, a gestão da marca é a pedra fundamental para sua política de:

- parar de correr atrás da concorrência, e
- focar em correr atrás dos clientes de seus concorrentes.

A marca de sucesso é feita de maneira coordenada. Normalmente, o pagamento do gerente da marca está ligado ao sucesso da marca, ao passo que a publicidade, preço e planejamento são cada um deles administrados por uma pessoa diferente, porém, de certa maneira, proporcionando sinergia.

As pessoas encarregadas de uma atividade de marca devem estar bem preparadas para evitar o risco que os chefes de marcas concorrentes acabam disputando entre si à medida que eles competem pela atenção da alta gerência e investimentos em marketing. Isso leva ao monopólio da atividade de marketing, e este monopólio levou a P&G em si a abandonar a gestão da marca em 1988.[121] Mas outras empresas persistiram, e o reconhecimento da marca se espalhou para muitos setores da indústria.

---

[121] Ao decidir que seu sistema estava jogando as marcas de sabonetes como Carmay e Ivory uma contra a outra, a P&G mudou para a "gestão de categorias", na qual os gerentes supervisionam categorias inteiras de produtos.

O reconhecimento da marca também é muito importante na alta tecnologia. Intel, Cisco, Amazon.com, Apple, Microsoft e IBM compartilham a distinção de serem classificadas entre as principais empresas na *Fortune 500* porque sua *marca* é reconhecida globalmente. "Intel Inside" tem sido um dos *slogans* mais bem-sucedidos. Os analistas financeiros dizem que depois do sucesso da Intel, as empresas de tecnologia estão obcecadas em obter o reconhecimento da marca.

Ainda assim, em 1992, quando a Intel começou sua campanha de marca, ela era, inicialmente, vista com certo ceticismo, tanto fora quanto dentro da empresa. Os clientes da Intel eram fabricantes de computadores que não precisavam que uma marca sofisticada dissesse a eles qual tipo de desempenho e valor obteriam dos *chips* da empresa.

Isso não deteve a gerência da Intel, a qual também teve a ideia brilhante de contribuir diretamente para as campanhas de marketing dos fabricantes de PCs, contanto que eles promovessem o selo "Intel Inside". Em pouco tempo, a marca do fabricante de *chips* podia ser vista por todo o mercado, ultrapassando a marca de qualquer fabricante de PC.

- "Intel Inside" passou a ser uma *marca confi*ável.
- A marca registrada foi elevada a um nível em que os consumidores regularmente colocam a mão no fogo por ela.

Não apenas nos Estados Unidos, mas também internacionalmente, as empresas de tecnologia sentem que o desenvolvimento sério da marca é importante porque ele os projeta na mente das pessoas, até o topo das organizações de usuários. Por exemplo, os grandes contratos de tecnologia da informação são concedidos em nível de diretoria, em vez de serem concedidos apenas pelos gerentes de TI, e os diretores tendem a questionar se seria sábio assinar contratos com empresas pouco conhecidas.

Mesmo as empresas de tecnologia bem estabelecidas expressam a opinião de que seu futuro será cada vez mais influenciado pelas diretorias que operam além dos limites da indústria de tecnologia. O reconhecimento da marca ajuda a ganhar o suporte de executivos não técnicos, que pouco sabem sobre TI, aumentando as barreiras para os rivais menores e pouco conhecidos – como a IBM fez uma vez.

A marca também serve como um Cavalo de Troia. Enquanto o século 20 chegava ao fim (mais precisamente em 1997), a AT&T começou a considerar uma maneira mais inovadora e menos onerosa para entrar no mercado de telecomunicações – fazendo-o tão mais rapidamente do que construir sua própria infraestrutura. A estratégia era franquear seu nome de marca para operadoras locais e sem fio, conectando diretamente à rede da AT&T e ao sistema de faturamento.

O plano era que a marca possibilitaria que a AT&T rapidamente trouxesse os serviços sem fio e locais para os clientes de longa distância, assim como economizar $3 milhões de seu orçamento de capital de $9 milhões. Essa estratégia contrastava, por exemplo, com a da MCI, a qual na época operava os serviços de telefones celulares nos 50 principais mercados, embora ela não tivesse suas próprias instalações. A estratégia da MCI, a qual também usou o nome da marca, era:

- comprar transmissão de empresas locais, comercializando-a como um serviço da MCI, e
- juntá-la a outros serviços comerciais para criar um pacote atrativo.

Nos bastidores dessas estratégias estava o fato de as políticas antigas de padrões de telecomunicações estarem ficando de ponta-cabeça porque os serviços sem fio estavam se espalhando por todos os Estados Unidos e rapidamente expandindo a área potencial de mercado. Através da marca, a Telcos esperava se expandir rapidamente com pouco desembolso de capital, mas a gerência deixava a desejar e os planos de franquias não forneceram os resultados esperados.

Os analistas financeiros disseram na época que no final esta experiência com a marca prejudicou a reputação da empresa. A AT&T, por exemplo, era um nome amplamente respeitado pelos serviços de alta qualidade e atendimento excepcional aos clientes – mas, porque as franquias não conseguiram manter os altos padrões esperados pelos clientes, a AT&T foi atingida. A lição é que a gestão da marca e da franquia precisa:

- exercer uma vigilância constante, e
- prestar muita atenção ao controle da qualidade.

Fundamental ao seu marketing é o desenvolvimento de uma marca enriquecida pela mensagem: "Você tem um amigo". (O Chase Manhattan foi o primeiro a usar este conceito). Dessa maneira, eles motivam os produtos de marcas próprias e os veem como os meios para produzir margens melhoradas, ao mesmo tempo que aumentam a pressão sobre os concorrentes.

É claro que não é suficiente inventar uma marca, ou um *slogan* para poder sentir um aumento nas vendas. Além disso, o tipo de marca que atinge os olhos do público não surge mediante uma revelação. Ela precisa de um estudo minucioso e testes, incluindo pesquisa de mercado e opiniões contrárias. Isso não acontece de uma hora para outra.

Em vários casos, todos os tipos de setores que buscam indústrias e bancos de marca estão, na realidade, no escuro no que diz respeito a como seus produtos ou serviços são vistos pelos clientes atuais e potenciais. A administração nem sempre está ciente disso, mas, ainda assim, precisa tomar decisões sobre o *design* do produto, embalagem, preço e promoção, o que:

- implica grandes quantias de dinheiro, e
- em alguns casos, determina o sucesso ou o fracasso de uma empresa.

Claro que certa quantia de táticas de tentativa e erro é inevitável. Os consumidores nem sempre sabem por que fazem o que fazem; têm a tendência de serem bastante diferentes entre si e até mesmo as mesmas pessoas variam em seus sentimentos de tempos em tempos. Os leitores de uma revista de negócios séria podem acreditar que assinam esta revista porque ela é completa, ao passo que eles realmente a assinam porque ela faz com que eles se sintam importantes.

Algumas pessoas dirão que elas gostam de uma marca de cerveja porque ela é saborosa, embora elas realmente preferem-na porque se acostumaram a ela. Outras poderão dizer que não gostam de uma marca de café porque ele é "muito forte", mas o verdadeiro motivo pode ser porque elas o associam aos apreciadores inveterados.

Ao tomar decisões com base nos fatores que são inerentemente evasivos e intangíveis, há a necessidade clara de informações que adicionarão certo grau de definição transparente. Além disso, qualquer empresa, na qual a motivação do cliente é crucial, descobrirá que estar um pouco mais próximo do alvo produz vantagens definidas no setor de vendas. Isso leva a uma variedade de abordagens ao fazer as estimativas relacionadas às marcas.

Concluindo, o significado na marca está na natureza do esforço sendo feito: penetrar em uma camada mais profunda e menos consciente da mentalidade do consumidor ou da empresa, onde a verdadeira motivação para comprar este ou aquele produto poderá não ser reconhecida. Isso claramente contrasta os motivos solidamente lógicos que os consumidores acreditam (e dizem) que eles têm, levando o profissional de marketing a tomar medidas erradas se ele aceitá-los como são.

10.6 A ARTE DE VENDER E O EMPRESARIADO SE CORRELACIONAM: REICHMANN E O THE CANARY WHARF

O ano de 1992 viu o colapso do Canary Wharf. Praticamente todos diziam que ao decidir construir um novo centro financeiro no Docklands em Londres, os Reichmanns subestimaram vários fatores: o problema de logística para se chegar lá, os instintos de autopreservação da cidade e o conservadorismo das classes de negócios britânicas.

Em outras palavras, este foi um fracasso na arte de venda, em vez do senso empresarial que os Reichmann haviam evidentemente demonstrado na América do Norte. De acordo com um comentário, os canadenses cometeram o erro de igualar Londres com Toronto e Nova York. Na "Big Apple", seu Centro Financeiro Mundial foi um sucesso estrondoso, mas:

- o Centro Financeiro Mundial era uma caminhada de cinco minutos do Wall Street, e
- o Canary Wharf é uma corrida de meia hora de táxi do Threadneedle Street e muito mais que isso na hora do *rush*.

Outro argumento foi que Wall Street não reagiu, e nem poderia, ao esquema de Reichmann ao construir outra dúzia de arranha-céus por conta própria. A cidade de Londres fez exatamente isso, construindo projetos gigantescos como o Broadgate, Cannon Bridge e Alban Gate, resultando em um excesso de espaço para escritório de empresas financeiras.

Os analistas financeiros e comentaristas perguntavam: "Por que alguém se mudaria para o Docklands quando existem dezenas de empreendimentos desocupados a preço de barganha no centro da capital?". A conclusão é que eles não deveriam se mudar, e que os bancos deveriam assumir a culpa por calcularem erroneamente a resposta dos estabelecimentos financeiros e comerciais britânicos.

Os profissionais responderam que tudo aquilo era balela. Os críticos simplesmente se esqueceram do "Reaganomics", o qual levou o entusiasmo, em meados e final dos anos 1980, para ambos os lados do Atlântico Norte. No Reino Unido, o Barclays passou a ser o credor mais agressivo durante aquele período, e durante o período de 1987 a 1991 viu seu portfólio de empréstimos para o setor imobiliário crescer em 35% ao ano. Foram os bancos que enganaram os Reichmanns.

Os bancos agravaram seus erros quando vieram para a Olympia & York Development (O&YD), emprestando centenas de milhões de dólares com base em um pouco mais que a boa reputação dos Reichmanns. No caso do Canary Wharf, as instituições de crédito nem mesmo exigiram colaterização cruzada sobre as propriedades valiosas da O&YD na América do Norte. Como resultado, seu único seguro sobre esses empréstimos, na casa de £1,2 bilhões ($1,75 bilhões na época), praticamente não tinha valor algum, e perdas enormes se avistavam no horizonte.

De acordo com esse argumento, era o empresariado dos bancos, e não a arte de vender dos Reichmanns, que tinha a culpa. De fato, muitos dos grandes bancos na América do Norte, Europa e Ásia fizeram empréstimos generosos para a Olympia & York Development – a qual era, na época, a maior empresa imobiliário privada do mundo. Muitos analistas disseram que eles fizeram isso violando suas próprias regras de crédito porque a O&YD:

- não deixava que os bancos revisassem seus livros, e
- recusou-se a revelar todas as suas obrigações financeiras.

Como resultado deste excesso de dinheiro em suas mãos, ninguém ficou surpreso quando a O&YD se viu atolada em dívidas, ao mesmo tempo que enfrentava os mercados de propriedades enfraquecidos. Isso resultou em uma série de investimentos desastrosos, e os bancos faziam fila para ver quais provavelmente seriam suas perdas.

Aqueles que achavam que a arte de vendas dos Reichmanns continuava sendo estelar pressionavam o ponto de que os bancos apostaram na fama da família canadense, e não na razão baseada em análises. Isso não era tão incomum porque depois de décadas mantendo suas finanças a sete chaves, a Olympia & York sempre tinha o controle. Somente depois do desastre de 1992 é que ela foi forçada a concordar em abrir seus livros e mostrar aos seus bancos credores:

- quem devia o que, e
- em quais termos.

Um dos princípios básicos do crédito é que o empréstimo não assegurado, sem saber da situação financeira total, é muito perigoso. Em contrapartida, o empréstimo assegurado com base no valor de projetos específicos é razoável mesmo sem saber da situação financeira total. Todo banqueiro conhece esse princípio, e quase todos o violam.

O problema de crédito na Olympia & York é que ela carregava $15 bilhões de dívida em imóveis e mais de $3 bilhões em suas subsidiárias de petróleo e gás (na época, uma quantia enorme de dinheiro). Os bancos só ficaram sabendo disso depois de atingidos pela adversidade. Como a Grécia, a Espanha, Portugal e a Irlanda nos dias de hoje, a empresa enfrentava uma série de grandes pagamentos de dívida que ela não conseguia cumprir. Assim sendo, ela pressionava seus bancos por:

- mais dinheiro em empréstimos de curto prazo, e
- termos muito mais suaves na sua dívida existente.

Da reputação de todos os banqueiros atingidos pelo fiasco do Canary Wharf, nenhuma foi mais prejudicada do que a de Sir John Quinton, presidente do Barclays Bank. Até então, o Quinton era enaltecido como o homem preparado para mudar as políticas rígidas de empréstimos estabelecidas sob seu predecessor, Timothy Bevan, para poder restabelecer o papel de liderança do Barclays no setor bancário. Mas, à medida que a poeira baixava ao redor do império falido dos Reichmanns, o Barclays e o Quinton apareceram sob um prisma totalmente diferente.

Vários analistas também sugeriram que a O&YD não havia sido o maior problema de crédito do Barclays. A maior e única exposição de propriedades do banco era de £440 milhões para o Imry Group e sua empresa parente, Marketchief. O Imry e a Marketchief foram forçados a refinanciarem suas dívidas bancárias em 1991, mas os sinais eram de que eles estavam saindo dos problemas. Entre 1987 e 1992, a exposição total do Barclays ao setor de propriedades:

- havia aumentado de £2,1 bilhões ($3 bilhões) para £5,4 bilhões ($7,73 bilhões), um aumento de 157%, e
- este se comparava incorretamente a um aumento de 64% no total de empréstimos do Reino Unido para o mesmo período.

A Olympia & York deviam £200 milhões (na época $290 milhões) para o Barclays, incluindo os empréstimos para o Canary Wharf. Não havia muita possibilidade do Barclays obter essa quantia de volta, e mesmo dentro do banco as pessoas se questionavam quanto uma instituição supostamente conservadora deveria ter emprestado para uma empresa tão secreta. Isso levou a uma "limpeza" na alta gerência.

Como resultado, John Quinton anunciou que ele se demitiria do cargo de presidente no final de 1992, para ser substituído por Andrew Buxron. Apesar das negativas do banco, havia especulações persistentes de que ele foi forçado a sair em meio à insatisfação da diretoria sobre os problemas crescentes do banco. A gestão do risco é uma arte que poucos banqueiros, incluindo os CEOs, dominam.

10.7 ESTAR PROFUNDAMENTE ENDIVIDADO É SER RUIM NA ARTE DE VENDAS FINANCEIRAS

Agindo como intermediários, os bancos obtêm grande parte de seus lucros com empréstimos, afinal esta é sua atividade primária como interposto financeiro. Mas promover empréstimos numa campanha, o que significa fazê-los sem a consideração apropriada das credenciais de crédito, é ser ruim na arte de vendas e é também uma receita para dificuldades. Mais cedo do que se espera, eles acabam em problemas para:

- os clientes do banco, e
- a instituição de crédito em si.

À medida que as quantias de empréstimos entram numa espiral enquanto a idoneidade creditícia encolhe, a diretoria poderá tomar medidas para corrigir essa situação. Geralmente, cabeças são cortadas. Mas os danos já foram feitos, e muitas vezes os responsáveis já não estão mais por perto.

Por exemplo, quando os problemas financeiros dos Reichmanns vieram à tona, vários diretores responsáveis pela expansão rápida do Barclays Bank no setor de propriedades já não estavam mais na instituição. Dos oito principais executivos apresentados no relatório anual de 1987, apenas cinco permaneceram; assim, o presidente pagou o preço.[122]

Entre os bancos norte-americanos, acredita-se que o Citicorp tenha emprestado aproximadamente meio bilhão de dólares para a Olympia & York, o veículo dos Reichmanns, mas existem rumores de que eles haviam vendido partes desses empréstimos para outros bancos. Acredita-se que o Chemical Bank mantinha $250 milhões dos empréstimos da O&YD. A ironia é que alguns dos credores da O&YD eram os mesmos bancos que emprestaram $2 milhões para o Donald Trump sem revisar seus registros financeiros, ou as avaliações de suas propriedades. Esses bancos ficaram perplexos em 1990 quando descobriram que Trump:

[122] Barclays conseguiu controlar a tempestade, enquanto outras instituições de crédito que se expuseram demais ao setor imobiliário faliram – como o Bank of New England, nos Estados Unidos.

- havia emprestado dinheiro em excesso;
- não tinha caixa suficiente; e
- os valores de suas propriedades haviam caído drasticamente.

Um dos fatos da política de crédito, para o qual os bancos que emprestaram dinheiro para a O&YD não prestaram atenção, era que os sinais de problemas na empresa estavam emergindo há, no mínimo, dois anos. Embora a profundidade do abismo não pudesse ser medida, porque as finanças da empresa eram guardadas a sete chaves, não era segredo algum que o "relógio" não estava mais funcionando como antes.

Este descuido em estender o crédito não é, de forma alguma, uma exceção. Os bancos se especializam na competição por empréstimos, e para fazê-lo eles simplesmente se esquecem da idoneidade creditícia dos clientes. No caso da O&YD, os executivos dos bancos prejudicados foram rápidos em dizer que a empresa sempre negou veementemente ter dificuldades, mesmo quando em 1990:

- os valores de suas *holdings* caíram vertiginosamente, e
- as propriedades valem muito menos do que os bilhões de dólares em dívidas contraídos por elas.

De acordo com uma evidência curiosa, no caso da O&YD, muitos dos principais analistas imobiliários de Nova York fizeram os executivos privadamente dizerem que havia pouco ou nenhum valor de patrimônio remanescente no portfólio de Nova York da empresa. Esse foi um resultado direto do fato de que a Olympia & York financiou sua contribuição com patrimônio de $3 bilhões para o Canary Wharf largamente ao tirar uma nova hipoteca em alguns de seus prédios em Nova York.

"O negócio sobre o Canary Wharf", disse um especialista em risco de crédito numa reunião: "é que, quanto mais se vê os números, pior as coisas parecem ser. Você pode virá-los de ponta cabeça, de lado, na horizontal, na vertical e mesmo assim eles não melhoram. Não há um jeito, não importa como vire ou revire, de mudá-los".

Até mesmo os matemáticos estavam desprovidos. Um cálculo elementar mostrou que se aproximadamente 5 milhões de pés quadrados (1 ft^2 = 0,092903 m^2) construídos fossem totalmente ocupados a £15 por pé quadrado, uma suposição bastante otimista neste tipo de mercado, o Canary Wharf geraria £75 milhões ao ano. A tendência dos aluguéis na cidade de Londres e no Canary Wharf era muito pouco promissora, como mostrado na Figura 10.1.

Comparado a este, a exposição do banco foi de £1,2 bilhões, empurrando a conta de juros para pelo menos £120 milhões. Em outras palavras, mesmo que totalmente ocupado, o Canary Wharf enfrentaria um déficit anual de no mínimo £45 milhões ou mais. Isso ainda deixaria sedentos os credores que estavam divididos sobre acabar com a festa do Canary Wharf.

- Quatro deles, o Citibank, Crédit Lyonnais, Crédit Suisse e um banco finlandês, queriam empregar mais dinheiro.
- Sete, incluindo o Lloyds, Barclays e os grandes bancos canadenses haviam dito "nada feito".

Como mostrariam os eventos subsequentes, os que disseram "não" estavam errados – mas, na época, as perspectivas de sobrevivência pareciam escassas, enquanto os advogados estudavam os contratos de aluguel para ver se os locatários, como o American Express, poderiam se livrar de seus compromissos com o Canary Wharf, desse modo fazendo que uma situação ruim ficasse pior.

Da sua parte, o governo britânico não havia decidido se transferia ou não milhares de funcionários públicos para o projeto, e as esperanças de que a ex-

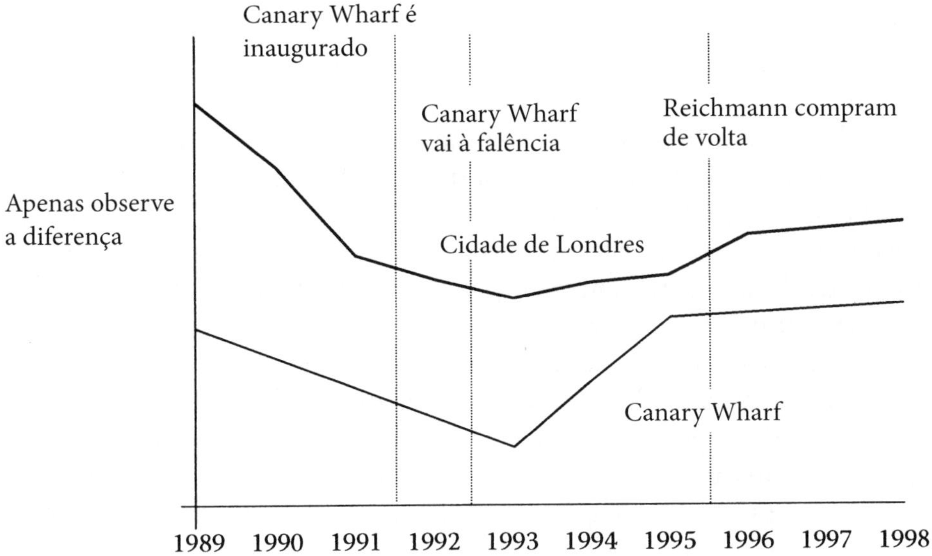

FIGURA 10.1
Linha de tendências na média de aluguéis, em £ por pé quadrado na cidade de Londres e no CanaryWharf

tensão de £1,4 bilhões para a Linha Jubilee, o sistema de metrô que ligaria o complexo ao centro de Londres, ainda estavam longe de serem alcançadas. (Finalmente, os contribuintes britânicos deram o dinheiro para a extensão.)

Havia, no entanto, um cenário mais promissor, o qual envolvia um grande investidor novo. Havia esperança de que o bilionário de Hong Kong, Li Kashing, compraria o projeto, pagaria os £1,2 bilhões para os credores e completaria o plano junto com a equipe administrativa da O&YD. Em contrapartida, o pior cenário seria não encontrar quem os apoiassem, o Canary Wharf seria deixado às traças e suas avenidas elegantes seriam abandonadas como uma cidade corporativa fantasma. A realidade surgiu entre as alternativas, e o homem que salvou o projeto, e se beneficiou deste, foi nada mais, nada menos que Paul Reichmann.

De acordo com um artigo publicado no *Economist* cinco anos depois da queda do Canary Wharf, Paul Reichmann estava convicto de que sua empresa não havia sido a fonte de sua queda. A culpa era de sua expansão em negócios não imobiliários.[123] Ele tinha tanta certeza de que o projeto do Canary Wharf valia seu peso que, em 1995, liderou um grupo de investidores que comprou o Canary Wharf de volta dos bancos por £800 milhões (na época, $1,12 bilhões). Este era um preço miserável em comparação aos investimentos, ainda assim, acima da oferta do próximo licitante. Por volta de 1995, as perspectivas mais uma vez pareciam boas, mas os bancos ainda se sentiam como se estivessem em desvantagem. O empreendimento existente de 4,5 milhões de pés quadrados estava 80% ocupado, e Reichmann estava iniciando a próxima fase, a qual poderia adicionar mais 10 milhões de pés quadrados com um novo prédio já pré-alugado para o Citibank.

Um ano depois, em 1996, veio a extensão dos trilhos do metrô, e o Canary Wharf ficou a apenas 15 minutos da zona oeste de Londres. Afinal de contas, com 19.000 pessoas já trabalhando no Canary Wharf, o projeto havia ganhado sua reputação, enquanto os escritórios oferecidos lá eram mais espaçosos e modernos do que qualquer outro centro empresarial na Cidade de Londres.

Paul Reichmann em si havia mudado. Ele já não era mais o empresário super ativo. Ele tinha apenas 5% no novo empreendimento e havia adotado uma maneira menos acelerada de desenvolvimento de propriedades, na qual os prédios eram construídos apenas se fossem substancialmente pré-alugados. Mas Reichmann havia conseguido mudar o horizonte de Londres, quando suas torres forçaram os proprietários de outros escritórios, especialmente na cidade, a melhorarem as áreas ao seu redor.

---

[123] *The Economist*, 25 de maio de 1997.

Após sua morte, alguns analistas disseram que a recessão de 1991-1992, a qual atingiu o Canary Wharf e os Reichmanns, foi intensificada pelo fervor ideológico inapropriado pelo governo britânico. Uma lição fundamental do desastre do Canary Wharf foi que os grandes empreendimentos urbanos não podem ser deixados apenas para o setor privado. As empresas individuais, embora grandes, não têm o incentivo nem a capacidade de prover ferrovias, rodovias ou outros serviços coletivos.

É uma interpretação errônea da economia sensível dos mercados livres sugerir que o governo não tem um papel no desenvolvimento econômico. Em vez disso, queira ou não, o Estado está aí para prover a infraestrutura básica, especialmente as ligações de transporte.

O empreendimento La Défense em Paris, o equivalente ao Canary Wharf, pode ser visto como um exemplo deste princípio em ação. O governo francês gastou muito em metrôs e ferrovias, e enviou milhares de servidores públicos para trabalharem nos novos escritórios. Como resultado, o La Défense, o qual recebeu a cúpula econômica de 1989 dos Sete Grandes, passou a ser a inovação moderna de espaços para escritórios da capital francesa – e eles ofereceram uma área extremamente nobre para os agentes imobiliários.

Parte 4
Inovação

11

Tecnologia

11.1 PESQUISA E DESENVOLVIMENTO

Em seu sentido mais amplo, *tecnologia* é o fluxo de novas ideias que estão sendo pesquisadas e, se promissoras, entrarão no estágio de desenvolvimento com o objetivo de serem transformadas em produtos novos e úteis. Esse fluxo de ideias, e de produtos da tecnologia, é a única maneira de obter taxas de crescimento anuais que sustentam e aprimoram o padrão de vida das pessoas.

Desde o começo da história da humanidade, o progresso do homem tem sido caracterizado por certos avanços extraordinários em ciência e tecnologia. As descobertas e invenções sempre foram o lubrificante das rodas do progresso. Nos tempos modernos, o que praticamente significa desde meados do século 19, os avanços em tecnologia passaram a ser o escopo e o empenho dos laboratórios de pesquisa.

- A P&D organizada muitas vezes é manchete nos jornais.
- Mas, ao mesmo tempo, as iniciativas privadas de pesquisa têm sido os principais contribuintes e poderão continuar sendo.

A *pesquisa organizada* pode ser definida como um programa planejado direcionado para a busca do que ainda é "desconhecido" em física, química, biologia e outras ciências. O objetivo é testar as hipóteses e descobertas de novos dados, novas aplicações de fatos aceitos e novas interpretações das informações disponíveis.

Desenvolvimento normalmente se refere à aplicação do conhecimento obtido com a pesquisa. Falando de forma geral, pesquisa e desenvolvimento (P&D) são processos de investigação, exame e experimentação para fins de descoberta e interpretação dos fatos, revisão das conclusões aceitas, desafiando as informações dominantes. Isso é feito para aumentar nosso *insight* dos processos físicos, assim como descobrir novos recursos, produtos, sistemas, métodos e artes.

"Não podemos fazer nada sem ideias preconcebidas", disse Louis Pasteur, o grande cientista francês do século 19, "Devemos simplesmente ter a sabedoria de não acreditar em deduções sem a confirmação por meio de experiências. Quando sujeitas ao controle rigoroso do experimento, as ideias preconcebidas são a flama ardente da ciência das observações; ao passo que as ideia fixas estão em perigo. *O grande erro do espírito humano é acreditar em coisas porque queremos que elas sejam assim*".[124] Está na tradição da ciência:

- primeiro observar,
- em seguida, entender, e
- por último, experimentar e utilizar as forças da natureza.

O homem tem feito isso desde o princípio da história, porém, sem pesquisas sobre o desconhecido não há progresso. A boa notícia é que a atividade de pesquisa é virtualmente incessante. A pesquisa precisa ser feita sobre os materiais, os componentes, os subsistemas, as montagens em larga escala, o microscosmo, o mega sistema ambiental no qual vivemos e operamos – e a vida em si.

Não importa como as pessoas a definem, a pesquisa é "uma busca dentro do desconhecido" – portanto, sobre o futuro. A economia encolherá e a produção industrial ficará estagnada sem a pesquisa. Mas também, a atividade de pesquisa permanecerá insignificante se seu produto não for adequado para entrar na produção. Do ponto de vista da economia e das empresas:

- a pesquisa não é apenas "mais uma despesa", e sim
- o "custo para continuar em operação ", assim como os custos de produção e vendas surgem por estar em operação.

As conquistas da pesquisa convidam a um exame minucioso da contribuição da indústria para a força econômica e o bem-estar das nações, mesmo *que* tais nações nem sempre estejam cientes dessa contribuição. Em longo prazo, nenhuma indústria que opera em um mercado competitivo consegue sobreviver sem investir em pesquisa, assim como ela não consegue continuar em operação sem produzir produtos ou fornecer serviços.

Acabar com a pesquisa é como colocar uma lápide sobre o futuro de uma nação. Ainda assim, no final do século 19, um congressista em defesa da economia sugeriu que o governo fechasse o Departamento de Patentes, alegando ser

---

[124] M. Pasteur, *Historie d'um Savant, par Um Ignorant*, J. Hetzelet Cie, Paris (Sem data. Provavelmente foi publicado logo depois da morte de Pasteur no século 19). O ditado de Pasteur é a resposta mais devastadora para pregar todos os tipos de religião: "Acredite, mas não pesquise (para descobrir)".

uma despesa desnecessária, uma vez que "tudo que vale a pena já foi inventado e não há nada sobrando para incitar a imaginação do homem".[125]

Hoje em dia, a política de pesquisa, assim como a das ciências, está proximamente ligada a outros domínios políticos. Isso não é muito positivo, pois as características especiais da pesquisa – sobretudo da pesquisa básica – é que seu objetivo, assunto e método mudam constantemente; é uma questão para um exame de consciência, para questionamentos ininterruptos, os quais mais frequentemente são uma maldição para os políticos.

Além disso, a interferência política tende a alterar o objetivo básico da pesquisa, o qual é descobrir e habilitar novos produtos. Por exemplo, no final dos anos 50 e início dos 60, a pesquisa passou a ser um símbolo de *status* para as nações – e um motivo de rivalidade internacional entre os poderes líderes. Em seguida, os orçamentos para pesquisas fizeram a diferença entre ter grandes "cérebros" como um recurso nacional. Dean Neil Jacoby competentemente parafraseou esta questão em nossa discussão de março de 1966 na Universidade da Califórnia, em Los Angeles:

> A P&D nas fronteiras do conhecimento deram à indústria americana a mão de obra da atividade da engenharia de vendas internacional e os cérebros dos principais cientistas que vieram para os Estados Unidos de todos os outros países tecnologicamente avançados. Os Estados Unidos precisam continuar investindo quantias maiores de dinheiro em P&D apenas a fim de atrair mais "cérebros".

Isso soa como uma declaração provocante. Mas é melhor identificar as questões como elas são, em vez de tentar contorná-las. O "imperialismo tecnológico" é um termo bastante grosseiro e impreciso usado por algumas pessoas para denotar a liderança mundial dos Estados Unidos em tecnologia. Mesmo assim, esta liderança tem sido real e crescente por mais de meio século, depois do final da Segunda Guerra Mundial – embora hoje ela seja desafiada por algumas das grandes nações emergentes.

Os cérebros, não o dinheiro, são tudo na P&D, mas o dinheiro também tem um papel importante. De acordo com um estudo feito pela Organização para a Cooperação Econômica e Desenvolvimento (OECD), a Europa Ocidental fica bem atrás dos Estados Unidos e o Japão em gastos com pesquisa. Essa discrepância em investimentos em P&D significa que a Europa tem uma dívida séria em seu "saldo tecnológico de pagamentos". Os países europeus estão comprando mais *know-how* tecnológico, licenças e patentes dos Estados Unidos do que estão vendendo para eles.

---

[125] Uma *patente* é, na sua essência, uma concessão do governo pelos direitos de monopólio para fabricar a invenção para a qual a patente foi requerida. Nos Estados Unidos, esses direitos são válidos por 17 anos, sendo que depois deste tempo presume-se que o objeto da patente deve ser livremente transferido para o domínio público.

Além disso, embora seja uma "necessidade", os investimentos financeiros em P&D são apenas parte da história. O *tempo* é um recurso tão importante quanto cérebros e dinheiro. Após longos períodos de indecisão, a indústria europeia foi ficando sem tempo e também está ficando para trás em termos da seleção engenhosa dos projetos de P&D.

- Para qualquer indústria, em qualquer país a qualquer hora, o número concebível de assuntos para pesquisas é praticamente ilimitado.
- Em contrapartida, os cérebros e os fundos – públicos e privados – são finitos, até mesmo nos países mais ricos.
- A ausência de uma estratégia clara de P&D e de produção influencia os cronogramas de entrega e enfraquece os benefícios a serem descritos das revisões críticas dos projetos.[126]

Sob essas condições, a pesquisa não pode operar como uma âncora da inovação e do progresso, dando certeza sobre o sucesso no ambiente econômico global desafiador. Quem financia a P&D – a empresa ou o Estado – deve constantemente rever os cronogramas, a funcionalidade, a eficácia em termos de custo e a qualidade dos produtos. Além disso, a economia nacional em si tem de ser reestruturada para eliminar os gargalos e permitir que cada membro da comunidade tenha um papel importante em um círculo virtuoso de progresso econômico.

11.2 PRODUTOS ESTRATÉGICOS E TÁTICOS

A Seção 11.1 trouxe para a atenção do leitor o fato de que vivemos numa era em que as mudanças, especialmente as tecnológicas, são características do progresso. Produtos novos e melhorados e/ou muito mais eficazes em termos de custo são ingredientes primários de uma economia competitiva, assim como um meio para conquistar os mercados globais. As realizações científicas se certificaram de que a pesquisa passasse a ser um meio de vida. Juntamente com um estímulo para o crescimento, a P&D é agora uma base de sobrevivência econômica, não apenas das grandes empresas, mas também das pequenas e médias.

A inovação não está limitada a produtos. As ideias e os processos inovadores impactam toda e qualquer função dos negócios, embora a pesquisa seja especialmente poderosa quando direcionada para o produto e para a liderança de mercado, como sugere a Figura 11.1. A pesquisa é um dos três pilares de

[126] Caso eles sejam mantidos.

FIGURA 11.1
Os três pilares de sucesso em uma indústria globalizada e dinâmica

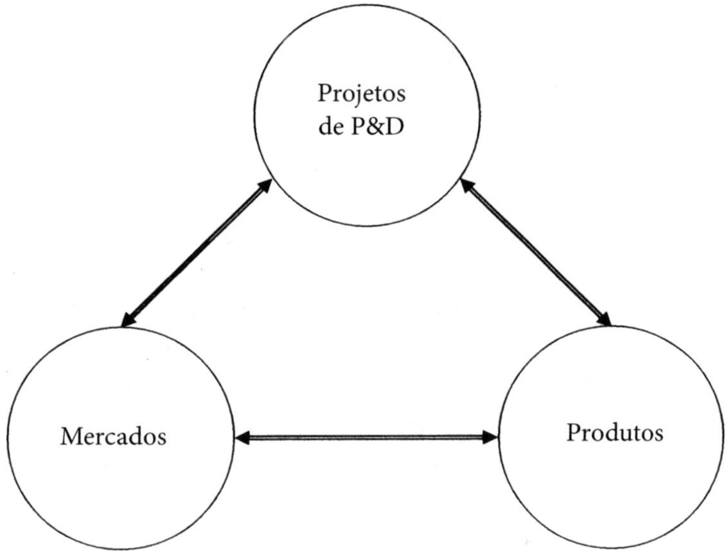

uma indústria dinâmica, globalizada, e, portanto, um ativo tremendo acoplado às operações de negócios de uma empresa:

- assumindo como informações de entrada sobre as necessidades dos produtos;
- criando novas necessidades através de inovações; e
- proporcionando, como resultado, novas oportunidades de negócios.

A mensagem transmitida por esses tópicos é mais bem apreciada em um conceito mais amplo, o qual declara que os desenvolvimentos tecnológicos não são apenas sobre descobertas e engenharia. Mesmo os melhores resultados de P&D podem ser estéreis e sem atrativo comercial, e se desprovidos de saídas para o mercado eles não proporcionarão o retorno requerido sobre os investimentos.

Normalmente, embora nem sempre, novas tecnologias e produtos inovadores levam tempo para chegar a uma distribuição completa. Embora devemos aprender a nos movimentar mais rapidamente para selecionar a tecnologia correta e, em seguida, garantir sua perfeita aplicação em tempo oportuno, os processos levam tempo e esforço constante para serem desenvolvidos.

As necessidades dos produtos devem ser respondidas de maneira hábil e, em seguida, traduzidas em conhecimento aplicado. As oportunidades de negócios precisam ser visualizadas em conexão com novos produtos e processos.

Os produtos e serviços inovadores devem ter custos mais baixos[127] e/ou melhores propriedades e desempenho do que aqueles já existentes. Um programa de evolução do produto pode ser elaborado para prover resultados efetivos *se*, e apenas *se*,

- preparou para si objetivos específicos, e
- tem conseguido alcançá-los apesar das adversidades.

Nem todos os produtos que saem do laboratório de P&D são estratégicos. Alguns são *táticos*, com o objetivo de responder aos requisitos de mercado em curto e médio prazo, ou requisições específicas de clientes importantes. Eles também podem ser trazidos para o mercado para fornecerem uma resposta ao produto recém-introduzido de um concorrente ou fechar uma lacuna na linha de produto de uma empresa.

Em contraste aos produtos táticos, os produtos estratégicos são de prazo mais longo. Eles tendem a ser mais genéricos, já que a empresa depende deles para seu impacto no mercado. A Tabela 11.1 apresenta as características mais importantes que ajudam a distinguir entre produtos estratégicos e táticos.

Normalmente, todas as empresas terão um grupo relativamente pequeno de produtos estratégicos selecionados. A Eli Lilly, a empresa farmacêutica, é ativa em vários campos: neurociência, endocrinologia, oncologia e saúde dos animais; mas apenas alguns de seus produtos são estratégicos. Citando do Relatório Anual de 2009 da Eli Lilly: "A receita em neurociência, liderada pelo Zyprexa e Cymbalta, aumentou 7% em comparação a 2008 e representa *41% de nossa receita total de 2009.* [enfatizando] A endocrinologia, liderada por Humalog, Evista e Humulin, aumentou 3% e representa *26% de nossa receita total de 2009.*[128] A Oncologia foi nossa área terapêutica que cresceu mais rapidamente, com crescimento de 10% e representa *14% de nossa receita total de 2009.*"[129]

Como documenta este exemplo, poucos produtos são considerados pela gerência como estratégicos, mesmo se uma empresa farmacêutica lançar vários remédios inovadores que melhoram a vida de milhões de pessoas. Essa estratégia ajuda a empresa a sustentar o crescimento e a ter um forte desempenho financeiro, mesmo se ela gastar uma quantia significante de sua renda anual em P&D.[130]

---

[127] Veja no Capítulo 9 o caso da inovação reversa.

[128] Idem.

[129] Idem.

[130] Para ajudá-las a serem competitivas, muitas empresas alocam um orçamento pesado para a P&D. A Osram é uma empresa de lâmpadas. Nos anos 1960 e 1970, quando eu era consultor da diretoria administrativa da Osram, o orçamento de P&D representava 6,5% da renda anual.

TABELA 11.1
Produtos Estratégicos e Táticos

Estratégico	Tático
Seleciona alguns que chamam mais a atenção da gerência; aqueles que ganham mais.	Muitos produtos; sujeito a lucros estáveis e avaliação das perdas.
Alcance mais longo.	Alcance mais curto.
Almeja o impacto no mercado.	Normalmente almeja a resposta dos clientes.
Mais P&D, mas com prazos de tempo para o mercado.	Transição rápida entre P&D e produto.
Compromisso com a continuação.	Tendem a ser de alcance mais curto e efêmero.
Compromisso com a melhoria constante.	Frequentemente reprojetado e/ou personalizado.
Nenhum dinheiro é perdido em subsídio.	Poderá ser concebido com um custo mais baixo para captar um cliente importante ou segmento de mercado.
O grau de liberdade na precificação depende do produto e de seu mercado.	Deve se beneficiar do baixo custo de produção e distribuição.

Da maneira como é colocado no Relatório Anual de 2009 da Eli Lilly, "Os desafios que a indústria farmacêutica enfrenta hoje podem ser resumidos como um problema fundamental: inovação. Nossa indústria sofre com a escassez de pesquisa e desenvolvimento num momento quando a sociedade está elevando os parâmetros para a inovação farmacêutica ao exigir maior eficácia dos novos medicamentos".

A inovação na indústria farmacêutica almeja trazer para os pacientes medicamentos novos, mais eficazes, cada vez mais fabricados para grupos específicos de problemas – o que significa quase personalizados. A Eli Lilly descreve isso da seguinte maneira:

- "Embora esta escolha implique riscos, ela também está repleta de oportunidades".
- "Nunca houve um momento mais urgente para medicamentos inovadores".
- "À medida que as pessoas ao redor do mundo vivem mais tempo, e a renda global aumenta, a demanda por medicamentos inovadores continua a crescer".

A mesma referência é quase verdadeira para todos os produtos de alta tecnologia. Observe, no entanto, que vários problemas na evolução dos produtos resultam da interpretação errada do potencial de um projeto de P&D, do uso inadequado de um material recém-desenvolvido, cronogramas desorganizados e outros motivos conectados à falta de gerenciamento. (Veja também a discussão na Seção 11.3.)

Os fabricantes de plástico citam as fôrmas de gelo feitas com polietileno como um caso em que o plástico[131] foi usado erradamente. Com uma leve torção dessas forminhas, os cubos de gelo saem facilmente. Esse produto ganhou ampla aceitação dos consumidores inicialmente, mas o polietileno tem duas desvantagens básicas para este uso. Por ser um bom isolante, ele desacelera o congelamento da água; nas também endurece e racha em temperaturas baixas.[132]

Quando um produto fracassa na sua área de implementação pretendida, o mercado é suprimido para seu(s) fabricante(s). Para tentar limitar o número de fracassos, muitos fabricantes se baseiam em linhas alternativas de produtos ou buscam soluções por meio de aquisições. O que muitas vezes nos esquecemos é que eles podem nos levar a um choque cultural, com um dos dois resultados:

1. Os laboratórios são precariamente integrados.
2. Os melhores pesquisadores da empresa adquirida pedem demissão.

Outros problemas também estão presentes na busca pelos próximos produtos estratégicos, muitos deles gerenciais. Os exemplos incluem o caso dos principais executivos que querem novos produtos, mas não conhecem ou não conseguem chegar a um acordo sobre quais tipos de produto os interessam; o laboratório está atolado com o desenvolvimento de projetos, mas poucos produtos importantes estão saindo, e mesmo estes não estão valendo a pena. Quando acontecem eventos como esses, ou similares, a oportunidade para o desenvolvimento de produtos estratégicos diminui para zero. Um princípio básico na inovação de produto que o leitor deve ter em mente é que nenhuma pesquisa, nenhuma tecnologia, nenhum processo novo vale alguma coisa se não *criar valor*. Duas questões cruciais devem ser respondidas praticamente o tempo todo em qualquer empresa que se preze:

1. Como *desenvolvemos* tecnologia de maneira a criar valor para os consumidores?
2. Como *vinculamos* a tecnologia aos mercados de forma que a *nossa* empresa possa melhorar sua capacidade de resistência financeira?

[131] Substantivo, singular.

[132] Muitos fabricantes de fôrmas para gelo voltaram a usar metal enquanto testam outros plásticos para determinar qual deles funcionaria melhor que o polietileno.

Uma resposta hábil para essas duas perguntas também fornece ideias para responder a próxima pergunta importante: "Como planejamos e desenvolvemos produtos estratégicos? Como medimos o retorno sobre os investimentos (ROI) na P&D?". Como veremos na Seção 11.4, a P&D é um centro de lucro – não um centro de custo. E todo centro de lucro deve ter uma estrutura fundamental para retratar e avaliar o retorno sobre seus investimentos.

11.3 O RETORNO SOBRE O INVESTIMENTO NÃO DEVE SER MENOSPREZADO

"Um homem é julgado pela sua habilidade e disposição em fazer um trabalho diário honesto", um dos meus professores de finanças na UCLA ensinava aos seus alunos em 1953. Imediatamente depois disso, ele adicionava, "E um investimento deve ser julgado pelo seu retorno." Os investimentos em P&D não são exceção para esse ditado.

Embora a pesquisa sobre o desconhecido seja uma atividade intelectual prazerosa, ela não deve ser feita como um devaneio. Embora a P&D deva ser adequadamente financiada, ela também deve produzir resultados, e esses devem ser avaliados em termos de ROI. As generalizações são sempre perigosas, mas, se as outras coisas permanecerem inalteradas, os produtos estratégicos têm retornos de grande ou maior alcance do que os táticos. No que diz respeito ao trabalho criativo:

- O ROI não é apenas uma questão de autorização do financiamento, e
- também se refere a manter os recursos humanos em alerta por meio de contribuições tangíveis para o enriquecimento da sociedade.

Seja corporativo ou nacional, muitos planos e projetos de P&D até agora subestimam a extensão dos recursos humanos disponíveis e o nível de satisfação pessoal por meio da atividade intelectual. Além disso, o número de pesquisadores e de pessoal auxiliar tecnicamente treinado é um fator limitador, assim como tempo e dinheiro – e, portanto, os recursos humanos devem ser administrados com o ROI em mente.

A notícia ruim é que, dada a quantia de candidatos, as universidades hoje em dia estão mais interessadas em números do que na qualidade da produção. Assim sendo, elas não estão produzindo um número adequado de pessoas com *espírito de pesquisa*. Parafraseando um antigo ditado grego, "o hábito não faz o monge", o título de "pesquisador" não faz uma pessoa ser capaz de investigar o desconhecido". Será um desafio reverter esta tendência, o que apenas poderá ter sucesso através de apoio político constante.

A cultura de caracterização da gestão de P&D e suas decisões, na maioria das empresas, também devem mudar. Longas décadas de experiência mostraram que mesmo um esforço de pesquisa industrial bastante intensivo pode ter pouco, ou nenhum, valor na evolução da empresa *se* a administração fracassar em considerar a atividade intelectual por trás de uma pesquisa como:

- um processo integrado, dinâmico e com vários aspectos, e
- um contribuinte importante para o crescimento e sobrevivência da empresa.

De acordo com a National Industrial Conference Board (Diretoria de Conferência Industrial Nacional), o trabalho de P&D agora é ocupado por 2% da população trabalhadora norte-americana. Essa parece ser uma quantia pequena, mas é uma impressão errada se considerarmos o fato de que atualmente um de cada três cientistas e engenheiros dos Estados Unidos trabalham em P&D. E embora uma estimativa de três quartos de pesquisa seja feita pela indústria privada, aproximadamente a mesma fração tem sido financiada por fundos federais.

Isto é muito bom porque uma economia que pode mostrar uma iniciativa industrial e um e espírito de inovação estável será dinâmica e progressiva. Tal economia tem problemas suficientes que devem ser vistos como oportunidades – de acordo com a filosofia de Churchill, de que a pessoa capaz vê oportunidades em todos os problemas, em vez de problemas em todas as oportunidades.

Todo problema, seja ele técnico, industrial, econômico, social ou político, precisa, para sua solução, de informações adequadas, pensamento analítico assim como a disposição para assumir riscos e aceitar as responsabilidades resultantes. As mudanças econômicas geralmente criam mais problemas do que gostaríamos, e isso significa que as indústrias dinâmicas tendem a ser mais sensíveis aos estímulos de mercado do que as decadentes porque:

- elas enfrentam novos problemas mais rapidamente do que as outras, e
- cada um desses problemas é bastante complexo, com implicações mais profundas na vida da empresa.

Mesmo os projetos que parecem ser bem-sucedidos poderão não vingar por causa do risco tecnológico, do risco de mercado e do risco administrativo embutidos neles. Quando o túnel sob o Canal da Mancha e seu trem de alta velocidade, o EuroStar, que ligava Paris a Londres, foi inaugurado, eles foram considerados uma conquista grandiosa nos anos após a Segunda Guerra Mundial. Entretanto, cerca de duas décadas depois,

- o túnel foi atingido por uma torrente de déficits, e
- o caos técnico fez com que o trem de alta velocidade ficasse com fama de obra de terceiro mundo.

Em 19 de dezembro de 2009, cinco trens da EuroStar cheios de passageiros, que viajavam de Paris para Londres, permaneceram bloqueados no túnel por 16 horas. O motivo foi um choque térmico criado pelas condições climáticas locais. Quanto aos passageiros, tiveram de sair andando pelo túnel para não ficarem presos ali.

O motivo alegado para as falhas eletromecânicas simultâneas foi que a temperatura em ambas as extremidades do túnel estavam abaixo de zero, enquanto no túnel ela é mantida a 25ºC. Isso criou um curto-circuito nos motores. Os engenheiros que projetaram esta maravilha, altamente onerosa, poderiam ter feito um trabalho melhor se tivessem previsto falhas até mais complicadas na mesa de desenho.

Nem todo problema está no projeto de engenharia. Os críticos dizem que um motivo mais profundo era que o equipamento havia envelhecido e sua manutenção não era perfeita. A neve e as grandes diferenças de temperatura fizeram o resto, mas tais eventos são previsíveis. Eles algumas vezes acontecem, o que evidentemente pede mais atenção à segurança.

Como aconteceu, com as primeiras 24 horas de parada dos trens, 24.000 passageiros ficaram presos nas estações de trem, o que mostra como o transporte alternativo é importante, desde o tráfego de aviões e balsas entre a França e a Inglaterra, os quais estão sujeitos ao mal funcionamento. No fim das contas, quando as paradas no tráfego de trens foram resolvidas, havia um total de 75.000 pessoas encalhadas.

Os trens são uma invenção do século 19. Mas os túneis longos, com diferenças extremas de temperatura, são um avanço recente, os quais, como documenta este caso, podem ter consequências inesperadas. O risco tecnológico está sempre presente, e quando falamos de ROI, o risco tecnológico deve ser justificado como um desses custos.

Uma maneira diferente de fazer esta declaração é que para administrar uma pesquisa apropriadamente precisamos ser artistas na alocação não apenas de *nossa* tecnologia, mas também de nosso risco tecnológico a qualquer momento. Devemos também ser excelentes na habilidade de rastrear, com o passar do tempo, o retorno em mudança do nosso dinheiro de P&D – com base no relacionamento entre os recursos que entram e o desempenho oferecido.

Outra característica importante do trabalho que temos de fazer como parte de um investimento para continuar em operação é saber a diferença entre produtos excelentes e inferiores, com um futuro magro ou sem futuro. Ainda assim, outra característica é a habilidade em apreciar a diferença em dinâmicas entre:

- mercados em que a difusão é determinada pelas características do produto, e
- aqueles em que a difusão é determinada pelo tamanho da base instalada e sua capacidade de absorção.

Além disso, à medida que, com o passar do tempo, os produtos se espalham pelos mercados, os planejadores de produtos (Capítulo 12) devem avaliar os vários grupos de clientes potenciais que precisam de pacotes diferentes de atributos. Isso faz parte das dinâmicas de difusão, assim como dos planos para o retorno sobre os investimentos na P&D cuidadosamente estudados.

Muito do que constitui o sucesso de mercado de um produto tem a ver com considerar, desde o início, tais diferenças no desenvolvimento de nossa tecnologia e estratégia de produto. O nosso mercado é motivado por tipos diferentes de usuários finais, ou por uma tecnologia que melhora constantemente? A regra do jogo é que temos que continuar evoluindo a tecnologia para satisfazer novos segmentos de clientes. Ou, temos de fazê-lo para alcançar um aplicativo crítico (ou grupo de aplicativos) cada vez melhor?

Essas são as perguntas básicas que surgem praticamente com todos os produtos, especialmente aqueles que têm um conteúdo tecnológico significante. *Se* ignorarmos, mesmo que de leve, o estudo delas, ou se as respostas que proporcionam são insatisfatórias, *então* é melhor esquecer de vez sobre como trazer produtos estratégicos para o mercado e obter um retorno decente sobre o dinheiro investido em pesquisa.

11.4 PLANEJAMENTO PARA INOVAÇÃO

Os domínios específicos dos projetos de P&D e seus objetivos variam amplamente, mas as perguntas cruciais a serem feitas a respeito do orçamento e do ROI são basicamente as mesmas: Quanto dinheiro deveríamos gastar na pesquisa básica? Na pesquisa aplicada? No desenvolvimento? Podemos depender de suporte do governo para a pesquisa básica?

- Como o orçamento de P&D deve ser aplicado para obter retornos melhores para a empresa?
- Como podemos avaliar, no estágio inicial, um investimento em pesquisa bem-sucedido de um que não teve sucesso?

As respostas fatuais e documentadas para essas perguntas não vêm facilmente. As revisões grandes e pequenas dos projetos são um bom sistema de alerta, mas elas não são à prova de falhas. Uma das melhores garantias é a coragem da gerência em interromper os projetos que falharam no cumprimento de seus objetivos, e a habilidade em fazer um exame minucioso e detalhado de toda pesquisa, como:

- os cronogramas;
- a maneira como os orçamentos são usados;
- a taxa de progresso; e
- os resultados obtidos em termos de produção.

O controle do projeto é uma parte indispensável do planejamento para a inovação e ele deve ser uma atividade constante com revisões bem orquestradas. As medidas esporádicas não conseguem resolver, com sucesso, os problemas que uma empresa enfrenta quanto à evolução e inovação do produto. Para sobreviver à concorrência em um mercado em mudança e desenvolver uma estratégia de produto cuidadosamente estudada, a gerência deve responder a uma série de perguntas importantes e ter uma política clara para os novos produtos, incluindo as mudanças culturais que estes exigem.

A alta gerência não deve delegar a responsabilidade da inovação, mas sim aprender a lidar, mais eficazmente, com as políticas internas da tomada de decisão sobre a inovação – superando as barreiras organizacionais e de informação. As perguntas pertinentes são as seguintes:

- O que é necessário para criar um portfólio de inovação bem-sucedido?
- Como podemos melhorar nossas chances para escolher inovações que provavelmente terão sucesso?

Os membros da diretoria, o CEO e seus assistentes imediatos devem também se concentrar na gestão do risco inerente ao testar os novos conceitos de inovação – especialmente aqueles que são difíceis e desordenados. A gestão proativa de riscos requer qualificações, pois muitos dos desafios que surgem ao reinventar a linha de produtos da empresa, e eventualmente de toda a entidade, não são previsíveis.

Os desafios ligados à inovação não podem alcançar sucesso sem alterações pesadas, e as empresas são resistentes às mudanças. Assim, temos a pergunta: "Como *podemos* implementar com sucesso as práticas de inovação diante da oposição interna?". Em linhas gerais, a resposta é explicar que sem a inovação a empresa perderá seu mercado e morrerá.

Uma responsabilidade adicional da alta gerência é proteger os projetos no estágio inicial para que não sejam dispensados pela organização porque parecem muito arriscados, ou muito distantes do convencional. Nesse caso, a melhor abordagem é perguntar:

- Quais são nossas alternativas?
- Queremos adicionar o nome da *nossa* empresa à lista de empresas veneráveis – como Digital, Wang e a antiga IBM?

O treinamento em estratégia industrial ajuda. As empresas que sabem como sobreviver são normalmente proativas. Elas antecipam as necessidades tanto articuladas quanto desarticuladas dos clientes e se preparam para a evolução de produtos não convencionais ou cenários tecnológicos alterados.

As entidades que têm tido sucesso neste processo aprenderam como integrar a inteligência competitiva técnica e de negócios com seus processos de decisão. A inteligência nos negócios é instrumental para convencer os gerentes de que eles não devem se voltar apenas para o seu pensamento estratégico atual.

O tipo correto de inteligência nos negócios também ajuda a evitar falhas na precificação. A tentativa da SAP em oferecer *software* como um serviço *on-line*, chamado de Business By Design, foi um fracasso. Dizem que o principal contribuinte para esta ação foi a decisão da empresa em elevar as taxas de manutenção que os clientes teriam de pagar para receber atualizações, o que provou ser bastante impopular.[133]

Os estudos de caso com sucessos e fracassos associados aos produtos inovadores podem também ser úteis para abrir a mente das pessoas. Por exemplo, por que o DCD padrão de gravação de vídeo da Toshiba/Time Warner tem tido sucesso, ao passo que as soluções alternativas lançadas pela Sony e Philips fracassaram.

Uma análise feita pela *Business Week* no início de 1995, quando a pergunta foi apresentada, produziu muitas ideias. O topo da lista continha quatro pontos que caracterizavam os vencedores e outros motivos para assombrar os perdedores.[134] A Toshiba e a Time Warner fizeram a escolha certa para:

[133] *The Economist*, 13 de fevereiro de 2010.

[134] *Business Week*, 20 de fevereiro de 1995.

- aumentar a capacidade tecnológica para 10 bilhões de *bites* de armazenamento;
- se inspirar em outras empresas de eletrônicos com uma abordagem de licenciamento aberto;
- priorizar filmes e jogos em vez de aplicativos para computadores; e
- cortejar Hollywood agressivamente através de um grupo consultivo *ad hoc*.

Em contrapartida, a Sony e a Philips seguiram a estratégia errada. As três características principais têm sido sacrificar a capacidade pela compatibilidade com os discos existentes; desacelerar o desenvolvimento de um protótipo de disco para vídeo digital de alta capacidade; e apresentar para Hollywood especificações acabadas, em vez de ir em busca de conselhos.

É apropriado observar que embora essas escolhas tenham acabado em pesar para a Sony e a Philips, nem todas elas estavam totalmente erradas. Por exemplo, no que diz respeito à compatibilidade, a Intel enfrentou exatamente o mesmo desafio com seus microprocessadores. Por muitos anos, a estratégia de compatibilidade ascendente funcionou bem para a Intel, mas ela era a escolha errada para a Sony e a Philips.

Como este exemplo ajuda a documentar, a escolha das metas de P&D, e projetos estabelecidos para servi-las, determina a natureza fundamental de um negócio – desde seus prospectos futuro para seu relacionamento com os clientes, competidores, fornecedores e pessoal. A linha de produtos estabelece os limites da oportunidade para expandir o horizonte de uma empresa, o qual não pode ser maior nem muito mais lucrativo do que os produtos com os quais ela compete.

- Os alvos de produtos estão no coração do planejamento estratégico e, portanto, em projetos que definem a P&D.
- Eles são o ponto de partida para a um plano mestre corporativo geral uma vez que determinam os requisitos de capital, pessoal e instalações.

No planejamento para a inovação, a coordenação entre P&D, marketing e finanças é uma necessidade, mas nenhuma dessas três áreas deveria ter poder de *veto*. Para ser eficaz em longo prazo, tal coordenação deve ter uma cultura que caracteriza o relacionamento entre as divisões da empresa.

11.5 NÃO VENDA A QUALIDADE PARA COMPRAR PARTICIPAÇÃO NO MERCADO: FRACASSO DA TOYOTA

O marketing evidentemente deve entrar no planejamento para inovação, e, portanto, nas decisões de produtos. Essa é uma das suas missões principais. Porém, é errado sobrecarregar as metas de marketing à custa da tecnologia e da qualidade, como documenta a experiência da Toyota em 2009 e 2010.

Para apreciar a profundidade do precipício do qual a Toyota se atirou ao colocar o ego e a participação no mercado acima da excelência tecnológica (a qual foi por várias décadas sua vantagem competitiva), devemos nos voltar brevemente para o final da Segunda Guerra Mundial – e observar o esforço do Japão em se reerguer. O homem que muito contribuiu para o renascimento da indústria japonesa em bases sólidas de qualidade foi W. Edwards Deming, um engenheiro norte-americano.

O Dr. Deming era apaixonado pela criação de um sistema que, seguramente, faria produtos melhores. Seu método para fazer isso era o controle rigoroso da qualidade, o qual a indústria vitoriosa dos Estados Unidos achou que era algo muito luxuoso, e o dispensou.

Não sendo aceito como um "profeta" em seu próprio país, Deming se juntou à equipe do General McArthur no Japão. Ele era uma pessoa que escutava tanto quanto falava, e detestava desperdício. Ele também achava que a indústria dos Estados Unidos havia se tornado muito esbanjadora; em contrapartida, o Japão não tinha condições de fazer isso porque eles não tinham recursos naturais em abundância.

A escassez de produtos evidentemente teve um papel na decisão dos líderes da indústria japonesa em seguir Deming e sua bíblia em qualidade. Ele ensinou aos japoneses que a qualidade não era uma função pequena que poderia ser alcançada ao pedir aos operários no chão da fábrica para que tivessem mais cuidado. *A alta qualidade exigia o total comprometimento da gerência.*

- *Se* o CEO e os VPs seniores não estiverem comprometidos com a ideia da qualidade, e
- *se* as promoções dos executivos não estiverem ligadas à qualidade,
- *então* a qualidade dos produtos da empresa será desoladora.

Deming apostou que, ao convencer a alta gerência de que a qualidade é soberana, enquanto os padrões de qualidade e métodos são sagrados, o espírito da qualidade se desenvolveria e se espalharia pela organização para os níveis de gerência média e mais baixa; dessa forma, inevitavelmente, para os trabalhadores. Em contrapartida, *se* a empresa tratasse a qualidade como uma consequência, *então* a verdadeira qualidade seria uma quimera.

O fato de os japoneses estarem cientes do baixo nível de qualidade de sua manufatura ajudou muito – antes da guerra, quando os produtos japoneses eram conhecidos pelo seu aspecto descuidado, e durante a guerra, quando os engenheiros japoneses viram os sistemas bélicos norte-americanos consistentemente terem um desempenho bem melhor que seus sistemas. Assim sendo, eles estavam ávidos para aprender com a engenharia norte-americana as habilidades de manufatura.

Além disso, W. Edwards Deming tinha um método para constantemente melhorar a qualidade dos produtos industriais ao aplicar o controle estatístico da qualidade (CEQ). O crédito para este vai para Walter Shewhart, um físico que nos anos 1920 e 1930, no Bell Laboratories, experimentou pela primeira vez o uso de estatísticas e gráficos estatísticos com o objetivo de garantir qualidade industrial mais alta.

É interessante observar que durante a Segunda Guerra Mundial o exército norte-americano usou, com sucesso, as técnicas de Shewhart. Mas, depois que a guerra acabou, a indústria americana perdeu o interesse por elas. (Eu mesmo aprendera CEQ durante os estudos de pós-graduação na UCLA e o apliquei com sucesso nos Estados Unidos e na Europa. Na Osram, a empresa alemã de lâmpadas, o CEQ melhorou muito a qualidade de saída de produtos.)

Deming havia aprendido o CEQ na Universidade de Stanford, e suas qualificações eram necessárias, contanto que o Departamento de Guerra exigisse que muitos de seus encarregados da defesa aplicassem os métodos de Shewhart. Mas tudo isso repentinamente mudou com a afluência do crescimento nos anos após a guerra e o sentimento (errado) de que nenhum desafiador emergiria.

Algumas décadas depois, começando no final dos anos 1970, a indústria norte-americana se arrependeu do dia em que perdeu o interesse em CEQ. A geração de gerentes que achava que não havia necessidade, dinheiro e tempo, porque a empresa parecia capaz de produzir da maneira "antiga", começava a se aposentar, e as pessoas que os substituíam não tinham as qualificações do CEQ nos Estados Unidos– embora eles fossem abundantes no Japão.

Para demonstrar a importância vital do CEQ, Deming gostava de contar a estória sobre um engenheiro que trabalhava para a Western Electric durante a guerra, quando esta era um centro para o controle da qualidade e quando a Western Electric Control Book era um tipo de bíblia do controle da qualidade. O engenheiro saiu da Western Electric no final dos anos 1940 e retornou 8 anos depois para descobrir que todos seus gráficos de controle simplesmente haviam desaparecido.[135]

No Japão foi diferente. Em 1946 e 1948 quando estava em Tóquio, Deming se reuniu com engenheiros japoneses que conheciam o trabalho seminal de Shewhart. Eles até traduziram o livro de Shewhart, mas não tinham certeza de como aplicar o CEQ. O terreno era fértil para transplantar as ideias de Shewhart.

Em 1950, os japoneses pediram a Deming que fizesse uma palestra sobre o controle da qualidade. Mas, supostamente, ele achou que estaria perdendo seu tempo até que Ichiro Ichikawa, um dos seus patrocinadores, foi ágil em reunir uma plateia com 45 dos principais industriais japoneses. Para manter seus espíritos motivados, Deming disse a eles que se escutassem o que ele tinha a dizer, em cinco anos eles estariam competindo com o Ocidente. Para seus ouvintes, isto parecia impossível, mas por volta de meados dos anos 1950, foi o que aconteceu.

O caso de amor do Japão com a qualidade não durou para sempre. Por volta dos anos 1980 no Japão, como nos Estados Unidos depois da Segunda Guerra Mundial, outros assuntos assumiram a dianteira, enquanto a confiabilidade dos produtos foi relegada para um *status* inferior. Esta foi a década quando a indústria japonesa varreu o mundo com seus produtos e os bancos japoneses achavam que podiam conquistar o mundo, mas falharam – trazendo toda a economia japonesa para baixo com eles.

Os anos 1990 no Japão ficaram conhecidos como a década perdida que realmente nunca acabou. Grandes empresas, como a Sony, perderam seu entusiasmo, mas a Toyota continuou trabalhando e, nos primeiros anos deste século, os gerentes do segundo escalão, que dirigiam as fortunas da empresa, almejavam a posição máxima na fabricação de carros, em vez de a satisfação dos clientes. A qualidade, a qual havia sido o carro-chefe, não constava da programação.

A Toyota não é, de forma alguma, a única empresa em que o planejamento do produto jogou a qualidade no lixo. Isso reflete negativamente na gerência porque a boa governança nunca se descuida de problemas com a qualidade. Eles são, sem dúvida alguma, uma preocupação constante.

A Toyota fracassou neste quesito. Como relata um artigo no *The Economist*, há rumores na indústria automobilística de que a Toyota é em grande parte a responsável pelo seu azar.[136] Em seu testemunho para o Comitê de Supervisão do Congresso dos Estados Unidos, em 24 de fevereiro de 2010, o CEO, Akiro Toyoda, reconheceu que na busca pelo crescimento, sua empresa estendeu seus

---

[135] David Halberstam, *The Reckoning*, William Morrow, Nova York, 1986.

[136] *The Economist*, 27 de fevereiro de 2010.

princípios de manufatura enxuta – e até mesmo se esqueceu de seu lema antigo de colocar a satisfação do cliente em primeiro lugar.

Após ter baseado sua sorte na *qualidade*, a Toyota mudou suas prioridades. Como evidenciado, a troca veio em 2002, e é considerada como a decisão mais estúpida que a alta gerência fez.

- A conquista de mercados globais assumiu a ponta, e a pesquisa, desenvolvimento e qualidade passaram para segundo plano.
- Após abandonar o princípio de "qualidade em primeiro lugar", a Toyota começou a trabalhar com vários fornecedores não familiares que não tinham as credenciais para sustentar a cultura passada da empresa.

Nada foi aprendido com o tropeço da Intel na qualidade do produto quando foi descoberto um pequeno defeito no Pentium, o qual afetava alguns cálculos matemáticos. Em vez de correr para corrigir o produto, a Intel tentou amenizá-lo – uma estratégia que rapidamente se transformou num desastre de relações públicas. (Por fim, a Intel foi forçada a oferecer um substituto para todos os *chips* afetados, a um custo de aproximadamente meio bilhão de dólares.)

A Intel aprendeu sua lição, mas outras empresas não deram a importância devida. Andrew Grove agora acredita que esse episódio realmente beneficiou a empresa de duas maneiras. Ele provou para os céticos internos que os microprocessadores realmente haviam se tornado uma marca para consumo. E estimulou seus esforços para *melhorar a qualidade* da manufatura, para proteger a empresa contra fiascos futuros.[137]

11.6 SECURUM: USANDO A TECNOLOGIA PARA CONSTRUIR DEFESAS

Os empréstimos imobiliários sempre foram um negócio de risco, como atestado pelas perdas dos bancos norte-americanos nos anos 1980, dos bancos japoneses no início dos anos 1990 e novamente pelos bancos norte-americanos no abismo imobiliário de 2007-2010. No final de 1993, início de 1994, a Alemanha também caminhava para sua própria versão de uma bolha imobiliária, e no epicentro desta estava a falência da Schneider.

[137] *The Economist*, 9 de setembro de 2009.

O colapso da Schneider AG, uma construtora bem conhecida, ocorreu num momento de estresse para a indústria bancária alemã, isto porque uma leva de empresas estava lutando para se manter nos setores em todas as indústrias. Em janeiro de 1994, falências de todos os tipos estavam em 22,8% de ano para ano na Alemanha Ocidental e em 99,2% na Alemanha Oriental. As condições econômicas sombrias não eram um bom prenúncio para o setor imobiliário.

- No final de 1993, em Frankfurt, um espaço nobre para escritório custava $44 por mês por metro quadrado, uma queda de $55 dois anos antes.
- Em Leipzig, os aluguéis estavam 44% mais baixos do que em 1991, enquanto em Berlim esta queda foi de 24%.

Havia também sinais de que outras empresas como a Schneider podiam estar se encaminhando para o precipício, mesmo se os bancos alemães continuassem emprestando dinheiro.

A Schneider AG foi um caso especial porque ela era normalmente processada pelos subempreiteiros por não pagar suas contas.[138] Assim sendo, quando em abril de 1994 ela faliu, deixando para trás uma quantia enorme de dívida, não foi nenhuma surpresa. Mas até mesmo os especialistas não conseguiram descobrir quão profundo era o buraco no qual ela se encontrava.

- Estimativas originais falam de 5 bilhões de marcos alemães (na época, US$ 3 bilhões).
- Pouco depois disso, disseram que o dinheiro "perdido" excedia 8 bilhões de marcos alemães (na época, US$ 5 bilhões).

Depois de duas semanas sendo criticado por ter emprestado dinheiro para o magnata imobiliário, o Deutsche Bank teve de admitir que sua gestão dos créditos à Schneider foi péssima. Hilmar Kopper, o presidente do banco, e os membros da diretoria, George Krupp e Ulrich Weiss, enfrentaram a imprensa para explicar os fatos e as consequências.[139]

Um assunto que eles cuidadosamente evitaram foi que os executivos do Deutsche Bank (e muitos outros banqueiros alemães) achavam que tinham uma garantia sólida contra seus empréstimos para a empresa de Jürgen Schneider. Qual não foi a surpresa deles quando Gerhard Walter, o liquidatário, disse que o que estava assegurado é aproximadamente 10 *Pfennig* para o marco alemão (digamos, 10 centavos para o dólar) e os bancos poderiam perder uma

[138] *Business Week*, 2 de maio de 1994.

[139] *Herald Tribune*, 25 de abril de 1994.

média de 4,5 bilhões de marcos alemães (US$ 2,7 bilhões) sobre os 5 bilhões de marcos alemães que eles haviam emprestado.

Como sempre acontece em tais casos, um cálculo errado oneroso como este não é a única notícia ruim. A recessão da Alemanha havia levado a um rápido aumento em outras insolvências. Para as 13.000 empresas da Alemanha Ocidental que faliram em 1993, a bancarrota foi um negócio complicado.

Havia também grande crença popular. As informações descobertas em meados de abril de 1994, durante uma investigação conjunta dos registros da empresa feita pelos executivos da Schneider e oficiais do Deutsche Bank, revelaram o pagamento de propinas para os avaliadores, o que permitiu que o proprietário da empresa inflacionasse o valor de suas propriedades.[140]

O caso mais interessante foi o de um *shopping center,* construído apenas 500 metros de distância do escritório central do Deutsche Bank Frankfurt. Neste, o banco supostamente havia estufado os cofres da empresa de Schneider com excesso de 1,2 bilhões de marcos alemães (US$720 bilhões) teoricamente cobertos pela garantia imobiliária. Entretanto, praticamente:

- os valores não foram simplesmente inflacionados pelo metro quadrado, mas a área declarada em si tinha pouca relação com a realidade, e
- o Zeil-Galerie Les Facettes foi registrado como tendo 20.000 m^2 de área que podia ser alugada, mas seu tamanho real era de aproximadamente 9.000 m^2.

"Cometemos alguns erros", disse Hilmar Hopper, presidente do Deutsche Bank, mas ligeiramente adicionou que não haverá necessariamente consequências negativas para os executivos dos bancos que foram enganados. Em contrapartida, um porta-voz do Deutsche Bundesbank era da opinião de que os créditos diferentes para a empresa de Schneider não respeitaram as regras das leis, as quais regulamentam as garantias e a extensão de crédito.[141]

Este trabalho negligente foi surpreendente porque tudo que os oficiais e altos executivos do banco, os quais autorizavam esses grandes créditos, tinham de fazer era andar 500 metros e ver com seus próprios olhos se o *shopping center* em construção tinha 20.000 m^2 ou 9.000 m^2 – assim como seu estado de adiantamento. Ou, então, eles podiam usar a tecnologia para exercitar o controle da gerência. É aí que entra a solução do Securum.

O Securum é uma instituição sueca estabelecida pelo governo para administrar e descartar os empréstimos ruins, e[142] outros investimentos não assegu-

[140] *International Herald Tribune*, 29 de abril de 1994.

[141] *Le Figaro*, 26 de abril de 1994.

[142] Durante a crise bancária que atingiu a Suécia em 1991, o Nordbanken, a segunda maior instituição de crédito

rados do quase falido Nordbanken. Desde o primeiro dia, o Securum usou a tecnologia para obter uma vantagem competitiva sobre o *status* negligenciado dos projetos do Nordbanken. Mais importante para a nossa discussão, é um sistema gráfico desenvolvido para rastrear suas propriedades imobiliárias de maneira interativa.

O primeiro componente desta solução, a qual era novidade para sua época, tem sido um programa de escaneamento que capta os desenhos dos prédios e os registra em um banco de dados depois de transmiti-los. Subsequentemente, uma rotina de gráficos da realidade virtual habilita o usuário a:

- conhecer todos os desenhos;
- obter informações sobre o prédio;
- fazer uma inspeção de piso em piso; e
- selecionar e fazer até seis camadas de mudanças nos desenhos para atualizá-los com o avanço do projeto de construção.

O sistema de gráficos foi integrado com a contabilidade imobiliária para atualizações, melhorias e análises *on-line*. Sua funcionalidade foi enriquecida por um sistema especializado que auxilia o usuário na seleção das mudanças ou consertos a serem feitos em qualquer local no prédio; outro sistema especializado proporciona as especificações completas do serviço. As soluções do Securum também proporcionam meios para:

- controle orçamentário, e
- análise do planejado *versus* do real.

O Securum conseguiu capitalizar na tecnologia porque seu departamento de TI era dirigido por jovens dedicados com ideias modernas. Trabalhando através de protótipo rápido nos clientes/servidores e aplicando uma política de distribuição rápida, depois de um ano eles haviam instalado não apenas um sistema bancário completo, mas também a administração imobiliária agregada mencionada anteriormente e muitos outros aplicativos sofisticados.

A solução do Securum era a inovação no seu auge. Os resultados obtidos por meio da tecnologia da informação demonstraram o que um grupo pequeno, porém capaz e com rápida movimentação, de especialistas em TI consegue proporcionar *versus* o que os processadores de dados fossilizados estão fazendo

---

do país, se aproximou da bancarrota. O governo sueco, o qual também era o principal acionista, veio resgatá-lo com US$10 bilhões. Mas ele também tirou do Nordbanken todos os empréstimos ruins e todas suas *holdings* em compensação pelos $10 bilhões e estabeleceu o Securum para administrá-los.

em *mainframes* enormes e caros. Muitos outros exemplos podem ser fornecidos para sustentar esta referência, sendo que um dos melhores é o escândalo, mencionado anteriormente, de Jürgen Schneider no Deutsche Bank, cujo controle era baseado em:

- um trabalho de baixo padrão realizado pelos oficiais de empréstimo, e
- tecnologia antiga incapaz de prover dados analíticos.

Os usuários de *mainframes* do Deutsche Bank não conseguiam controlar os riscos envolvidos com os empréstimos de Schneider e isso custou para a instituição financeira, para a qual eles trabalhavam, uma estimativa de 5 bilhões de marcos alemães (US$ 3 bilhões). Em contrapartida, o Securum fez um excelente trabalho com um custo muito baixo e um cronograma de desenvolvimento bastante rápido. Um grau alto de flexibilidade, inovação e a implementação rápida fizeram a diferença entre a nova e a antiga TI – e, no final das contas, entre lucros e perdas.

11.7 O *FEEDBACK* CORRETO SOBRE AS INFORMAÇÕES DE PRODUTOS

As informações de *feedback* sobre novos produtos são muito importantes e sua avaliação deve ser feita racionalmente para evitar perda de tempo, aumento nos custos ou ofuscação da questão. Uma parte substancial do problema na atribuição de responsabilidades de avaliação tem a ver com os possíveis conflitos de interesse pelas pessoas que desempenham esta tarefa.

A experiência ensina que não basta ter um plano geral sobre a análise dos *feedbacks* monolíticos. Se formos gastar o dinheiro de P&D para desenvolver produtos e o dinheiro de marketing para promovê-los, precisamos definir as etapas sucessivas para julgar os resultados obtidos. Não há meio de desenvolver uma política de inovação efetiva sem metas intermediárias – cada uma delas levando para a próxima.

A Komatsu, a empresa japonesa que fabrica máquinas para construção, como escavadoras, buldôzeres, caminhões basculantes e pá carregadeira de rodas (assim como máquinas industriais e robôs), aplicou este princípio. Quando ela ainda era uma empresa relativamente pequena, sua gerência desenvolveu a estratégia, "*envolver a Caterpillar*" e exigia que as informações de *feedback* fossem baseadas em seis pilares:

- Qualidade
- Alcance do produto
- Diferenciação do valor
- Rede de distribuidores
- Eliminação de custos
- Preço competitivo

Pelo fato de a Komatsu ser voltada para a exportação, o que mais importava na precificação era como os produtos da empresa se saiam em termos de dólares. Na época em que a decisão foi tomada, a taxa de câmbio do iene para o dólar era 180, dando uma enorme vantagem de preço para a Komatsu. Mas então, o iene subiu significativamente. Quando ele cruzou a casa dos 100 para a taxa de câmbio do dólar, a Komatsu se reposicionou, assim como seus produtos, para poder competir com uma taxa de câmbio de 80 ienes por dólar.

No entanto, observe que o preço era o sexto pilar; não o primeiro. Acima de todos os outros critérios, a Komatsu apostava na qualidade em primeiro lugar. Como a Seção 11.5 trouxe para a atenção dos leitores, W. Edwards Deming havia trazido para o Japão esta cultura. Ele também incutiu, por meio de seus ensinamentos, o princípio de que os engenheiros da empresa não deveriam ser separados da linha de manufatura, instalados em algum prédio limpo e impecável. Em vez disso, deveriam:

- ficar no chão da fábrica o maior tempo possível, e
- serem capazes de observar e registrar como os trabalhadores de linha agem em termos de qualidade, assim como o que eles sugerem para melhorar a qualidade.

"Qualidade em primeiro lugar" não é o princípio que as pessoas escutam com frequência na indústria – a qualidade é submissa ao custo. Em longo prazo, esta prova ser uma política desastrosa como a Toyota, e uma lista longa de outras empresas, aprendeu.

Muitas lições podem, de fato, serem aprendidas, em termos da importância da garantia da qualidade, das descobertas de Richard Feynman em conexão com sua investigação sobre o desastre do Columbia. Este é um dos melhores exemplos que pode ser encontrado na junção das informações dos produtos e estratégia – seja o produto feito para viagens espaciais, para fins militares, para fabricação ou para o setor bancário.

1. O orçamento da nave espacial foi reduzido em 40% porque ela era considerada um produto maduro.

2. Houve incerteza no ciclo de vida, o substituto da nave espacial foi originalmente projetado para 2005-2007. Ela deslizou para 2012-2015, e para além de 2020.
3. Os equipamentos para manutenção e teste contavam com 22 anos de idade, estavam muito aquém de inovações de última geração.
4. Em termos de *feedback*, a qualidade ruim de dados teve um papel importante no desastre, fazendo com que os motivos para a falha de entrada fossem opacos.
5. Juntamente com os conjuntos ruins de dados e julgamento equivocado, veio a super dependência em simulações – longe de ser capacitado.

A sexta descoberta feita por Feynman foi talvez a mais importante. Ele observou que a falta de administração também estava presente na agência espacial. Os gerentes não tinham o entendimento de como sua organização funcionava, e foram acalmados pela satisfação dos sucessos da nave espacial.[143]

Isso aconteceu com a NASA, e tem acontecido em todos os lugares.

Além dos problemas salientes, a inabilidade para desafiar o óbvio, a pouca ou nenhuma atenção para a qualidade e dados obscuros sobre os quais as decisões são baseadas, são precisamente os motivos que levam uma pessoa, uma empresa, uma agência e uma nação a ter problemas.

143 *USA Today*, 27 de agosto de 2003.

12

Planejamento e Precificação dos Produtos

12.1 O PLANEJADOR DE PRODUTOS

Planejamento dos produtos e planejamento dos lucros são duas funções caracterizadas por uma quantia justa de integração, e isto não é apenas porque o último depende do primeiro. O planejamento dos produtos está direcionado para a avaliação analítica e racional do mercado, da linha de produtos, da motivação para inovação e da concorrência. Pelo fato de envolver decisões financeiras e tecnológicas, ele tende a se fundir ao planejamento dos negócios – onde o planejamento dos lucros é a pedra fundamental.

- O retorno sobre os investimentos em P&D e engenharia dependerá de novos produtos, seu atrativo de mercado e seu preço.
- As escolhas de novos produtos, seu desenvolvimento, administração e acompanhamento no mercado é o trabalho do *planejador de produtos.*

Para ser considerado um executivo funcional e conselheiro para a alta gerência em questões concernentes ao futuro dos produtos, o planejador de produtos é primeiramente responsável por resolver a iniciação, a avaliação e as evoluções de problemas dos produtos. Ele deve ser capaz de demonstrar um julgamento sólido sobre como os produtos da empresa se comparam com os da concorrência:

- Quais tipos de produtos os clientes e as empresas estão pedindo?
- O P&D da *nossa* empresa consegue desenvolver tais produtos?
- Quais quantidades de produtos projetados podem ser vendidas, a quais preços e durante quais períodos de tempo?

- Os cronogramas projetados são aceitáveis ou os concorrentes levarão o melhor do mercado?
- Qual tipo de concorrência os produtos de *nossa* empresa enfrentarão nos anos vindouros?

A resposta para as últimas três perguntas deve ser dada em conjunto pelo planejamento de produtos e marketing, mas o planejador de produtos também deve estar de acordo com a P&D. As soluções hábeis para o planejamento dos produtos devem ter globalidade, se beneficiar da tecnologia e estar sujeitas a avaliações cruciais de lucros e perdas (L&P), como sugere a Figura 12.1.

Normalmente, o planejador de produtos baseia uma quantia justa de seu trabalho em dados da lista de verificação derivados da análise de marketing, do planejamento técnico e dos resultados de pesquisas. Ele extrai planos temporais que englobam todos os estágios de desenvolvimento e produção para cada produto em seu portfólio. Por meio de uma ação coordenada e precisa, o planejador almeja diminuir a margem de erro no planejamento para o futuro. Os resultados serão amplamente sentidos nas cifras de lucro da empresa. Em um mercado que se movimenta rapidamente, nenhuma empresa deve subestimar o valor de ser mais bem organizada e mais rápida em responder do que seus concorrentes.

No centro das atividades na Figura 12.1 está a *inovação*. De acordo com François Michelin, o qual tem sido o espírito por trás do fabricante Número 1 do mundo – e que serviu a empresa dos 29 aos 83 anos de idade como seu CEO e mentor da administração que o sucedeu,

- Uma inovação deve servir para aumentar o mercado.

Teoricamente, este é o caso, mas na prática muitos CEOs, que podem ser no geral bons gerentes, não vestem a camisa da empresa que dirigem e de seus produtos. Portanto, Michelin insiste que:

- Um CEO deve aprender sua arte em todos os níveis da empresa, não apenas ficando no topo.

A inovação é o resultado de tentativa e erro, disse Paul Galvin que inventou o telefone portátil e fez da Motorola uma empresa global. Assim sendo, o sucesso pode vir depois de uma série de erros. O que acontece é que o CEO que não conhece sua empresa e seus produtos intimamente está em desvantagem no desempenho desta tarefa, já que ele não está bem colocado para apreciar todos os fatores que contribuem para um produto estelar.

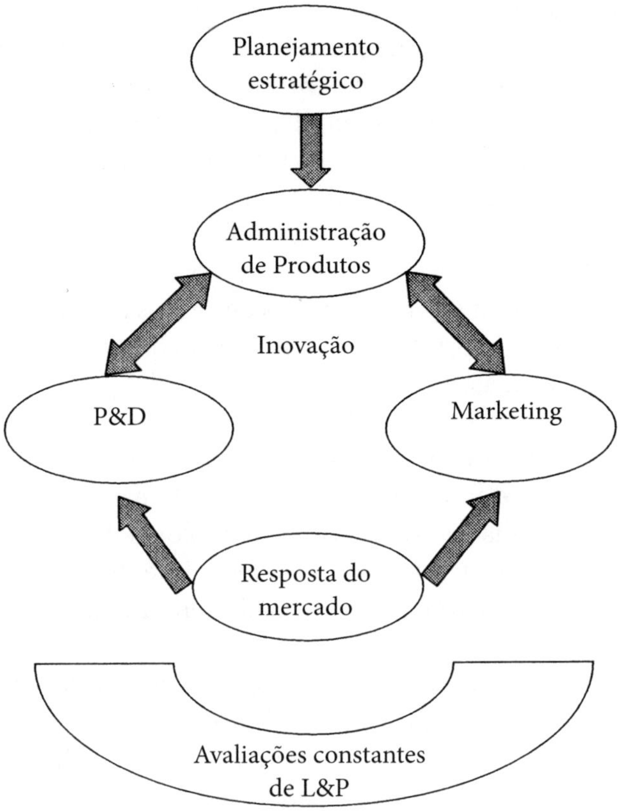

FIGURA 12-1
Soluções hábeis que sustentam a estratégia corporativa devem ter globalidade, se beneficiar da tecnologia e do marketing e estar sujeitas às avaliações críticas dos lucros e perdas.

Muitas outras opiniões foram expressas por homens de negócios bem-sucedidos. Uma delas veio de Akio Morita, da Sony, que tinha três princípios administrativos. Esses deveriam ser gravados em uma placa e mantidos na mesa de todos os executivos.

- A inovação sem a perfeita adaptação do produto para o mercado não serve para nada.
- Apenas as pessoas ambiciosas, que se importam em investigar, deveriam ser contratadas.
- Todos cometemos erros, mas não devemos fazer o mesmo erro duas vezes.

Uma opinião diferente foi expressa por Robert Woodruff da Coca-Cola: "Para vender, é preciso primeiramente criar na mente do cliente o desejo pelo produto. A inovação e o marketing estão correlacionados". Alfred Sloan acrescentou: "O estilo e o preço dos produtos devem inflar o ego dos clientes".

Da mesma maneira, é necessário que os *designers* de produtos, os quais devem trabalhar na premissa dos planos estratégicos de suas empresas, tenham um conhecimento profundo da empresa e de seus produtos, começando seus trabalhos com a concretização dos desejos dos clientes e do mercado e continuamente fazendo *follow-ups* de P&D do produto – a respeito de sua inovação, funcionalidade, qualidade, comercialidade, controle de custo e tempo para entrega.

- Os diretores executivos apostam o futuro de suas empresas na inovação.
- A contribuição dos *designers* de produtos é a integração de experiências técnicas, financeiras e de vendas.

A responsabilidade do *designer* de produtos é mostrada no estabelecimento de parâmetros de um novo produto; no desenvolvimento e aplicação de abordagens experimentais para a análise do marketing e tecnologia do produto; na construção de medidas que sejam inerentes ao desenvolvimento das especificações preliminares; e no acompanhamento do trabalho em andamento na construção e manufatura de protótipos.

Ele é responsável por preparar e publicar dados e especificações, materiais gerais que descrevem os aspectos de seu trabalho, incluindo conclusões autorizadas do problema sob investigação. Ao trazer para o foco os fatores-chave no problema de um novo produto, o planejamento do produto deve averiguar:

- os conteúdos técnicos;
- o desempenho de mercado previsível;
- as implicações financeiras; e
- as questões de coordenação que envolvem departamentos diferentes da empresa.

O planejamento dos produtos age como uma autoridade central, aceitando insumos de áreas diferentes e proporcionando informações de *feedback*. A avaliação do mercado para um novo produto projetado deve ser feita mediante o esforço conjunto entre a engenharia e o marketing, com o objetivo de chegar à especificação funcional preliminar. Porém, nem todo planejamento de produto é bem feito. Dois desses motivos são os seguintes:

- Os ciclos de vida dos produtos tendem a ser mais curtos.
- A especialização tende a estreitar o atrativo do produto.

Para realizar sua missão de maneira hábil, o *designer* deveria aumentar a probabilidade de evitar erros passados, eliminando o elemento subjetivo nas decisões sobre novos produtos. Grande parte de seu ativo será sua habilidade em comparar os requisitos de recursos às oportunidades de negócios projetadas e os benefícios esperados. Para fazer isso de maneira hábil, é preciso:

- Analisar de modo realista a habilidade de P&D da empresa e o histórico de produtos;
- relacionar as capacidades das empresas às iniciativas e ao tamanho do mercado;
- avaliar o desempenho provável do produto contra a demanda de mercado estimada;
- examinar o inter-relacionamento entre o preço do produto e o lucro para decidir sobre seu potencial; e
- submeter suas conclusões à alta gerência com base numa declaração consolidada sobre as oportunidades do produto em relação ao mercado.

Algumas vezes, o entusiasmo associado com um produto em fase de fabricação é tanto que ele influencia a opinião dos peritos sobre o seu tamanho de mercado potencial. No início deste século, os gurus previram que a tecnologia por sensor e a entrada online seriam revolucionadas com a "*smartdust*". Embora existam alguns aplicativos de *smartdust*, especialmente no setor militar, seu potencial supostamente grande ainda não foi realizado.

Mas existem empresas que continuam trabalhando neste. Em 2009, a Hewlett-Packard começou um projeto chamado Sistema Nervoso Central para a Terra, uma iniciativa de 10 anos, para embutir trilhões de sensores do tamanho de um alfinete ao redor do globo. Ao combinar eletrônica e a especialidade em nanotecnologia, seus pesquisadores objetivam desenvolver um sistema de sensores com acelerômetros que são mais de mil vezes mais sensíveis do que os detectores de movimento comerciais usados nos controles do *video-game* Wii da Nintendo e em *smartphones*.[144] O uso prático de tudo isso é uma questão diferente.

Embora não se fale muito a respeito, outra função básica na remissão do planejador de produtos é avaliar a morte dos produtos no canal de distribuição da empresa, o que possibilitaria uma busca ordenada e em tempo por substitutos. A morte dos produtos poderá vir por causa de um dos vários fatores:

---

[144] Em novembro de 2009, a HP anunciou que ela havia construído um protótipo.

- Obsolescência.
- Perda de atrativo de mercado.
- Não competitividade, por motivos funcionais ou de custos.
- Expiração da proteção da patente, entre outros.

Quando o produto morre, ele pode levar a empresa que o fabrica para o buraco. Antes de ser comprada por Warren Buffet e convertida em uma potência de investimentos, a Berkshire Hathaway era uma empresa têxtil que estava se apagando. Uma vez, no final dos anos 1960, um vendedor da Berkshire estava com um cliente na Quinta Avenida tentando vender lenços de tecido. O cliente apontou para as mulheres que entravam e saíam da Lord & Taylor e disse: "Você vê todas essas mulheres carregando bolsas? Há uma caixa de Kleenex em cada uma delas. E este é o fim dos lenços de tecido".

12.2 PLANEJAMENTO DO PRODUTO E OPORTUNIDADE DE NEGÓCIOS

Quanto mais diversificada é uma empresa, mais amplo é o alcance de suas atividades de planejamento. Essas podem ser descritas em três zonas de tempo diferentes: imediato, até um ano e em cinco ou mais anos.

Os planos de produtos devem refletir as oportunidades de negócios e, como tal, eles têm um impacto na estratégia de mercado. A análise precisa do mercado é fundamental para o trabalho do planejador de produtos ou de uma comissão de planejamento de produtos. Ela inclui as necessidades percebidas dos clientes tanto agora quanto no futuro, mas também a melhor hora para novos anúncios - os quais são muitas vezes condicionados pelas inovações tecnológicas.

Uma questão bastante crítica, que apenas as empresas bem administradas se perguntam, é: "Nosso departamento de P&D consegue produzir o que esta ideia de projeto precisa para se tornar uma realidade?". Quando concebido adequadamente, um projeto de engenharia reúne as atividades investigativas, criativas, de *design* e de teste. A organização de homens, materiais e instalações em direção a um fim desejável é um processo administrativo quase autônomo.

Por esses motivos, o projeto de engenharia forma uma unidade natural pela qual a responsabilidade pode ser atribuída, sobre a qual a autoridade pode ser concedida e os resultados das quais podem ser medidos. Essas são exatamente as condições necessárias para a aplicação de técnicas de planejamento e controle. Mas as políticas da empresa influenciam o que, caso contrário, seria um projeto técnico organizado.

Como consultor para a diretoria da AEG-Telefunken, muitas vezes me perguntavam como realizar análises em projetos de P&D em andamento e sua habilidade para cumprir os cronogramas de planejamento do produto. Algumas vezes, os resultados eram positivos e todos na diretoria ficavam felizes. Mas, em muitos casos, eram negativos – aí então as políticas da empresa entravam em ação.

Um dos casos que posso falar a respeito era um projeto interminável de uma nova estação de leitura de fita magnética, o qual havia ultrapassado seu orçamento e cronograma, enquanto continuava empatado por problemas técnicos. Meu conselho foi: "mate-o". O diretor de engenharia (VPS) reclamou para o presidente que ele havia sido injustamente visado, e a diretoria decidiu continuar gastando dinheiro para nada.

Outro caso não confidencial é a respeito de uma nova máquina de escrever "Selectrictype" (impressão elétrica) para a Olympia, a unidade de equipamentos para negócios da empresa. O conceito era bom, mas em um momento de automação no escritório (início dos anos 1970), o mercado para as máquinas de escrever estava acabando. "Abandone oprojeto", foi a minha sugestão. A diretoria levou um ano inteiro para decidir que isso era, sem dúvida, a coisa certa a fazer.

Ambos os exemplos e uma fonte de dólares haviam violado o que é uma análise da oportunidade de negócios, e mais especificamente o fato de que suas hipóteses e declarações são sensíveis em termos de tempo. Embora elas possam ter sido testadas por meio de pesquisa de mercado, à medida que o tempo passa, elas se tornam obsoletas.

Depois de terem sido feitas, as declarações sobre as oportunidades de negócios são desafiadas pelas mudanças no mercado; elas não duram para sempre. As estatísticas que mantive nos últimos 30 anos indicam que 8 de 10 novos produtos foram fracassos comerciais porque:

1. eram muitas vezes avaliados fora de seus ambientes;
2. o tempo era negligenciado, ou irracionalmente expandido;
3. muito pouca consideração foi dada aos concorrentes e seus produtos;
4. suposições feitas no início do planejamento dos produtos nunca foram testadas depois disso;
5. as qualificações e capacidades dos vendedores que devem vender os produtos foram ignoradas ou relegadas;
6. os vendedores não foram treinados adequadamente sobre a funcionalidade do novo produto e os possíveis ventos contrários;

7. as campanhas promocionais foram concebidas aleatoriamente, com base nas visões retraídas da empresa, em vez de serem baseadas nos motivadores de mercado;
8. a empresa continuou com o produto mesmo depois de o fracasso ficar evidente;
9. a gerência falhou em eliminar produtos velhos para reduzir a linha e permitir que novos produtos crescessem no mercado; e
10. o orçamento de marketing era escasso em comparação aos resultados da P&D (como vimos, o caso deve ser exatamente o inverso).

Além disso, as oportunidades de negócios precisam de financiamento apropriado. Mas jogar dinheiro no problema não ajuda. Muito dinheiro não garantirá o sucesso, e provavelmente levará ao desperdício. Assim sendo, a diretoria e o CEO devem considerar cuidadosamente um dos aspectos-chave das atividades de planejamento dos produtos: *orçamento*. Linhas claras de contribuição funcional colaboram muito com uma alocação objetiva de fundos.

Como mostrará a Seção 12.5, o atrativo de mercado, o preço e os lucros serão mais bem protegidos quando uma empresa estrutura sua linha de produto para cobrir todos os segmentos do mercado, para os quais ela atrai e evita sobreposição de produtos. Embora o desenvolvimento de linhas de produtos seja, até certo ponto, uma função da tecnologia, em seus fundamentos ele está primariamente relacionado a:

- identificação correta dos segmentos de mercado, e
- a precificar os produtos com preços que o mercado consegue pagar.

Isto é, evidentemente, parte de uma estratégia de preço com o objetivo de maximizar os lucros dentro do horizonte de planejamento almejado pelas decisões administrativas. Qual meta perseguimos? De longo prazo? De curto prazo? Qual é o preço da continuidade e da boa-fé? Estamos dispostos a enfrentar as ações da concorrência como as guerras de preços? (Veja o Capítulo 13.)

Para fazer uma avaliação adequada, a gerência deve usar seu amplo entendimento do mercado da empresa e do processo de planejamento dos produtos – os quais são processos contínuos, embora os resultados planejados sejam formalmente declarados apenas em intervalos prescritos. Normalmente, tais intervalos correspondem àqueles das alocações financeiras e dão início às comparações entre o planejado *versus* o real.

O Capítulo 14 explicará porque o orçamento, como um plano financeiro, não constitui uma autorização automática para gastar dinheiro. Inicialmente, ele faz uma alocação dos recursos financeiros, mas deixa que a gerência decida autorizar os gastos – o que deve ser feito:

- com cuidado, e
- apreciando totalmente o fato de que os custos importam.

O analista financeiro deve formar as cifras de custo de um novo produto ao fazer perguntas indicativas e suposições desafiadoras. O planejamento dos produtos deve oferecer nada menos do que um relatório bem feito das oportunidades de negócios que:

- identifique os fatores relacionados aos problemas de valor econômico;
- enfatize as questões que influenciam o comportamento possível de lucros e perdas do produto uma vez no mercado; e
- auxilie na previsão do L&P – o que, por sua vez, indica *se* o produto deveria ser ou não introduzido.

As previsões de renda devem ser baseadas no potencial de mercado, na precificação e na extensão do ciclo de vida deste produto. Uma oportunidade de negócios deve ser orçamentada. O fluxo de caixa projetado deve viabilizar certo grau de garantia em relação à posição de caixa da firma se a empresa fizer um esforço financeiro.

O exercício apropriado do controle administrativo (Capítulo 7) requer que o plano de produtos proporcione *feedback* para reavaliação em termos de projeções relacionadas à renda. Este pede capítulos orçamentários – e nenhum orçamento vale a pena a menos que a disciplina passada mostre que ele vale seu peso. Isso tem de ser atestado por meio de comparações entre as cifras orçamentadas e as reais.

12.3 METODOLOGIA DE PLANEJAMENTO DE NOVOS PRODUTOS: UM EXEMPLO PRÁTICO

A Seção 12.2 ressaltou que o processo de planejamento de produtos pode ser drasticamente melhorado se – enquanto novos projetos estiverem sendo desenhados e estudados – as consequências financeiras possíveis puderem ser determinadas com confiança. Isso pode soar óbvio, mas muitas empresas não reúnem as qualificações necessárias para fazer tais estudos.

O que é lamentável porque existem muitas evidências de que o planejamento de produtos e de lucros transforma o plano de longo alcance em um programa de ação com implicações financeiras significantes. Além disso, o fator frequentemente descartado, de cronometrar os impactos na estrutura de "efeitos conjuntos", se torna visível em médio e longo prazo.

Como mostra a Tabela 12.1, as atividades envolvidas na avaliação da ideia de um novo produto levam tempo. Estas devem ser programadas de maneira a permitir que os planos de produtos sejam comparados a outros planos de negócios e modificados para produzir um total coeso e realista.

TABELA 12.1
Avaliação da Ideia de um Novo Produto

Identificação	Avaliação
Ideia do produto	Examinar se a ideia de um novo produto se encaixa nos objetivos da empresa.
Marketing e pesquisa competitiva	Estimar a resposta dos clientes pela pesquisa de mercado e desempenho competitivo.
Relatório das oportunidades de negócios	Definir a integração necessária dos fatores de pesquisa, engenharia, manufatura, marketing e financeiros.
L&P	Estimar os lucros e perdas mais prováveis.

Outro ingrediente básico é uma boa metodologia, o tópico desta seção. As Tabelas 12.2 e 12.3 definem a maneira como um fabricante líder tem lidado com suas atividades de planejamento de produtos em cada fase de um novo programa. (A linha de produtos desta empresa é tecnologia da informação.)

Um comitê de triagem deve ser responsável pela avaliação preliminar das ideias de novos produtos, dando à alta gerência os resultados de suas avaliações. Entre as questões principais, este comitê deve responder as seguintes:

- Quem é o cliente?
- Qual é nossa oportunidade?
- Quantos recursos serão comprometidos e por quanto tempo?
- Qual é a recompensa financeira no final do percurso?

TABELA 12.2
Definição Técnica do Produto

Identificação	Trabalho de Planejamento
Primeira análise de sistemas	Determinar as especificações funcionais, incluindo as questões relacionadas ao *design* inicial, custo e estimativas de preço.
Primeiro relatório de engenharia	Preparar uma proposta de engenharia preliminar e uma declaração geral sobre os horários prováveis e custos. Incluir todos os outros fatores pertinentes ao *design* em estudo.
Relatório original da definição	Formular uma definição geral de planos de produtos, incluindo seu momento oportuno. Considerar a engenharia, a manufatura, o marketing e os dados financeiros.
Primeiro relatório de lucros e perdas	Integrar os custos estimados com o "potencial de mercado vezes preço" projetado e formular uma aproximação de lucros e perdas para o produto em questão.
Autorização do programa de produtos (APP)	Integrar definições e estimativas do plano para um programa de produtos propostos para fornecer uma base bem pensada para a decisão. Obter a autorização do CEO para estabelecer (modificar ou descontinuar) um programa de produtos.
Desenvolvimento de software básico	Definir as características do *software*, o tempo de desenvolvimento, o custo de desenvolvimento, os padrões, e os critérios para "fazer ou comprar".
Procedimentos de teste e garantia da qualidade	Identificar o procedimento de teste passo a passo, incluindo o teste destrutivo (se necessário), o controle estatístico da qualidade (CEQ), as responsabilidades pelos programas de teste e as decisões para aceitar/rejeitar.
Relatório da confiabilidade	Continuar com um estudo matemático da confiabilidade. Usar métodos de simulação para "construir" sistemas de *hardware*. Considerar o fator humano nas interações entre homem e máquina. Alcançar resultados de confiabilidade estatisticamente significantes.
Primeiro plano de marketing	Seguindo a APP, trabalhe o Serviço de Manutenção no Campo (quando aplicável) e outros requisitos de serviço. E também, os meios para alcançá-los. A manutenção deve analisar o *hardware* para melhorar os métodos de trabalho no campo.
Suporte dos aplicativos	Estabelecer a natureza, extensão e custo para suporte dos aplicativos. Se o desenvolvimento de qualquer tipo de *software* é necessário, decidir se ele será feito interna ou externamente, definir sua natureza e extensão, estimar os atrasos e obter aprovação para os orçamentos.
Primeira avaliação competitiva	Em colaboração com o marketing, desenvolver estimativas concretas sobre onde a concorrência estará em 1, 2, 5 ou mais anos para o produto em questão. Decidir, pelo menos de maneira preliminar, sobre as estratégias competitivas possíveis.

TABELA 12.3
Desenvolvimento do Programa de Produtos

Identificação	Trabalho de Planejamento
Especificação de engenharia / manufatura	Iniciar os trabalhos nas especificações de engenharia e estudo da engenharia de manufatura para o desenvolvimento do processo.
Relatório de avaliação	Conduzir estudos de avaliações para o produto e a engenharia de manufatura, juntamente com estimativas de custo realistas para o trabalho a ser realizado.
Pedido de manufatura	Iniciar o trabalho de manufatura (primeiras séries) com o objetivo de produtos em tempo oportuno e de qualidade dentro dos limites orçamentários.
Plano de marketing final	Formular planos de marketing detalhados. Lançar sessões de informações e demonstrações. Trabalhar com a publicidade na construção do momento para o suporte do produto.
Plano de informações	Desenvolver literatura informativa e manuais de instrução para os usuários. Elaborar todos os requisitos de assistência. Desenvolver instruções para a manutenção.
Plano de serviço final	Estabelecer um horário definido para treinar novamente a força de suporte no campo (se aplicável). Estudar a organização e a administração do programa de treinamento.
Análise final da concorrência	Formular uma inteligência competitiva final e relatório de análise. Mostrar as movimentações estratégicas pela concorrência e as maneiras e meios da empresa para contra-atacá-las.
Relatório do progresso total	Refinar o processo de planejamento final ao avaliar criticamente o desempenho com relação aos fins desejados dos novos produtos. Alimentar dados no processo de planejamento contínuo, e depois por meio de análises, relatórios para a alta gerência.

O comitê também poderá pedir para o P&D uma investigação em larga escala no laboratório ou um modelo em placa universal, assim como poderá pedir para a engenharia de manufatura as especificações do processo de produção.

***

O trabalho descrito brevemente na Tabela 12.2 cobre as etapas iniciais para investigar a concepção de um produto e estabelecer sua atratividade. Os resultados poderão mostrar que certo conceito de produto não deve ter continuidade. Por exemplo, os investimentos nesta linha não são sábios por causa do relacionamento entre custo baixo e eficácia. Alternativamente, uma oportunidade de negócios pode ser avaliada positivamente, e, neste caso, as atividades descritas na Tabela 12.2 são iniciadas.

A definição do problema técnico almeja fatores relacionados aos problemas de valor econômico, enfatizando, entre outras questões, os assuntos que influenciam os lucros e perdas do produto. Além do que a Tabela 12.2 traz para a atenção do leitor, as informações pertinentes que incluem os estudos da análise competitiva, a pesquisa econômica, discussões com os clientes, os registros, assim como estimativas de vendas e serviços.

O trabalho descrito na Tabela 12.2 deve preencher não apenas os requisitos técnicos, mas também os requisitos econômicos e financeiros para um produto proposto.[145] Até certo ponto, o estudo deve ser centrado no cliente, incluindo o valor de um novo produto para o usuário, a avaliação de produtos e preços competitivos e a estimativa do preço máximo obtenível durante um período de tempo específico.

Do mesmo modo, é importante determinar conflitos possíveis com outros compromissos que foram feitos e ainda estão na linha. Esta é uma das maneiras pela qual os riscos associados às sobreposições e incompatibilidades podem ser contidos - embora sempre exista certa quantia de risco com o momento, os custos e o fracasso em antecipar os movimentos dos concorrentes.

Uma visão integrada de todo o processo é apresentada na Tabela 12.3. As atividades que ela identifica auxiliam no desenvolvimento de um programa de produtos de acordo com a autorização da alta gerência; na atualização dos planos táticos e estratégicos e na renovação de porções do processo de desenvolvimento de novos produtos, o qual requer uma definição mais precisa.

Ao dividir a função de planejamento de produtos em estágios específicos, a atenção da gerência foca em alcançar a solução mais eficaz em termos de custo. Os fatores que trabalham contra a lucratividade do produto devem ser identificados apropriadamente, passo a passo. As boas cifras de lucro não acontecem por acaso.

Juntamente com as estimativas e avaliações financeiras, é importante desenvolver conjecturas de tempo precisas. Um plano temporal sólido deveria integrar todos os contratos departamentais e divisionais no programa de trabalho a ser realizado:

- Justificar os recursos humanos, materiais e financeiros disponíveis.

[145] O procedimento na Tabela 12.2 permite uma formulação ordenada da definição de produto, mas tem a desvantagem de atolar o departamento de planejamento de produtos com trabalhos. Isso pode ser solucionado ao terceirizar algumas das funções para outros departamentos.

- Refletir as restrições prevalecentes, incluindo aquelas associadas com a aquisição.
- Antecipar os problemas de tempo e os gargalos.

A aquisição é um desafio constante para todas as empresas. Sua otimização requer uma busca substancial do mercado por fontes de aquisição e envolve não apenas continuidade, mas também as considerações de eficácia em termos de custo e confiabilidade.

O estudo apropriado sobre aquisições culmina na liberação, pelo planejamento de produtos, de um documento da "política de aquisição", o qual, após obter a aprovação do CEO, é enviado para a agência de aquisições da empresa. O planejamento de produtos coordena esta ação até a conclusão da primeira grande aquisição.

Ao passar por este processo formalizado, seja este coordenado por um departamento ou um comitê, o planejamento de produtos passa por uma série de decisões estratégicas. Muitas delas (porém nem todas) concernirão a *questões de produtos*:

- A evolução de cada linha de produto (crescimento, declínio).
- Necessidades de novos produtos (ou melhorias de produtos).
- Tendências por produto e substituições.
- Extensão da cobertura de mercado por produto (e linha de produto).
- Avaliações de produtos competitivos (e substitutos).
- Desempenho dos produtos e serviços em termos de necessidades dos clientes.
- Reações aos produtos e serviços pelos clientes (e pela força de vendas).
- Observância dos padrões de qualidade e especificações.
- Garantias, avais, serviços pós-vendas.
- Margem de lucro por produto (ou serviço) e por linha de produto.

Embora não existam regras universais na prática de planejamento de produtos, o estudo do que foi feito pelas empresas de sucesso ajuda a identificar o que deveria ser feito, e o que deveria ser evitado. A maioria dos fatores descritos aqui é instrumental para garantir que o plano de produtos consiga proteger a capacidade dos produtos propostos de satisfazer os critérios econômicos; o planejamento para lucros é, e deve permanecer sendo, uma meta primária em qualquer tarefa de planejamento de produtos – o que nos leva à importância da precificação factual e documentada .

12.4 PRECIFICAÇÃO DO PRODUTO PELA ENGENHARIA REVERSA

A precificação do produto integra em si o custo por se manter na ativa e o custo dos produtos vendidos, incluindo as despesas com marketing e administração. Ao mesmo tempo, a precificação do produto é uma função da demanda de mercado e da concorrência. Na economia clássica, os preços são normalmente estabelecidos com base no custo de produção da própria empresa (mão de obra direta, depreciação direta de materiais, amortização, gastos gerais) e distribuição. Hoje, esse processo foi invertido. Os preços devem ser estabelecidos enquanto:

- explicam a globalização, portanto, os custos de outros fornecedores, não importando onde eles estejam localizados;
- integram nas decisões de preço os riscos que a empresa está assumindo, incluindo custos e riscos muito mais baixos; e
- consideram os eventos futuros, os quais por si são incertos, assim como opacos em um número crescente de casos.

Como resultado, a precificação cada vez mais se parece a um processo não linear empregado no setor de seguros. O fator mais crítico nesta não-linearidade é a *incerteza* de um resultado, o qual, embora seja inerente a todas as empresas, cresceu em importância a ponto de se tornar uma noção fundamental da economia de serviços.

Os livros dizem que as decisões de preço devem ser condicionadas pela avaliação da margem de lucro, o que tem efeitos evidentes nas finanças da empresa. Este é o caso quando se fala teoricamente. Mas, na prática, exceto pela empresa que tem um produto singular e, portanto, não tem concorrência, uma em cada duas empresas vê sua lista de preços virada de ponta cabeça pelo mercado global. Foi-se o tempo quando a empresa escrevia sua lista de preços para justificar os custos e as margens de lucros:

- Hoje, a lista de preços é definida pelo mercado, e
- toda empresa tem de cumpri-la mediante a inovação, e tem, assim, atolado os custos internos.

Existem alguns estratagemas que durante um período de tempo limitado permitem escapar da camisa de força de preços do mercado. O Mustang da Ford Motor Company, nos anos 1960, não foi projetado para ser um carro esporte, de acordo com a expectativa do que "deveria ser" um carro esportivo.

Lee Iaccoca, que liderou o projeto do Mustang, havia descoberto que existia um segmento de mercado que valorizava a esportividade em um automóvel, mas não estava disposto a pagar o preço por um carro esporte. A tarefa que a Ford completou com sucesso foi projetar um carro suficientemente esportivo para satisfazer este segmento, mas sem aqueles elementos de um carro esporte que elevam seu preço.

Este é um dos melhores exemplos de uma estratégia de precificação de produtos que funciona com a engenharia *reversa* – ela é focada, voltada para o cliente e capaz de produzir resultados. Com a precificação centrada no preço, a Ford antecipou um preço bem antes do desenvolvimento do produto, evidenciando que o que pode ser alcançado por meio da engenharia reversa é a *etiqueta de preço* – a qual passa a ser um alvo de preço.

Este é um caso completamente diferente dos procedimentos de precificação clássicos encontrados nos livros didáticos. As tentativas de preços, as quais são mantidas dinâmicas, são um guia muito importante para o desenvolvimento dos produtos, uma vez que elas marcam os produtos potenciais como candidatos para aceitação, rejeição ou reforma total.

Ao reconhecer logo no início aqueles produtos para os quais as tentativas de preço são muito baixas ou muito altas, a empresa ganha muito mais liberdade que o legado de métodos de precificação permite. Um dos desafios da precificação voltada para o comprador é identificar os segmentos de mercado diferentes e elaborar uma estratégia que efetivamente distingue grupos importantes de clientes atraídos pelo "preço certo". As empresas aéreas, por exemplo, distinguem com sucesso os segmentos ao simplesmente requererem um prazo de entrega longo para reservar uma passagem com preço baixo.

- Os veranistas são muito sensíveis ao preço, mas também é muito fácil antecipar sua demanda por viagens aéreas.
- Em contrapartida, os viajantes a negócios são muito menos sensíveis ao preço, mas exigem flexibilidade e resposta imediata às mudanças em seus horários.

Ao oferecer tarifas mais baixas com horários inflexíveis, as empresas aéreas conseguem atrair um número suficiente de viajantes sensíveis ao preço para sustentar os voos frequentes e os inúmeros destinos que os viajantes a negócios exigem. A desvantagem dessa abordagem é a dificuldade em encontrar, ou criar, classes de clientes caracteristicamente distintas em todos (ou na maioria) os mercados nos quais a empresa opera.

Dicotomias rigorosas requerem esforços criativos no *design* e/ou distribuição do produto, o que explica porque o desenvolvimento de uma estratégia de precificação deve começar logo no início do processo de desenvolvimento do produto. O mercado para fotocopiadoras oferece um bom exemplo. No final dos anos 1980, início dos anos 1990, a Xerox Corporation desenvolveu uma abordagem interessante ao

- monitorar, e
- medir a intensidade e tipo de usos de suas máquinas.

Feito isso, ela procurou segmentos de mercado associados com cada *tipo de uso*. O resultado permitiu o desenvolvimento de uma estratégia de precificação que a levou a ser uma copiadora popular. Tendo em mente o *tipo de uso*, a Xerox lançou uma estrutura de precificação de produtos difícil de resistir.

Para os profissionais, a estrutura de preço incluía uma cobrança de uso pelo número de cópias feitas, além de uma taxa fixa mensal para alugar o equipamento. Para o usuário casual, uma máquina menor, menos sofisticada, porém moderna, foi projetada e vendida pelo preço de um pacote.

Por meio dessa abordagem, os clientes que usam as fotocópias mais intensivamente pagam mais pelos seus serviços, mas o aumento era moderado. A cobrança também era diferente de acordo com o tipo de cópia. Quanto mais cópias eram feitas de um original, mais baixas eram as cobranças pelas cópias. Tal estratégia de preços requer um *insight* criativo com base em compradores diferentes – não diferenças em tecnologias ou custos de produção.

Outros algoritmos de preço são baseados em soluções tecnológicas. No início de maio de 2010, a Cisco anunciou uma nova tecnologia para ligar os centros de dados separados em uma nuvem interna ou num modo de "nuvem das nuvens" – assim como a Internet é a rede das redes. Na opinião dos fornecedores, isso justifica um preço especial por causa do *cloudbroking* (corretagem da computação em nuvem)[146] – o qual é um negócio novo e complexo.

A Cisco argumenta que existem barreiras que podem impedir que a computação venha a ser comercializada gratuitamente. Computadores virtuais[147] podem viajar facilmente, mas é muito mais difícil movimentar os dados relacionados. Outros provedores de nuvens, no entanto, têm opiniões diferentes sobre o preço. Em dezembro de 2009, a Amazon.com introduziu uma nova opção de preço.

- Os clientes fazem ofertas pela sua capacidade grande de computação não usada, e
- eles operam seus computadores enquanto suas ofertas excederem o preço mínimo necessário para equilibrar a oferta e a demanda.

146 O que significa que os clientes trocam entre as nuvens ou usam várias nuvens diferentes.

147 D. N. Chorafas, *Cloud Computing Strategies*, Auerbach/CRC, Nova York, 2010.

Os críticos dizem que essa solução, e seu preço favorável, não servem para todos os aplicativos. Os computadores virtuais podem ser desligados a qualquer momento, enquanto o preço do lugar aumenta acima da oferta do usuário. Mesmo assim, isso fez muitas organizações de usuários pensar sobre a computação em termos mais econômicos, ao perguntar o que esse serviço vale para elas.

Outra maneira muito mais comum de segmentar um mercado pela precificação é requerer que os compradores comprem um bem consumível em conjunto com um bem durável. Os especialistas em precificação criativa descobriram inúmeros meios para fazer isso. A Kodak tradicionalmente projetava câmeras que usavam apenas filmes da Kodak. A IBM arrendava seus primeiros computadores exigindo que eles fossem usados *apenas* com cartões da IBM.

As empresas nesses casos cobravam um preço explicitamente baixo pelo bem durável. O preço dos materiais, no entanto, carregava uma margem substancial, resultando em preços mais altos do que aqueles cobrados pelos vendedores concorrentes. Poucos clientes sabem que o verdadeiro preço dos bens duráveis não é o preço explicitamente baixo, mas o preço explicitamente baixo mais o custo extra dos materiais.

As opções são outra estratégia de preços. Os fabricantes de veículos motores estão constantemente desenvolvendo novos produtos e opções. O pré-requisito é identificar apropriadamente os grupos de compradores e o que eles estão dispostos a pagar pelos benefícios específicos. Ao deliberadamente projetar benefícios que os compradores acham atrativos, as empresas automobilísticas podem precificá-los para ganhar mais em cada modelo lançado.

Concluindo, a precificação de produtos não deve ser monolítica e a engenharia reversa de custos é uma ótima maneira para contorná-la. Uma solução válida requer que as diferenças dos clientes sejam identificadas no início do processo de desenvolvimento de produtos. Nos produtos mecânicos, elétricos e eletrônicos uma das diferenças cruciais é a sensibilidade à manutenção e aos consertos – o que para alguns clientes é integral ao produto e eles querem que isso seja atestado por contrato. Esse tipo de pacote é um dos critérios que pode ser usado para segmentar os mercados para a precificação.

12.5 A PRECIFICAÇÃO DE PRODUTOS NÃO É UMA DISCIPLINA CIENTÍFICA

"O motivo do crescimento das corporações", disse o CEO de uma grande indústria em uma reunião, "é porque as pessoas querem comprar seus produtos. O motivo para quererem seus produtos é serem bons e terem o preço certo". Se este é o caso, automaticamente a questão é: "Como precificamos nossos produtos?".

A Seção 12.4 trouxe para a atenção dos leitores casos específicos. O que precisamos fazer agora é examinar o caso mais geral, o qual, como admitem as pessoas com mais experiência em preços, é geralmente mais fácil de responder numa época de estabilidade geral dos preços – embora mesmo nessa época, a medição dos preços reais e a decisão sobre os preços de novos produtos apresentam problemas financeiros, comerciais e técnicos extremamente desafiadores. Para mencionar apenas três:

- Os índices de preços existentes não consideram as melhorias na qualidade e não medem adequadamente os descontos.
- O fato de as movimentações dos concorrentes não serem sempre racionais impacta na precificação de produtos de maneira importante.
- Em princípio, embora não necessariamente em fato, o preço de um produto ou serviço deve corresponder aos benefícios que ele traz para seus usuários.

O terceiro tópico parece ser muito idealista, mas existem casos na vida real que o corroboram. Em 1869, George Westinghouse, um inventor norte-americano, transformou a noção pneumática, a qual era usada na escavação do Túnel Mont Cenis, em um freio para uso em trens. O conceito de Westinghouse de freios a ar era simples e não custava muito – e era bastante útil. Nas tubulações que correm embaixo dos trens, o ar comprimido segurava os pistões.

- Em caso de liberação da pressão de ar, os pistões iam para frente.
- O efeito desta ação era impulsionar os pistões de freios contra as rodas.

Com os freios pneumáticos, um trem de 34 metros, indo a 50 km por hora, poderia parar em 170 metros, uma façanha nunca antes alcançada. Isso encorajou a ideia de programar mais trens, fazendo-os correr em horários mais próximos do que antes. No entanto, eram necessárias soluções de sinalização melhores.

- Horários melhores viabilizaram os benefícios significantes dos trens e das linhas.
- Um novo mercado que se abria, como a sinalização, trouxe mais vantagens que não eram refletidas no preço dos freios a ar.

Como demonstra este e vários outros exemplos, não há nada realmente "científico" sobre o estabelecimento de preços. As teorias diferentes sobre monopólio, oligopólio e concorrência livre podem ser boas como estruturas gerais de referência, mas elas são bastante vazias em termos de substância quando falamos sobre os níveis de fixação de preços.

Além disso, as soluções de preços inevitavelmente envolvem erros nos cálculos econômicos, não tanto por causa do desvio entre os preços reais e os corretos (o que quer que isto signifique), mas porque não existem (e nunca existirão) preços "corretos" com os quais os preços de mercado perversamente se recusam a coincidir. Os preços são estabelecidos pelos líderes de mercado, e isto está muito bom para eles.

Cada indústria e cada produto tem um líder de mercado que estabelece o preço. O que as outras empresas podem fazer, se elas quiserem sobreviver, é "seguir o líder" e ajustar seus custos internos de maneira que os permitam lucrar. Fui aluno de um professor na UCLA que fora um executivo sênior na Ford Motor Company. Ele visitava a Ford frequentemente. Em um seminário de formandos, um colega perguntou a ele: "Como a Ford estabelece seus preços?". Ele respondeu: "Os preços dos automóveis são estabelecidos pela General Motors. A Ford os analisa e tenta fazer melhor do que eles!".

Esta era a política da Honeywell no início dos anos 1960, sendo que o preço de computadores era estabelecido 10% abaixo da lista de preços da IBM, e por mais potência, eram oferecidos mais 10% acima do preço oferecido pela IBM para os equipamentos correspondentes. Juntamente com isso veio a rotina do "Liberator" para garantir a portabilidade, e um esforço determinado para mostrar aos clientes *seu* interesse em seguir a maneira da Honeywell.

O leitor deve também perceber que na precificação de seus produtos e serviços, a empresa não confronta apenas as decisões e ações de seus concorrentes. Ela também tem problemas internos para resolver, quando seus novos produtos competem com seus próprios produtos mais antigos porque suas funcionalidades se sobrepõem. Existem também muitos casos de produtos sem importância comprados seguindo as fusões e aquisições, os quais são pobremente integrados com a aquisição da linha de produtos da empresa – embora a gerência possa ter falhado em racionalizar, em primeiro lugar, os próprios produtos da empresa.

Um exemplo clássico foi a integração de modelos de carros por Alfred Sloan na General Motors, nos anos 1920. As marcas diferentes que surgiram sob o guarda-chuva da GM competiam entre si no atrativo de mercado, no segmento de mercado almejado e no preço. Sloan as reorganizou tendo a Chevrolet por último e o Cadillac em primeiro lugar – e Buick, Oldsmobile e Pontiac no meio.

Nos anos 1960, como consultor para a Olivetti, fui confrontado com um problema similar, e a solução genial de Sloan foi o paradigma a ser seguido. No final dos anos 1980, esse problema reapareceu quando as três linhas de produtos da empresa: processadores de textos, máquinas contábeis e computadores pequenos se fundiram por causa da evolução tecnológica.

- O resultado foi uma linha de produtos desordenada, com duplicações e triplicações, como mostrado na metade superior da Figura 12.2.

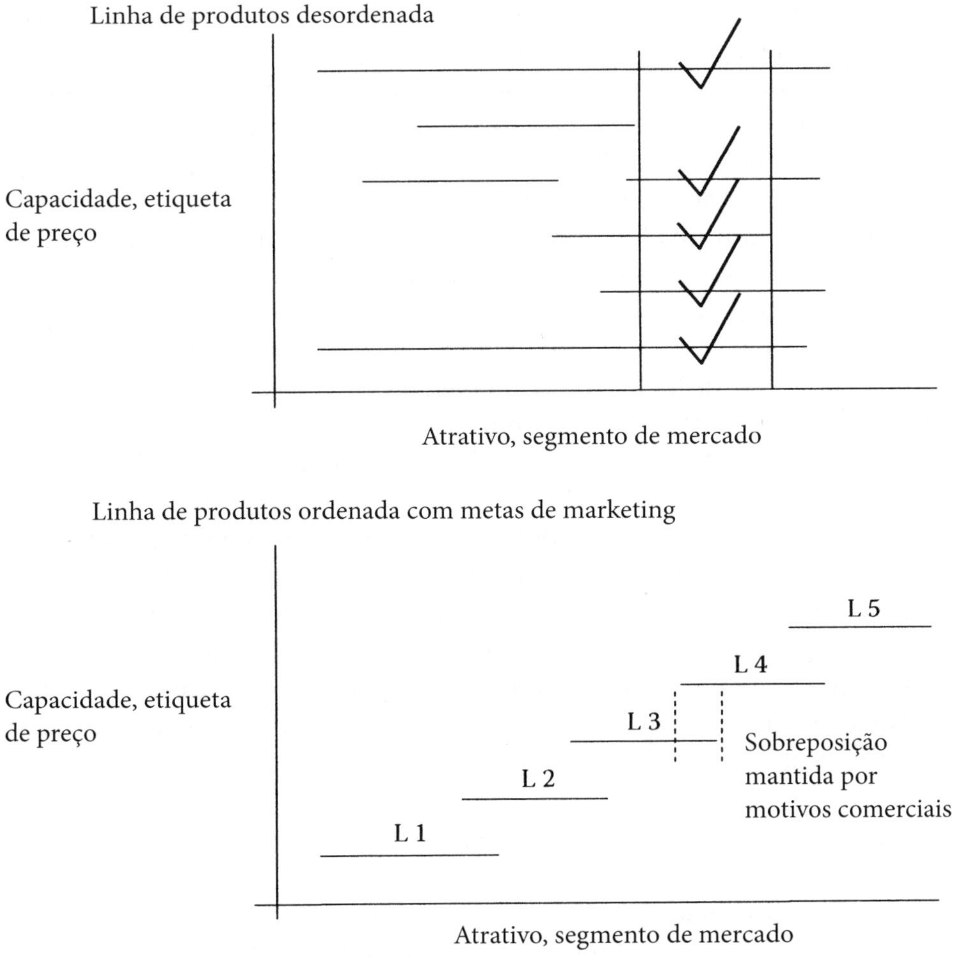

FIGURA 12.2
A linha de produtos de uma empresa deve ser ordenada com os objetivos de mercado bem selecionados e etiquetas de preço correspondentes.

- Os produtos sobrepostos foram triados, renovados e reestruturados de modo que apenas a menor sobreposição possível – necessária por motivos comerciais – foi mantida. Os produtos retidos foram organizados em cinco linhas de produtos, L1 a L5.

Muitos motivos influenciam as decisões de preço, e os mecanismos de precificação em si apresentam problemas de ajuste difíceis para todos os tipos de produtores. Com inflação, os aumentos nos custos podem ser acomodados mediante preços mais altos. Com a globalização, os preços mais altos podem empurrar a empresa para fora do mercado. Ao mesmo tempo, é óbvio que, a menos que um fabricante consiga vender seus produtos por mais do que custa para produzi-los, ele logo irá fechar as portas.

Cada caso de precificação de produtos tem de ser estudado por conta própria. Em um período de baixo volume de vendas, um fabricante que tenta recuperar todo seu investimento em P&D e custos com gastos gerais no preço de venda unitário, acabará se retirando do mercado. Se distribuir seus gastos gerais com base em um nível de demanda temporariamente alto, ele estará se enganando ao acreditar que logo mais sairá do túnel.

A contabilidade de custos proporciona a vigilância devida, mas nem todos os gerentes a apreciam. Nos anos 1920, ansioso para manter as vendas em expansão, Henry Ford tinha o hábito de baixar os preços sem consultar seus especialistas em custos. Por trás desta política estava a crença otimista de que, se desafiado, seus engenheiros poderiam descobrir novos métodos para baixar os custos.

Esta política funcionou muito bem por muitos anos. Quando isso acontece, cria-se um clima inovador no qual as ideias florescem melhor. Não podemos exigir que alguém seja criativo, mas podemos seguir uma política que encoraje a criatividade. A pergunta é: Por quanto tempo tal política realmente funcionará? Em princípio, a criatividade vai longe em termos de cortar as "gorduras" desnecessárias, mas apenas o corte de custos não faz milagres. Várias questões entram na jogada:

1. O impacto, a extensão e o ritmo (e, consequentemente, os investimentos) do P&D.
2. A modernização, a automação e as melhorias constantes na eficiência da manufatura – consequentemente, as decisões de investimentos.
3. O custo para a comercialização, desde a construção de uma rede de lojas ao treinamento dos vendedores, suporte de vendas e serviços pós-vendas.

4. Uma política de gastos gerais muito baixos, o que não está na cultura da maioria das organizações.

A precificação de produtos não é uma disciplina científica, mas existem princípios administrativos que ajudam a fazê-la mais racionalmente. Os britânicos dizem: "É notoriamente difícil governar", e o governo dos preços tem sido um dos trabalhos mais difíceis. No entanto, "mentes criativas", como Winston Churchill comentou uma vez, "veem oportunidades em todas as dificuldades, em vez de dificuldades em todas as oportunidades" e conseguem encontrar soluções louváveis.

12.6 A NECESSIDADE DE UM PLANEJAMENTO FORMAL DE LUCROS

As empresas bem administradas são rápidas em instituir e manter um mecanismo de precificação de produtos caracterizado por uma metodologia sólida e que possui continuidade de ação. Ele deve ser capaz de não apenas capturar os eventos relacionados às forças de mercado e seus efeitos posteriores de precificação, mas também projetar bem antecipadamente a probabilidade e a severidade de sua ocorrência. Uma abordagem de vários estágios pode ajudar a:

1. Começar com alvos de mercado e projetar um alcance de preços do ponto de vista da concorrência direta.
2. Examinar os aspectos duplos da imagem do produto e da imagem da empresa, e avaliar o impacto das políticas de preços em prazos mais longos.
3. Estabelecer as diretrizes de uma política de preços, tendo sempre em mente a política de preços dos concorrentes.
4. Estudar a capacidade do marketing para lançar novos produtos e computar o tipo e o número de qualificações para alcançar os resultados desejados.
5. Continuar trabalhando na estratégia de preços com base no encolhimento dos custos internos e observar os desafios da concorrência.

Duas ou três décadas atrás, a abordagem que muitas empresas assumiram para explorar a sinergia entre os preços dos produtos e os lucros era bastante casual. Enquanto estiverem obtendo um fluxo de caixa bom, elas não se preocupam muito com o fato de que as políticas de precificação são indivisíveis da imagem de mercado da empresa – e isto promove a necessidade de um planejamento formal de lucros.

Ainda assim, esta não é uma prática universal. Quando falamos de planejamento para lucros, muitas indústrias e instituições financeiras continuam não convencidas. Elas concordarão prontamente que o planejamento de lucros é um conceito excitante; elas admitem sua lógica; mas na prática, argumentam, ela parece não funcionar, "pelo menos não na nossa empresa". O que explica isso? As observações sugerem que a resposta está em quatro concepções erradas que prejudicam os esforços de planejamento dos lucros:

- O planejamento de lucros é irreal.
- É um trabalho para os especialistas da equipe.
- Não se preocupa com os gerentes mais baixos.
- Realmente não pode ser aplicado em todos seus aspectos.

Cada uma dessas ideias errôneas poderá conter um grão de verdade, porém, se adotadas, qualquer uma delas irá paralisar o esforço de planejamento de lucros. Embora nem todas as condições futuras possam ser previstas com o mesmo grau de precisão, as empresas encontram nessas ideias errôneas a desculpa perfeita para um desempenho medíocre. Não basta simplesmente almejar "lucros aumentados", e nenhuma diretoria deverá aceitar isso como um objetivo de planejamento. *Se* almejarmos lucros aumentados, *então* deveríamos nos fazer as seguintes perguntas:

- "Aumentado" em termos de quais medidas? Por quais padrões?
- Quantas melhorias e quando?
- Quais são as suposições a respeito dos motivos para nosso desejo sobre os lucros aumentados ser cumprido?

Essas perguntas podem parecer óbvias, mas é surpreendente a frequência na qual elas passam sem respostas em virtude da falta de uma disciplina formal de planejamento de lucros. E também, uma vez que o planejamento dos lucros integra a precificação de produtos e serviços, a base envolve determinar as tendências de mercado, estimar a demanda do mercado, examinar a concorrência e proporcionar domínios de variação.

Uma abordagem metodológica para o planejamento de lucros é uma filosofia, atitude e prática que deve ser conduzida em todos os níveis da organização, sendo que a gerência proporciona a estrutura dentro da qual ela pode ser empreendida mais eficazmente. Além disso, os estudos de preço e os esforços de planejamento de lucros não fazem sentido, a menos que os gerentes de linha sejam responsabilizados pelos resultados destes, o que, por sua vez, significa que eles devem ter um papel importante no planejamento de lucros. Os gerentes de linha não devem se envolver apenas no desenvolvimento dos planos, mas também sustentar as suposições que a fundamentam.

- Eles devem considerá-lo como *seu* plano, e
- como uma atividade com a meta de alcançar *seus* objetivos.

Isto não muda o fato de que, no final do dia, a responsabilidade pelo planejamento de lucros eficaz está na alta gerência, a qual estabelece as metas corporativas. Isso significa que os gerentes mais abaixo, com seus conhecimentos detalhados das condições das operações, são mais bem qualificados para traduzir esses objetivos amplos em programas específicos de planejamento. Apenas se eles participarem no estabelecimento de metas de lucro é que verdadeiramente se comprometerão em alcançá-las.

A linha de negócios na qual uma empresa opera evidentemente impacta a sua metodologia de planejamento de lucros. Outras questões também importam. Deve haver uma distinção entre os equipamentos para venda e os equipamentos para aluguel. Os equipamentos para aluguel, uma política que tem sido amplamente seguida com os *mainframes*, têm custos financeiros de carregamento. Assim sendo, a IBM tem tido muito cuidado com o que, no jargão da empresa, é conhecido como *capitalização*.

Capitalização = mão de obra direta e materiais diretos

A capitalização foi estabelecida na IBM como uma pequena fração da lista de preços – fração a qual a engenharia e a produção devem cumprir. Uma unidade alugada nas premissas do cliente carrega sua própria capitalização. Ao mesmo tempo, no entanto, ela garante um fluxo de caixa estável assim como a presença do fabricante nas premissas do cliente. Pode ser também que ao "alugar" o fabricante economize em impostos se ele conseguir garantir uma vida mínima de 10 anos para seus equipamentos.

Seja vendendo ou alugando seu equipamento, um fabricante deve recuperar seus custos e obter lucros. As práticas voltadas para os custos encontraram usos amplos na manufatura e no marketing; as práticas de precificação de custo acrescidos são um exemplo. Entretanto, elas têm sido criticadas pelos economistas em várias áreas.

Sob condições de concorrência, a teoria econômica prevê que os preços por unidade tenderão – em longo prazo – a serem iguais à média total dos custos por unidade, incluindo um lucro normal, embora não exista uma relação entre preços e custos. Associado a este está a questão das práticas contábeis, sendo que o argumento é que (especialmente numa época de inflação) os custos contábeis usados na precificação de custo acrescidos são ambos teórica e factualmente enganosos:

- Eles não permitem muitos custos implícitos ou oportunistas.
- Eles não lidam adequadamente com itens como reservas para depreciação, dividendos sobre as ações preferenciais e ganhos e perdas de capital.

Além disso, a reação dos concorrentes é, muitas vezes, uma consideração crucial, impondo limitações práticas na precificação. Ganhar os clientes de nossos concorrentes com a arte de vendas ou produtos superiores é uma coisa; tentar ganhar seus clientes com cortes e guerra de preços (Capítulo 12) é outra coisa.

Por fim, mais que qualquer coisa, a precificação é uma questão de decisão dos chefes. Como declarou Ralph J. Cordiner, ex-diretor executivo da GE, "O compromisso tímido, tépido, nunca se tornará uma fonte significante de lucro". Um compromisso decisivo pode vir apenas depois que o líder da empresa mostra suas habilidades, e isto normalmente requer muita experiência no mercado. As histórias de sucesso sempre refletem a boa administração em todos os níveis.

13

Guerras de Preços dos Computadores

13.1 UM PONTO DE INFLEXÃO NA INDÚSTRIA DE COMPUTADORES

No Capítulo 12 foi declarado que não há nada científico na precificação de produtos. Nos anos de manutenção das tendências atuais, as empresas tentam racionalizar a lista de preços de seus produtos, e ao mesmo tempo capitalizar sobre as ineficiências do mercado. Mas as grandes mudanças no mercado, muitas vezes induzidas pela tecnologia, têm um efeito bola de neve, levando a um ponto de inflexão em que as guerras de preços se tornaram inevitáveis.

Com os computadores, em 1977 aconteceu uma mudança nas práticas de precificação da indústria promovida pelos fabricantes de computadores *plug-in* compatíveis. A saga começou com o *Projeto M* pela Hitachi e Fujitsu do Japão, que na época eram as primeiras empresas do país em termos de eletrônicos industriais,[148] e cuja estratégia era abocanhar o mercado da IBM.

O todo poderoso Ministério Japonês de Comércio Estrangeiro (MITI), o qual almejava as exportações e dirigia a política industrial das empresas japonesas com punhos de aço, financiou um projeto para emular os *mainframes* da IBM – com a pretensão de conquistar uma parte grande do mercado global de computadores. Nos Estados Unidos, os parceiros do Projeto M eram a Amdahl[149] e a National Advanced Systems (NAS), mas logo desenvolveram toda uma indústria por trás desta competição de *mainframes* da IBM, os chamados *fabricantes de plug compatíveis* (PCMs) e suas máquinas que rodavam nas instruções operacionais da IBM.

A NAS e a Magnuson, as quais eram as primeiras em máquinas *plug* compatíveis, se juntaram à Amdahl, mas logo havia uma horda de PCMs. Elas eram dirigidas por pessoas jovens que tinham uma meta, e conseguiram mudar o es-

[148] A Fujitsu foi estabelecida pela Siemens quando em meados de 1920 o governo japonês pediu assistência para a Alemanha no desenvolvimento de um setor de eletrônicos industriais.

[149] De Sunnydale, Califórnia, com o suporte da Fujitsu.

tilo, se não a estrutura, da indústria de computadores. Lenta mas efetivamente, as máquinas *plug* compatíveis se estabeleceram como uma força permanente.

Isso não aconteceu da noite para o dia, e nem as PCMs morderam uma parte tão grande da participação da IBM no mercado de *mainframes,* como se esperava originalmente. Em vez disso, eles capitalizaram numa mudança na participação no mercado. A Sperry Univac, a Burroughs, a NCR, a Honeywell e outros concorrentes da IBM[150] viram sua participação em sistemas para computadores nos mil maiores fabricantes de computadores nos Estados Unidos encolher.

O que realmente permitiu que a Amdahl e as PCMs firmassem uma base no mercado de *mainframes* dos Estados Unidos foram os pontos fracos inevitáveis que a IBM e as BUNCH haviam deixado em sua linha de produtos precariamente organizada. A Big Blue havia planejado introduzir seu Future System ambicioso em 1975, e por fim este era um projeto não compatível com seus computadores anteriores. No final,

- a luta interna foi ganha pelos profissionais de marketing da IBM, que decidiram que esta mudança seria muito destrutiva para os usuários da empresa, e
- o Future System foi descartado, o que significou que a IBM teve de estender a vida de seus produtos antigos ao anunciar os computadores da série 3000 neste ínterim.

A série 3000 era uma versão renomeada da série 370, sendo esta uma versão melhorada da 360, a qual datava de meados de 1960. Todas elas eram *mainframes* comprometidos, com inovação de zero ponto zero – não apenas as PCMs estavam logo atrás, mas também os fabricantes de minicomputadores, como a DEC, se infringiam na base de clientes da IBM.

As PCMs estavam prontas para assumir, e a queda da Big Blue para uma posição defensiva não faria uso da estratégia antiga de 1910 da "caixa registradora quebrada",[151] que a IBM havia revitalizado nos anos 1960 para confrontar o ataque violento na computação científica pela Control Data. Para sobreviverem, algo novo e mais potente tinha de ser inventado. Em março de 1977,

- a IBM revelou cortes nos preços de até 30% na maioria de seus computadores da série 3000, e

[150] Na época denominados de BUNCH, de um anagrama de seus títulos.

[151] Uma estratégia da NCR criada por Thomas Watson Sr., seu diretor de marketing, para assumir o mercado de caixas registradoras da Standard e outros fabricantes estabelecidos.

- introduziu um novo processador central, o 3033, para competir com as melhores ofertas da Amdahl, uma manobra induzida pelos tremores no mercado de ações que arrasaram o preço de suas ações.

Alguém do meio da bolsa de valores declarou que ao ser mais confiante sobre sua posição de antitruste depois de sua vitória no caso do Cal-Comp, a IBM parecia ter decidido dar o troco, em vez de ver sua participação no mercado definhar. As PCMs sofriam quando os cortes de preços mexiam com suas estratégias de bater os preços mais baixos da IBM, e fazer melhor. Os preços caíram tanto para os computadores quanto para suas ações.

A Amdahl contra-atacou com marcações para baixo de 29%, e prometia dois novos processadores para computadores, sendo que um deles era 1,5 vezes mais rápido do que o 3033 da IBM. Mas os patrimônios de todo o grupo de *mainframes* – Burroughs, Honeywell, Sperry Univac assim como Itel e Amdahl – rapidamente venderam todo o estoque à medida que os investidores tentavam reconciliar as margens de lucros existentes com preços 30% mais baixos. Ironicamente, a primeira entre as casualidades financeiras foi a própria IBM, a qual havia pago $280 por cota para 2,5 milhões de cotas de suas próprias ações algumas semanas antes de o mercado ceder sob o peso de seus próprios anúncios de preços.

Os efeitos posteriores dos cortes de preços refutaram as previsões da IBM anunciadas aos quatro ventos. Ainda assim, 1977 acabou sendo um ótimo ano para computadores em termos de pedidos e instalações, disse o presidente da IBM, Frank T. Cary, para centenas de acionistas no Coliseu de Nova York em fevereiro daquele ano. Cary também havia enfatizado que os aluguéis e vendas haviam começado bem "como tem acontecido nos últimos anos". (Um desses acionistas, uma senhora vestida de preto, revelou que ela havia se vestido assim para chorar pelas ações ordinárias da IBM, na época 30 pontos abaixo de sua alta em 1977.)

As PCMs não estavam nem um pouco melhores, mesmo quando um porta-voz da Itel disse que: "Isto não afetou os pedidos de nossa empresa nem um pouco". Um porta-voz da Amdahl não podia estar mais enganado, "Nós não cortamos nada de qualquer item de despesas desde os anúncios. Estamos a todo vapor". Quanto à IBM, Frank Cary havia dito que ele esperava que esses preços mais baixos e o aumento no desempenho que segue expandissem o mercado – e os lucros da empresa. Menos significa mais, em New Talk.

Os realistas viram-na sob uma luz completamente diferente. Excesso de capacidade dos computadores nas mãos dos usuários estava no nível mais baixo em anos, e isto era bom para as vendas. Mas os cortes profundos de preços deprimiram as receitas. Uma torrente de novos anúncios foi um amuleto com tendência à alta, disseram alguns observadores, pois os compradores provavelmente fariam suas compras no início do ciclo do produto – mas as enormes mudanças de preços trouxeram incerteza para o mercado, e o fracasso do *software* em acompanhar o *hardware* criou sua própria inércia de vendas.

13.2 AS GUERRAS DE PREÇOS E O MERCADO DE AÇÕES

Como era de se esperar, a guerra de preços, a qual no início de 1977 ficou popular no setor de computadores, estava causando devastações nas ações dos grandes fabricantes. Nas primeiras duas semanas depois dos cortes de preço de 30% da IBM, as ações dos computadores apresentaram o modelo mostrado na Tabela 13.1.

A Burroughs, a qual cortou seus preços para se igualar à IBM, caiu aproximadamente 10%, enquanto a Honeywell e a Sperry Rand, as quais se esperava que fossem cortar os preços logo mais para se manterem competitivas, caíram em 8 e 9,5%, respectivamente. É verdade que o mercado de ações no geral havia sofrido alguns baques próprios durante o mesmo período. "Mas as ações dos computadores", observou John McNamus, vice-presidente da Kuhn Loeb & Co., "reagiram muito pior do que o mercado".

A preocupação imediata do Wall Street era o que a guerra de preços de computadores faria para os lucros da indústria, à medida que os analistas financeiros cortavam suas projeções das margens de lucros antes dos impostos de 1977 em aproximadamente metade de 1% para cada uma das grandes empresas de computadores. Além disso, alguns deles retiraram até 60% de suas estimativas sobre os ganhos líquidos da IBM em 1977, e algo comparável de suas estimativas para a Sperry Rand e Burroughs, as quais eram, na época, os dois principais concorrentes da Big Blue.

As reações seguintes foram registradas em termos de preços de vendas de ações de computadores. Em um mercado dinâmico, com o New York Stock Exchange, essas reações refletem as preocupações e apreciações por analistas e investidores sobre o que está (e pode estar) acontecendo. Mas não houve um consenso. Para fornecer a base para pensamentos e discussões adicionais, apresento três casos que se contradizem: Urso, Touro e Mediano.

TABELA 13-1
Preços dos Patrimônios Caem Depois do Anúncio da IBM

	Preços das ações		
Empresa	**22 de março, 1977**	**5 de abril, 1977**	**Mudança Percentual (%)**
Amdahl	27 ½	25 ¾	-6,36
Burroughs	68 ⅛	61 ⅛	-9,91
Honeywell	51 ¼	47 ⅛	-8,05
IBM	285 ½	274 ½	-3,85
Itel[152]	14 ⅞	13 ¾	-7,56
Sperry Rand	39 ¼	35 ½	-9,55
Dow Jones Ind. Average	959,96	916, 14	-3,66

- *O caso Urso*: A tecnologia tem estado fora de controle. Os semicondutores baratos, disponíveis para todos, significam novos concorrentes, mais cortes nos preços, declínio na lucratividade, maior concorrência das PCMs, e os cortes de preços da IBM eram a evidência, e eram apenas a primeira etapa.

Os analistas que adotam o caso Urso argumentavam que o mercado para *mainframes* está saturado, ao passo que a capacidade de produção é mais rapidamente do que os usuários conseguem absorvê-la. Os computadores *plug* compatíveis e os minicomputadores estão tirando a participação de mercado da Big Blue, e os japoneses finalmente entrarão agressivamente no mercado dos Estados Unidos (isto nunca aconteceu).

- *O caso Touro*: Os preços em declínio e o aumento no desempenho sempre estimularam e continuarão estimulando a expansão do mercado. Assim sendo, esta é uma parte normal e necessária dos negócios. A preocupação atual é com a "fase final" dos efeitos do ciclo dos produtos.

Os analistas do caso touro tinham alguns conselhos para os fornecedores de computadores. Eles disseram que a chave para manter o preço e a lucratividade será a diferenciação do produto incorporada na próxima geração de equipamentos para computadores. O mercado permanece elástico aos preços.

[152] Contrária às outras empresas nesta lista, a Itel não fabricava. A National Semiconductor estava fazendo dois modelos para distribuição exclusiva da Itel, o AS-4 (para "Sistema Avançado") e o AS-5, almejando respectivamente à IBM-148 e -158. Ao vender seus produtos por dinheiro, a Itel havia transferido o risco de obsolescência tecnológica de si para seus clientes.

Existem muitos novos aplicativos. Os ganhos de tecnologia são a chave para o crescimento, e espera-se que eles continuem. A concorrência das PCMs é temporal, abrindo novos mercados.

- *O caso Mediano*: O *hardware* não é mais uma barreira para a entrada no mercado de sistemas informáticos. A IBM ainda controla a arquitetura de *softwares* e sistemas, e consegue, portanto, prover a diferenciação do produto. A questão é estabelecer se a preocupação aliviará ou se a situação se tornará mais complexa com uma guerra de preços contínua.

Os fornecedores de computadores tinham um conjunto diferente de preocupações. Para a maioria deles, o problema preocupante era que, por causa da tecnologia e da concorrência, os preços estavam declinando muito rapidamente e eles tinham de cortar os custos porque o declínio destes era a chave para um mercado em expansão e para manterem sua participação integral.

Tanto entre os fornecedores quanto entre os analistas há também três opiniões quanto às margens de lucro: O *caso Urso* declarou que o aumento na concorrência usando a tecnologia de semicondutores baratos causa a guerra de preços, a qual destrói a lucratividade da indústria. A tese do *caso Touro* era que os fabricantes de computadores podem continuar mantendo margens de lucro por meio da diferenciação dos produtos e, mais importante, controle da conta.

O *caso Mediano* declarou que as margens de lucro ficarão sob pressão devido ao aumento na contratação e no impacto inflacionário que os funcionários terão sobre os benefícios, enquanto os fornecedores de computadores lutavam para contratar e reter os melhores talentos. (Isso era especialmente visível na Europa.) Esperava-se que a pressão também viesse do impacto das manobras táticas em curto prazo da IBM em relação ao ciclo do produto.

Um grupo crescente de analistas de mercado acreditava que não era apenas o corte no preço que direcionava as participações de computadores. As instituições direcionavam seus investimentos ao venderem ações de crescimento com rendimento mais baixo em favor de ações que ofereciam um retorno total alto. Na realidade, para aguçar este interesse, a IBM havia elevado seus dividendos e oferecido reforçar seu preço de mercado ao comprar dos investidores 2,5 milhões de suas próprias ações a $280 por cota. No entanto, muitas perguntas ainda continuam sem respostas:

- Quem *realmente* começou a recente guerra de preços?
- Como ela afetará a base de clientes?
- Quanto ela custará para a indústria de computadores?
- Onde ela acabará, e então, quem sobreviverá?

A resposta para a primeira pergunta não é assim tão fácil, pois a IBM alega que ela não deu o primeiro tiro. É verdade que há muito tempo esperava-se que a Big Blue montasse uma contra-ofensiva à aliança da Amdahl e da Itel-National Semiconductor, a qual havia desfrutado de um sucesso surpreendente ao vender computadores compatíveis com a IBM.

As invasões foram bastante acentuadas com máquinas que usavam programas da IBM em nível médio e superior.[153] Mas vários analistas financeiros alegavam que a última rodada de cortes de preços fazia parte de um esquema maior de *destruição criativa*. Os custos estavam caindo e novas tecnologias estavam nascendo. Usando a integração em larga escala, a Amdahl, com ativos de US$84 milhões, havia tido sucesso na manufatura e venda de um computador classificado como superior em preço e desempenho ao IBM 168.

De acordo com o presidente da Burroughs na época, Ray Mcdonald, desde o final de 1975, o estímulo geral de 2 por 1 nos índices de preço, em relação ao desempenho dos *mainframes*, havia se tornado o padrão. "Não estou dizendo que Wall Street está certo ou errado", ele comentou numa entrevista com a imprensa quando a Burroughs teve uma nova baixa em Nova York. "Estou dizendo que ele está dois anos atrasado em reconhecer as tendências atuais, e talvez esteja reagindo exageradamente". "As manobras da IBM", insistia Macdonald, "não terão impacto na nossa habilidade em competir nem terão um impacto negativo nas nossas margens de lucros antecipadas". A Burroughs declarou que ela continuaria considerando US$5,30 a US$5,50 por ação como razoável em 1977. E na divisão Univac da Sperry, as apostas estavam a 36% no primeiro trimestre de 1977; mas isto foi antes do início das guerras de preços de computadores.

Dito isso, um bom observador teria percebido que qualquer que fosse o futuro, os brigões pareciam não estar tão preocupados quanto os espectadores. A Control Data, a qual planejava há algum tempo uma investida limitada no mercado de computadores compatíveis com o plugue 138/148 (médio alcance), disse que estava se preparando para revelar seus produtos, evidentemente não desencorajada pela última manobra da IBM. "Não vi nenhuma margem deprimida", observou Clarence Spangle, chefe da divisão de computadores da Honeywell. "Na realidade, vejo a nossa se aprimorando."

---

[153] Desde o início dos anos 1970, os principais usuários da IBM tentavam adivinhar quem faria a primeira entrada compatível com os plugues. Eles adivinharam errado com a Texas Instruments e a chegada dos japoneses, com suas marcas, no mercado de computadores norte-americanos.

13.3 CONTROLE RÍGIDO DE CUSTOS É A MELHOR MANEIRA DE ELIMINAR OS CONCORRENTES

Deixando de lado as bravatas, as opiniões cotadas na Seção 13.2 repousam principalmente em dois fatos indiscutíveis: primeiro, os custos de manufatura no geral caíram mais rapidamente do que os preços. Segundo, os preços mais baixos pediam mais clientes, mais receitas e ganhos melhores. Isso era novidade, mas afetou os fornecedores de computadores de maneira inigualável.

Os analistas que compartilhavam essa linha de pensamento apontavam que os custos de manufatura do sistema de processamento típico, de intermediário a grande, foram projetados para caírem 80% na década de 1970. Os componentes não apenas estavam caindo, mas também, e mais importante, o barateamento comparativo de equipamentos para computação alterou o *design* histórico – fazendo com que passasse a ser econômica e tecnicamente viável repensar como os sistemas de dados devem ser projetados. (Veja também a discussão sobre controle de custos no Capítulo 15 e custos de gastos gerais no Capítulo 16.)

Havia outra maneira de enxergar essa situação. *Se* os rápidos avanços em tecnologia fossem trazidos para primeiro plano, por meio de uma política agressiva de aquisições, *então* os resultados seriam visíveis em termos monetários. A IBM tinha, na época, US$6 bilhões em seus cofres e estava procurando meios lucrativos para investi-los. Em vez disso, ela escolheu a guerra de preços.

- Visto sob a perspectiva de termos monetários, a pergunta "A IBM conseguirá suportar isso?" poderia ser respondida de uma única maneira. "Se a IBM não conseguir, quem conseguirá?"

Em termos de tecnologia, a Amdahl fez um computador potente 470 V/6, o qual rodava no *software* da IBM e podia facilmente substituir suas unidades grandes e caras. Mas a base instalada era muito pequena. A Amdahl havia colocado aproximadamente 50 de seus computadores, e conseguido abocanhar 20% das novas remessas de sistemas em larga escala; mas o tamanho da base de clientes da IBM era muito maior e a Big Blue derivava 80% de suas vendas anuais desta base.

Do ponto de vista da engenharia, a linha de pensamento da Amdahl estava correta, mas em 1977 os especialistas cometeram um erro bobo com as especificações. Sua hipótese era de que os elementos eletrônicos (não especificados) podem ser substituídos por muitas das funções anteriormente realizadas por outros métodos mais caros – especificamente *software* cuidadosamente escrito por pessoa. As décadas que se seguiram viram esta se tornar uma projeção não substanciada.

Neste quesito, alguns executivos de empresas de computadores eram muito mais realistas. "Qualquer dia desses, antes do final da próxima década", disse, na época, John V. Titsworth, vice-presidente executivo da Control Data, "todos os *hardware* se parecerão e serão baratos. O que estaremos todos vendendo são aplicativos e *softwares* de sistemas operacionais, mais a experiência em áreas específicas de aplicativos".

Em outras palavras, a Control Data corretamente projetou que a tecnologia iria se tornar mais homogênea e seria uma "commodity". Em 13 anos (1999), Titsworth projetava, a IBM e seus concorrentes serão pressionados a distinguir seus produtos. Isso também era importante em cortar os custos de produção – enquanto, ao mesmo tempo, o Japão lançava uma sombra sobre o futuro mais ou menos distante.

De fato, alguns analistas suspeitavam que a ação da IBM em março de 1977 almejava menos a Amdahl do que a Fujitsu, o maior financiador da empresa na Califórnia e um grande produtor de sistemas para computadores, equipamentos para telecomunicação e componentes eletrônicos. (As vendas de computadores da Fujitsu, no ano fiscal que findou em março, totalizaram US$691 milhões, uma quantia que a colocava à frente da NCR e da Control Data, mas bem atrás da Digital Equipment Corp., da Sperry Univac, da Burroughs, da Honeywell e, é claro, da IBM. Mas em sua terra natal, onde os fabricantes japoneses eram responsáveis por dois terços dos computadores instalados, a Fujitsu liderava a IBM em participação no mercado, aproximadamente 21 a 27%.)[154]

No mercado norte-americano de computadores em si, as PCMs mostravam aos céticos que elas não apenas conseguiam se manter em dia com a pressão de preços, mas também podiam tomar a dianteira da IBM tecnologicamente. A confiança que Gene Amdahl, e outros executivos das PCMs, mostrava provavelmente estava enraizada em seus conhecimentos íntimos da tecnologia e prática de marketing da IBM, pois a indústria das PCMs estava repleta de veteranos da IBM. Em termos de manufatura, o credo era que *se* o crescimento e os custos reduzidos são a tradição na indústria de computadores, *então* esta indústria deve se organizar não apenas para sobreviver, mas também para prosperar em novos ambientes.

Isto reforçava a necessidade para se ter o controle dos custos. A melhor maneira de ver o controle sobre os gastos com manufatura é em face dos resultados obtidos pelas PCMs *start-ups*, a qual é examinar não apenas suas características inovadoras, mas sua estratégia, maneira de comercializar e vender,

[154] O Japão era o único país onde os fabricantes de computadores não mantinham uma liderança de comando.

onde as antigas margens injustamente gordas foram reduzidas mais significativamente. As PCMs atacaram as empresas de computadores antigas e estabelecidas em três frentes:

- Maior eficiência
- Melhor atrativo de mercado
- Custos de capitalização (DL + DM)[155]

Com os computadores *plug* compatíveis e a indústria de minicomputadores em rápido crescimento, os ciclos de vida dos produtos, que normalmente eram de 10 a 15 anos, repentinamente passaram a ser de cinco anos. "Se não tornarmos nossos produtos obsoletos, outras pessoas os tornarão", disse o CEO de uma empresa para a qual eu era, na época, consultor. No chão da fábrica em si, robóticos e outros processos tecnológicos haviam mudado o quadro de operações como a conhecíamos. Este focou novamente no planejamento dos investimentos de capital para cumprirem os objetivos de curto, médio e longo prazo.

- Um planejamento racional de investimentos de capital requer uma avaliação comparativa de projetos alternativos que usam capital da empresa.
- Uma tarefa específica é garantir que métodos confiáveis e sistemáticos sejam usados para descrever e avaliar várias propostas de investimentos; uma mudança significativa no chão da fábrica.

Em termos de seu efeito na precificação, a tecnologia de manufatura renovada funcionava de ambas as maneiras. A conversão para robótica requer desembolsos significativos de capital, mas a automação de manufatura que ela promove ajuda a cortar drasticamente os custos com pessoal. Ainda assim, foi necessário muito trabalho para garantir que os investimentos seriam financeiramente justificáveis, incluindo procedimentos integrados de avaliação.

Pelo menos em algumas das empresas de computadores, o orçamento e a contabilidade eram duas funções completamente separadas, sendo que a primeira era usada para planejamento e a última para avaliação. Por serem processos separados, havia pouca possibilidade de relacionar os resultados de um período de planos orçamentários para o próximo. Entretanto, a concorrência fez com que nos anos 1970 e 1980 eles fossem integrados em um sistema coordenado:

---

[155] Veja o Capítulo 12.

- Isso permitia uma base comum para a coleta e avaliação de dados.
- A avaliação mais rápida de ocorrências de dados de curto prazo ajudou no ajuste de projeções com prazos mais longos.

As empresas de computadores mais bem administradas também gostam de garantir que as diretivas relacionadas à eficácia em termos de custo sejam realizadas para estabelecer uma ligação entre os métodos de controle de custos e o comportamento dos centros de custos individuais. Essa necessidade foi especialmente apreciada pelos gerentes que sabiam que o controle dos custos requeria uma comparação em tempo oportuno e efetiva entre os custos determinados pela atividade e os determinados pela capacidade, especialmente a capacidade ociosa.

Sob um planejamento integrativo e perspectivas de controle, os planos financeiros resumem a ideia de custo *versus* avaliações reais, proporcionando o padrão no qual o desempenho esteja à frente da curva e viabilizando as ações corretivas antes que os resultados saiam do controle. Duas das empresas de computadores para as quais eu dei consultoria aplicaram este princípio.

Precisamente os mesmos princípios são aplicados aos custos de distribuição. Eles também teriam de ser cortados com uma faca bem afiada se a empresa de computadores, a qual por necessidade se envolveu na guerra de preços, não fosse ser punida. O custo real de distribuição inclui muito mais do que a maioria das empresas considera quando tenta lidar com o orçamento. A principal decisão a respeito da rede de distribuição afeta, de maneira significativa, o custo de se fazer negócios e também está relacionada a outras questões de custo. À parte do marketing e das vendas apropriadas, vários elementos provam ser críticos na avaliação do impacto das abordagens de distribuição no total dos custos de vendas. Eles incluem armazenamento, inventários, cadeia de suprimentos, canais de distribuição e manutenção.

13.4 ARMAZENAMENTO, INVENTÁRIOS, CADEIA DE SUPRIMENTOS, CANAIS DE DISTRIBUIÇÃO E MANUTENÇÃO

O armazenamento é necessário para fornecer um serviço de armazenagem seguro por todos os canais de distribuição escolhidos pela empresa. A instalação pode variar de um armazém na fábrica a uma rede multinacional. A qualidade do serviço normalmente fica melhor à medida que aumenta o número de armazéns (pelo menos até certo ponto), mas os custos podem sair do controle à medida que cresce o número de unidades, se a gerência não tomar cuidado.

Vários aspectos estruturais devem ser considerados. Se todas as outras coisas permanecerem inalteradas, à medida que o número de armazéns aumenta, seu tamanho médio tende a diminuir, e, dessa maneira, o número e a quantidade de itens. Em certos casos, isso reduz a eficiência dos serviços para os clientes. As mudanças nas três variáveis – número, tipo e localização – de armazéns afetam o atendimento aos clientes e os custos.

Uma questão importante ligada aos custos de transporte são os *meios* que estão sendo usados: trens, caminhões, navios e aviões. Ao alterar o número ou localização dos armazéns, alteramos o cenário dos requisitos de transporte e os custos associados. Um aumento no número de armazéns poderá reduzir inicialmente os custos totais de transporte, mas depois que esses custos passam de determinado ponto, a tendência pode ser revertida por causa da diminuição no índice de carga por carro para menos do que uma tonelada de carga por veículo.

Os inventários grandes custam dinheiro em termos das quantias investidas, de seguro, impostos possíveis, imóveis, roubos e serviços custodiais. Dependendo dos negócios, os custos de inventário podem variar de 10 a 30% da média do valor anual do inventário. O atendimento aosclientes pode ser melhorado mantendo um inventário maior, mas este também aumenta os custos e é refletido nos preços.(A Dell fez uma fortuna com computadores pessoais ao cortar, o máximo possível, os custos de inventário.)

A otimização, em vez da redução drástica do inventário, é a melhor política, isto porque os custos de carregamento do inventário estão proximamente ligados aos custos de armazenamento e atendimento ao cliente (veja também o Capítulo 14 em Gestão do Inventário). A melhor maneira de abordar este assunto é controlar os níveis de inventário dinamicamente por meio do estímulo constante das vendas, dos serviços e da capacidade de produção. Por outro lado, quanto mais complexo é o sistema de distribuição, mais lenta é a rotatividade do inventário. Um risco associado é a obsolescência deste.

O termo *alternativas da cadeia de suprimentos* se refere aos parceiros comerciais e às próprias redes de manufatura da empresa. Os custos de produção variam entre as fábricas e em função do volume produzido em cada fábrica. A decisão sobre qual mercado deveria servir quais clientes deve contemplar não apenas os custos de transporte e armazenamento, mas também as considerações de qualidade, os atrasos temporais e os custos de mão de obra. A solução específica variará com o tipo e o tamanho da empresa; mesmo assim, um sistema efetivo de controle dos materiais precisa do seguinte:

- Um bom plano, com padrões capazes de garantir um desempenho satisfatório.
- Um sistema para avaliar o desempenho real periodicamente com relação ao plano, incluindo uma explicação clara para as variações ocorrerem e uma previsão do desempenho futuro.
- Um sistema de "aviso antecipado" para notificar a gerência no caso de as condições garantirem a atenção entre os períodos de reportagem.

A escolha dos canais de distribuição afeta a natureza e os custos da organização de vendas de uma empresa, seu preço de venda e a estrutura da margem bruta, e o comprometimento das instalações físicas de distribuição. Esses, por sua vez, afetam a produção e a oferta. Os custos de comunicação variam com a complexidade do sistema de distribuição e com o nível de serviço fornecido, incluindo itens como o processamento dos pedidos, controle do inventário, contas a pagar, contas a receber e documentação para envio. Tais custos aumentam à medida que mais pontos de distribuição são adicionados ao sistema.

As decisões de distribuição podem afetar os custos incorridos pelos fornecedores ou clientes. Quando um varejista cria seu próprio armazém, os fornecedores se livram da tarefa de embalar e enviar pequenas quantidades ou de manter pequenos armazéns locais no campo, mas não é possível ter certeza se recuperará esses custos ao negociar com os fornecedores, a menos que tais negociações sejam feitas de antemão e tenham se tornado uma das condições da rede.

A manutenção no local é uma questão totalmente diferente, com grande impacto no fabricante de computadores como fornecedor de produtos de alta qualidade. Os equipamentos de alta tecnologia têm um apetite voraz pelos serviços pós-vendas. Normalmente, uma organização de manutenção no local, suportada pelo fornecedor, tem dois custos de gastos gerais:

- O ônus tradicional de supervisores, gerentes, instalações e assim por diante.
- O tempo ocioso necessário para garantir uma resposta em tempo oportuno para as chamadas dos clientes.

Mesmo se as máquinas tiverem sido projetadas com média de tempo mais longo para conserto (MTTR), alguém precisa, por via das dúvidas, estar disponível para uma emergência. No setor de processamento de dados, as expectativas para o tempo de resposta têm sido entre 2 a 4 horas – uma carga bastante pesada, uma vez que isso significa muito tempo ocioso para os engenheiros de manutenção. Ir e voltar até o local dos clientes também consome tempo, daí o interesse em diagnósticos *on-line* e automanutenção, o que significa modularidade, trocas padronizadas e habilidades diagnósticas por meio de *kits* "faça você mesmo" com peças e instruções.

13.5 SOLUÇÕES INSATISFATÓRIAS NÃO TÊM SUCESSO

A IBM conseguia arcar com o corte de preço de 30% no final de março de 1977, mas este não era o caso para todos os seus concorrentes. Em pouco tempo, a Itel, que estava voando alto, foi forçada a sair do negócio de aluguel de computadores, indo à falência um ano depois. Os lucros da Amdahl caíram quando os clientes começaram a alugar em vez de comprar, em antecipação aos computadores novos, mais baratos e maiores da IBM. E como vimos, os preços das ações da Burroughs e da Sperry Randy caíram drasticamente.

Entretanto, ao mesmo tempo, o corte de preços prejudicou as cifras de lucro, ora astronômicas, da IBM – levando o presidente da Amdahl, John C. Lewis, a declarar que "a maioria dos tiros que a IBM deu também atingiram a própria empresa". Lewis tinha motivos para estar otimista. Ele e seus colegas estavam orgulhosos de suas realizações, pois seu sucesso de mercado estava, na época, acima DAE qualquer dúvida.

A empresa que relatou seus primeiros resultados de um ano completo em 1976 havia enviado 42 de seus computadores 470 V/6. No trimestre que se encerrou em 1º de abril de 1977, a Amdahl havia obtido US$10,2 milhões – US$5,4 milhões antes de eventuais prejuízos fiscais reportáveis – sobre receitas de US$37 milhões. Este foi um salto enorme dos US$1,4 milhões (metade disso antes de eventuais prejuízos fiscais reportáveis), acumulados de janeiro a março de 1976.

A ingenuidade havia florescido contra as chances formidáveis, e esses resultados estavam causando uma erupção de dispepsia nos escritórios centrais da IBM em Armonk.

"Durante os últimos anos", observou um pretendente da Amdahl, o qual cobria uma venda de 560.000 cotas de patrimônio ordinário, "não tem havido participantes de sucesso no mercado de computadores de larga escala, o qual é dominado pela IBM, uma das maiores e mais poderosas empresas no mundo. Precisamente, uma vez que a IBM checou com sucesso o progresso da CDC com o estratagema das 'Fighting Machines'. Além disso, várias empresas grandes, que ofereciam um leque de computadores com desempenho geralmente mais baixo, se retiraram do mercado".

Diferentemente da RCA, dando nome a uma vítima proeminente, a Amdahl construiu seus computadores para serem perfeitamente compatíveis com o *software* da IBM. Sua gerência não acreditava em soluções insatisfatórias. Além disso, diferentemente da RCA, a Amdahl explodiu por conta própria em *design* e tecnologia, oferecendo uma máquina mais sofisticada (refrigerada a ar, ao passo que o 168 era refrigerado a água), mais compacta e mais potente do que seus rivais.

E seus computadores eram mais baratos em relação à eficácia em termos de custos. Pela primeira vez na história, a IBM parecia incerta sobre o futuro, e suas manobras eram um *déjà vu*. Os analistas financeiros começaram a questionar se o 3033 da IBM era real ou era outra reencarnação da batida caixa registradora. Para muitos, o 3033 parecia ser um "componente de ponte" da próxima geração da IBM, para o sistema além do básico 370.

"Até agora", disse um dos especialistas em computadores, "as unidades de processamento centrais têm sido essencialmente uma unidade. Mas a próxima geração quebrará o núcleo em tamanhos moleculares ou até mesmo minicomputadores".[156] Do ponto de vista da IBM, esta arquitetura supermodular - a qual poderá permitir que a organização usuária adicione pequenos módulos para acomodar sua própria carga de trabalho - ajudaria a estimular seu índice de compra em relação ao aluguel. Mas essa era uma política estranha para a Big Blue, e parecia ser uma estratégia estranha para uma empresa, a qual, por duas décadas, havia apostado nos *mainframes* monolíticos.

Para um fornecedor que estivesse seguindo a arquitetura modular, tal estratégia teria ajudado a limitar a capacidade dos fabricantes de computadores *plug* compatíveis em competirem, tornando difícil que seus *softwares* rodassem em seus *hardwares*. Esse não era o caso da IBM, a qual levou muitos observadores da indústria de computadores a acreditar que a próxima geração dependerá, até certo ponto, de microcódigos; de certa forma, programação proprietária embutida no computador. *Se sim*, então a NAS, a Amdahl e os japoneses seriam fortemente testados. Mas isso não aconteceu dessa maneira.

Nos Estados Unidos, nem todos os especialistas no mercado de computadores concordavam com a tese mencionada anteriormente. Alguns diziam que a compatibilidade funciona das duas maneiras. Um usuário que abandona a IBM pela Amdahl, por exemplo, consegue voltar facilmente. Isso não é raro, pois os computadores são de um setor em que, como diz o ditado, quem com ferro fere, com ferro será ferido.

---

156 *Fortune Magazine*, 25 de janeiro de 1982.

- A possibilidade de um tráfego de duas mãos pelo portão da compatibilidade, aparentemente havia começado a despertar a alta gerência da IBM.

Durante um período de tempo quando a demanda por potência de computadores explodiu e o fabricante de *mainframes* não tinha capacidade de produzir todos os computadores que ele poderia possivelmente vender, as PCMs fizeram a festa. Mas seus avanços trouxeram também a mensagem de que a Big Blue não permitiria a erosão da sua base de clientes. Era urgente fazer com que os clientes perdidos fizessem um retorno.

- A IBM sabia que poderia capitalizar sobre uma força de vendas bem treinada, e seus prospectivos preliminares.

Os vendedores da Big Blue eram constantemente acusados de tentar fazer que o gerente de processamento de dados de um comprador de computadores, o qual havia mudado de fornecedor, fosse demitido. Eles faziam isso ao sugerir aos chefes deles que as escolhas de computadores *plug* compatíveis provavam como eles não conseguiam fazer um bom julgamento. Outro estratagema frequente eram as estatísticas dúbias sobre a confiabilidade dos equipamentos das PCMs, acompanhadas da sugestão de que os serviços nos equipamentos periféricos da IBM seriam reduzidos se eles adquirissem um *mainframe* de uma PCM.

Se a lábia do vendedor da IBM não tivesse o efeito esperado sobre o cliente, *então* um alto executivo da empresa, incluindo os presidentes de subsidiárias, se reuniria com os CEOs das empresas para sugerir que uma economia de, digamos, US$1 milhão não era significativa para uma empresa que faturava US$6, US$8 ou US$10 bilhões ao ano. E realmente não valia a pena prejudicar o relacionamento de longa data com a Big Blue.

- No entanto, as vendas com muita pressão têm limites. O ponto fraco da IBM foi que seus clientes podem não ter acreditado na sua solução temporária, e a viram como se ela tivesse sido criada para tentar manter sua posição mediante o uso de um paliativo.

Vários analistas achavam que a Big Blue estava deslumbrada e animada pela recente (na época) vitória jurídica no processo de antitruste impetrado pela California Computer Products. Um analista da Drexel Burnham sugeriu que, com esta vitória por trás, a IBM estaria levando um Cavalo de Troia na esperança de que ninguém perceberia sua estratégia. O mercado percebeu.

Juntamente com quase todos os outros, a Amdahl esperava que a próxima série de computadores em larga escala da IBM estaria pronta para entrega em

1980 ou 1981. Se o evento ocorresse antes, o período de vida da série 470 da Amdahl, incluindo seu novo processador 470 V/7, seria tragicamente curto. E isso não era, de maneira alguma, uma impossibilidade porque a IBM algumas vezes já havia reagido agressivamente quando confrontada com nova concorrência.

A Itel, uma empresa de serviços financeiros diversificados, que em outubro de 1976 havia aumentado sua hostilidade contra a IBM, estava menos exposta com sua série AS-5. Em 1976, aproximadamente 40% de seu lucro líquido veio da venda de discos e produtos para a memória compatíveis com a IBM, uma linha que havia aumentado de US$9 milhões em 1972 para US$78 milhões em 1976. Na mesma linha, o líquido antes dos impostos aumentou repentinamente, ao passo que os ganhos por toda a empresa cresceram 25% anualmente.

Externamente, as PCMs pareciam confortáveis. No entanto, para aquelas empresas de computadores inclinadas a se preocuparem, a IBM havia dado mais do que motivos suficientes. O processo de antitruste do Departamento de Justiça contra a Big Blue, o qual já estava em seu oitavo ano, também não era mais um consolo, pois havia rumores de que a Justiça estava se arrastando.

Em certos aspectos, as preocupações foram exageradas. Os novos produtos, independentemente da incerteza em curto prazo que eles possam trazer, são instrumentais para virar a mesa de um fabricante bem estabelecido, e os concorrentes da IBM apostavam na inovação, não apenas nos cortes de preços, para sobreviverem. Isso, é claro, não significava que não haveria casualidades. Todas as partes concordavam que a persistência tinha um preço.

13.6 OS USUÁRIOS NEM SEMPRE APRECIAM O FATO DE OBTEREM PRODUTOS SEMI-TÉCNICOS

No final dos anos 1970, a história dos anos 1950 se repetia novamente. Em um curto período de tempo, os fornecedores de sistemas de informação precisavam estar cientes de que grandes mudanças estavam ocorrendo; serem capazes de traduzir os significados dessas mudanças em oportunidades específicas de produtos adequados para os interesses e capacidades de suas empresas; tomarem decisões que envolviam o desenvolvimento de novos produtos ou programas de aquisição; e reforçarem seu marketing para trazer novos produtos para o mercado com êxito. Para ter sucesso, isso precisava ser feito (1) sem muito atraso e (2) com base no plano de ação de uma empresa.

As mudanças de caráter tecnológico têm um impacto mais dramático nas empresas, embora elas subsequentemente não exerçam influência maior no geral do que as outras mudanças de natureza social, econômica ou política. O motivo para este desalinho inicial entre causa e efeito é que frequentemente a mudança tecnológica parece afetar as oportunidades de crescimento corporativas de duas maneiras, as quais trabalham em sinergia:

1. Por meio de uma influência comercial fora do controle da empresa.

Por exemplo, os desenvolvimentos técnicos apresentados por empresas concorrentes, ou pela indústria como um todo, poderão fazer os produtos se tornarem obsoletos.[157] Alternativamente, os desenvolvimentos técnicos podem abrir novos mercados ao proporcionar novos usos. Falando de maneira geral, os recém-chegados têm mais vantagens.

O princípio é que tecnologia gera tecnologia. À medida que novos produtos continuam sendo desenvolvidos em laboratórios técnicos, o escopo de seu mercado se amplia rapidamente e isso, por sua vez, requer muito cuidado da engenharia e do marketing.

2. A mudança tecnológica criada pela empresa, através de pesquisa e desenvolvimento, é uma necessidade, mas não é suficiente. Os lucros são gerados por uma força de trabalho bem treinada.

Em comparação aos seus concorrentes, nos anos 1970 a Big Blue tinha uma força de trabalho bem treinada e motivada, pronta para agir. Essa era sua vantagem competitiva. A Big Blue nunca esteve na vanguarda da tecnologia, como, por exemplo, a Univac da Sperry costumava estar. A IBM era forte no marketing e a Univac, na inovação técnica. Em termos gerais:

- o ponto forte da Univac, da CDC e da Amdahl eram os produtos *técnicos*, e
- em contrapartida, o ponto forte da IBM eram os produtos *semitécnicos*, o marketing e a força de vendas.

Em sentido mais amplo, os produtos industriais podem ser arbitrariamente classificados como "técnicos", "semitécnicos" e "não técnicos", dependendo de até que ponto eles passaram por mudanças técnicas e o nível de inovação de P&D associado a eles. E também, sua taxa aparente de obsolescência tecnoló-

---

[157] Um caso em questão é o das máquinas de contabilidade elétricas (EAM) nos anos 1950 e dos *mainframes* no final dos anos 1970, condenados a declinarem com a ascensão das Vaxes e (na década seguinte) de clientes/servidores.

gica, a qual algumas vezes é mais ficção do que fato. Estratégias diferentes de marketing são usadas para cada uma dessas classes de produtos industriais.

Os exemplos de grupos de produtos classificados como "técnicos" e atraentes para mercados grandes são eletrônicos, produtos químicos, medicamentos, sintéticos, aviões, mísseis, instrumentos para controle, automação, novos metais e novas fontes de energia. Os exemplos de grupos de produtos classificados como "semitécnicos" são equipamentos para computadores que já saíram de moda, mas ainda são encontrados nos centros de computação. Um dos melhores exemplos é todo o grupo conhecido como máquinas de contabilidade elétricas (EAMs) – que vão de impressoras a classificadores a cotejadores e equipamentos para perfuradoras.

AS EAMs são hoje totalmente obsoletas, mas de meados até o final dos anos 1970, na época da guerra de preços dos computadores, elas não apenas existiam em grande número, mas também constituíam a base da IBM nos centros de processamento de dados. Os computadores ainda eram, na época, armazenados em quartos de vidro para que os visitantes os vissem e os admirassem. Eles eram cuidados por "sacerdotes" em robes brancos, que distribuíam fitas magnéticas, (uma experiência que eu tive no início de 1970 com o Commerzbank).

A Amdahl e outras PCMs perturbaram a tranquilidade dos EDPs e seu *status quo*. Elas também deram o impulso para começar a limpar a base de poder da IBM, maciçamente equipada com produtos semitécnicos. (Em contrapartida, os exemplos de produtos classificados como "não técnicos", mas que têm um potencial de mercado alto são os alimentos industrializados, roupas, artefatos de barro e tijolo, assim como muitos dos móveis para casa e equipamentos esportivos.)

O bom marketing, no entanto, consegue cobrir a obsolescência tecnológica até certo ponto. Depois disso há um correlacionamento entre a taxa de crescimento de uma empresa e a orientação técnica avançada de seus produtos. Mais da metade das vendas de uma empresa com alto crescimento é do que definimos como produtos "técnicos". Em contrapartida, metade do total de vendas de uma empresa com baixo crescimento é de produtos "semitécnicos".

- Essas direções opostas das características dos produtos têm um impacto evidente na estratégia corporativa.
- Por duas vezes durante a segunda metade do século 20, a IBM fez uma troca urgentemente necessária – bem na hora.

A primeira foi em meados dos anos 1950 quando, após rejeitar a compra da Univac, ela se viu em desvantagem com as EAMs. A empresa foi salva pelo seu diretor de marketing, o qual estruturou a política para instalar computadores – mas não o faria até que os clientes estivessem prontos para eles. Isso levou à instituição das ciências aplicadas (engenharia de sistemas), um dos avanços mais positivos em TI.

A segunda vez foi no início dos anos 1990 quando um novo CEO, um *outsider*, virou de ponta-cabeça, uma organização altamente burocrática da IBM. Pela primeira vez na história da Big Blue, ele se envolveu na aquisição agressiva de outras empresas (especialmente de *software*); radicalmente alterou o *mix* de produtos e renovou as camadas administrativas. Mas ele manteve a cultura de *mainframes* da empresa, e isso poderá contaminar as instalações dos clientes e as soluções de sistemas na era da computação em nuvem,[158] como veremos na Seção 13.7.

Este amor profundo pelos *mainframes*, e consequentemente por continuar vivendo no passado, é difícil de explicar. A renovação de produtos, a precificação agressiva e a atividade de diversificação na indústria parecem estar inextricavelmente ligadas com a tecnologia em avanço. As empresas nesse campo de crescimento talvez queiram se posicionar na linha de partida. Todas têm a oportunidade de ganhar, mas, é claro, apenas uma pode chegar em primeiro lugar. O vencedor será determinado fundamentalmente por dois fatores:

1. Os recursos, capacidades e treinamentos investidos.
2. O grau de qualificação, planejamento, julgamento e energia aplicados.

E tão importante quanto a escolha do campo de produtos também é a escolha das "corridas" nas quais participar. Uma empresa pode entrar num campo no início do seu ciclo de potencial de expansão, ou quando seu passado pôde ter mostrado crescimento, mas seu futuro mostra maturidade ou declínio. Ambas as opções estão abertas, mas o resultado, quando se vive do passado, pende para o lado do declínio, como sugere a Seção 13.7.

13.7 A ERA OBSCURA DA MENTALIDADE DOS *MAINFRAMES* ENTRA NA COMPUTAÇÃO EM NUVEM

Em 1953, a IBM se assustou depois que Thomas Watson Sr. notadamente rejeitou a oferta de compra da Univac, dizendo que os computadores eram um brinquedo dos professores universitários e o mercado para eles não iria além de

[158] D. N. Chorafas, *Cloud Computing Strategies*, Auerbach/CRC, Nova York, 2010.

50 anos. Mas uma das qualidades do velho senhor era reconhecer a sua falha e corrigi-la imediatamente. Finalmente, a IBM ultrapassou a Univac e a deixou na poeira.

Em 1963, ela se assustou por causa da entrada do que era na época chamado de "Electronic Data Processing" (EDP) de empresas com vendas muito maiores do que as suas, como a GE. Ou com uma administração suficientemente sagaz para desafiar a si própria; a RCA era um exemplo. Agindo de maneira defensiva, a Big Blue alocou durante um período de aproximadamente seis anos (mas de longe a maior parte de dinheiro durante os três anos, de 1963 a 1966) o então colossal orçamento de US$5 bilhões para desenvolvimento, manufatura e comercialização da Série 360. Grande parte deste era capital de risco:

- O custo de P&D de *hardware* era de aproximadamente US$500 milhões.
- O *software* do 360 provou ser osso duro de roer, na casa dos US$750 milhões.
- A parte do saldo do imposto de renda foi para atualizar e reformar a rede de marketing e de vendas.

Outros investimentos foram para a manufatura, na qual o elemento de risco tem um papel menor. Foi necessário muito dinheiro para o desenvolvimento de novas fábricas para fazer a Série 360, desde a LSI até a montagem final. O capital de risco estava novamente em pauta, quando, dentro de um período de três anos, a empresa financiou um aumento de 40% em vendas e pessoal para suporte de vendas.

Por todos esses motivos mencionados anteriormente, no início dos anos 1960, quando a administração da IBM decidiu mergulhar nos US$5 bilhões, esta atitude foi considerada uma "aposta". Os negócios domésticos e comércio mundial da IBM tiveram um *turnover* anual de aproximadamente US$2,5 bilhões – quase metade do dinheiro a ser investido. A alta gerência (leia-se Thomas Watson Sr.) apostou a empresa. Mas valeu a pena. A aposta era que, com este investimento, até o final de 1970 a IBM teria um *turnover* de US$15 bilhões e iria alcançar e manter a posição de liderança mundial no setor de computadores.

E foi exatamente isso que aconteceu, e ela durou por anos, até que no final dos anos 1980 e início dos anos 1990, a IBM caiu dramaticamente (falaremos mais sobre este assunto mais adiante). Os críticos dizem que tal política não era um pressentimento, mas sim uma mistura de arrogância e ganância que nasceu nos anos 1960 e 1970, os anos das vacas gordas. Ela também foi alimentada pela incompetência incrível que caracterizava os outros fornecedores de computadores estabelecidos.

Os principais concorrentes da IBM, os quais antes das PCMs e dos minicomputadores eram todos fabricantes de *mainframes*, se tornaram culturalmente paralisados, estúpidos e cada vez mais perdidos em um mercado de mudanças rápidas. A ironia é que o sucesso estragou a gerência da IBM e a Big Blue também passou a ser um exemplo de primeira classe de paralisação e estupidez.

As ofertas dos diretores de informática amigáveis nas organizações usuárias contribuíram para essa alucinação. Os *mainframes* eram adorados, e os clientes recebiam muitas opções para escolha – contanto que fossem *mainframes*. À medida que o tempo foi passando, convencidos da infalibilidade, os executivos da Big Blue perderam o contato com o mercado enquanto a ação mudava:

- de *mainframes* com altas margens de lucro
- para servidores parecidos a *commodities* e computadores de mesa.

Constantemente, a "infalível" IBM tropeçava no *design* do produto e em sua precificação. O credo de sua gerência passou a ser a insistência de que não importa o que ofereça, ela *tem de* ser apreciada pelo mercado. Não havia alternativas. Esperava-se que os clientes se comportassem.

Apesar de um contra-tempo após outro e uma rejeição marcante que se tornou cada vez mais clara em meados e final dos anos 1980, o estabelecimento de *mainframes* da IBM parecia nunca compreender a extensão da queda do muro da empresa. Ainda assim, diferentemente de seus concorrentes que foram insensíveis para não quererem mudar sua visão de túnel centrada nos *mainframes*, as empresas que comercializavam clientes/servidores e computadores de bancos de dados estavam fazendo grandes inserções por causa de sua alta eficácia em termos de custos.

A insensibilidade para com os desejos e motivações dos clientes, assim como os problemas resultantes da IBM levantaram perguntas a respeito das grandes empresas conseguirem ou não trabalhar. No final dos anos 1980, a Big Blue era uma empresa bem-sucedida, mas passou por dificuldades. Sua queda proporcionou lições para outras empresas.

O legado dos *mainframes* foi perverso, e a ruína na tecnologia informática ainda pode ser encontrada no mundo todo – especialmente na Europa. O maior impacto tem sido humano e financeiro. Duas gerações de especialistas em TI e diretores de informática (CIOs) foram treinadas e receberam suas qualificações em:

- tarefas dos *mainframes;*
- programação de Cobol; e
- programações muito lentas e ineficazes para o desenvolvimento de *software.*

Milhões e milhões de códigos Cobol se amontoaram, e continuam se amontoando, nos departamentos de programação das empresas, assim como nas agências governamentais. O CIO de um grande banco britânico me disse que ele contrata jovens formandos em universidades para manterem os programas que foram escritos muito antes de eles nascerem. Ele não gosta de fazer isso, mas não tem opção.

Uma das empresas mais bem administradas usou o temor do ano 2000 (Y2K), do final dos anos 1990, para converter suas bibliotecas em C, C+ e outras linguagens rodadas nos clientes/servidores. A maioria ainda vive sob o jugo dos *mainframes* e do Cobol. As novas tecnologias entram e saem, mas a escravidão continua ali. A manobra para o processamento distribuído era uma oportunidade de se livrar desta. Mas isso não aconteceu. Os alunos de computação acham que existem dois motivos que corroboram esta irracionalidade:

- inércia humana
- interesses investidos

Por volta do final de 1990, início de 2000, a nova esperança era que a *computação em nuvem* fosse o novo libertador, mas isso está longe de ser uma certeza. A IBM promove ativamente os "*mainframes* de computação em nuvem", assim chamados porque a unidade de processamento ainda é abrigada em uma enorme estrutura de metal. E as regras da Big Blue continuam supremas em centros de dados corporativos.[159] O desafio das PCMs é algo do passado, e a DEC desapareceu de cena há quase duas décadas.

A política "de volta para o futuro" se encaixa bem com a estratégia de negócios da IBM, isto porque muitas empresas grandes ainda rodam aplicativos cruciais de forma tradicional. Na realidade, muitos CIOs ainda gostam de seus *mainframes* por causa dos motivos políticos e culturalmente obsoletos de TI. Eles alegam que são "confiáveis" (o que é bobagem), "seguro" (uma declaração exagerada) e "fácil para manter" (com grandes custos para a IBM). Mas se esquecem de que os *mainframes* e sua *suíte* Cobol são muito caros, obsoletos, não confiáveis e exigem muito trabalho. A ironia é que:

---

[159] Ainda existem aproximadamente 10.000 unidades em uso no mundo todo.

- com a computação em nuvem e os *mainframes*, essas pessoas e empresas estão vivendo com uma perna no passado e outra no futuro,
- mas eles não apreciam que tal dualidade seja um ato balanceador altamente instável; uma barca furada com muitas consequências inesperadas.

A IBM, é claro, tem seus motivos para tentar restabelecer a inocência dos *mainframes* na mente dos PEDs (processadores de dados eletrônicos). Embora eles representem apenas 3,5% ou mais de sua receita geral, cada dólar gasto com *hardware* traz um índice muito mais alto de venda de *softwares* e contratos de manutenção. Alguns especialistas dizem que 40% dos lucros da IBM ainda estão *relacionados aos mainframes.*[160]

Mas nem tudo é brilhante com esta estratégia de *mainframes*. Deixando de lado o fato de que nem toda a administração de TI das organizações usuárias é tão estúpida assim, o desafio maior é a concorrência de *start-ups* como a Neon. A empresa de *software* vende um programa que permite que os programas de rotina que rodam nos *mainframes* sejam transferidos para os clientes/servidores como o Linux, com grandes economias para os usuários.

Evidentemente, a Big Blue não gosta desta intrusão no que ela considera ser seu domínio seguro, especialmente agora que se livrou de todos os outros fabricantes de *mainframes*. Dizem que ela ameaçou cobrar taxas de licenciamento mais altas para os clientes que usarem a solução da Neon – o que levou a Neon a entrar com um processo contra a IBM. Se o tribunal decidir contra esta política odiosa de torção de braço e monopolização de *software* em seus *mainframes*, a IBM sofrerá uma redução enorme em suas receitas – e em seu prestígio entre os discípulos de CIOs. Veremos.

[160] *The Economist*, 16 de janeiro de 2010.

Parte 5

Poder de Resistência Financeira

14

Administração Financeira e Orçamento

14.1 ADMINISTRAÇÃO FINANCEIRA

A administração financeira tem muitos aspectos, sendo que três deles nos interessam neste capítulo: o plano financeiro, o orçamento e a gestão de caixa. O plano financeiro é desenvolvido como uma pergunta crucial que todas as empresas confrontam: De onde virá o dinheiro? Qualquer operação comercial requer meios financeiros também, não apenas recursos humanos (veja também o Capítulo 16 sobre planejamento financeiro e controle).

A diretoria e o CEO podem decidir sobre um objetivo, mas a empresa tem o poder de resistência financeira para alcançá-lo? O planejamento financeiro não é apenas uma aquestão de dinheiro, isto porque o dinheiro pode ser usado erroneamente sem um suporte administrativo qualificado e bem estruturado. Assim sendo, para entender completamente a administração financeira, e suas funções relacionadas, vários fatores cruciais devem ser considerados:

- O próprio escopo das atividades comerciais.
- Elementos estruturais conectados à ação.
- Entrada e saída de caixa.
- Sistemas e procedimentos administrativos.
- Experiência do pessoal.
- Eficiência dos controles administrativos.
- Métodos, instalações e equipamentos.

A necessidade de serviços financeiros e contábeis bem ajustados está presente o tempo todo, desde a P&D até a produção e vendas – e isto não apenas nas matrizes, mas também em todas as subsidiárias. A auditoria tem de verificar as funções administrativas financeiras, sobretudo aquelas consideradas rotineiras e limitadas em escopo, pois justamente elas escondem "dragões".

Dentro desta perspectiva mais ampla, a administração financeira começa como planejamento financeiro em longo, médio e curto alcance. O orçamento é um plano financeiro de 1 ano (Seção14.4). Outros deveres da administração financeira são a autorização de gastos; comparações entre o plano *versus* o real; medidas corretivas; e o preparo de relatórios financeiros para a gerência, assim como as declarações financeiras trimestrais e anuais requeridas legalmente.

Mesmo as obrigações da administração financeira mais bem organizada declinam com o tempo. Assim sendo, cada uma dessas tarefas deve ser examinada criticamente a respeito de sua precisão e eficácia. E também, em relação à maneira como as informações financeiras são trazidas para a atenção da alta gerência.

Décadas de experiência em consultoria para a alta gerência me dizem que a maioria dos relatórios financeiros que chega ao topo da organização são coleções de dados; alguns deles são interessantes e outros são entediantes. Mas eles raramente são suficientemente concisos ou organizados para prover a gerência com fatos significantes que ela precisa para planejar e controlar as finanças da empresa. Em uma investigação, descobri 87 relatórios regularmente direcionados para o escritório do presidente; suas origens e frequência são mostradas na Tabela 14.1. Os analistas revelaram que muitas das informações incluídas nos relatórios:

- eram duplicadas porque elas foram preparadas independentemente em áreas diferentes da empresa, e
- aproximadamente um terço das referências vitais que o presidente precisava para direcionar eficazmente as questões financeiras estava totalmente ausente.

E como se isso não fosse suficiente, aproximadamente um quarto dos dados que chegam às mãos da alta gerência normalmente é impreciso ou incompatível com o tipo de relatório identificado no título. Um exemplo típico é a análise trimestral dos custos dos produtos, normalmente liberada cerca de 40 dias depois da conclusão do trimestre. Neste ponto, a ação corretiva não pode mais ser iniciada.

Essas linhas faltosas não são encontradas apenas na estrutura dos relatórios. Em muitos casos, a organização de Administração Financeira inclui funções que não são essenciais às atividades de planejamento, execução e controle. A inclusão de relatórios a respeito de detalhes dos negócios de recebimento, armazenamento e envio, é muitas vezes justificada como uma tentativa para controlar a movimentação física dos materiais. Ainda assim, os mesmos resultados podem ser conseguidos por meio de:

- um sistema integrado de controle de documentos, e
- uma auditoria periódica das condições reais para garantir que o que foi relatado é preciso.

Tal auditoria deve incluir uma verificação da aderência às práticas procedimentais autorizadas e uma checagem física baseada em amostras das condições do inventário. O resultado de misturar o planejamento e o controle com as operações atuais faz com que, no final, muitas das funções realizadas pela divisão sejam rotineiras e se desviem de seus deveres principais – os quais essencialmente são planos financeiros, checagens e balanços. Quando uma tremenda quantidade de informações é passada:

- essas geralmente são triadas e analisadas para fins de controle, e
- elas raramente chegam às mãos dos indivíduos diretamente responsáveis por tarefas específicas, como o controle dos custos.

Se as matrizes operam sob essas condições, *então*, por extensão, os controles sobre as operações das filiais são limitados e ineficazes. Além disso, em várias empresas, as operações das fábricas e dos escritórios de vendas são dirigidas como negócios independentes, sendo que cada uma delas tem sua própria força financeira. A direção principal parece vir da divisão de Manufatura e Vendas, ao passo que a supervisão administrativa está limitada a uma série de relatórios rotineiros e, de certa forma, ineficazes.

Há um caso que me aconteceu anos atrás e permanece gravado em minha mente. Diz respeito aos controles sobre os inventários de peças sobressalentes que eram altamente ineficazes, como demonstrado pela baixa taxa de rotatividade, de menos de duas vezes por ano. A auditoria de controle de custos que eu fiz estabelecia que os inventários mantinham níveis inviavelmente altos (e não lucrativos) de estoques, como mostrado na Figura 14.1. Nenhum alvo ou objetivo foi estabelecido para controlar os níveis de inventário.

Uma referência similar é válida no que diz respeito ao controle dos custos (Capítulo 15). Embora os registros da média de custos mensais tenham sido mantidos, nenhum acompanhamento foi feito para direcionar as operações de produção em conter os aumentos de custos. Nem os gerentes das fábricas foram responsabilizados pelo que pareciam ser custos persistentemente acima da média.

TABELA 14.1
Origem e Frequência dos Relatórios Enviados para o Presidente

Fontes	Periódico	Diário	Semanal	Bimensal	Mensal	Trimestral	Anual	Total
Contabilidade Geral	1			1	5	17	1	25
Vendas		1			14	2	7	24
Relações Públicas					1			1
Planejamento de Produtos	2				1		2	5
Gestão da Manufatura					2			2
Contabilidade Industrial		1	1		8	1		11
Lojas & Transporte		3						3
Técnico	8							8
Compras	1				1			2
Pessoal					4			4
Auditoria					2			2
Totais	**12**	**5**	**1**	**1**	**38**	**20**	**10**	**87**

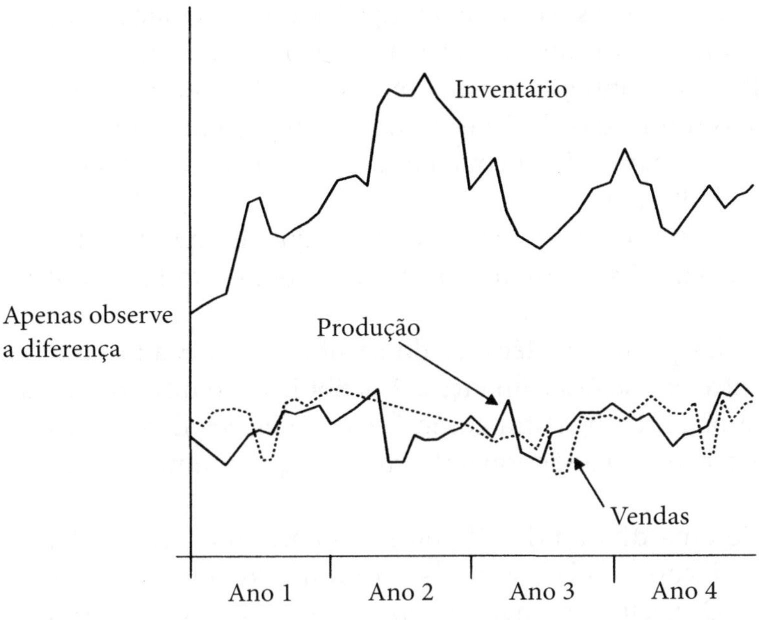

FIGURA 14.1 Níveis de inventário de um produto para fins gerais estavam fora de sincronização com a produção e as vendas

O leitor deve observar que este erro é comum e geralmente encontra sua origem no fato de que, em muitos casos, as responsabilidades executivas não são claramente definidas ou entendidas, e como resultado um gerente acaba perturbando o progresso dos outros. Em outros casos, os custos altos são considerados como um expediente para cumprir as programações de produção.

Um ponto fraco comum que corrobora esse fato é que abaixo da primeira linha de supervisão há pouca percepção na organização. A ausência de jovens qualificados por toda a divisão de Administração Financeira é frequente. O treinamento de indivíduos qualificados para assumir as principais posições é algo raro, e normalmente limitado aos procedimentos contábeis tradicionais.

14.2 UM ESTUDO DE CASO DA GENERAL ELECTRIC SOBRE ADMINISTRAÇÃO FINANCEIRA

Em praticamente todos os níveis e funções da administração, poucas pessoas têm experiência e inteligência para avaliar que elas geralmente subestimam as informações disponíveis quando tomam suas decisões. Outro mal administrativo é a curiosa crença na certeza, não importando se esta tem ou não a ver com a inevitabilidade histórica, com grandes *designs* diferentes ou com o poder de resistência financeira da empresa.

Muitas vezes, as previsões, especialmente aquelas de longo alcance, não são melhores do que números tirados da cartola. Peter Drucker uma vez nos aconselhou que a melhor contribuição de uma previsão é oferecer uma maneira para julgar o impacto futuro das decisões tomadas no presente; contanto, é claro, que essas decisões tenham sido adequadamente estudadas e beneficiadas com a avaliação total das alternativas.

Em nenhum outro domínio isso se aplica mais do que nas questões financeiras, por nenhum outro motivo além de que elas corroboram todas as outras e são, portanto, onipresentes.

Portanto, a partir das primeiras décadas do século 20, a GE adotou uma divisão transparente entre operações e finanças. A atribuição do último é o planejamento, tal como o orçamento, assim como fazer avaliações financeiras de curto, médio e longo prazo e proporcionar *feedback* – que é uma função de controle importante.

O gerente geral de uma divisão da GE, ou subsidiária no exterior, é responsável por P&D, produção, vendas, serviços – resumindo, todas as atividades, exceto as finanças. O diretor de finanças reporta pela linha de autoridade hierárquica financeira, a qual vai até o topo para o VPE de finanças na matriz – e também é responsável por seu salário e promoção.

Outro princípio importante da administração financeira da GE, encontrado tanto na DuPont quanto na GM – é que, embora o orçamento seja o plano financeiro anual, ele não fornece autorização automática para gastar dinheiro. As despesas devem se encaixar no orçamento, mas elas também devem ser individualmente autorizadas.

Um ótimo princípio da administração financeira da GE é também a responsabilização de cada pessoa na posição de autoridade no que diz respeito a autoanálise de seu desempenho. Quando estava no comando da GE, John F. Welch, Jr. exigia que seus executivos analisassem a si mesmos e suas operações, comparando seus resultados com os dos concorrentes ao redor do mundo. Sua teoria era que no mundo agressivamente competitivo de hoje:

- tamanho já não é mais o trunfo que costumava ser, e
- o papel exercido pelo tamanho no passado foi substituído pela inovação e pela habilidade de capitalizar sobre a desregulamentação e a globalização.

Embora a escala das grandes empresas faz com que seus alcances pareçam impressionantes, aquelas que mais frequentemente criam fortuna são as que prosperam na imaginação e (como declarou Welch) ridicularizam a burocracia, mas estão atentas às demandas dos clientes. As finanças analíticas são muito importantes porque por meio dela a gerência enfrenta a realidade todos os dias, e quando ela tem que se movimentar, não consegue fazê-lo com velocidade.

Uma parte integral das finanças analíticas é, portanto, o *controle dos riscos.* A administração financeira sólida usa como exemplo a contabilidade criativa e a tomada de riscos sem checagens e limites como anátemas. Certamente, isto não é o que deveria ser feito,[161] e a General Electric Capital proporciona um exemplo sobre o que pode dar errado.

Primeiro as boas novas, Welch foi essencial em supervisionar a eliminação de fronteiras, do feudalismo e da burocracia da GE na tentativa de criar uma organização sem fronteiras. Entre as recompensas estavam as reduções nítidas no tempo que leva para entregar os produtos, desde o momento em que eles são pedidos. (Por exemplo, em 1990, a GE Appliances levava 18 semanas para fazer uma entrega, em 1996 conseguia entregar em 3 ½ semanas. Nos anos seguintes, este tempo foi reduzido para três dias.)

A entrega mais rápida significa faturamento mais rápido e fluxo de caixa melhor. Além disso, a velocidade da entrega é um grande desafio para que a organização como um todo mantenha todo mundo trabalhando.

Uma empresa administrada da maneira antiga, clássica, lenta e burocrática, enfatizou John Welch, é uma empresa que está indo ladeira abaixo. Os protótipos de gerentes são Roger Smith, da GM, e John Akers, da IBM. Normalmente, os CEOs indispostos e incapazes de efetuar mudanças dramáticas, necessárias para evitar um declínio debilitante nas finanças da empresa,

- continuariam com a(s) linha(s) de produto(s) antiga(s), insensíveis às mudanças no mercado; garantiriam o emprego de dezenas de milhares de pessoas que a empresa não precisa mais; e
- financiariam a P&D ilimitada principalmente em projetos inúteis, em vez de agressivamente se expandir para setores que trariam bonança futura.

Nos anos iniciais do mandato do Welch, a GE era uma empresa acostumada a projetar e vender motores para jatos, lâmpadas, equipamentos para produção de energia e eletrodomésticos. Para diversificar, ele desenvolveu um braço financeiro de sucesso: a GE Capital Services, a qual se tornou a força motriz dos

---

[161] Fundada em 1932 como General Electric Contracts Corporation para proporcionar financiamento para sustentar os negócios industriais da empresa, a operação gradualmente se expandiu em outras áreas de empréstimos não relacionadas à GE.

lucros da empresa (mas derrapou com a profunda crise econômica e financeira de 2007-2010).

O portfólio da GE Capital incluía aproximadamente duas dúzias de empresas discretas e se estendia para quase todos os cantos do mundo das finanças. Ela abria caminho globalmente, enquanto sua associação com a GE lhe permitia emprestar dinheiro mais barato, graças à classificação de crédito AAA da empresa-mãe. (Mas uma queda grande pode causar estragos nas classificações de crédito, não apenas das empresas, mas também de nações.) Welch institui:

- um motivador para o desempenho;
- um apetite para a tomada de riscos e negociações;
- a habilidade de mudar de estratégia rapidamente para se aproveitar da mudança; e
- a habilidade de um engenheiro em dirigir as operações, não apenas assinar um cheque para financiá-las.

No papel, tudo isso parece muito bom, mas de alguma forma a administração financeira não fez *jus* ao serviço, isto porque a gestão de riscos era fraca – especialmente no lado da GE Capital. Sob o comando de Jack Welch, a GE Capital cresceu rapidamente, mas ele também era muito obcecado com metas de lucro em curto prazo.[162]

Se a GE Capital fosse um banco, ela seria classificada como um dos maiores bancos da América, quase empatado com o Morgan Stanley e bem à frente do U.S. Bancorp e do Bank of New York Mellon. "A GE usava a GE Capital como uma fonte interminável de fundos", ao qual ela recorria sempre que necessário, diz James Schrager, um professor na Booth School of Business da Universidade de Chicago.[163]

A GE Capital floresceu como um membro do chamado sistema bancário sombra: empresas que oferecem uma legião dourada de produtos financeiros sem ter de arcar com os ônus regulatórios dos bancos. Mas a gestão de riscos estava abaixo dos padrões e à medida que a classificação de crédito da GE Capital continuava caindo, ela elevou seus custos de financiamento e obrigou a empresa-mãe a devolver muitos dos fundos para escorar suas subsidiárias.

No início de setembro de 2008, na época da bancarrota do Lehman, o *spread* do CDS de cinco anos da GE chegou a 600, o maior que já existiu para

---

[162] Embora Welch recentemente tenha admitido que seja uma "ideia estúpida" os gerentes ficarem obcecados com as metas de lucro em curto prazo.

[163] *The Economist*, 21 de março de 2009.

empresas classificadas como AAA. Em 10 de fevereiro de 2009, a GE transferiu US$9,5 bilhões para fortalecer as finanças da GE Capital e melhorar seu índice de dívida. Algumas semanas depois, em 3 de marçode 2009, as ações da GE mergulharam para abaixo de US$7 e segundo as ficaram baixo de US$2,50. Isso não aconteceu, mas o susto no topo da empresa foi sem precedentes; a péssima gestão dos riscos havia levado a empresa à beira do abismo.

14.3 APRIMORANDO O DESEMPENHO FINANCEIRO POR MEIO DA DIVERSIFICAÇÃO: AMADEO GIANNINI

O desempenho financeiro pode ser aprimorado de duas maneiras. A primeira é por meio de uma administração melhor auxiliada por uma metodologia em tempo real, de planejamento e controle interativos. A outra é por um sistema de limites ajustáveis, capazes de garantir que os riscos assumidos são bem estabelecidos, mensuráveis e constantemente controlados. Mais definitivamente, esses devem incluir os limites para a dívida e as despesas com gastos gerais (respectivamente Seção 16.2 e 16.3 do Capítulo 16).

Amadeo Giannini, o homem que criou o Bank of America e a Transamerica Corporation, proporciona um exemplo sobre como uma administração melhor mantém a exposição trancada a sete chaves. Ele é creditado por ter sido o pioneiro em hipotecas residenciais, empréstimos para carros e outros parcelamentos de crédito; mas Giannini nunca realmente se entusiasmou com suas inovações.

Giannini também foi o arquiteto daquilo que passou a ser o sistema bancário por todo o país, mesmo se interesses com horizontes mais curtos o tenham impedido de realizá-lo durante sua vida. Muitas décadas depois, o primeiro banco nos Estados Unidos a ter filiais de costa a costa foi o Bank of America, o qual realizou este feito por meio de sua fusão de US$48 bilhões com o NationsBank de Charlotte, Carolina do Norte.[164]

Um dos princípios diretrizes de Giannini é que é possível fazer dinheiro emprestando-o para os pequenos. Ele promovia depósitos e empréstimos batendo de porta em porta e parando as pessoas no meio da rua, detalhadamente explicando o que um banco faz. Devemos nos lembrar de que oferecer negócios bancários era, na época, considerado como antiético.

---

[164] No meio do caminho entre os conceitos de Giannini e o sistema bancário de costa a costa, em 1958 o Bank of America foi o pioneiro do BankAmericard (hoje Visa), o primeiro cartão de crédito amplamente usado.

Amadeo Giannini também fez carreira emprestando dinheiro para indústrias não populares. Ele ajudou a começar a indústria de vinhos da Califórnia, em seguida, financiou Hollywood, numa época em que a indústria cinematográfica estava longe de ter sucesso. Por trás de tudo isso estava sua visão para *propagar o risco através da diversificação.* Mantendo todas as outras condições inalteradas, um banco que faz negócios em setores diferentes e em todas as partes de um estado ou uma nação:

- estaria menos vulnerável a qualquer uma das dificuldades do setor ou da região, e
- seria suficientemente forte para continuar emprestando para comunidades problemáticas, quando elas mais precisam.

Esse tem sido um dos melhores exemplos do negócio de bancos como intermediários, mas Giannini também efetivou o controle de riscos – sendo que um dos mais poderosos é o conhecimento pessoal do devedor, em vez de depender de classificações de crédito vagas e imprecisas de empresas independentes. (Uma política que também foi seguida por Andrew Mellon, outro grande banqueiro do início do século 20.)

Os princípios da administração financeira esboçados nos parágrafos anteriores são sinais de governança sólida. Digamos, como um exemplo, que a gerência de uma empresa típica expressa o desejo de aprimorar o desempenho e aumentar a estatura das operações existentes para melhor atender às necessidades da gerência. Para conseguir isso, ela aposta nos sete marcos administrativos observados por quase todos os grandes empreendedores:

- Planejamento de longo alcance (Capítulo 4), ao desenvolver um plano de ação para toda empresa dentro dos objetivos estabelecidos.
- Planejamento financeiro eficaz, ao elaborar um plano de curto prazo capaz de manter o capital adequado para os objetivos financeiros estabelecidos.
- Orçamento (Seção 14.4), ao explicar as metas operacionais que passam a ser os marcos de sinalização cobertos pelas finanças adequadas.
- Análise dos lucros, baseada na revisão contínua da renda, dos custos e dos lucros para garantir o poder de resistência financeira da empresa.
- Controle do inventário eficaz em termos de custos, o desenvolvimento de alvos de inventário e o controle em tempo oportuno de seu *status*.
- Controle de custo, mediante o acúmulo constante, análise, interpretação e reportagem de dados detalhados do custo por unidade.

- Controle de pessoal, baseado na análise regular, interpretação e reportagem da utilização eficiente dos recursos humanos e evitação de tempo ocioso.

Além desses elementos básicos para serem incorporados no planejamento financeiro e sistema de controle, existem outros aperfeiçoamentos que devem ser considerados e adotados – incluindo aqueles que dizem respeito à linha de produtos e à estratégia de marketing, assim como as alocações de capital e o ROI esperado.

A alocação eficaz de capital depende, até certo grau, embora não exclusivamente, da lucratividade projetada dos investimentos associados aos custos mais baixos e às metas decrescimento. Uma avaliação completa requer o teste de hipóteses diferentes. Além disso, para estabelecer a quantia de dinheiro a ser investida, é necessário traduzir os planos em objetivos específicos de vendas.

Uma consolidação dos planos individuais pela divisão operacional resulta em um plano de lucros geral para o período vindouro, sendo que este é seguido por meio de *feedback* que compara os resultados reais aos planejados, e ajuda a determinar os motivos para as variações. Os *feedbacks* e os relatórios administrativos baseados neles devem ser projetados de maneira a induzir ações imediatas. Eles devem ser específicos e pertinentes ao serviço dos executivos funcionais que os recebem. A seguir, vejamos alguns tópicos básicos dos relatórios para a alta gerência:

- Estatísticas dos fluxos de caixa durante um período de cinco anos e as projeções do próximo período.
- Despesas incorridas (total, custo dos produtos vendidos e custo das vendas) *versus* as planejadas.
- Lucros e perdas (pela divisão operacional, filial, subsidiária, linha de produto, produto e pela empresa como um todo).
- Rotatividade real *versus* a planejada (como acima).
- Despesas para a P&D reais *versus* as planejadas (por projeto, laboratório e por empresa).
- Custos de manufatura reais *versus* planejados (por fábrica, produto, processo, país e área).
- Análise dos envios (de qualquer lugar para qualquer lugar) e de acúmulos registrados.
- Análise dos negócios perdidos por país, área e produto – incluindo os motivos para isso.

Separadamente desses resultados analíticos para serem apresentados de maneira factual e documentada, o relatório para a gerência deve focar na detecção de erros, omissões, inconsistências ou falta de realismo no orçamento. A atribuição de méritos e deméritos para o desempenho bom ou ruim, respectivamente, serve para melhorar a qualidade daqueles que estão de saída.

No final dos anos 1970, o Citibank dedicou um DEC PDP 11 para rastrear a qualidade do crédito documentário (financiamento de negócios de exportação). Toda vez que o pedido de um cliente era executado, ele era registrado no minicomputador e acompanhado. Se o cliente não reclamasse de erros, seu autor era creditado com méritos. Os erros recebiam os deméritos correspondentes, e

- o sistema dava um prazo final dentro do qual o erro tinha de ser corrigido,
- caso contrário, mais deméritos eram concedidos, os quais eram encaminhados para os arquivos pessoais do autor do pedido errado.

Muitos outros aplicativos, os quais são importantes para a administração sólida, se beneficiam com o rastreamento de cada situação individual. Um exemplo são os eventos de baixa lucratividade, porém com impactos altos, como a erupção vulcânica na Islândia e seu efeito no resultado final. Aviões em terra não dão lucro, enquanto as obrigações assumidas pelas empresas aéreas tendem a aumentar rapidamente. À medida que a poeira vulcânica se espalhou pela Europa, por vários dias os aeroportos ficaram fechados e o custo estimado para as empresas aéreas chegou a €1,5 bilhões (na época, US$ 1,9 bilhões).

Não são apenas os vulcões que causam estragos para as finanças das empresas. Em uma economia tecnologicamente avançada, as falhas de *software* e a inatividade geral dos sistemas podem ser letais. Em 19 de novembro de 2009, uma falha técnica nos computadores causou atrasos extensos e cancelamentos de voos nos Estados Unidos.

- O sistema ficou praticamente parado por quatro horas.
- A falha foi atribuída ao *software* conectado com a infraestrutura dentro da Federal Aviation Authority (FAA).

O noticiário na Bloomberg chamou esta de "a falha técnica de US$20 bilhões". Esse é um exemplo excelente do risco conectado à alta tecnologia, um domínio no qual normalmente se presume ser livre de exposição. A Administração Financeira deve justificar totalmente a probabilidade e o impacto dos eventos extremos. Se ela não fizer isso, uma empresa (ou mesmo uma nação) passaria por períodos de dificuldades financeiras para os quais ela não está preparada.

14.4 O ORÇAMENTO

O processo do planejamento financeiro contribui diretamente e mais significativamente para a gestão eficaz, contanto que certas condições sejam cumpridas. Uma delas é que cada uma das funções primárias da empresa seja servida diretamente pelo *orçamento*, com base no estudo cuidadoso, na investigação e na pesquisa empreendidos para poder determinar as operações futuras esperadas e os custos associados. Assim sendo, um orçamento contém metas sólidas e alcançáveis.

Precisamente por causa disso é que o orçamento é uma declaração formal escrita do plano financeiro da gerência para o futuro, expressa em termos quantitativos. As alocações de fundos para os capítulos orçamentários, e as estatísticas que são derivadas da maneira como a alocação é usada, descrevem o curso da ação futura e proporcionam uma base para controle. O pré-requisito é que o orçamento contenha objetivos sólidos e alcançáveis, em vez de ser uma mera ilusão. Quando essas condições são satisfeitas,

- o orçamento passa a ser um *modelo para o planejamento*, e os meios usados para seu desenvolvimento são os instrumentos para o planejamento, e
- tais instrumentos funcionam e proporcionam um resultado confiável exatamente quando a empresa tem a metodologia correta e dados sólidos sobre os custos.

O motivo pelo qual devemos prestar muita atenção aos custos é que todo o processo de planejamento financeiro é baseado neles. No processo de custeio (Capítulo 15), o orçamento passa a ser uma apresentação ordenada da atividade projetada para o próximo ano financeiro, com base na quantidade do trabalho a ser feito. Normalmente, o orçamento de uma empresa industrial é dividido em quatro capítulos principais:

- Pesquisa e desenvolvimento
- Programação de produção
- Marketing e vendas
- Atividades administrativas

Cada um deles é dividido em elementos de trabalho que refletem as despesas operacionais (opex). Multiplicado pelos custos correspondentes, tais áreas de despesas condicionam o nível da alocação orçamentária em despesas diretas e indiretas. O orçamento também inclui outros capítulos, como os investimentos de capital (capex) e tem associado a este um plano do fluxo de caixa (Seção 14.6).

As premissas de planejamento que entram num processo orçamentário aumentam a habilidade da gerência de se basear em fatos, diminuindo o papel de adivinhações e intuições sobre a direção da empresa. A coordenação para toda a organização por meio de procedimentos orçamentários é facilitada quando cada nível da gerência participa no preparo do orçamento.

- A alta gerência deveria estabelecer e explicar os objetivos,
- mas cada nível organizacional deve estabelecer seu orçamento sob tais diretrizes, sujeito à aprovação subsequente.

O modelo é importante, porém existem outros pré-requisitos. Uma das questões cruciais quanto ao orçamento é a entrada de informações no banco de dados, necessária para permitir planos financeiros realistas. A necessidade de precisão de ambos, os *custos por unidade* e as *projeções de atividades*, deve ser totalmente apreciada. Algumas das entradas virão:

1. *de cima para baixo*, da alta gerência para as divisões, departamentos, unidades operacionais e de volta para a alta gerência, ou
2. *de baixo para cima*, elaboradas em nível de unidade operacional, de lá ela é enviada para o departamento, a divisão e para a alta gerência, onde ela é aprovada e consolidada.

Onde ambos os canais são viáveis, a número 2 é de longe a preferida, uma vez que ela leva a um plano financeiro, o qual é o mais capaz. Ela começa perto do nível gerencial mais baixo, onde o orçamento terá de ser subsequentemente aplicado, e assim, motiva as pessoas que, mais tarde, terão de trabalhar com este orçamento.

Várias opções estão disponíveis para facilitar a tarefa de entradas para capítulos orçamentários diferentes. Muitos atributos de custos, por exemplo, variam levemente de ano para ano e sua automação permite que os gerentes concentrem seus esforços nos custos de suas contas que garantem uma análise detalhada. Os métodos de atalho incluem:

- quantias trimestrais e mensais a serem rateadas de acordo com o número real de dias em cada período.

O objetivo é ter quantias projetadas criadas automaticamente pelo sistema, usando técnicas de previsão e custos padronizados.

- Um aumento (ou queda) devidamente definido sobre as quantias básicas reais e projetadas do ano atual, para prover uma base para orçamentos alternativos, dependendo da atividade econômica.

Algumas vezes, tais entradas poderão ser grosseira e terão de ser subsequentemente refinadas, mas como tal, elas constituem pontos de partida, e fornecem uma estrutura de referência para avaliação.

- Entradas combinadas, com distribuições em algoritmos, os quais mapeiam as variações marcadas e/ou flutuações sazonais.

O modelo usado para produzir essas informações também ajuda a controlar os resultados planejados *versus* os reais (Seção 14.3). Além disso, a princípio, as avaliações de lucros e perdas podem ser baseadas nas informações derivadas dos planos financeiros e estatísticas operacionais – produzindo relatórios interativos *ad hoc* dos fatores de custos para a lucratividade projetada dos clientes.

Como resultado deste processo orçamentário, as atividades de cada departamento estão integradas com as de departamentos relacionados na mesma área, por todo o país e internacionalmente. Mas, como foi ressaltado da Seção 14.1, embora o planejamento administrativo e a coordenação sejam importantes, eles devem sempre ser acompanhados pelo controle.

- O orçamento contribui para o controle administrativo eficaz ao proporcionar os padrões contra os quais o desempenho real será avaliado e as variações reveladas.
- As avaliações reais *versus* as planejadas precisam ser realizadas para cada posição orçamentária, unidade operacional e a empresa como um todo; consequentemente, de maneira detalhada e consolidada.

O sistema contábil deve ser homogêneo e integrado em toda a empresa. Em termos de informações financeiras, a contabilidade de uma divisão não é uma ilha. Para funcionar adequadamente, todas as unidades e seus orçamentos precisam trabalhar em sinergia. Por exemplo, o subsistema de pedidos de compras funciona em conjunto com os subsistemas de gestão do inventário, de planejamento da produção e de contas a pagar. O modelo que desenvolvemos deve dar a atenção devida a esse fato.

É necessária uma visão integrativa das contas, começando em nível de projeto do sistema. A metodologia orçamentária que estabelecemos deve ser mapeada através de *software* de maneira a garantir que os subsistemas financeiros diferentes interagirão e se relacionarão entre si. Isso é o entendimento de que um aplicativo orçamentário flexível, porém integrado, é crítico para os lucros e a competitividade da empresa.

Além disso, a solução que adotamos deve ser capaz de transferir suavemente as informações mais atualizadas de módulo para módulo, e de lá para o usuário final. Embora essa referência vá além do que é geralmente considerado a remissão do orçamento, ela é um dos pilares do controle orçamentário e, portanto, da administração corporativa sólida.

14.5 O ORÇAMENTO COM JUROS E SEM JUROS

Contanto que tenhamos elaborado adequadamente e testado o modelo que empregamos, o orçamento ajuda a estabelecer uma série de relacionamentos entre as atividades por toda a empresa. Para o planejamento financeiro, os relacionamentos reais, ou ligações entre elementos individuais, determinam a estrutura do modelo. Sob tais perspectivas, as melhores abordagens para o orçamento tendem a compartilhar duas características básicas:

- uma definição ou declaração de quais elementos se conectam entre si, e
- uma explanação da maneira como os elementos que constituem o modelo estão relacionados entre si.

Chega de falar de dinâmicas. As mecânicas variam de uma empresa para a outra porque nem todas as soluções orçamentárias são exatamente as mesmas. Existem diferenças, especialmente na flexibilidade com a qual as atualizações e modificações no orçamento são feitas, assim como a precisão que caracteriza os próprios planos financeiros. Com maior flexibilidade, é possível customizar as informações orçamentárias ao conectar uma série de contas selecionadas de maneira *ad hoc*. Isso pode ser feito, por exemplo, para:

- usuários finais específicos, cujo trabalho é melhorado com a personalização, e

- relatórios dos centros de lucros ou centros de custos (Capítulo 15), onde o foco é escasso.

Registrados na contabilidade do fluxo de caixa (Seção 14.6), as transações reais do orçamento financeiro podem ser usadas como base para a comparação do real *versus* o planejado. As avaliações críticas podem ser feitas ao longo de uma linha escolhida de importância gerencial, como lucratividade, custos acima dos previstos e outros critérios para a avaliação orçamentária.

As consequências dos procedimentos analíticos nos permitem não apenas controlar os gastos atuais, mas também preparar mais precisamente o novo orçamento, o qual pode ser checado por meio da *análise da variância*. Isso nos leva à questão de ambos os suportes, algoritmo e heurístico, para o planejamento financeiro e orçamento, assim como para fins de controle financeiro.

A especialização dos orçamentos muitas vezes ajuda a prover um quadro mais claro dos comprometimentos. Um exemplo é fornecido pela indústria financeira, onde uma distinção maior é feita entre o orçamento *com juros* e o orçamento *sem juros*. Os dois compartilham os desembolsos totais de capital a uma taxa aproximada de 2:1; 66% das despesas anuais de um banco vão para o orçamento com juros e 34% para o orçamento sem juros. Essas são duas classes claramente distintas de comprometimento, sendo que cada uma delas requer um modelo apropriado.

- O orçamento com juros cobre o dinheiro pago aos depositantes, outros bancos (dinheiro comprado), o banco de reserva e outras fontes – isto é, o *custo do dinheiro*.
- O orçamento sem juros endereça *todos os outros gastos*: pessoal, imóveis, concessionárias, TI, comunicações e assim por diante. Esse se aproxima da noção orçamentária que prevalece na indústria de manufatura.

Cada instituição financeira deve conhecer e controlar cada uma das despesas sem juros, desde benefícios salariais a investimentos em alta tecnologia (comunicações, computadores, *softwares*); estruturas físicas (matrizes, filiais) e custos associados de ocupação, assim como outras despesas correntes.

Ser cuidadoso sobre o dinheiro gasto no orçamento com juros envolve a avaliação crítica do custo dos depósitos (incluindo parte dos custos de rede de filiais) em relação ao custo de dinheiro comprado. Tal avaliação também traz à tona as questões relacionadas com o nome e a idoneidade creditícia da empresa, o que vai além de custos puros. Durante os dois primeiros anos da profunda crise econômica e bancária de 2007-2010, o comércio entre os bancos secou porque as instituições de crédito não confiavam mais uma na outra.

O leitor também deve saber que, embora uma das metas do orçamento seja facilitar a análise, não existe uma padronização a respeito dos itens que aparecem sob as despesas com juros e sem juros (nem mesmo de uma instituição financeira para a outra não existem grandes diferenças). Na realidade, algumas diferenças estão apenas na terminologia. Alguns bancos usam Renda Líquida de Juros. Outros favorecem Receita Líquida de Juros ou Juros Líquidos Ganhos.

Do mesmo modo, vários bancos usam o termo Margem de Juros Líquidos; outros preferem *Spread* de Juros Líquidos: Margem Líquida; Diferencial de Juros ou Diferencial Efetivo de Juros. Na realidade, não existem padrões universais para monitorar as margens de juros líquidas e outras variáveis – ou, por assim dizer, períodos de relatórios padronizados.

- Geralmente, no setor bancário, os relatórios de margens típicos são para períodos que cobrem de seis meses a um ano.
- Mas as instituições financeiras líderes sugerem que esperar tanto tempo pela avaliação de informações vitais não mostra a qualidade da gerência; portanto, o relatório deveria ser mais frequente.

Ao administrar a exposição que os bancos assumem por parte do orçamento com juros, os executivos e profissionais da instituição deveriam *a qualquer hora* poder acessar *on-line* os bancos de dados para:

- avaliar criticamente as condições de instabilidade, e
- julgar a volatilidade nos *spreads* de juros e seus efeitos posteriores sobre a instituição.

Contanto que o banco de dados seja adequadamente projetado, atualizado, acessado e disponibilizado *on-line*, os sistemas especialistas podem ser usados de maneira eficaz para ajudar a gerência do banco na sua missão para controlar a instabilidade e a volatilidade das margens. Os artefatos da engenharia do conhecimento devem ser usados para focar a atenção do executivo:

- nos desvios dos padrões (e/ou tendências) e
- nos motivos que corroboram tais desvios.

Os relatórios analíticos, interativamente disponíveis quando solicitados, devem apontar rapidamente as mudanças, assim como as exceções. Dessa forma, a gerência consegue agir enquanto ainda há tempo para afetar favoravelmente a declaração de lucros e perdas. Esse é o caso para o orçamento com juros e o orçamento sem juros, geralmente de qualquer comprometimento que o banco tenha feito. Por exemplo, as questões que requerem atenção em tempo real, no que diz respeito à exposição, estão normalmente conectadas à(ao):

- margem de juros líquidos
- total de ativos gerados
- portfólio de investimentos
- portfólio de empréstimos
- obrigações de dívidas colaterizadas (CDOs)
- outros instrumentos securitizados, e
- *swaps* de inadimplência em créditos (CDSs)

As ferramentas matemáticas avançadas não são apenas bem-vindas como são também necessárias. Pelo fato de as taxas de juros flutuarem, os custos dos fundos variam significativamente e nenhum procedimento padrão determinista proporciona uma base em longo prazo para a responsabilidade administrativa. Em contrapartida, uma ferramenta boa é a *engenharia difusa*, a qual permite lidar com a imprecisão e a incerteza das taxas de juros e outras variáveis econômicas de maneira eficaz.[165]

A solução a ser adotada deveria fazer com que o relatório financeiro interativo apresentasse um resumo e (ou solicitasse) informações detalhadas sobre cada componente dos ativos gerados, de outros ativos, de passivos e do patrimônio. As mudanças na margem do período anterior não devem apenas ser incluídas, mas também explicadas. Este é um bom exemplo da avaliação do plano *versus* o real em um ambiente financeiro, o qual inclui incertezas significativas.

As informações financeiras focadas e no momento oportuno permitem que a gerência rapidamente monitore as mudanças, subsequentemente tomando as ações corretivas. A mensagem que esses parágrafos transmitem é que o processo orçamentário não é uma via de mão única, que apenas acumula despesa em cima de despesa e pede seu financiamento. Por contraste, ele é um *processo bilateral* que pode ser executado apenas quando há uma visão total de:

- premissas do planejamento
- execução das operações
- procedimentos de controle

[165] D. N. Chorafas, *Risk Management Technology in Financial Services*, Elsevier, Londres e Boston, 2007.

Uma maneira sólida de examinar os requisitos para as finanças analíticas é verificá-los de maneira multidimensional por unidade organizacional, por produto ou serviço, pela produção de relacionamentos com os clientes e instalações de distribuição e pelo alinhamento do plano com a maneira como os resultados reais são relatados (e vice-versa). Seja para fins de planejamento ou para controle administrativo, a apresentação interativa das informações orçamentárias *on-line* deveria estar *focada no futuro.*

14.6 FLUXO DE CAIXA

Um bom fluxo de caixa significa *poder de resistência financeira*. Em um prazo mais longo, ele é uma função de *nossos* produtos e de *seus* atrativos de mercado, os quais estão na imaginação dos engenheiros de P&D e na habilidade dos vendedores. O fluxo de caixa é um critério importante na análise financeira porque em um prazo bastante curto (90 a 180 dias) ele faz a diferença entre a solvência e a insolvência da empresa – enquanto em um prazo mais longo contribui para sua liberdade financeira, de empréstimos e endividamento.

O fluxo de caixa é normalmente gerado através de transações comerciais, e todos nós sabemos que essas transações são de caráter *circular*. Esse processo cíclico começa com um *débito em caixa* e acaba com um *crédito em caixa* – o qual cria a base do fluxo de caixa e sua computação.

Um dos problemas com a gestão do fluxo de caixa é que o termo não tem apenas uma definição e método de computação, como sugerem alguns livros didáticos. Muito depende do tipo de empresa e das práticas contábeis que ela adotou. Assim sendo, para remover a ambiguidade é sábio começar com os fundamentos: mais precisamente, com o significado de *caixa*.

O caixa é um ativo líquido e ele assume muitas formas. Há o caixa (dinheiro) no banco, o caixa em mãos, cheques não depositados e ordens de pagamento, saques não depositados, fundos para mudanças, fundos para a folha de pagamentos, e assim por diante. No balanço, o caixa normalmente é classificado como:

- caixa em mãos ou
- caixa no banco

O caixa em mãos inclui as moedas, notas, cheques, saques bancários, cheques administrativos, ordens de pagamento expressas e ordens de pagamento postal. O caixa no banco consiste de depósitos à ordem nas contas bancárias.

Os certificados de depósito à vista podem ser classificados como caixa, mas este não é o caso para os certificados de depósitos a prazo. A proteção do caixa é apenas um dos elementos de um bom sistema de cheques e balanços internos, e esta proteção é muito importante. O cheque interno adequado sobre o caixa requer o controle constante de ambos, os *recebimentos* e os *desembolsos*. Ambos requerem um rastreamento cauteloso. Um dos usos do fluxo de caixa é enfrentar as demandas apresentadas pelas contas a pagar, as quais, como sugere o nome, são as quantias devidas pelos bens e serviços comprados e cobrados.

As notas a pagar são desembolsos. Elas representam as notas promissórias devidas para os bancos ou para uma empresa de financiamento. O fluxo de caixa também serve para pagar os juros e o capital nos empréstimos bancários, assim como nas *obrigações* que podem ser vistas como um empréstimo de longo prazo concedido pelo mercado de capital.

Normalmente, as obrigações são emitidas por empresas dignas de crédito e elas flutuam de acordo com determinada taxa de cupom. As obrigações garantidas (obrigações diretas) não vencem antes da maturidade, mas este não é o caso para obrigações resgatáveis. Se a classificação de crédito da empresa é baixa, os dividendos e o capital devido pelas obrigações com juros altos (títulos comerciais sem valor) consomem uma quantia significativa de fluxo de caixa. Como demonstram estes exemplos: a diversidade das obrigações financeiras a serem enfrentadas através do fluxo de caixa da empresa requer um estudo e experimento muito cauteloso, e

- ambas, a simulação e a engenharia do conhecimento, podem ser significativamente úteis para o analista financeiro e também para a gerência da empresa.

As estimativas dos fluxos de caixa não são feitas apenas uma vez. Elas devem ser cuidadosamente avaliadas, reavaliadas e controladas. Esse é um trabalho infinito. Os métodos para fazê-lo variam muito entre as organizações, e o mesmo é o caso para a administração financeira no geral.

Em sua forma mais simples, os *fluxos de caixa* são a renda líquida mais os itens como depreciação. A *renda líquida* é a linha final e o ponto de partida para descobrir o fluxo de caixa de uma empresa. O algoritmo é o seguinte:

Fluxo de Caixa = Renda Líquida + Depreciação + Depleção + Amortização

Nas práticas contábeis das indústrias atuais, os custos de depreciação são subtraídos da renda líquida. Isso é visto como o grande motivo dos lucros deprimidos de muitas empresas. Mas isso também significa que muito do caixa que, caso contrário, seria invisível, ficaria visível.

- Uma empresa que deprecia US$100 milhões mostra ganhos líquidos de mais de US$100 milhões e não paga dividendos;
- na realidade, gerou um fluxo de caixa de US$200 milhões, o dobro de seus ganhos.

O conceito de *depleção* é a baixa, quando o ativo sendo usado não está mais disponível. Ativos de recursos naturais, como petróleo, carvão ou depósitos de minerais são esgotados. A *amortização* também é uma baixa, mas de termos específicos que se aplicam aos ativos adquiridos, como terrenos, fábricas, maquinários ou de ativos intangíveis.

O fluxo de caixa simples por si só não é uma cifra particularmente útil, o importante é o *fluxo de caixa operacional* (FCO). Ele denota o dinheiro gerado por uma empresa antes de os custos do financiamento e dos impostos entrarem na jogada.

FCO = Fluxo de Caixa Operacional
= Fluxo de Caixa + Despesa com Juros + Despesa com Imposto de Renda

A *despesa com juros* é adicionada de volta ao fluxo de caixa simples para obter a medida mais ampla possível. No caso de transferência de poder, a *despesa com imposto de renda* é adicionada porque ela não terá de ser paga depois que o novo proprietário adiciona tanta dívida a ponto de não haver lucro contábil e, consequentemente, não há impostos devidos.

Outro indicador monetário importante é observar o *fluxo de caixa livre* (FCL); ele diz quanto caixa não foi comprometido e está disponível para outros usos. Sua computação pega as cifras do fluxo de caixa e as ajusta para justificar certos itens no balanço. Por exemplo, a subtração de dívida em circulação e despesas com capital.

FCL = Fluxo de Caixa Livre = Fluxo de Caixa – Despesas com Capital – Dividendos

Uma medida muito importante, conectada às estimativas de fluxo de caixa, é o *valor presente líquido* (VPL). Vejo-o como a medida dos fluxos de caixa de valor único mais importante, ajustados para o *risco* e para o *custo* do dinheiro. Poucas empresas estão apropriadamente equipadas para aproveitar do VPL, pois sua computação não é algorítmica. Ela envolve o julgamento subjetivo em conexão com o fluxo de caixa descontado, o qual requer:

- suposições bem documentadas em tempo oportuno, e
- uma taxa realista para descontar o fluxo de caixa (taxa mínima de retorno).

Mais precisamente, a *taxa interna de retorno* (TIR), ou a taxa de valor presente, é igual a zero. Um cálculo padrão do valor presente, presumindo um desconto não contínuo, pode ser feito por meio de modelos. Uma abordagem similar é válida para a *recuperação de ativos,* com discriminação entre os ativos que foram vendidos no primeiro dia do ano (porque sua vida útil terminou) e os ativos vendidos no último dia do ano e/ou outro período de tempo (talvez para liquidação do capital de giro).

O valor presente líquido pode muito bem ser computado ao *precificar para o mercado.* O problema é que nem todos os ativos, e certamente nem todos os instrumentos financeiros, têm um mercado ativo. As estimações aleatórias são feitas por meio do uso de modelos, mas muitos deles são assimétricos e algumas vezes a precificação para o modelo é igual à precificação para o mito.

Como essas referências documentam, embora a medida de caixa em moedas e notas bancárias seja uma questão relativamente simples, cuja valorização depende de cálculos aritméticos, outras métricas da fortuna financeira, como o valor presente líquido dos ativos circulantes, representam uma questão bastante desafiadora. Assim sendo, não é nenhuma surpresa que a administração apropriada dos fluxos de caixa, em suas várias definições, tenha sido uma preocupação para os financistas, comerciantes e industrialistas ao longo de toda a história.

14.7 ADMINISTRAÇÃO DOS FLUXOS DE CAIXA

A medida e a administração apropriada dos fluxos de caixa são muito importantes, isto porque sua presença reflete a habilidade da empresa em continuar operando como um negócio em andamento. Ela mostra que a ausência de políticas e procedimentos, para garantir um fluxo de caixa sólido, tem sido um tema crítico, assim como recorrente, nos negócios. Nem todos os executivos percebem que, em seus fundamentos, o desafio de projetar, medir e controlar os fluxos de caixa de sua empresa é crítico para o desempenho contínuo, e ele essencialmente passa a agregar recursos financeiros com ênfase específica na sua evolução com o passar do tempo. O teste crucial é aquele que considera todos os parâmetros comerciais para poder desenvolver cenários de fluxos de caixa factuais e documentados. Também é importante apreciar que:

- há uma conexão próxima entre orçamento, fluxo de caixa e controle de risco, e
- as previsões precisam ser feitas para os fluxos de caixa *antes* de novos comprometimentos, incluindo a avaliação do impacto financeiro dos comprometimentos já feitos.

O conceito por trás desses dois tópicos expande a dualidade orçamento/fluxo de caixa para o balanço, em que são ambos integrados. É claro que falamos de balanços verdadeiros e não de livros contábeis duplos ou triplos. Por exemplo, os balanços são falsos quando:

- os ativos são supervalorizados;
- os passivos são precificados a menor;
- são baseados em *pro formas* e se referem a declarações financeiras não auditadas ou impropriamente auditadas.

O que qualquer gerência que se preza deve evitar é a *contabilidade criativa*. As mentiras têm pernas curtas e não vale a pena mentir para nós mesmos e para o mercado. Ainda assim, a contabilidade criativa se espalhou e, como tal, ela apresenta questões sobre:

- o nível dos padrões éticos, e
- a qualidade da administração dos negócios.

Contrário à contabilidade criativa, a qual é sistemática, os erros podem acontecer agora e depois nos cálculos finais. As estimativas do fluxo de caixa provam ser imprecisas porque seus recursos foram pouco pesquisados, contam com suposições extremamente realistas ou a probabilidade de grandes eventos foi levianamente descartada.

Um exemplo é a queda em novos pedidos para os estaleiros no mundo todo. Em 2009 eles estavam 80% mais baixos do que há dois anos quando, antes da queda em julho de 2007, as altas taxas de frete e previsões econômicas floridas encorajaram as empresas de navios a correrem em busca de novos navios. A recessão subsequente fez com que as taxas de envio caíssem e isso reverberou até no fluxo de caixa dos estaleiros.

As estatísticas que focam em um dos fatores pertinentes podem ser enganosas. Por exemplo, no primeiro trimestre de 2010, os estaleiros da Coreia do Sul ganharam mais da metade dos pedidos globais para novos navios. Mas eles valiam apenas US$2,2 bilhões, ao passo que em 2008 os estaleiros coreanos ganharam pedidos no valor de US$32 bilhões. Isso significava o desaparecimento dos fluxos de caixa, o que atingiu as empresas de duas maneiras:

1. Limitando sua independência financeira.
2. Tornando mais difícil para elas obterem empréstimos, isto porque os bancos mais bem administrados estão cuidadosamente observando os devedores por problemas que se avistam.

Assim sendo, as previsões dos fluxos de caixa devem ser elaboradas com muito cuidado. Elas devem definitivamente cobrir no mínimo o período de uma no de balanço – incluindo as contas a receber e as serem pagas durante *este* período, mais outras rendas. Por exemplo, as patentes e outros convênios de *know-how*, portfólio de *holdings*, vendas de propriedades e assim por diante.

A gerência não pode se dar ao luxo de não prestar atenção aos detalhes, incluindo os exercícios de *nivelamento dos recursos*. Este é um processo de modificação do cronograma das atividades da empresa para reduzir quaisquer picos nos requisitos financeiros que não podem ser sanados por meio do fluxo de caixa. Ninguém pode perder de vista o poder de resistência financeira e prosperar. Os cronogramas para nivelamento dos recursos são conhecidos da gestão de projetos. Eles se encontram em dois algoritmos de nivelamento que devem fazer parte da gestão do fluxo de caixa:

1. Nivelamento limitado pelo tempo
2. Nivelamento limitado pelos recursos

No nivelamento limitado pelos recursos, a capacidade conhecida, ou nível de disponibilidade, de cada recurso nunca será excedida pelo cronograma. As atividades são atrasadas até que os meios financeiros estejam disponíveis, prestando atenção especial para não exceder o nível de disponibilidade.

No nivelamento limitado pelo tempo, as atividades são atrasadas apenas se elas tiverem flutuações e se a data para a conclusão do projeto não for afetada. O nivelamento limitado pelo tempo reduzirá os picos nos perfis de recursos financeiros, mas não garante a redução dos picos para um nível abaixo de fatores conhecidos e relativamente conhecidos que afetam o fluxo de caixa.

Um fluxo de caixa sólido também é promovido por um processo de descoberta, com o objetivo de revelar fatores escondidos. Isso é particularmente importante com novos empreendimentos, novas estruturas e novos instrumentos. Nos primeiros anos após a criação maciça de empresas de *holdings* bancárias, em 1970-1971, os problemas nas análises bancárias associados com os fluxos de caixa eram mascarados por:

- questões ligadas às declarações completamente consolidadas em nível de empresa de *holding*, e pela
- crença difundida de que o crescimento cuidaria daqueles que se preocupavam com o fluxo de caixa por unidades individuais, ou na empresa de *holding*.

Os fatos mostraram que esse não era o caso. O caso da Drexel Burnham Lambert proporciona um exemplo. O caixa disponível nas empresas de *holding* bancárias, assim como em suas subsidiárias lucrativas, deve fazer mais do que pagar pelos dividendos para os acionistas e pela dívida de serviço duplamente nivelada. Há uma assimetria temporal para explicar em termos de poder de resistência financeira:

- os comprometimentos a respeito dos investimentos de capital são feitos no início do ano,
- mas os fluxos operacionais, representando as receitas e despesas, ocorrem durante todo o ano.

Dessa maneira, uma missão importante da administração financeira é estudar o modelo característico do fluxo de caixa operacional. Para levantar dinheiro, os ativos de capital especificados pela gerência são vendidos de acordo com a oportunidade de mercado, dentro de certo cronograma; os itens depreciados com, digamos, 6 ou 7 anos de ciclo de vida, são vendidos no início do ano seguinte ao ano em que foram comprados; e o inventário descartável é liquidado no último dia do ano, mas os impostos sobre suas vendas são tratados como fluxos de caixa operacionais.

Concluindo, as empresas bem-sucedidas prestam muita atenção à gestão de seus fluxos de caixa. Elas fazem-no por meio de análises suportadas pela tecnologia avançada. Uma questão crucial que a gerência deve se perguntar é: "Nós temos a qualificação e as ferramentas para nos aproveitarmos das oportunidades propulsionadas pelas forças de mercado? Se não, o que deveríamos estar fazendo para melhorar significativamente a gestão do nosso fluxo de caixa?".

15

Centros de Lucro, Controle de Custos e Custos-Padrão

15.1 CENTROS DE LUCRO E CENTROS DE CUSTOS

Um *centro de lucro* é uma unidade organizacional cujo gerente recebeu a responsabilidade total para operar na base de lucros e perdas, sendo que seu desempenho será julgado de acordo com os resultados. Como sugere seu nome, a declaração de renda de um centro de lucro deve mostrar lucros constantes, não perdas. Os centros de lucro subsidiados são um oximoro.

Em contrapartida, um centro de custos oferece as funções de suporte para outros departamentos da empresa e opera dentro de um orçamento concedido pela gerência geral. O departamento do sistema de informações, por exemplo, é muitas vezes um centro de custos (o que constitui uma política muito ruim). Os centros de custos não têm ninguém para culpar nem ninguém para despedir. Os departamentos de serviço devem faturar seus serviços porque, entre outras coisas:

- isso os mantém enxutos e rápidos para reagir;
- a eficácia em termos de custo de seus serviços é julgada pelo departamento usuário que paga suas contas; e
- o faturamento transforma um centro de custos em um centro de lucro.

A melhor maneira de as empresas verem os *centros de lucro* é como se eles fossem os ganhadores de renda da empresa. Como tal, obedecem a uma estrutura de preço que não deveria ser abstrata e nem fora de um alcance factual dos preços de mercado para alguns produtos de qualidade. Na reestruturação que fiz de um centro de lucro alguns anos atrás, em uma instituição de crédito, a renda dos serviços era creditada para cada departamento de acordo com seus:

- depósitos
- empréstimos,
- negociações, e
- gestão de fortunas

Essa reestruturação eliminou todos os centros de custos internos. Os provedores de serviço, como a TI, cuja produção era voltada para as outras unidades da instituição de crédito, tinham de faturar seus serviços usando preços competitivos. Eles também tinham que projetar sobre a renda futura, o fluxo de caixa (Capítulo 14) e as despesas, e fazer avaliações do plano *versus* o real que iam diretamente para a responsabilidade administrativa.

Essas eram novas experiências para o banco e no começo eles reclamaram. Mas o CEO não aceitou voltar atrás e depois de um pouco de resistência, as coisas se acomodaram. Eles tomaram muito cuidado com a reorganização para evitar sobreposições entre os centros de lucro, o que é muitas vezes encontrado nos negócios e na indústria. A Figura 15.1 mostra uma constante interpretação errada da autoridade e da responsabilidade do centro de lucro.

- *Se* um centro de lucro é sobreposto ou reduzido por outro centro de lucro (pior ainda por vários),
- *então* a responsabilidade dos gerentes dos centros sobrepostos passa a ser, na melhor das hipóteses, opaca e na pior, inexistente.

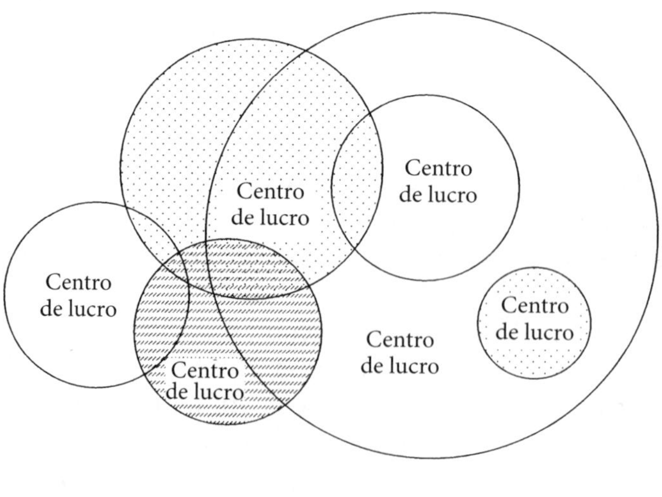

FIGURA 15.1
A sobreposição entre centros de lucro, bem como entre estes e os centros de custos, destrói sua responsabilidade.

Quando isto acontece, e muitas vezes acontece, o resultado é pior do que não ter, em primeiro lugar, uma organização de centro de lucro. Além disso, ao criar uma estrutura de um centro de lucro, a melhor meta é incluir todas as atividades que se encaixam nela como *se* cada um desses centros de lucro fosse uma empresa independente. É preciso se certificar de que eles serão eficazes e econômicos.

Assim como com qualquer outra missão organizacional, o foco deve estar na autoridade e responsabilidade de cada gerente, e quão bem ele desempenha o trabalho que lhe foi atribuído. O sistema deve fornecer a ele informações que são analisadas no momento apropriado, permitindo que o gerente tome a decisão correta no tempo certo.

Uma maneira diferente de fazer esta declaração é que cada organização e estrutura de centro de lucro deve realçar a *responsabilidade pessoal*, tomando medidas e métricas viáveis do desempenho suportadas pelos procedimentos contábeis de custos. A contabilidade por atividade deve comparar o *custo* e a *receita* envolvidos pelos:

- funcionários,
- produtos,
- instalações de produção,
- canais de distribuição, e
- contas de clientes.

Como veremos nas seções subsequentes, os custos importam muito. O estudo de custos apropriado deveria começar com uma revisão organizacional completa, isto porque muitas vezes a organização ruim leva à ineficiência inerente e esta é encontrada na origem dos custos altos. A estrutura atual reflete as diretrizes de lucros e perdas da *nossa* empresa? Ela é compatível com as linhas de autoridade e responsabilidade de forma que a avaliação do L&P seja documentada? Além disso:

- Ela está completamente atualizada, à medida que as mudanças estruturais acontecem e as linhas de produtos evoluem?
- A estrutura do centro de lucros usa eficazmente os custos-padrão?[166] Se não, qual é a base de custos?
- Com que frequência as comparações entre o planejado e o real acontecem? As ações corretivas são tomadas imediatamente após?

[166] Seção 15.3.

A individualização de custo e a receita baseada em um centro de lucro, assim como seu rastreamento, não é viável quando a organização permite sobreposições entre os centros de lucro – independentemente de isso acontecer do ponto de vista administrativo ou do ponto de vista técnico. Também não é possível medir todos os custos e receitas associados com certa unidade do centro de lucro quando os custos fixos, semivariáveis e variáveis (Seção 15.3) ainda não foram separados.

O relatório do centro de lucro deve ser focado e em tempo oportuno para permitir a *ação corretiva* em caso de desvios do plano financeiro (o orçamento do centro de lucro). Os custos são quase impossíveis de controlar caso os detalhes não incluam todos os custos dos capítulos, suas origens e seus destinos – de forma que os débitos/créditos apropriados possam ser feitos.

A análise dos dados de custos históricos associada com cada centro de lucro, e comparada àquela de outros centros de lucro similares, pode ser reveladora. Um exame analítico produz um quadro valioso das *tendências* no crescimento das despesas, mas para tal é necessário haver pessoas experientes e capazes de fornecer respostas factuais e documentadas para as perguntas:

- Quanto custa para mim os produtos que vendo, incluindo todas as despesas?
- Quais gastos gerais eu estou sustentando? Quantos desses estão promovendo *meus* produtos? Eu deveria aceitar tais gastos gerais?

Para fins práticos, essa é uma *medida do desempenho*, a qual permite que os gerentes de um centro de lucro conheçam a si mesmos e às suas operações. "Quem conhece seu inimigo e conhece a si mesmo, não teme o resultado de centenas de batalhas", disse Sun Tzu (por volta de 500 a.C; veja o Capítulo 1) e acrescentou ainda "Quem conhece a si mesmo, mas não conhece seu inimigo, para cada batalha ganha também sofrerá uma derrota" e "Quem não conhece nem o inimigo nem a si mesmo, sucumbirá em cada batalha".

A medida do desempenho nos fala sobre nós mesmos, e nossas conquistas, assim como nossa empresa e suas conquistas. Ela também põe em perspectiva nossas falhas. Quando sabemos quais são nossas falhas, podemos corrigi-las por meio de maior eficiência suportada por treinamento, organização, tecnologia e decisões administrativas rígidas.

No seu auge, a Toyota conseguia produzir duas vezes mais carros por operário como qualquer outra montadora norte-americana, por meio de uma melhor organização e de controle administrativo (os quais subsequentemente diminuíram). Ela usou a tecnologia para capitalizar em uma das tendências mais importantes da indústria automobilística: a demanda do consumidor por uma variedade maior de produtos. Mas aí os medíocres assumiram o controle, as metas foram diluídas e a empresa mergulhou de cabeça. Situações bastante similares prevalecem em praticamente todos os setores.

15.2 CONTROLE DE CUSTOS

Como dizia Henry Ford, "Pequenas economias feitas em grande número representam uma quantia grande de dinheiro". "Cuide até mesmo do mínimo centavo", costumava dizer Andrew Carnegie, o rei do aço, "e os centavos se acumularão." De sua parte, John Rockfeller aplicava dois princípios em seu caminho para o sucesso:

1. Preços drasticamente competitivos contra seus oponentes no mercado.
2. Controle de toda a cadeia de produção, o que permitia mais adiante comprimir os custos (Carnegie havia feito o mesmo).

O princípio de custo baixo é aplicável por toda a cadeia de indústrias; da produção, para a distribuição e para o marketing, diz Ingvar Kamprad, que construiu a Ikea. Ele acrescenta: "Diminuir a qualidade para cortar custos não é uma solução: é uma armadilha". Quando falamos de controle de custos queremos dizer que este deve ser feito mantendo a qualidade alta. Palavras sábias. Se os industrialistas não estiverem cientes deste princípio, seus clientes estarão.

O fato de que os clientes passaram a ser conscientes em termos dos custos é uma boa notícia para as empresas dinâmicas e bem administradas. Citando Sam Walton, um dos homens de negócios mais bem-sucedidos nos anos após a Segunda Guerra Mundial: "Voltamos ao que eu disse sobre aprender a valorizar um dólar. É ótimo ter o dinheiro para nos apoiarmos. Mas é hora de seguir em frente – simplesmente porque você perde o contato com o que sua mente deveria estar se concentrando – Servir o cliente".[167]

A importância do controle de custos não é novidade para o leitor. Já falamos sobre isso no Capítulo 13. Ao comentar sobre como e porque as empresas fracassam, Sam Walton sugeriu: "Foram seus clientes que as fecharam. Elas deram as costas para eles". Eles fizeram isso porque, no momento quando o custo baixo reinava, essas empresas não tiveram o interesse ou não foram capazes de cortar seus custos e seus preços. Em vez disso, elas tentaram surgir com novos feitos "brilhantes" de engenharia na esperança de enganar o mercado.

---

[167] Sam Walton, *Made in America: My Story*, Bantam, Nova York,1993.

Contrária a essa atitude, as empresas bem governadas passam por pilhas de pesquisas de mercado antes de desenvolver um novo produto, e o marketing apresenta um preço-alvo, o qual a engenharia e a produção devem usar como um sinal. Essa é uma fórmula vencedora. Em um projeto vencedor, a engenharia e a manufatura removem atributos caros, ao mesmo tempo que adicionam elementos fáceis de usar, porém eficazes em termos de custos.

Uma regra geral para o sucesso na economia global é estabelecer metas de custos bastante agressivas e ainda assim projetar produtos atrativos que os clientes desejam comprar. O iPod é um exemplo. A regra número 2 é que as remessas devem ser feitas sem grandes contratações e a número 3 é que, quando um produto ou abordagem de marketing não está dando resultados, devem ser eliminados rapidamente.

O corte de custos com o objetivo de aumentar a competitividade não precisa ser agressivo. Mas é preciso muito preparo para superar uma greve longa. Depois que a Bridgestone do Japão comprou a Firestone Tire & Rubber em 1988, as relações trabalhistas eram totalmente amigáveis. Mas o comodismo desapareceu depois que a Firestone apresentou um total de US$1 bilhão em perdas até 1991. Isso contribuiu para que fosse instituída uma nova estratégia de corte de custos e uma nova administração para dirigir a Bridgestone/Firestone.

Para desenvolver um inventário de reservas, a Firestone comprou 500.000 pneus de sua rival, a Cooper Tire & Rubber, e a Bridgestone no Japão concordou em fornecer mais 3 milhões de pneus. Depois disso, a gerência exigiu que o sindicato trabalhista da United Rubber Works (URW) quebrasse o contrato que ele havia ratificado com a Goodyear Tire & Rubber, o qual pedia um aumento de 15% durante três anos.

A Bridgestone, por sua vez, pediu um turno de 12 horas, aumentos salariais vinculados à produtividade, benefícios de saúde com pagamentos mais baixos para novas contratações – tudo para superar as grandes desvantagens de custo contra a concorrência. E embora o sindicato tenha entrado em greve, o armazenamento e a produção de outras fábricas da Bridgestone garantiram que as suas entregas não seriam afetadas pela greve. Isso permitiu que ela mantivesse a maioria de seus clientes abastecida, como *se* a greve nunca tivesse existido.

Em 4 de janeiro de 1995, a Bridgestone anunciou que havia contratado 2.000 substitutos permanentes. Esta atitude tocou num ponto sensível da administração Clinton, a qual havia apoiado uma lei limitando a habilidade dos empregadores em substituir os grevistas. O então Secretário do Trabalho, Robert Reich, que havia interferido em seis grandes greves, tentou fazer os dois lados conversarem novamente. Em vez de concordar calmamente, a Bridgestone retrucou a oferta de

Reich, dizendo que seu presidente não estava disponível e ofereceu, em seu lugar, o diretor trabalhista. O governo Clinton se viu encurralado.

A Bridgestone não estava sozinha em exigir vantagens sobre os custos. O corte dos custos pela IBM também oferece um exemplo interessante. Por causa dos procedimentos rígidos de corte dos custos que atingiu cada função, desde quando o pedido é feito e entregue até a gestão da garantia, a IBM conseguiu reduzir significativamente seus custos. A reestruturação foi iniciada por uma crise no início dos anos 1990, quando a participação da empresa no mercado europeu caiu de mais de 15% para quase 12%.

Na realidade, a IBM chegou tão perto da beirada do abismo que realmente acabou acordando a alta gerência, e William E. McCracken, o diretor de distribuição dos Estados Unidos, foi enviado no início de 1991 para "consertar" a Europa.[168] Ele reuniu todas as funções de PC sob um único gerente, dando a ele o domínio total sobre as vendas, marketing, distribuição, finanças e manufatura com ordens explícitas de que os custos devem ser significativamente aparados.

A ineficiência prevaleceu, por exemplo, em Greenock, Escócia, apesar da força de trabalho escocesa altamente qualificada e de baixo custo. A Greenock costumava montar as placas-mães dos PCs para todos seus modelos em uma única linha, sendo que o resultado era que a troca de um modelo para o outro deixava a produção ociosa por até 8 horas.

O corte efetivo de custos exigia reestruturação assim como ficar atento à qualidade da produção. Depois de dividir a linha em seis linhas menores, uma para cada família de produto, a manufatura total e o tempo para teste foram cortados de cinco dias para menos de oito horas. Ao mesmo tempo, a qualidade subiu em 10%.[169]

Uma melhoriasimilar foi feita na distribuição, onde os custos foram reduzidos de US$200 para US$45 por computador. Outros grandes acontecimentos ocorreram por conta dos cortes drásticos. Ao enviar os produtos acabados diariamente para os clientes, diretamente de Greenock, dessa forma percorrendo os armazéns de 14 países, a IBM cortou os custos ainda mais.

Graças à nova manufatura flexível que podia rapidamente mudar de um modelo para outro, foi estabelecida uma política de que Greenock fabricaria apenas para atender à demanda. Essa medida evitou que peças críticas ficassem paradas em sistemas de produtos não vendidos. Como resultado, o inventário de sistemas de produtos acabados subiu 90%, para 30.000, enquanto as vendas aumentaram 42% durante o mesmo período de tempo.

Esses são exemplos da vida real que pedimos aos leitores que tenham sempre em mente, pois os mesmos problemas têm o péssimo hábito de reaparece-

---

[168] *Business Week*, 13 de dezembro de 1993.

[169] Idem.

rem de tempos em tempos. Na Bridgestone/Firestone e na IBM, o objetivo era a eficácia em termos de custos – a política de identificação das alternativas que rendem maior eficácia em relação ao custo incorrido.

Existe muita lógica por trás deste objetivo. Cada programa, cada projeto, cada instalação usa recursos que, caso contrário, poderiam ser usados para fins mais úteis. Assim sendo, os programas, os projetos e as instalações devem ser periodicamente inspecionados com o objetivo de melhorar a qualidade, reduzir as discrepâncias e cortar os custos. Tenhamos sempre em mente que o *custo* representa eficácia compulsória em outros lugares.

As empresas que se respeitam, e levam a sério seus clientes, acreditam que as métricas as ajudam a refinar sua eficácia em termos de custos. O leitor atento se lembrará do exemplo prático na capitalização dos produtos da IBM. A Big Blue a define como segue:

Mão de Obra Direta (MOD) + Materiais Diretos (MD)

A gerência faz o que é preciso para mantê-la em 15% da lista de preços. Para compensar o custo dos produtos vendidos, os gastos com P&D, o custo de melhorias na produtividade, a engenharia de manufatura, novas ferramentas, depreciação (fábricas, maquinário) e os gastos gerais de manufatura devem ser adicionados a este custo básico de MOD + MD. E também, os lucros da empresa no setor tecnológico.

Da mesma maneira, o custo das vendas incluirá os custos da rede de filiais, engenheiros de vendas, engenheiros de sistemas, transporte, armazenamento, instalação nas premissas dos clientes, períodos de teste até "estarem prontos para uso", outras despesas não cobradas, gastos gerais de vendas. E também, a lucratividade no setor de vendas. (O custeio como uma cultura é discutido na Seção 15.4 e os custos-padrão na Seção 15.5.)

15.3 CUSTOS FIXOS, SEMIVARIÁVEIS E VARIÁVEIS

Nem todos os custos incorridos por uma empresa têm a mesma permanência no balanço. Alguns proximamente relacionados ao seu nível de produção (produtos ou serviços) são variáveis; outros, especialmente aqueles conectados a terrenos, fábricas e equipamentos, são fixos. Há também uma terceira categoria que se encaixa entre eles, os semivariáveis.

Como sugere esta breve referência, nossa avaliação de custos será precisa apenas quando estabelecermos o perfil de cada fonte de custo, e conseguirmos controlar suas variações. A gerência que não sabe os custos de cada produto ou serviço que oferece, está assumindo riscos não garantidos com seu posicionamento de mercado e lucratividade. Nesta seção, examinaremos as três classes seguintes:

1. *Custos fixos*. Esses não mudam à medida que as taxas de produção variam. Os exemplos são os equipamentos comprados (até certo ponto) e os gastos gerais.
2. *Custos semivariáveis*. Os quais mudam com a taxa de produção, mas em grandes etapas, e depois se mantém estáveis durante um período de produção. Um exemplo é a adição de novas máquinas para aumentar a capacidade de produção.
3. *Custos variáveis*. Como o nome sugere, eles variam com as mudanças na taxa de produção e, portanto, estão sujeitos à supervisão constante.

Normalmente, os custos variáveis são despesas operacionais que contêm uma relação quase proporcional à taxa de produção. Por exemplo, a quantia de entradas necessárias para a produção: Mão de Obra Direta (MOD) e Materiais Diretos (MD). Observe que a mão de obra direta representa as despesas empregadas na fabricação do produto – não para outros fins.

Os custos variáveis são incorridos porque a empresa decidiu manufaturar certo produto, fornecer certo serviço ou executar um trabalho contratado. Uma vez que a decisão de produzir produtos ou assumir um contrato é tomada, a empresa está obrigada a se envolverem certos custos que são controláveis apenas por meio do volume de produção e, mais especificamente, o uso eficiente de:

- força de trabalho
- materiais

Os relatórios sobre os custos variáveis conectados com a mão de obra direta e os materiais diretos devem ser elaborados rapidamente para permitir a tomada de ação rápida que irá manter os custos de produção reais em linha com os custos planejados. Em contrapartida, em empresas mal administradas, os relatórios são normalmente atrasados, aparecem bem depois de os eventos reais acontecerem ou nem sequer existem. Ou, então, eles são mais usados para controlar os supervisores e outras pessoas do que controlar as cifras reais em si.

Os custos fixos, também conhecidos como custos do período, são mais bem ilustrados por tais itens como terrenos, prédios, maquinário, equipamentos para escritórios, computadores – e por extensão, impostos prediais, seguro, aluguel, cobranças com a depreciação e outras amortizações de despesas pré-pagas. Os gastos gerais também são um custo fixo (Capítulo 16), embora algumas vezes sejam semivariáveis, eles realmente nunca são um custo variável.

Até certo ponto, os gastos com custos fixos tendem a ser os mesmos qualquer que seja a taxa de produção. Uma máquina bastante cara que foi comprada para um projeto que não se materializou, continua sendo depreciada, independentemente de ser usada em tempo integral, meio período ou não ser usada. As mudanças na taxa de produção têm pouco ou nenhum efeito na quantia de desembolso com custos fixos.

Os gastos nesta categoria são conhecidos como gastos fixos, não porque eles são permanentemente inflexíveis em quantia, mas sim porque uma alteração na taxa de operações da empresa não resultará em uma alteração na quantia de gastos.

- Os custos fixos normais são a depreciação de todas as propriedades, fábricas e equipamentos, como também os impostos sobre a propriedade, a fábrica e os equipamentos.
- No extremo, alguns custos fixos serão gastos, os quais são cobrados contra os lucros atuais, mas não podem ser identificados com qualquer serviço.

No entanto, os custos fixos podem ser reduzidos. Por exemplo, ao vender as máquinas ociosas a preço de barganha. Mas a gerência deve tomar a decisão para fazê-lo, o que é outra maneira de ver a diferença entre custos fixos e variáveis.

Na falta de tais decisões administrativas deliberadas, os contadores assumem a posição de que, dentro de níveis normais de produção, o total de dinheiro dos custos do período poderá permanecer razoavelmente constante. Uma prática controversa, a meu ver, é que os custos fixos, os quais incluem ositens de gastos gerais com a alta gerência, como salários, são pagos aos diretores da empresa.

As despesas com telefones e concessionárias de serviços públicos são muitas vezes consideradas como custos fixos, pois se assimilam a despesas de natureza administrativa. Outros custos fixos são as despesas com juros e impostos diferentes. E também, os custos de seguro de todos os tipos, exceto nas folhas de pagamento. No entanto, a maneira de explicar alguns desses itens de custos fixos não são imutáveis:

- Os custos não recorrentes são normalmente considerados custos fixos, mesmo se esses itens chamados não recorrentes possam recorrer.
- Embora o volume não necessariamente afete o desgaste dos equipamentos, a decisão administrativa pode fazer com que os consertos e a manutenção sejam custos fixos ou variáveis.

As aproximações que os contadores fazem neste e em casos similares estão no fato de que o total de dinheiro gasto nos custos mencionados anteriormente é bastante constante e geralmente pequeno em comparação com o total de custos. Parte da incerteza nas classificações de custo vem do fato de que os princípios de contabilidade industrial foram expandidos para outros domínios, por exemplo, as vendas.

Os custos fixos, semivariáveis e variáveis são plotados num *gráfico do ponto de equilíbrio* em relação à renda. Devemos ter cuidado não apenas com os custos de produção, mas também com as despesas de vendas/marketing. Os custos associados com a rede dos escritórios de vendas, as contas de concessionárias, os carros usados pelos vendedores e os serviços de suporte são exemplos de custos fixos. Os salários e comissões dos vendedores são custos variáveis.

O ponto de equilíbrio deve ser visto como um caso interessante de análise da oportunidade. É necessária uma abordagem sólida para estabelecer um orçamento de vendas flexível, com base no exame de despesas, para determinar como os custos das vendas individuais variam. Um gráfico consegue retratar o relacionamento das vendas e as despesas para mostrar em que volume as receitas cobrem as despesas quando os custos de marketing/vendas são contabilizados.

A vantagem de um gráfico do ponto de equilíbrio é mostrar, em termos transparentes, o nível de receitas e despesas para cada volume de vendas. Ele também pode ser expresso em termos de unidades de produtos em porcentagem da instalação utilizada, ou em outros termos quantificáveis. Essa análise realça a habilidade de estabelecer a que ponto – para certa instalação, rede de vendas ou outra situação operacional – a empresa espera começar a ter lucros.

As pessoas com experiência em usar os gráficos do ponto de equilíbrio os consideram uma excelente ferramenta analítica. No entanto, o leitor deve perceber que no mundo real existem certos motivos, os quais garantem que o relacionamento entre os custos variáveis e fixos não é nem um pouco perfeito.

- Os efeitos dos preços, produtividade, mudança tecnológica e influências sazonais podem distorcer o modelo linear.
- Apenas de maneira geral, os itens de gastos do tipo diretos exibem a tendência para variar com a taxa de produção.

Devemos também explicar os custos semivariáveis, os quais, como já mencionamos, se encaixam entre os custos fixos e variáveis. Esses gastos exibem uma combinação de dois modelos já descritos e variam de acordo com uma alteração no patamar na taxa de produção – mas eles tendem a permanecer estáveis sob este patamar.

Dentro de certos limites, os custos semivariáveis podem ser quase zero. Mas *se* a produção é aumentada além de um ponto crítico, *então* os gastos, por exemplo, para as máquinas, aumentarão repentinamente para um nível mais alto devido ao aluguel de mais espaço, a aquisição de mais equipamentos e motivos similares.

Embora esses exemplos tenham sido tirados da indústria de manufatura, os princípios básicos são amplamente válidos. Mais ou menos, as mesmas classes de comportamento de custos existem nos setores de serviço da economia; por exemplo, no setor bancário. Através de raciocínio analítico, os custos variáveis podem ser relacionados ao número de clientes, o número de contas abertas e outros critérios.

15.4 CULTURA DO CUSTEIO E LUCRATIVIDADE[170]

O *custeio* é um processo permanente; uma mentalidade; uma cultura organizacional. Os custos são uma função da qualidade administrativa, metodologia e tecnologia que empregamos, quando constantemente eliminar as operações manuais. O sistema de medida que desenvolvemos, e suas métricas, deve ser mantido e dinamicamente modificado. Uma solução de custeio plena inclui:

- a estrutura de custeio geral.
- o desenvolvimento, ou escolha, dos métodos e padrões de custeio.
- o custeio correto (e precificação dos produtos e serviços).
- um orçamento voltado para os lucros e perdas (Capítulo 14); e
- avaliação da lucratividade documentada.

No que diz respeito ao terceiro tópico, um sistema de custeio deve envolver todos os produtos individualmente, as transações relativas a estes, linhas de produtos inteiras, despesas associadas com o relacionamento com os clientes e mais. Vamos examinar as transações a respeito dos instrumentos financeiros como um exemplo.

Muitas vezes no setor bancário, os *custos de transação* são vistos como sendo apenas o total de custos – especialmente os custos de pessoal associados com a transação. Isso está errado porque também existem custos tecnológicos

[170] Veja também a Seção 16.3.

associados com a transação, assim como os custos de gastos gerais, imóveis, utilidades e outras despesas.

Entretanto, mesmo com essa abordagem simplista, os custos de transação não são triviais. No nível de caixa bancário clássico, o custo da operação de um cliente está além de US$10 por transação. Um dos bancos participantes deste estudo tinha 100.000.000 de transações por ano, somando custos assombrosos. As transações mais complexas têm um preço de etiqueta mais alto associado a eles. Um banco britânico calculou que os custos de transação de um único Forex eram de £20 (US$30).

O custeio correto de uma transação deve incluir a mão de obra direta, os equipamentos, as utilidades e os gastos gerais. A automação nem sempre tem sucesso em sobrecarregar os custos humanos. Mesmo se eliminarmos o papel do sistema (o que está longe de ser um caso geral), os custos humanos permanecem. Uma verdadeira atividade de controle de custo deve focar em tirar os custos humanos do sistema.

Precisamente porque os gastos de transações não são triviais, o custeio correto é muito importante. Desde os diretores executivos aos gerentes, profissionais e funcionários de escritórios, todos devem mudar seus conceitos sobre os custos, adotando e implementando um método de custeio eficiente ao longo do modelo usado por várias décadas pela indústria de manufatura.

A globalização trouxe muitos desafios ligados à noção de custos. Como foi noticiado no início de janeiro de 2010, uma pequena loja de produtos artesanais no Egito faliu porque ela não conseguia mais competir com as ferramentas básicas para agricultura, como arados, importados da China.

Nasser al-Hamoud, um ferreiro, trabalhava em um prédio antigo em uma rua estreita e cheia de curvas em Al Qsar, uma vila no norte do Dakhla Oasis no Egito. Hamoud era ferreiro há mais de vinte e cinco anos, tendo aprendido a profissão com seu pai, mas segundo ele os negócios estão incertos hoje em dia. As ferramentas para agricultura eram seu ganha-pão, mas importações baratas da China inundaram o mercado. (Ele comparou a lâmina fina de uma pá feita na China com a sua versão mais pesada e mais cara, forjada a mão.).[171]

Para sobreviver à concorrência de custo baixo da China, Hamoud começou a vender unhas ornamentais e bijuterias rústicas na rua para os turistas, os quais começaram a procurá-lo em grande número. Hamoud fez isso por necessidade, embora não tivesse a mínima ideia que este era um abalo no mercado ou uma tendência. Esse é um caminho muito longo para os chineses que, após terem varrido os empregos e empresas nos Estadois Unidos e na Europa, agora fazem o mesmo com a força de trabalho de países menos desenvolvidos. Mas

[171] Peter Kenyon, *Eco-Tourism Holds Promise, Peril for Egyptian Oasis*, NPR, 6 de janeiro de 2010.

também é uma evidência de como não apenas as indústrias, mas também os artesãos precisam ser conscientes em termos de custos, para poderem sobreviver.

É difícil encontrar uma história que melhor dramatize como o custeio deve se tornar uma cultura para poder sobreviver na era da globalização. Até mesmo os idiotas são varridos da face da terra.

Evidências curiosas sugerem que Joseph Kennedy, que fez grande parte de sua fortuna vendendo na alta da bolsa de valores em 1929 pouco antes da queda, recebeu a informação de um engraxate em Chicago. Enquanto o rapaz engraxava os sapatos de Kennedy, ele perguntou: "O Sr. gostaria de alguma informação sobre a bolsa de valores?". Kennedy pensou que se a febre da bolsa de valores havia chegado aos engraxates, quem seriam os próximos idiotas. Pensando analogamente,

- *se* os artesãos egípcios tiveram que fechar suas lojas por causa dos produtos de baixo custo da China,
- *então* quem serão os próximos idiotas? Provavelmente os próprios operários chineses.

Os chefes do partido Comunista/Capitalista da China deveriam pensar nisso, e o mesmo conselho se aplica a todas as outras diretorias e CEOs, no Oriente e no Ocidente. Simplesmente não há uma maneira de se manter calmo sobre os custos e sobreviver. Mas nem todos os CEOs e, certamente, nem todos os governos apreciam a importância da investigação cuidadosa dos custos. Aqui está um exemplo assustador.

Com a desculpa de proteção contra ataques terroristas, depois de 11 de setembro – o que foi, de fato, uma necessidade – George W. Bush demoliu o serviço consular eficiente dos Estados Unidos e privatizou muitas de suas funções (o que tem sido uma aberração). Como consequência, as embaixadas norte-americanas passaram a ser fortalezas e os procedimentos muito mais rígidos, porém necessariamente mais eficazes.

Aqui está como um artigo no *The Economist* descreveu este nível máximo de burocracia: "Os pedidos são submetidos *on-line*, acompanhados de uma taxa não restituível de US$131, paga eletronicamente. Em retorno, o candidato recebe um e-mail de confirmação, o qual inclui um código de barra... (muitas) perguntas absurdas são feitas, mas as respostas nunca são verificadas".[172]

Não é necessário explicar que a burocracia é um inimigo mortal, ao mesmo tempo, de eficiência e de cultura de custeio, com muitos custos adicionados que atingem o candidato e o contribuinte americano. A burocracia aumenta outras dificuldades práticas existentes como:

[172] *The Economist*, 16 de fevereiro de 2008.

- Falta de apreciação e apoio da alta gerência.
- Práticas confusas no manuseio de gastos gerais.
- Falta de colaboração pelos departamentos operacionais, sendo que alguns deles prosperam em ineficiência.

Por trás de tudo isso está o fato de que os gastos com liderança e ações de controle subiram vertiginosamente, e a lucratividade foi colocada em cheque. Não importa se falamos de um governo ou de uma empresa, o custo de perdas e despesas desnecessárias vêm do mesmo bolso onde residem os lucros.

Para realçar a lucratividade de nossa empresa, nossa meta deve ser medir o custo e o preço anexado a cada produto e serviço, como também os clientes individuais e os relacionamentos totais dos clientes. Para fazer isso, precisamos de dois componentes: estatística e projeções. Ambos devem focar nos negócios gerados pelo:

- cliente,
- canal
- produto ou serviço

Isso requer um esquema eficaz de custeio baseado em custos-padrão (Seção 15.5). O alcance desta meta também presume um bom método para analisar a origem dos custos e sua variação. Em um estudo do custeio que fiz alguns anos atrás para uma instituição financeira, estabelecemos os parâmetros seguintes para um sistema capaz de rastrear a lucratividade do banco:

- Estabelecer e observar padrões de lucratividade.
- Conhecer nossos custos e ter uma política para controlá-los.
- Enfatizar 20% dos clientes com alto valor líquido, os quais produzem mais de 50% dos lucros.
- Automatizar o máximo possível o tratamento dos outros 80%.

Parte da estratégia geral tem sido fortalecer a gestão de relacionamentos através de conselhos sobre investimentos, o qual reintroduz os custos de mão de obra direta, mas também produzem um retorno mais alto sobreo investimento. Este foi calibrado através de um sistema de informação do desempenho que também fornece uma retrospectiva sobre "o que pode e o que não pode" ao longo das linhas organizacionais e de produtos.

O efeito cumulativo tem sido realçar o papel das *responsabilidades individuais*, enquanto usa a tecnologia para auxiliar a gerência no planejamento, medida e controle. As informações que fluem para dentro e fora do controle de custo no geral e do agregado de rastreamento da lucratividade é consistente e relevante com a estrutura seguida pelos *centros de responsabilidade.*

O efeito líquido tem sido elevar o valor dos dados operacionais disponíveis para operações e para fins decontrole. O relatório do centro de lucro foi colocado numa posição que permite a avaliação da lucratividade organizacional, com metas estabelecidas e alarmes disparados pela exceção. Com algumas pequenas exceções de operações especiais, a estrutura de relatório financeiro no geral usa o custeio padrão.

15.5 CUSTOS-PADRÃO

Os custos-padrão são métricas padronizadas de gastos voltados para a mão de obra, associados a uma ampla variedade de elementos de trabalho pertinentes às operações da empresa. Como tal, eles se refletem nos produtos e processos, especialmente em conexão com as atividades associadas à:

- produção
- distribuição

Basicamente, os custos-padrão são predeterminados e associados aos horários-padrão e tabulados. Esses horários-padrão estão em conformidade com as especificações do produto, mas devem ser recalculados quando o processo de produção muda devido a automação, alterações no *design* do produto ou qualquer outro evento que afete as cifras de mão de obra direta. Isso é feito por meio da análise das causas de falhas no controle dos custos. Do ponto de vista gerencial, o objetivo é:

- ter um padrão contra o qual comparar os custos reais, e
- alertar sobre os desvios ao observar este padrão, quando ainda há tempo para corrigir a curva de custos.

No mesmo serviço, os horários-padrão podem variar como uma função do grau de automação do serviço – mas também para o mesmo nível de tecnologia por causa das diferenças em treinamento que cada operador recebeu para eficientemente usar a tecnologia à sua disposição. Outro motivo da variação é a qualidade da supervisão administrativa.

Os custos-padrão são o *custo por unidade,* e suas estimativas devem ser realistas em vez de otimistas. O grau de precisão e o número de atividades cobertas pelo estudo do custo-padrão dependem exatamente do que é desejado e da tecnologia que foi escolhida. As melhores técnicas de medida são as seguintes:

- *Amostra do trabalho*, uma forma de amostragem aleatória das atividades de trabalho praticadas em escritórios e fábricas por várias décadas.
- Tabelas que proporcionam os *horários elementares preestabelecidos* – como o método de mensuração do tempo (MTM).
- O *estudo dos movimentos e tempos*, cronometrados, análise *Therblig* para maior precisão.

Uma instituição financeira para a qual dei consultoria estabeleceu as seguintes classes de elementos de amostras do trabalho para as operações de caixa bancário: recebe o talão de cheques, devolve o talão de cheques; caixa recebido, crédito de uma conta; caixa pago, débito de uma conta; outros pagamentos; moeda estrangeira, venda; moeda estrangeira, compra; desconta o cheque, filial própria; desconta o cheque, outros bancos; contagem do caixa disponível; tíquetes de cheques administrativos. Também haviam reservas financeiras para as operações mal identificadas e para os atrasos.

Essas são operações típicas de um banco de varejo e, em um ambiente em tempo real, a maior parte dos elementos de trabalho na lista mencionada anteriormente é rastreada pelo computador. Os sistemas especialistas são cuidadosamente analisados, para o relatório administrativo das cifras de custo planejadas *versus* as reais para cada elemento de trabalho por posição de caixa bancário – somando os produtos, processos e funcionários do banco. Outros sistemas especialistas avaliam cada produto contra seu custo-padrão, ressaltando os desvios. Eles também diferenciam a renda correspondente das cobranças relacionadas às operações do caixa bancário, entre:

- preço real
- preço virtual

O preço real é sempre baseado no mercado; o jargão "preço virtual" identificava o custo do produto para o banco. Esse tem sido usado para fins de comparação entre o preço real e o virtual – assim como para o rastreamento de preços virtuais entre as filiais. À medida que adquiríamos experiência, 50 produtos bancários foram selecionados para a segunda fase do estudo dos custos-padrão, como objetivo de claramente classificar exatamente onde é empregado o tempo dos funcionários. Esses se encaixam em três linhas principais de produtos:

- *Tesouro*, principalmente as operações caracterizadas pelo envolvimento direto do tesouro: Contas, portfólio (comercial, financeiro) e outros.

- *Assinaturas.* Esta é especialmente importante para as obrigações inseridas pelo banco na forma de garantias; elas envolvem riscos, mas nenhuma transação direta do tesouro.
- *Serviços.* Esta classe incluía o que o banco caracterizava como "comprometimento de risco". Por exemplo, o pagamento de um cheque, o manuseio de uma operação de mudança de moeda, atividades documentárias de comércio estrangeiro.

O pensamento da alta gerência em conexão com a implementação do custo-padrão é bem refletida através da declaração do CEO, "A contabilidade de custos deveria atingir onde ela é essencial – e essencial significa onde os custos são altos. Ou estão descontrolados". Mas embora o *mais importante* seja o obejtivo, o sistema foi construído de baixo para cima. A gerência começou o projeto com a pergunta.

- O que constitui uma operação bancária elementar?

Os analistas responderam: "o manuseio de um cheque", e eles então escolheram uma unidade de medida para o outro manuseio de um único cheque. Assim, um grupo de operações um tanto mais complexas foi custeado como um múltiplo de manuseios de um único cheque.

Deixe-me repetir esta referência. Para ganhar experiência no custo-padrão na primeira vez, antes que um estudo de custo mais elaborado fosse empreendido, várias outras operações bancárias foram estabelecidas como múltiplos desta *unidade* elementar. O manuseio de papéis comerciais, por exemplo, foi considerado como igual a 10 unidades.

Após ganhar experiência durante um período de menos de três anos, um pequeno grupo de analistas e cientistas da área de informática, trabalhando em conjunto, desenvolveu um sistema de custo-padrão para 80% de todos os empregos:

- na matriz
- nos escritórios regionais
- na rede de filiais menores

Outro estudo na mesma instituição de crédito comparou os resultados das amostras de trabalho e a autoclassificação no departamento de gestão de fortunas. Como mostrado na Tabela 15.1, esses resultados eram não convergentes. As diferenças são devido ao fato de que os gerentes se veem como planejadores, sendo que sua função supervisora é bem menor. Entretanto, na realidade, o caso é o oposto.

TABELA 15.1
Estudo Comparativo dos Resultados da Amostra de Trabalho e Autoclassificação

	Observações das Amostras de Trabalho	**Questionário de Autoclassificação**
Reuniões	34%	28%
Coordenação e Supervisão	24%	7%
Preparo de Relatórios	8%	18%
Telefone	7%	5%
Reunião de Informações	6%	21%
Viagens	4%	4%
Outros	17%	17%

Quatro fatores principais determinam a natureza e os detalhes das técnicas a serem usadas em um estudo do custo-padrão. O primeiro é a extensão do trabalho, medido por meio do número de homens-hora por dia ou por ano usado em dado tipo de serviço. O segundo é a *vida antecipada* do serviço, o que ajuda a determinar o detalhe que deveríamos buscar e, consequentemente, os investimentos a serem feitos. O terceiro é a *participação da mão de obra* em uma operação específica, tal como:

- a proporção de tempo de manuseio em relação ao tempo de máquina, e
- qualificações especiais requeridas do funcionário.

Outro critério são os investimentos projetados a serem feitos em máquinas, ferramentas e equipamentos e aplicados a esse trabalho. *Se* estiverem contemplando novos investimentos, *então* a precisão não é tão importante, isto porque depois que os novos equipamentos são adquiridos e instalados, o estudo dos custos-padrão deve ser renovado.

Como documenta esta e muitas outras experiências, um estudo dos custos-padrão adequadamente implementado reflete muito precisamente o verdadeiro custo em prover serviços para os clientes do banco, e permite precificar os produtos de acordo com seu retorno justo sobre o capital. Ele também proporciona um denominador comum; uma *medida* pela qual a lucratividade, ou a falta desta, pode ser mensurada.

Os custos-padrão podem também ser usados na responsabilidade administrativa para indicar as *tendências de custos* rapidamente, fazendo que os custos reais sejam mais úteis quando mostram quando e onde estão desalinhados. Como tal, eles proporcionam a base para melhor controle dos gastos, focando a atenção nos ciclos de produção e de distribuição.

Uma vantagem adicional dos custos-padrão é que eles garantem que o controle esteja em terreno documentado e analítico. O exemplo na Tabela 15.2 vem da mesma instituição financeira mencionada no início deste capítulo e diz respeito ao redimensionamento do departamento de empréstimos em um dos escritórios da filial regional do banco.

TABELA 15.2
Controle de Pessoal por meio de Custos-Padrão

Classe de Salário	Real	Padrão	Variação
A	1	1	-
B	7	4	+3
C	7	6	+1
D	2	4	-2
Total	**17**	**15**	**+2**

Como pode ser visto na coluna de *variação*, o departamento tinha dois funcionários a mais do que ele precisava. Mais importante, os funcionários com salários bastante altos (Classe B) estavam acostumados a fazer o trabalho de funcionários com salários bem mais baixos (Classe D) cujo número era insuficiente.

Esta e outras aplicações nodomínio do controle administrativo foram integradas ao *sistema de contabilidade responsável* do banco. Os custos-padrão identificam as responsabilidades de cada gerente individualde recursos humanos para fins de *controle.* O relatório do centro de lucros também está usando dados dos custos-padrão, convertendo-os em uma abordagem da "margem de contribuição" por meio de medidas básicas.

Em nível de alta gerência, a diretoria e o CEO recebem relatórios da linha de produtos que incluem os custos-padrão e a permissão para comparar o valor relativo dos produtos e serviços. Os capítulos de despesas alocados para os centros de lucro e os produtos específicos foram também sustentados por meio dos custos-padrão. Em contrapartida, os custos de gastos gerais não foram alocados, mas isolados no nível da organização em que eles incorreram – e trazidos para a atenção da alta gerência naquele nível, com o objetivo de sobregarregar os gastos gerais (Capítulo 16).

16

Planejamento Financeiro e Controle

16.1 PLANEJAMENTO FINANCEIRO DE ALCANCE MAIS LONGO

O Capítulo 14 tratou da perspectiva mais ampla da administração financeira, concentrada em um plano financeiro de um ano: o orçamento, como também o fluxo de caixa. O Capítulo 15 focou os centros de lucro, o controle de custos e os custos-padrão. O objetivo deste capítulo é apresentar ao leitor a perspectiva de prazos mais longos do planejamento financeiro ao qual integrar a escolha de dívida *versus* patrimônio, as premissas do planejamento de lucros, a responsabilidade administrativa e o relatório financeiro.

O propósito de um plano financeiro de alcance mais longo é combinar os objetivos mais distantes de uma empresa com seu poder de resistência financeira e, com base neste, calibrar as políticas e decisões da alta gerência. Precisamente por este motivo, uma parte integral do planejamento financeiro de longo prazo é a *análise dos lucros*. O termo significa a revisão contínua dos custos e margens de lucro, de forma a garantir a realização dos objetivos ligados ao:

- fluxo de caixa contínuo, e
- a uma lucratividade sustentável.

Como o leitor atento se lembrará, o controle dos custos foi separado como um constituinte importante da administração financeira sólida. Para alcançar os objetivos de custos é necessário que a alta gerência tenha uma política sustentada pelo acúmulo, análise, interpretação e relatório constante dos planos detalhados *versus* os dados reais de custo por unidade, a identificação dos desvios e a ação corretiva apropriada.

O Capítulo 15 trouxe para a atenção do leitor que o *controle da força de trabalho* e *o controle dos gastos gerais* estão proximamente ligados ao controle de custos. Ambos requerem a análise regular, interpretação e relatório da utilização da mão de obra em todos os escalões, assim como uma política de melhorias na produtividade – a qual está conectada não apenas aos padrões, mas também (se não totalmente) à atualização constante de habilidades e *know-how*.

Um nível alto de *utilização dos equipamentos* através de decisões ideais de gastos de capital é outra meta do planejamento financeiro de termo mais longo alcance. Esta requer o relatório em tempo oportuno sobre a programação e o uso dos equipamentos da empresa, projeção das necessidades vindouras e uma política de substituição de equipamentos constantemente atualizada. As compras de equipamentos por impulso devem ser evitadas completamente.

A política de inventário é, sem sombra de dúvida, parte integral do planejamento financeiro de longo prazo. Seu outro ego é uma política de *controle do inventário*. Sua implementação requer o desenvolvimento de metas de inventário, relatório em tempo oportuno de seu *status*, manutenção dos bancos de dados *on-line* com registros precisos e modelos matemáticos que permitam a gestão do inventário *just-in-time*.

A boa governança é baseada na garantia de que todos esses elementos básicos estão incorporados no planejamento financeiro e sistema de controle. Eles devem ser adaptados aos requisitos operacionais específicos da empresa e refinados de maneira a permitir o estabelecimento e a reavaliaçãodas políticas administrativas a respeito da gestão dos ativos e passivos (ALM) de alcance mais longo.

A melhor abordagem é combinar a ALM com a gestão de riscos usando artefatos de conhecimento, os quais proporcionam a ligação, assim como as entradas para um procedimento de relatório de exceção. Por exemplo, no *swap* da gestão de ativos e passivos de um banco, as receitas e despesas são relatadas em receitas com juros ou despesas com juros, aplicável aos ativos e passivos relacionados. Os pagamentos relacionados aos rendimentos ou recibos associados com os contratos de *swap* são acumulados durante esses termos dos contratos. Mas os riscos associados a essas transações não são aparentes – e esta é uma prática administrativa ruim.

Assim, se eles não forem proximamente combinados com os *swaps* compensadores, tais contratos são marcados para o valor de mercado, com as mudanças no valor de mercado registradas nos lucros e comissões das contas de negociação. A marcação para o mercado, no entanto, não é uma arte exata e a lei é muitas vezes manipulada pelos políticos.

(Por exemplo, durante a profunda crise econômica de 2008, o governo insistiu que a Financial Accounting Standards Board [FASB] cancelasse os relatórios de marcação para o mercado. A ironia disso é que o governo dos Estados Unidos considerava a marcação para o mercado intocável, contanto que ela contribuísse para lucros e bônus gordos para os banqueiros.)

Um paralelo da ALM/sistema de gestão de riscos a ser desenvolvido para a contabilidade administrativa apenas, considerará os acúmulos e os procedimentos de marcação para o mercado – sempre pegando o valor mais baixo dos dois valores e combinando as perdas com os lucros (se houver algum). O conceito básico não é muito diferente do que é legalmente requerido, ou seja:

- as tarifas sobre os *swaps* das taxas de juros são deferidas, e
- são amortizadas durante a vida dos contratos.[173]

A governança sólida também traz em perspectiva a necessidade de que o índice de ativos sobre passivos deve ser maior do que 1. A importância de A/P nunca é demasiadamente enfatizada. Embora as métricas exatas a serem observadas variem por setor da indústria, existem também fatores de aplicabilidade muito mais gerais para os quais todas as empresas precisam estar sempre prestando atenção. Em ordem alfabética:

- *Ativos.* Total de ativos, suportado por detalhes, devem estar disponíveis para a gerência, não apenas no final do ano calendário ou do ano fiscal, mas também mensalmente e imediatamente mediante solicitação.[174]
- *Capital.* As informações sobre o capital da empresa mais as reservas extraordinárias devem ser disponibilizadas interativamente para todas as pessoas autorizadas.
- *Dívida.* Todos os tipos de exposição de dívidas assumidas pela empresa (empréstimos, obrigações e assim por diante) devem estar disponíveis não apenas no final do ano-calendário ou do ano fiscal, mas também mensalmente mediante solicitação.[175]
- *Fluxo de caixa.* Este deve ser apresentado descontado para o valor presente líquido usando a taxa vigente para o custo de capital mais os fatores de risco pertinentes (veja também o Capítulo 14).
- *Liquidez.* A cifra de liquidez importante para a contabilidade administrativa é o dinheiro no banco mais os itens líquidos no portfólio: obrigações, patrimônio, contratos derivativos líquidos e outros investimentos que podem ser rapidamente transformados em caixa (depois de uma aparada).

---

173 A natureza exata desta e outras operações similares é definida pelos padrões contábeis e mudanças com o passar do tempo.

174 Um bom substituto dos ativos para avaliações instantâneas do poder de resistência da empresa é sua capitalização de mercado.

175 O valor nominal total de todos os empréstimos em circulação, o líquido de reservas para as perdas de empréstimos; o mesmo para as obrigações.

- *Relação entre o valor de mercado e o valor contábil.* Índice do valor de mercado das ações ordinárias em relação ao valor contábil das ações ordinárias.
- *Renda líquida em relação à renda com juros líquida.* Índice da renda líquida (para o ano-calendário ou fiscal, ajustado para as diferenças em relatório) em relação à receita com juros líquida. (Esta métrica é útil na indústria bancária).
- *Riscos extrapatrimoniais.* Exposição em derivativos, na quantia ideal do principal convertida em equivalentes de empréstimos.[176]
- *Retorno sobre os ativos* (ROA). Renda líquida dividida pela média de ativos.
- *Retorno sobre o patrimônio* (ROE). Renda líquida dividida pela média de patrimônio.
- *Retorno sobre a receita* (ROR). Ele é calculado como a renda líquida dividida pela receita.

Classicamente, as empresas observam com muito cuidado de ano em ano as mudanças no ROA e no ROE. Os melhores resultados são obtidos quando o ano é caracterizado por um forte crescimento na renda líquida, no controle dos custos e na gestão dos riscos continuamente melhorada. O retorno sobre a receita não é uma métrica muito popular, mas ela apresenta cifras ricas e reveladoras. O ROR mede a lucratividade de uma empresa e também proporciona informações interessantes sobre o sucesso ou fracasso da gerência incumbente.[177]

16.2 DÍVIDA *VERSUS* PATRIMÔNIO

"As dívidas são ativos", disse Henry Kaiser, o famoso industrialista norte-americano dos anos 1930 e dos anos da Segunda Guerra Mundial. "É por meio das dívidas que você consegue o dinheiro para cobrir as folhas de pagamento e comprar fábricas e equipamentos. Aí então você acaba o trabalho e paga suas dívidas e todos ficam felizes".[178] Observe que Kaiser enfatiza "*paga suas dívidas*". Isso não é o que acontece hoje em dia quando a dívida passou a ser uma montanha mais alta do que o Everest – em nível familiar, corporativo e governamental.

Kaiser via os negócios como um jogo, com toda a emoção de ganhar e perder. Desde seus primeiros anos como construtor da Represa Hoover, ele sabia que haveria alguns negócios em que ele faria dinheiro e outros em que perde-

[176] D.N.Chorafas, *An Introduction to Derivative Financial Instruments*, McGraw-Hill, Nova York, 2008.
[177] www.totaltele.com, outubro de 2007.
[178] Albert P. Heiner, *Henry J. Kaiser: Western Colossus*, Halo Books, San Francisco, 1991.

ria tudo. Mas ele era um empreendedor que sabia como administrar os riscos. O desafio era sempre surgir com negócios que pagassem suficientemente bem para ajudá-lo durante as épocas ruins. Assim sendo, ele nunca deixou a dívida sair de controle, mas permaneceu no comando.

Exatamente os mesmos princípios se aplicam aos investimentos. "Numa baixa, a pessoa deveria esperar que o mercado desse uma reviravolta", disse Amadeo Giannini, o grande banqueiro. Giannini fervorosamente aconselhava seus clientes, amigos e funcionários a nunca emprestarem dinheiro para "brincar" na bolsa de valores. Se eles não tivessem dívidas, poderiam se sentar e esperar. E poderiam até mesmo adquirir patrimônio a preços de barganha. O mercado dará uma reviravolta.

Estar em controle da dívida fez toda a diferença para Kaiser, Giannini e outros grandes líderes daindústria. Isso provavelmente passou despercebido pelos teoristas (Miller, Modigliani, etc.) quando eles pregavam que as empresas devem preferir dívida em lugar de patrimônio. Os critérios que sustentam esta teoria de "ame a sua dívida" são, na melhor das hipóteses, assimétricos. Seus desenvolvedores, que são economistas *não* homens de negócios, sugerem que a escolha entre dívida e patrimônio deve depender de três fatores:

1. As taxas nas quais a dívida e o patrimônio são tributados.
2. Os custos potenciais de falência.
3. Os conflitos de confiança entre os gerentes, acionistas e credores.

Assim, as leis tributárias perversamente promovem a dívida sobre o patrimônio, mas não apenas os custos de falência podem ser muito altos – até mesmo caírem no esquecimento – o fato é que a meta de uma empresa é desempenhar, não falir. Veja a Bear Stearns, Lehman Brothers assim como o Citigroup, Bank of America, Fanny Mae, Freddie Mac e AIG; as últimas três foram "salvas" no último minuto por meio da injeção maciça de dinheiro dos contribuintes.[179]

Com respeito aos conflitos de confiança entre os gerentes, acionistas e credores, eles se tornam mais reais quando o mercado azeda. Aí, cada parte interessada quer pegar seu dinheiro de volta e sair correndo.

- A dívida passa a ser um veneno.
- Apenas o patrimônio proporciona um senso de estabilidade.

A dívida exacerba os chamados *custos de agência*, isto é, o conflito de confiança entre os gerentes, credores e acionistas. Esses podem ter um efeito sig-

[179] Ainda assim, apesar da injeção maciça de dinheiro público, a Fanny Mae e o Freddie Mac foram retirados da lista do New York Stock Exchange em16 de junho de 2010.

nificativo no curso que os eventos tomarão. Os gerentes muitas vezes sabem muito mais sobre as perspectivas de suas empresas do que os credores e investidores que aplicam o dinheiro nela. Por este motivo, ambos estão constantemente procurando informações mais precisas, mas a contabilidade criativa vira de ponta cabeça o balanço e a declaração de renda.

Fatores, como a quantia de dívida, impostos, preços das ações, assim como a falta de estatísticas confiáveis e informações financeiras, têm um papel importante em quão rapidamente uma empresa com fome de caixa se vê contra a parede. Os fracassos induzidos pelo excesso de dívida, nos anos em que a teoria de Modigliani-Miller foi anunciada como a nova maravilha, fizeram com que durante os últimos anos os analistas financeiros e os economistas passassem a cada vez mais tentar encontrar uma maneira mais racional sobre as escolhas entre dívida e patrimônio.

Essa mudança de ideia para com a dívida tem sido reforçada pelo risco enorme de soluções baseadas em alavancagem, consequentemente dívida, e a quantia acelerada de fracassos como resultado da profunda crise econômica e bancária de 2007-2010.

Classicamente, as empresas contraem dívidas para se beneficiarem do fato de que os pagamentos de juros são dedutíveis de impostos (em alguns países). Elas também emitem dívida na forma de obrigações para lucrar com as discrepâncias nas taxas de juros e condições entre um empréstimo bancário e um instrumento de dívida – pois o mercado de capital tem seus próprios padrões de crédito. Mas existe uma enorme diferença entre:

- buscar financiamento e
- tornar-se um viciado em dívida.

Pelo menos teoricamente, uma empresa cujo valor verdadeiro é subestimado pelo mercado de ações, se dará bem melhor ao emprestar fundos do que ao emitir mais patrimônio a um preço subvalorizado. E também, muitas pessoas presumem que ao substituir o patrimônio com dívida a empresa consegue estimular os retornos dos acionistas nas ações remanescentes (o que é uma suposição falsa).

Esses, no entanto, não são princípios incontestáveis. Ironicamente, eles foram praticamente dilacerados pelos doutores Franco Modigliani e Merton Miller quando mostraram que, na ausência de outros fatores, como impostos e bancarrota, o valor dos ativos de uma empresa não seria afetado, independentemente de serem financiados pela dívida ou pelo patrimônio. (Esta também é uma declaração falsa.)

Assim, não é à toa que a supremacia de dívida é agora desafiada em mais de um quarto. Um valor do patrimônio em retrocesso faz com que seja mais barato para os acionistas terem uma parte significativa das ações de suas empresas. Ele também permite que os acionistas deem parte do patrimônio para a gerência de forma barata, e permite que um grupo de acionistas monitore a gerência da empresa.

Mas acima de tudo, é a instabilidade gerada pela alavancagem que deveria desencorajar o uso de dívida como uma maneira de se fazer negócios (muito menos como uma esperança de continuar nos negócios). Já em 2001, bem antes do ano negro de 2007, um artigo na *Business Week* tinha isso para dizer sobre dívida: "Se a Verizon, com seus US$60 bilhões em dívidas, tiver problemas para financiar as redes sem fio de terceira geração, o Gent (na época o chefão da Vodaphone), com todo seu dinheiro, entraria em cena – e ganharia o controle das operações da América do Norte para si".[180]

Para assegurar que a empresa não estava afundando por causa da alavancagem em excesso e dos descuidos, os orçamentos e as dívidas devem ser estabelecidos por funções independentes – sendo que o chefe da última se reporta diretamente para o chefe da gestão de riscos, e daí para o Comitê de Gestão de Risco da diretoria. Não é suficiente a diretoria prover metas financeiras para a empresa. Eles devem também ter controle da suposição de dívida.

Por último, mas não menos importante, pelo fato de as organizações serem compostas de pessoas, os gerentes e profissionais da empresa devem ser treinados para entender os riscos da dívida. Nenhum sistema ou função, independentemente de quão bem organizado seja, consegue produzir além das capacidades de seus membros individuais. A alta gerência é, portanto, bem aconselhada a examinar todos os requisitos para pessoal qualificado e desenvolver programas de longo prazo que manterão a empresa fora das dívidas como uma maneira de se fazer negócios.

16.3 CUSTOS DE GASTOS GERAIS

Os custos gerais podem ser definidos como mão de obra indireta. Normalmente, eles são um negócio pessimamente administrado, e também muito difícil de controlar. Em praticamente todas as empresas os custos dos gastos gerais tendem a escapar da supervisão e, portanto, eles devem ser cuidadosamente observados. Minha experiência é que os custos gerais ficam aparecendo como cabeças em um monstro e para controlá-los é preciso:

[180] *Business Week*, 21 de maio de 2001.

- torná-los altamente visíveis, e
- garantir que não se espalharão, ou estão escondidos, pelos diferentes centros de lucro diferentes.

Tornar os custos de gastos gerais visíveis significa mostrá-los exatamente onde eles ocorrem, em seguida, saturá-los. Em um dos bancos onde dei consultoria para o presidente, os gastos gerais da gerência geral eram primeiro comprimidos e depois compensados através da chamada conta administrativa geral. Esta se beneficiava da diferença entre as taxas dejuros "ativas" e "passivas" nos escritórios das filiais.[181]

Na Litton Industries, os gastos gerais foram controlados ao limitar o espaço disponível para abrigar burocratas. Tex Thornton usava como matriz uma antiga mansão em Beverly Hills, e havia um número finito de salas, consequentemente um número limitado de burocratas que poderiam ser contratados para dirigir o império da empresa, uma vez que cada um deles tinha de ter um escritório.[182]

Na Litton, assim como em todos os outros lugares, o controle dos gastos gerais tem sido muito importante porque eles estão consumindo as cifras de lucro e normalmente são responsáveis por uma porção significativa dos custos dos produtos. *Se* sua alocação não é feita metodicamente, *então* eles poderão desalinhar os preços dos produtos e de tonar os lucros. O caminho a seguir é: "Quanto mais alto é o carpete na matriz, mais escassos são os dividendos".

Não é mais segredo para o leitor que despesas altas deixam a empresa atrás de seus concorrentes globais. Muito da "gordura" da empresa foi criada pela grande máquina de empregos burocráticos nos anos 1980, 1990 e nos primeiros seis meses deste século. Mas a profunda crise econômica de 2007-2010 trouxe consciência sobre os gastos gerais, juntamente com uma política para aparar a gerência média.

Em empresas que, por um motivo ou outro não conseguem se reestruturar, o alastramento da gerência média é um pesadelo, e o mesmo é o caso para outros empregos supérfluos. Dizem que a Electricité de France (EDF), uma empresa de energia elétrica do governo, tem 30% a mais de funcionários em comparação a seus concorrentes em outros países. Quando isso acontece, a reestruturação e a reengenharia tornam-se inevitáveis.

---

[181] Normalmente, em uma instituição de crédito, algumas filiais têm um excesso líquido de depósitos sobre os empréstimos e estão pagando juros "passivos" sobre os depósitos. Outras fazem mais empréstimos do que os depósitos que eles recebem, ganhando juros "ativos". A conta administrativa geral intermedia entre ambos.

[182] Lembrança de uma visita na matriz da Litton em Beverly Hills, em conexão com um projeto de pesquisa com a Associação Americana de Administração.

Os bancos e as empresas aéreas têm o mesmo problema que a EDF. Uma das maiores e mais urgentes questões nas empresas aéreas são os contratos trabalhistas em aberto com os sindicatos. Os salários e os custos relacionados são a maior despesa variável singular das empresas aéreas. Os gastos gerais das empresas aéreas são responsáveis por 33% dos custos operacionais.

O excesso de funcionários passa a ser opaco quando os custos administrativos estão escondidos por trás dos centros de lucro. Eu pessoalmente sou contra propagar os gastos gerais, porque não existe uma maneira justa de fazê-lo. Mas se quiser propagá-los, então deve-se entender como alocar os custos dos gastos gerais. Para começar, as atividades que motivam os gastos gerais devem ser examinadas, uma por:

- Gerência geral
- Imóveis
- Utilidades
- Manuseio de custos
- Custos contábeis (faturamento, faturas)
- Assistência administrativa

A diretoria deveria saber que muito dinheiro empregado em gastos gerais deixa a empresa com uma base financeira mais magra da qual financiar novos negócios além de restringir sua habilidade de ser um produtor e distribuidor de produtos e serviços de baixo custo. Assim sendo, a empresa deve ser econômica no que diz respeito ao quadro de funcionários administrativos e nos escritórios gerais, que não trabalham na linha de produção, mas se escondem por trás de empregos mais visíveis.

Uma análise completa da contabilidade de custos revela onde a empresa está realmente acumulando gastos gerais. Os detalhes são muito importantes porque o melhor entendimento dos custos de gastos gerais abre as portas para outras reduções de custo. "As empresas europeias têm duas vezes mais funcionários do que suas contrapartes japonesas", disse um funcionário de uma empresa japonesa de eletrônicos alguns anos atrás, "e elas não têm tido sucesso em entender o ponto de vista do consumidor".[183] (E nada mudou desde então.)

Os princípios e custos-padrão dos centros de lucro (discutidos no Capítulo 15) ajudam a identificar onde as despesas desnecessárias crescem. Sua ausência está por trás do argumento mencionado anteriormente, de que as alocações dos gastos gerais são arbitrárias. O leitor deve muito bem estar ciente de que o

---

[183] *Time*, 12 de novembro de 1990,

custeio direto essencialmente rastreia os custos de materiais e de mão de obra, enquanto os custos de gastos gerais são custos do período.

- Um *custo do período* é um custo incorrido em cada período que não é afetado pelo volume de produção.
- Assim sendo, não existe uma maneira fácil de alocá-los em uma base representativa, como o número de produtos produzidos.

Este fato é desprezado pelas empresas que aplicam o chamado custeio de absorção plena, o que significa a alocação de todos os gastos gerais para os produtos. Muitas vezes, uma cifra, como o número de mão de obra direta usada em um produto ou processo, é escolhida como a base para tal alocação. Isso significa que se um produto requer mais horas para ser feito, ele terá uma proporção maior dos gastos gerais, pois esses gastos são propagados com facilidade.

Aqueles a seu favor dizem que o custeio baseado na atividade tem sido uma tentativa de solucionar este problema, pois ele busca ligações entre as atividades e não nos produtos prontos. Mas isso também é arbitrário. Acaba sendo uma desigual propagação, mesmo se ele pender mais para as atividades básicas.

Daí meu conselho de que a melhor estratégia é sobrecarregar os custos de gastos gerais, não propagá-los. Isso eliminará os carpetes altos e outras coisinhas inúteis, mas é preciso ter coragem para fazê-lo. Quando os custos de gastos gerais são discriminados por conta própria, e não escondidos atrás de atividades produtivas, é mais fácil testá-los, apará-los e controlá-los. Além disso, o planejamento dos lucros passa a ser muito mais eficaz.

16.4 ALGO PODE DAR ERRADO COM O PLANEJAMENTO DOS LUCROS

O planejamento dos lucros é uma proposta de prazo mais longo. Os lucros feitos da noite para o dia são perdidos da noite para o dia, pois são baseados em especulações. Além disso, é errado acreditar que ano após ano os lucros aumentarão porque é o que a gerência deseja. Cada empresa dinâmica encontra revertérios, mas esses são superados quando existe um plano sólido para os lucros.

Até mesmo os especuladores sabem disso. Por exemplo, alguns gerentes de fundos *hedge* têm a decência de saírem do jogo antes de arruinarem cada centavo dos ativos que lhes foram confiados pelos investidores. Quando se viu arruinado por inademplências em ações da antiga economia e em palpites errados sobre o câmbio estrangeiro, Julian Robertson Jr. fechou sua empresa de fundos, a Tiger Management, incluindo seu carro-chefe, o fundo Jaguar, e outras cinco entidades sob as asas da Tiger.

Em seu auge, em 1989, Robertson administrava US$23 bilhões e tinha seis grupos de investimentos diferentes. Mas a combinação de perdas com os investimentos e grandes saques deixou a Tiger Management na sombra de seu antigo "ego". Quando em 2002 chegou a hora de sair de campo, Robertson disse para seus parceiros, em uma carta, que ele já havia liquidado o portfólio da Tiger e estava pronto para devolver imediatamente até 75% de parte dos U$6 bilhões em investimentos para as partes interessadas. Este caso é muito relevante porque:

- Robertson era reverenciado pelo seu registro de longa data como um investidor altamente lucrativo, e
- para seu próprio crédito, ele praticou muitos *golpes* que beneficiaram seus clientes.

No início dos anos 1990, em parceria com George Soros, ele havia quebrado a libra britânica, mas, por volta de 2002, ele parecia ter sucumbido à rápida mudança nos mercados financeiros mundiais. Pouco depois de seu nível máximo de fortuna administrada e em "*deliverables*", os fundos *hedge* de Robertson se viram no lado contrário de uma série de grandes apostas de investimentos. A primeira foi uma perda de US$600 milhões no outono de 1998, quando a Rússia não pagou sua dívida. Esta foi seguida por uma perda de US$1 bilhão sobre o iene japonês no final de 1998. Observe que:

- a aposta de que o iene deveria cair era razoável,
- mas a razão tem pouco a ver com os mercados financeiros no geral, e com o câmbio estrangeiro em particular.

Em 2000, em uma carta para os acionistas, Robertson escreveu, "Estamos em um mercado onde a razão não prevalece". Ao se afastar de apostas globais, como outros gerentes de fundos *hedge* também fizeram, Robertson focou novamente nas ações abatidas na economia antiga, como as ações da U.S.Airways, Bowater e Sealed Air. Essas apostas também provaram ser decepcionantes, pois as ações continuaram ficando bem atrás do setor tecnológico.

Pelo fato de o fundo *hedge* Tiger ter perdido tanto dinheiro num período de dois anos, os ativos remanescentes não conseguiam mais gerar honorários suficientes para cobrir as despesas operacionais. Os fundos de Robertson caíram 13% nos primeiros três meses do ano 2000 depois de um declínio de 19% em 1999. Como sugeriu em uma reunião um gerente de fundo *hedge*, que não quis ser identificado: "É difícil se levantar quando se caiu tanto assim".

Isto é verdade, e uma prova de que em algum ponto ao longo da linha o planejamento de lucros pode se tornar inconsequente. Quando isso acontece, a melhor alternativa é parar a sangria dos ativos. O fechamento da Tiger Management sinalizou o fim de uma era para Julian Robertson, seus 13 fundos *hedges*, conhecidos como Tiger Cubs (Filhotes de Tigres), e seu legado, o qual subia e descia no Wall Street.

A lição a ser aprendida com a Tiger Management é que virá um dia quando a atenção dada às tendências de mercado se curvará, parcialmente em virtude da fadiga e parcialmente porque algumas pessoas acham que elas são infalíveis. Esta será a hora quando as fortunas mudarão e devemos esperar o pior.

O resultado é que não há uma alternativa para uma abordagem sistemática do planejamento dos lucros. Essa é por si só uma cultura cuja observação requer a metodologia correta. A Seção 16.5 explica a natureza de um sistema de planejamento de lucros sistemático que ajudei a desenvolver em uma empresa industrial bem administrada.

16.5 METODOLOGIA DE UM PLANEJAMENTO DE LUCRO

A metodologia de um planejamento de lucro sistemático é baseada em um plano com alcance mais longo, o qual é um programa de ação com várias implicações financeiras. Pelo fato de os lucros não serem eventos aleatórios, mas sim o resultado de atividades adequadamente planejadas e administradas de uma empresa, os pré-requisitos para tais programas são as respostas a serem dadas para as quatro questões básicas, as quais também estão presentes na elaboração de outros planos com alcance mais longo:

1. O que a empresa quer ser?
2. Quais comprometimentos serão requeridos?
3. Como a gerência enfrentará esses comprometimentos?
4. Qual é o retorno que esperamos desses comprometimentos?

O mais vital para um programa de ação para os lucros são as metas estabelecidas pela diretoria, pelo CEOe pelo comitê executivo para quatro períodos de tempo diferentes: 1, 3, 5 e 10 anos. Ainda assim, outro requisito básico é a definição clara dos ingredientes básicos usados na descrição de um plano de lucros. "Lucros" têm significados diferentes para pessoas diferentes. Em contrapartida, os fatores seguintes são precisos:

- *Lucro comum*, também conhecido como lucro operacional, é igual à renda operacional menos as despesas operacionais.
- *Lucro atual,* também conhecido como renda líquida, é igual ao lucro operacional mais os lucros extraordinários. As perdas extraordinárias e os impostos devem ser subtraídos do último.
- *Lucro das operações* é igual a renda líquida mais a renda com honorários e comissões, depois de subtrair as despesas com honorários e comissões; mais outra renda operacional, depois de subtrair outras despesas operacionais; e mais a renda com juros, depois de subtrair as despesas com juros.

Quando falamos de planejamento de lucros de alcance mais longo, queremos dizer todos os três fatores de referência citados há pouco, suas tendências e a distribuição de seus valores. O valor médio e os três desvios-padrão devem ser constantemente computados. Observe que todos os três fatores de referência são influenciados pelo sucesso ou fracasso dos programas de ação em termos de realização dos objetivos da empresa.

Um dos pré-requisitos de um plano de lucro sistemático de alcance mais longo é que todas as questões básicas que o afetam são examinadas separadamente, em seguida, integradas a um quadro abrangente. O ponto de partida é o tipo de negócio que a empresa faz, ou tem a intenção de fazer, durante o período de planejamento dos lucros.

Uma declaração do propósito proporciona direcionamento para o plano de lucros em termos de orientação da indústria, dos mercados, dos produtos e das habilidades. Ele define o curso futuro mais amplo que foi previsto para a empresa. Um propósito bem elaborado proporciona um foco nítido para direcionar todos os outros elementos no plano, e monta o cenário para:

- o plano de lucros em si, e
- suas revisões críticas pela alta gerência.

Para ser útil no planejamento de lucros, a "declaração de propósito" deve proporcionar uma definição clara do que a diretoria e o CEO pensam dos negócios de sua empresa – com base nos produtos, mercados, produção e métodos de vendas. E pelo fato de esse plano ter um alcance mais longo, ele deve responder às seguintes perguntas:

- Em qual negócio a empresa estará em 5 e 10 anos?
- Como isso adicionará, ou será diferente, em relação aos seus negócios atuais em potencial? Na lucratividade?

- A empresa espera ter maior controle sobre os mercados? Sobre os preços? Como isso será alcançado?

As respostas podem ser significativas apenas ao considerar as oportunidades das contas e as armadilhas da indústria em que a *nossa* empresa está, como também as capacidades e as limitações da empresa em si (veja também o estudo de caso da Tiger Management na Seção 16.4). A indústria, a empresa e as aspirações da gerência devem todas ser analisadas na determinação de um propósito de alcance mais longo e de seu impacto nos lucros projetados.

Quando declarado em termos diferentes, a confecção de qualquer plano de lucros com alcance mais longo é indivisível da atividade futura de "planejamento do posicionamento" que a empresa faz, incluindo as metas mensuráveis estabelecidas em um determinado tempo no futuro – e, mais especificamente, as metas de lucros. Algumas das metas são alcançáveis além de 5 anos no futuro; essas geralmente serão declaradas em termos não financeiros, como a participação do mercado ou a classificação de vendas dos produtos na indústria. Mesmo assim, eles ainda refletem as metas de lucros.

- Qual porcentagem e qual classificação de mercado esta empresa planeja obter? Em qual produto ou categoria de produto?
- Qual volume de vendas tais estimativas representam? Em quais mercados? A quais preços e nível(is) de margens de lucro?
- Quais novas áreas de mercado *nossa* empresa planeja entrar? Quando? Como? Em quais categorias de produtos? Qual é o tempo projetado para tais manobras?
- Quais novas qualificações em P&D, manufatura, marketing e finanças devem ser obtidas? Quão rapidamente? A qual custo?
- Qual aumento na produtividade a *nossa* empresa almeja? Em quais áreas de operação? Como esta se compara à concorrência?
- Quais aumentos em investimento serão necessários? Quanto? Quando? Para quais áreas de produtos? Em qual ROI?

O *planejamento de lucros* com alcance mais longo deveria seguir as diretrizes do plano mestre da empresa, pois projetam o curso a ser seguido na movimentação em direção às metas mais distantes. Elas também inter-relacionam os vários esforços necessários para realizar os objetivos de longo prazo mais eficientemente, fornecendo um modelo para a alocação de recursos que afetam as estimativas do planejamento de lucros com alcance mais longo, a respeito das políticas que a empresa espera seguir em relação a:

- preço
- decisões para fazer ou comprar
- qualidade do produto
- nome(s) de marca
- eficiências na distribuição
- treinamento de pessoal
- eficácia organizacional

Não é necessário explicar que os itens nesta lista perderão muito de seu interesse e impacto se o *tempo oportuno* não for apropriadamente considerado. O período de tempo, durante o qual as mudanças planejadas devem ser encaixadas numa ordem lógica para formar o plano estratégico geral, é mais importante para todos os planos de lucro com alcance mais longo.

O mesmo é o caso da intenção administrativa a respeito dos investimentos que a empresa está comprometendo pelos próximos 3, 5 e 10 anos, juntamente com as estimativas financeiras de quão bem os custos serão realizados pelo fluxo de caixa projetado (Capítulo 14). Por último, mas não menos importante, entre os fatores que afetam um plano de lucro sistemático com alcance mais longo está o retorno sobre os investimentos (ROI).

Mesmo algumas das empresas mais bem administradas não estão realmente certas sobre o retorno que elas receberão de seus investimentos. Os investimentos em TI são um exemplo clássico. Todos os anos, as empresas gastam bilhões de dólares, libras e euros em TI, mas poucas diretorias conhecem:

- o valor do *hardware* e do *software* que suas empresas adquirem, ou
- qual contribuição os investimentos em TI representam para seu sucesso comercial.

Apesar da ausência da análise de custo em relação ao benefício e da avaliação da lucratividade associada, ou mesmo o entendimento simples da contribuição da TI, nos Estados Unidos e na Europa os gastos da empresa com *hardware* e *software* aumentam significativamente ano após ano. Não é necessário explicar que isso reduz muito as cifras de lucro atuais e futuras, já que o dinheiro destinado aos ROI baixos sai do tesouro da empresa. Quando tudo é calculado, esse fracasso pode ser debitado para a falta de um sistema de responsabilidade pessoal.

16.6 O MÉTODO DE PLANEJAMENTO, PROGRAMAÇÃO E ORÇAMENTO

O método de planejamento, programação e orçamento (PPO) é um exemplo de como os conceitos básicos da responsabilidade pessoal podem ser agrupados de forma abrangente. Em termos de metodologia, ele reúne políticas destinadas a controlar o uso errôneo de fundos e como avaliar a eficiência do trabalho por meio do planejamento efetivo. O objetivo é ajudar a gerência a tomar decisões melhores sobre a alocação de recursos entre as maneiras alternativas de alcançar as metas estabelecidas.

O nome do processo deriva do fato de que o planejamento com alcance mais longo passaa ser ligado ao processo de elaboração do orçamento. Os custos do programa são comparados, e os planos financeiros são elaborados para cinco anos à frente, em vez do ciclo normal de orçamento de um ano. Em seguida, para fins de programação, as atividades são agrupadas de acordo com os propósitos principais identificados pelos propósitos comuns (e, se possível, características comuns).

O CEO consegue especificar de maneira quantitativa o que ele quer dizerpor eficácia ou chama seus assistentes para usar o *método Delphi*,[184] pedindo a um grupo de especialistas que indiquem os méritos relativos das várias alternativas e identifique os parâmetros críticos para a escolha entre eles. Na avaliação da produção, consideramos as medidas competentes, mantendo as restrições em perspectiva.

- Nem todos os cursos de ação podem ser financiados.
- É inevitável que grande parte de um orçamento já esteja irrevogavelmente comprometida com as obrigações contratadas anteriormente.

A missão do PPO é elaborar uma maneira para as escolhas factuais e documentadas, ao comparar um número finito de alternativas, e propor a alocação preferida dos fundos que ainda estão livremente disponíveis. O método Delphi ajuda porque ele é baseado em opiniões pesquisadas de estimativas quantitativas ou qualitativas.

Por exemplo, o diretor financeiro poderá pedir a uma equipe de especialistas que listem as medidas que eles acreditam que deveriam ser incluídas em dado programa. Já que uma "medida" raramente é de natureza radical, os especialistas também indicam o grau para o qual esta deve ser executada. Através do Delphi,

[184] D. N. Chorafas, *Risk Pricing*, Harriman House, Londres, 2010.

o executivo financeiro consegue também obter, da equipe, estimativas de eficácia. Para possibilitar a comunicação entre os membros da equipe, as medidas-padrão são estabelecidas e as avaliações são feitas ao:

- verificar-se a contribuição de cada medida, e
- estimar as porcentagens pelas quais a medida em questão teria elevado as condições iniciais para com o nível requerido de eficácia em termos de custos.

Como demonstram essas referências, a essência do PPO é o desenvolvimento e a apresentação de informações relevantes, como o custo em relação ao benefício de um curso de ação. O discernimento derivado de seu uso é mais evidente numa atividade benéfica, mas o PPO também pode ser aplicado em avaliações de programas gradativos, fragmentados, de última hora. Em todos os casos, ele pega as entradas de ferramentas clássicas como contabilidade de custo e relatório do desempenho, assim como as estimativas de implicações de custo de cada curso de ação sendo seguido.

A parte do *planejamento* do sistema é baseada em *missões* e *objetivos*, em vez de categorias de apropriação padrão. Isso diminui a relevância dos limites departamentais e, portanto, dá à gerência uma visão melhor das operações. Isso é essencial, pois um programa principal é a função de todos os departamentos. A *programação* requer ponderação, avaliação e aplicação de todo conhecimento existente ao processo almejado pelo PPO.

O *orçamento do programa*, por exemplo, alinha os gastos financeiros em termos de cada meta maior, em contraste aos requisitos funcionais ou de entradas seguidos na maioria dos orçamentos corporativos e governamentais. Isso faz com que a relevância para a gerência seja múltipla, independentemente de estarmos falando de empresas industriais, instituições financeiras ou da administração pública. O estudo do PPO para encontrar os fatos foca no impacto futuro das decisões administrativas atuais e as trocas resultantes do custo em relação ao benefício entre as alternativas. Três estruturas podem ser distinguidas como segue:

1. Programa de agrupamento por toda a diretoria dos objetivos fundamentais e atividades organizacionais associadas, em categorias que contribuem para resultados finais específicos.
2. Um programa de vários anos baseado nas decisões tomadas para avaliar os requisitos financeiros ou, então, as propostas sobre as principais mudanças.

3. Procedimentos para atualização do programa. Para realizar essa missão, o PPO requer informações explícitas sobre as decisões tomadas a respeito da alocação de recursos e medidas tomadas para posicionar a empresa em relação às tendências de mercado em mudança.

À parte das decisões tomadas pela gerência sobre a alocação de recursos, uma das principais fontes de novas propostas é a análise do programa em si, a qual pode ser originada em qualquer nível na organização. Seus *aspectos contábeis* servem para registrar e apresentar os efeitos financeiros das transações comerciais, permitindo medir custos, benefícios e outros resultados financeiros, com comparações e índices apresentados na forma de gráfico, mas sustentadas por meio de evidências analíticas, se necessário. As perguntas básicas que o PPO faz e tenta responder são as seguintes:

- *Sobre os objetivos:* Quão bem as metas da organização são cumpridas? Ela está conseguindo atingir o alvo?
- *Sobre as alternativas:* Quais são os custos plenos projetados de cada alternativa? Custos normais presentes? Custos extremos?
- *Sobre a eficácia:* Qual das alternativas será mais eficaz, a certo custo, em alcançar o objetivo desejado? Como o custo se compara aos benefícios?

Como esses exemplos demonstram, o PPO ajuda a esclarecer uma missão específica, começando com os requisitos de entrada. Para realizar com sucesso a coleta de dados, as *metas* de recuperação e redução e as *missões* devem ser declaradas precisamente. *Se* forem declaradas amplamente, *então* elas têm pouco valor analítico. Além disso, é necessário prestar muita atenção:

- às metas consideradas dominantes porque elas influenciam as decisões de compra, e
- aos programas que compartilham as mesmas metas, as quais ultrapassam as linhas de autoridade e responsabilidade dos executivos.

A vantagem comparativa do PPO é que, apesar dos problemas práticos, o próprio processo de ponderar o que uma pessoa está fazendo, e para quem, adiciona uma nova dimensão para a gerência. Isso é ainda mais realçado pelo fato de ponderar as alternativas. Ao colocar uma alternativa ao lado da outra, é possível perguntar se é melhor gastar uma soma adicional com o Assunto A, respectivamente reduzindo os fundos para o Assunto B.

Anos de experiência demonstram que, para ser efetiva, a avaliação do PPO em uma empresa industrial requer atenção cuidadosa à maneira como o trabalho é formulado. Invariavelmente, o manuseio ordeiro dos detalhes na projeção de fatos e cifras sobre as operações futuras, pede a implementação e observação de procedimentos sistemáticos de custeio padrão, ao longo dos exemplos dados no Capítulo 15.

Concluindo, a função principal PPO é servir os requisitos gerenciais por informações confiáveis, facilitando, assim, o alcance dos objetivos. Ela se preocupa com a avaliação sistemática dos fatos e cifras sobre as operações da empresa; envolve o agrupamento de estimativas especializadas por meio do Delphi; utiliza procedimentos relacionados ao desempenho; almeja a minimização de erros, fraude e desperdício na realização das operações; e auxilia no preparo e administração de orçamentos mais bem documentados, associando-os às unidades organizacionais e responsabilidades.

16.7 CONTABILIDADE ADMINISTRATIVA E DECLARAÇÕES FINANCEIRAS VIRTUAIS

Não importa o que os livros estejam falando, a *contabilidade* não é uma ciência que obedece a termos estritamente *quantitativos* através de regras rígidas promulgadas pelas autoridades estaduais (as quais mudam com o tempo e de jurisdição para jurisdição) que estipulam como os fatos contábeis devem ser relatados. A contabilidade também é *qualitativa* e *crítica*. Ela pode dizer:

- qual é a tolerância correta para as inadimplências,
- a reserva apropriada que deve ser feita para os processos judiciais, e
- a apresentação apropriada dos resultados contábeis para fins de controle administrativo.

Essas perguntas são especialmente relevantes no contexto de *contabilidade administrativa*, cuja missão é informar os executivos da empresa sobre as finanças das suas organizações de maneira analítica, factual e bem documentada. A missão da contabilidade administrativa é interna para a empresa, e ela não deve ser confundida com os relatórios financeiros regulares trimestrais e anuais (a seguir, veremos mais sobre isso).

Até certo ponto, pelos motivos declarados nos capítulo anteriores, a contabilidade administrativa interna inclui muita interpretação crítica. Mesmo nos relatórios financeiros regulares, apesar das regras que especificam como os dados contábeis devem ser mostrados, no final do dia a apresentação dos resultados é em si uma arte, cuja heterogeneidade pode alcançar proporções significantes.

Essa falta de homogeneidade praticamente presente em todos os sistemas contábeis traz em perspectiva a necessidade de padrões necessários para chegar a um consenso, ao apresentar as informações contábeis de maneira compreensiva. A padronização e a homogeneidade são bem-vindas, mas elas apresentam uma série de desafios, os quais, dentro da mesma organização e para fins de contabilidade administrativa, normalmente incluem:

- a identificação das questões interdepartamentais e inter-subsidiárias padronizadas que requerem resoluções;
- o estabelecimento de prioridades apropriadas ao tratar dessas questões, o que algumas vezes deriva da cultura da empresa;
- o alcance de aceitação geral de quais são os padrões e a garantia de que eles serão observados no relatório; e
- manter o suporte não apenas para o processo de estabelecimento de padrões, mas também para a sua implementação geral por toda a empresa.

Não é surpresa que existam desafios similares, assim como com os *relatórios financeiros regulatórios,* e seria sensato alinhar a contabilidade administrativa interna com padrões e formulários exigidos pelos reguladores. Dessa maneira, os executivos que recebem os relatórios internos terão de examinar dois modos incompatíveis de apresentação. A única diferença é que a contabilidade administrativa interna pode tomar algumas liberdades que não são permitidas com o relatório regulatório.

As organizações de padrões contábeis patrocinadas pelo governo tratam de uma série de questões em termos de padronização. Nos Estados Unidos, o Financial Accounting Standard Board (FASB) está constantemente deliberando sobre as normas conectadas com os modelos de relatórios financeiros. Ele também dedica tempo para práticas comuns de escopo mais estreito a respeito de algumas dinâmicas da profissão de contador financeiro em si.[185] O estabelecimento de padrões para a União Europeia e muitos outros países, é responsabilidade da International Accounting Standards Board (IASB),[186] baseada em Londres.

Como no caso dos padrões tecnológicos estabelecidos pela International Standards Organization (ISO) e pelo American Standards Institute (ANSI), os padrões financeiros e contábeis proporcionam referências básicas que constituem uma estrutura conceitual para a resolução de problemas contábeis. Esses ajudam a estabelecer limites razoáveis para julgamento no:

---

[185] As questões que dizem respeito ao setor público são abordadas pelo Government Accounting Standards Board (GASB), uma organização gêmea da FASB, a qual foi estabelecida em 1984.

[186] A qual foi elaborada IFRS. (D.N.Chorafas, *IFRS, Fair Value and Corporate Governance.Its Impact on Budgets, Balance Sheets e Management Accounts*, Butterworht-Heinemann, Londres e Boston, 2005).

- preparo de informações financeiras, as quais são sólidas e úteis, e
- aumento da confiança dos receptores nos conteúdos, de forma que eles tomarão decisões mais bem informadas.

As iniciativas FASB e IASB encontram-se no entendimento de que os padrões contábeis são essenciais para o funcionamento apropriado da economia. As decisões sobre a alocação de recursos financeiros e outros dependem de informações financeiras críveis, concisas e abrangentes – e esta declaração também vale para o relatório financeiro interno.

A diferença é que o relatório financeiro regulatório proporciona informações para pessoas e entidades fora da empresa, principalmente acionistas, portadores de obrigações, banqueiros, reguladores e outras partes, a contabilidade administrativa se preocupa com a disseminação interna das informações contábeis.

Um terreno comum entre o relatório financeiro regulatório e a contabilidade administrativa é a necessidade sempre presente de melhorar a qualidade do relatório. Associada a esta está a missão de um entendimento melhor de todos os receptores sobre cada elemento de informação, assim como da natureza e propósito do que tais relatórios contêm.

As informações confiáveis sobre as operações e o posicionamento financeiro da organização têm muitos usos, ao passo que as informações financeiras e a contabilidade incorreta ou incompleta são muito mais do que inúteis; elas são enganosas. A utilidade dos relatórios financeiros pode ser melhorada ao focar no seguinte:

- Precisão do relatório como sua característica primária.
- Exatidão de informações de modo a refletir suas condições reais.
- A habilidade de proceder com avaliações pela comparabilidade e consistência.

Para cumprir essa missão, a divisão financeira e as operações de TI devem prontamente considerar e corrigir as deficiências na coleta de dados, análise e relatório – enquanto adota cada avanço significativo na tecnologia. Um exemplo é o balanço virtual introduzido no final dos anos 1990 e prontamente adotado pelas organizações de primeira linha.

As empresas que usam a TI Paleolítica (*mainframes*, *batch* e Cobol) normalmente levam meses para encerrar seus livros. Mas o tempo real e sistemas especialistas usados pelas empresas do final dos anos 1990 à frente da curva conseguiram fazê-lo em 24 horas. Esta lacuna temporal foi ainda mais estreitada através dos *balanços virtuais* que apresentam uma precisão de aproximadamente 4% – o que é o suficiente para as respostas rápidas da gerência às questões administrativas sobre ativos e passivos. Surgiram também outras melhorias. Usando modelos prognosticadores, a gerência recebe estimativas com um mês de antecipação sobre:

- renda
- despesas
- margens brutas

Uma vez estabelecida, a instalação que corrobora os balanços virtuais pode ser estendida e os relatórios financeiros podem ser personalizados para níveis administrativos diferentes. O gerente de uma linha de produto individual pode ver exatamente quais são as margens brutas dos produtos sob sua guarda – apontando aqueles que estão abaixo das expectativas. Isso permite que ele determine de imediato se as condições das expectativas baixas foram causadas por uma mudança no mercado, por atrasos, pelos custos que escaparam do controle, por descontos concedidos pelos concorrentes ou outros motivos.

Com tais informações em mãos, as ações corretivas podem ser objetivas e imediatas. Entretanto, nos surpreende que, seja ele endereçado para a alta gerência como balanços virtuais ou para a administração funcional como um relatório *ad hoc* em tempo real, o "fechamento virtual" de dados contábeis ainda não é muito comum.[187]Apenas os líderes têm conseguido diminuir o tempo necessário para ganhar discernimentos sobre as finanças. Os outros ainda vivem na Era da Escuridão.

[187] Um motivo provável é que ele não pode ser suportado por uma TI obsoleta, e muitas empresas ainda apresentam a TI herdada.

Índice